长安在书房

国学涵育

长安心易

长安 著

漓江出版社
·桂林·

图书在版编目（CIP）数据

长安心易 / 长安著 . -- 桂林：漓江出版社，
2022. 8
ISBN 978-7-5407-9237-4

Ⅰ . ①长… Ⅱ . ①长… Ⅲ . ①《周易》—通俗读物
Ⅳ . ① B221-49

中国版本图书馆 CIP 数据核字（2022）第 060825 号

长安心易

CHANG'AN XIN YI

作　　者　长　安

出 版 人　刘迪才
策划组稿　文龙玉
责任编辑　章勤璐
助理编辑　肖　霞
营销编辑　俞方远
书籍设计　石绍康
责任监印　黄菲菲

出版发行　漓江出版社有限公司
社　　址　广西桂林市南环路 22 号
邮　　编　541002
发行电话　010-65699511　0773-2583322
传　　真　010-85891290　0773-2582200
邮购热线　0773-2582200
网　　址　www.lijiangbooks.com
微信公众号　lijiangpress

印　　制　天津嘉恒印务有限公司
开　　本　710 mm × 960 mm　1/16
印　　张　21.75
字　　数　367 千字
版　　次　2022 年 8 月第 1 版
印　　次　2022 年 8 月第 1 次印刷
书　　号　ISBN 978-7-5407-9237-4
定　　价　66.00 元

目录

我心即易（代序）

长安，又名“长安公子”，其实是一位女士。

女生名为公子，可见其性格之两面性：婉约而不失潇洒，刚强而含有轻柔。于是，长安公子得左右逢源之妙，男生女生都很喜欢她。

长安公子素喜美服、美食、焚香、饮酒、品茶、弹琴、旅游、读书、写诗、遐想、健身等。机缘巧合，因与青岫先生相识，得与《易经》有缘。学《易》三年，长安公子感叹道，才出云中，又入雾里，总是迷蒙，不得旨要。令人敬佩的是，长安公子虽有迷茫，但是没有退却，依然坚韧地行走在学习《易经》的道路上，一天又一天，一年又一年。

有一天晚上，长安公子打来电话，说：“我读《易经》，读着读着，竟然眼睛里溢满了泪水。”听后，半天我也没说什么。忽然想起孔子在《周易·系辞上》的一句话：“寂然不动，感而遂通天下之故。”我想，她的心和天的心是相通了。于是我建议道：“那就把你的感受记录下来吧！”

此后，朋友们都感觉很少见到长安公子了，大家经常互相询问：长安最近干什么去了，怎么听不到她的动静了呀？

果然，大约一年的时间，长安埋头书房，潜心静修，一口气写出了三十万字的《长安心易》。一起学习《易经》的同学得知这个消息后，一时惊讶得目瞪口呆。

从古至今，解读《易经》的人甚多，《长安心易》又有什么新意呢？我抱着这样好奇又有些疑惑的心情，率先阅读了《长安心易》的书稿。一开始就很震撼，边读边连连赞叹，写得好！写得好！待到我把三十万字的《长安心易》读完，便认定这是易学园地里一朵不可或缺的鲜花。具体说来，感觉有以下几点难得之处。

其一，把《易经》的象、变、辞、占解释得非常清楚和到位。孔子在其

《系辞传》中说："君子居则观其象而玩其辞，动则观其变而玩其占"。这段话中的四个关键字是"象、变、辞、占"，《长安心易》从一个便于读者理解的角度，予以详细地解释。

其二，把《易经》中的道理与实际生活结合得很恰当。《长安心易》每讲完一卦一爻，总是会根据现代人的实际生活，对所讲的卦辞爻辞做一些说明，更加便于读者对易理的理解。

其三，独特的行文风格和优美的表述手法，给阅读者带来一种愉悦感。《长安心易》讲学术理论深刻却不艰涩，通俗而不浅白。长安公子讲述自己的心得，文字优美中含着朴实，语言风趣中不失庄严，能将自己的心与读者的心连接起来。

总之，不论是对《易经》有过深入研究的学者，还是初步涉足于易学的新人，《长安心易》都能给予读者思而未得的东西，可谓能使深者得其深，浅者得其浅。读后会不由地感叹：长安之心，正是我心。

青岫先生

2021年夏季于崂山脚下

1. 乾

乾：元，亨，利，贞。

我每次观察乾卦的卦形时，内心总是无比的兴奋与感动，虽然我学习《易经》有好多年了，对乾卦的观察已数百次，但是每次看到它，我都会陷入沉思。那一刻，我好像一下子投入到无垠的宇宙之中，那种博大，那种宽广，那种奇妙，那种神秘，总让人无法言说。为什么会有这种感觉呢？这是乾卦的内涵使然。

那么，乾卦到底是什么呢？孔子说："乾者，健也。"对于这个健字，我们每个人都再熟悉不过了，因为我们每个人都希望与它同行。如健康、健壮、健美、健谈，无论是哪个方面，与健结合在一起，都是非常好的状态。那么乾卦被称为"健"，是由乾卦的纯阳性质决定的。这里解释一下什么是"纯阳"。在我们中国人的文化观念中，阴阳二字可谓深入人心，根植于我们生活的方方面面。在《周易》中，是用一条连线代表阳，叫阳爻，用一条断线代表阴，叫阴爻。我们看，乾卦六爻全是阳爻，所以它是纯阳之体，没有丝毫的杂染，可以说，它是至健至诚。我们常说这么一句话——"精诚所至，金石为开"。天底下任何事情，唯诚能通，唯诚能复，因为乾卦至诚，所以它有生生不息的本领。故而周文王为乾卦写的卦辞曰："元，亨，利，贞。"

那么什么是元呢？简单地说，就是事物的初始阶段，然而仅仅这样表述是不够的，这个元，如果我们用八卦图来表示的话，北方坎子一这个地方就是元，是万物之始，是阳气的开始，具体一点说，这个位置就是阴历的11月份，一阳来复。阳气按《周易》的十二消息卦来讲这个位置是复卦，在孔子的《杂卦传》中有一句话叫"复小临大"，所以此时，仅仅是有了阳气的萌动，还很小。当阳气到达12月份，是丑的位置，十二消息卦为临卦，《序卦传》说："临者，大也。"孔子在乾卦彖辞中赞叹"大哉乾元"，这个"大"就是乾卦的九二爻，这个元就是阴阳始交的位置。

那么这个元放在我们的生活里，它又是什么样的初始状态呢？一次生命的开始，就如同一颗种子即将萌发幼芽的那一个时期，所有的花开花落还没有出现，生命之中那些精彩纷呈，在此时还都浑然一体，它们凝聚在一起，处在最和谐的状态。

这样的和谐状态，就如同一颗沉睡的种子，当它被安安静静地埋入土中，它就开始接受天地之气的滋养与物化。当这个乾元的阳气在这颗种子的心中注入了生命的能量，它就会在这片静寂中生根发芽。当它破土而出，呈现出自己叶子上的纹理脉络的时候，那股阳气就排除万难展现到了这个世界，此时乾元就一定是亨通的。这就是乾卦四德中的"亨"。

然后这颗种子一直在生长，焕发着勃勃的生机，直至长成一棵参天大树，那股摸不着、看不到的阳气，就化作了一棵树立在我们面前。或许它不是树，或许它是草原里的一朵花，或许它是瓜架上的一根黄瓜，它们都以自己的姿态，生长在这个世界。《彖传》中说："乾道变化，各正性命。"万事万物都在乾卦的推动下生长发展，各自拥有自己的本性和命运，所有的一切仿佛来到了最佳状态，此时就是这一路亨通之利。这就是四德中的"利"。

而乾卦的健行总是不能停滞不前，当所有的花都凋谢，所有的叶子都飘落，那颗安安静静的种子又回来了，此时它已不再是最初的那颗种子，但它又还是一颗种子。经历了一番生命的历练，它还保有着最初的那份极其和谐的状态，这就是贞固的"贞"。

"元，亨，利，贞"这四个字，我们在一颗种子的变化当中一一说尽了，可是乾卦的纯阳之气真的尽了吗？"贞"在八卦图中，就在我们前面讲的坎子一的位置上，这一个"贞"是一个一阳来复，又是一个乾元的开始，这颗种子被妥善保管，细心播种，它又将重新生根发芽，那又是一个生命的轮回。所以说，"元，亨，利，贞"这四个字就像是八卦图的圆一样，循环往复，周行无端，生生不息。这也正是乾卦的四德。

乾卦的这四种卦德，存在于万事万物当中，而当它外化于具体的事或物的时候，所有事物的发展也都按照这样的本质或规律去变化。对于人来说，如果我们能够好好地体会乾卦的精髓，我们一定是以乾卦的"元"德开始的，并且以"元"德内化的"仁"为我们的根本。关于仁，儒家讲得最多，孟子说:“仁者爱人。”想要挖掘自己本性里的那个仁，就要懂得爱人，这个“爱人”不仅仅指爱他人，还包括爱自己。“仁”是我们本性的底色，我们要懂得爱别人，也要懂得爱自己，这样我们才能拥有真正宽广而安定的内心。当我们拥有了仁德之后，我们就会对自己有更高的要求，我们就会去讲“礼”。这个礼看似是一种礼节、一种形式，其实它是一种处世哲学，当我们礼貌待人，对别人客客气气的时候，事情通常就好办得多了，这也就是乾卦的第二个卦德亨通的状态了。我们在这样与人的交往中，慢慢地就会产生更深厚的感情，这时候就不是点头之交了，人和人之间有了很多复杂的关联，处理好这些关系就要讲道义。这个义，它从道德上要求我们做到公正且合理，在这种状态下，人们彼此之间的关系就会变得适宜而和谐，也就是“利”的状态。如果在生活中，我们遇到了一个这样有仁爱、知礼仪、讲道义的人，我们一定会非常赞叹吧？那无论这个人的身份或者才华是什么样的，我们都一定会感受到他身上的智慧，而人的本性中这个“智”就是乾卦的“贞”德，人只有守持了这个贞正的正念，才能回到那颗种子最后太和的状态，才会知道所有的道理，才会打开自己的智慧。

我们每一个人，如果都能够将生命与乾卦的这四德结合在一起，我们也就与天道相合，也就拥有了安身立命的本领，自然也受到老天的庇佑。学习《易经》的意义也正在于此啊。

初九：潜龙，勿用。

《易经》之中无论是卦还是爻，都取象于这世上的万事万物，那么这么博大而神秘的乾卦，圣人用什么来设象呢？就是中国最古老的神异生物——龙。龙是我们中华民族最伟大的文化符号。它上天入地，腾云驾雾，可显可隐，变化莫测，总是代表阳性能量。可见这个乾用龙来设喻真是再合适不过了。“乾”为纯阳之卦，《文言传》中讲说乾“纯粹精也”，是说乾的本质没有一丝杂质。而运用到六爻当中，乾卦又是像龙一样极具变化的。

乾卦的初九爻“潜龙勿用”的“潜”，本义就是隐在水下活动，说明这条龙正潜藏在下，这正符合初九爻的爻位。虽然位置在下，它毕竟是一条刚健的、充满活力的龙，它一定想要动起来，想要有所表现，此时爻辞接着讲说“勿用”。这个“勿用”就是为了让这条龙戒骄戒躁，安心潜伏于此。是因为此时这条龙还只有驭水的本领而没有腾空的能力。需要修养自己的德行，直到拥有腾云驾雾的本领。“勿用”不是“不用”，是要“善用”，要知道什么时候该用，什么时候不该用。“潜龙”不是没有用的龙，它恰恰处于最具潜力的状态，它拥有无比的能量、无比的价值。

九二：见龙在田，利见大人。

到了九二爻，这条龙从水里、从地下出来了，“见”是“现”的意思，是显现。而“在田”是说这条龙虽然出来了，能让人看到了，但是它还不能飞，它在哪里呢？它还在地上。《易经》的六十四卦，每一卦都是由三爻的八经卦两两相合组成的，上面的部分称为外卦，下面的部分称为内卦，在这个内卦和外卦的三爻之中，我们又把它分为天地人三种爻位。上为天，下为地，人在天地之间，那么九二爻就是人的位置。而在十二消息卦圆图里，这个位置是“临”卦。《序卦传》曰：“临者，大也。”所以说九二已经和初爻的潜龙完全不同了，此时这条龙的阳气已经十分盛大了。而有意思的是，这条龙一旦来到地面，它必然会行云布雨，为大地浇灌雨水，使万物开始生长，庄稼里的五谷都因为这场雨而生发出来，所以说，这条龙的出现最有利于田地之中的植物生长，所以就用“见龙在田”来诠释它。

龙最大的特点就是善于变化，阳气盛大到极致的龙一旦转化，这个九二阳爻就会变成一个阴爻，乾卦的阳爻变阴爻，就是一个离卦，离为火。龙出地上，一切变得井然有序，之前那片隐藏自己的黑暗也迎来了光明，这是文明的象征。综合内外两卦来看，此时乾卦又变成天火同人卦。《象传》曰：“见龙在田，德施普也。”九二爻本身就处于内卦的中正之位，它又是人位，又有临卦的“大”的含义，它就好像一位现世的圣人，这位圣人来干什么呢？在隐藏着离的文明之意的九二爻，圣人要用阐明道理的方式来教化天下，将龙德也就是乾的卦德，用于人伦之中。就如同神龙在田地间普施雨露，而惠及了所有庄稼一样，我们每一个人能受到这样的感化，就能知道天道的精髓，就能修正我们的德行。这种文化的布施，可以利益世人，也可以传承万世。所以这个“利见大人”是在说，九二这一爻就如同一位老师一样，如果我们能体悟到九二的内涵，我们就具有了君子的道德修养，我们就可以继续前行了。

九三：君子终日乾乾，夕惕若厉。无咎。

在乾卦中，其他五爻都是用龙来称呼，只有九三爻称“君子”。我们要知道,《易经》取象都是与人有关，或效仿人的事物。代表中国文化的龙，在人当中就是君子，君子就是人中之龙。所以九三名为君子，也是在说龙。“君子终日乾乾”之“终”，是因为九三爻是内卦的最后一爻，所以说“终”。如果像九二爻一样，九三爻一旦变化，变成一个阴爻，那么它就与它上下的两个阳爻构成一个离卦，离为日，所以这里说“终日”。对于内卦乾来说，九三变阴爻，乾卦就变成兑卦，在后天八卦中，兑卦是在正西方，是太阳落山的位置，是“夕”。这一个阴爻，在整个乾卦里，形成一个天泽履的“履”卦，履卦卦辞曰:“履虎尾，不咥人。亨。”在履卦的时候，要有所畏惧，所以要时刻警惕。

这个九三爻的位置，既是内卦的终结，也是外卦的初始，它在内外两个乾卦相交的位置，所以说“终日乾乾”，在这里是要人们效法乾的精神，永恒不休，精进前行，即使到了晚上也要警惕自己，不能松懈。而这种自强不息的精神，会使天德的刚健在我们身上变得越来越纯粹，使我们不会再被自己的欲望左右。

周公系乾三爻曰:“九三才既过刚，又居高位，此危地也。”这个九三爻，虽然是内卦的最上一爻，但是它距九五爻还很远，所以它这个位置是十分危险的，而从人事上说，九三“乾乾”是性体十分刚健的一爻，但是它却没有在中正的位置，所以在德行上这也是非常危险的。

虽然这一爻在危险的位置，但是因为九三爻以其乾德，终日小心谨慎行事，并且在这个位置上，既没有因为它是内卦的上爻而骄傲自大，也没有因为它在外卦之下而有所忧虑，坚守着中庸之道，从始至终都有所畏惧，怀着敬畏之心，所以也很少会有过错，一定是“无咎”的。

九四：或跃在渊，无咎。

经历了乾卦的九三爻之后，这条龙又要前进一步了。但是九四这条龙和九三一样，都处在一个非常尴尬的位置，这是为什么呢？因为如果把整个乾卦六爻按天地人的三个位置划分，初九爻和九二爻是地位，九三爻和九四爻是人位，九五爻和上九爻是天位。九三爻在内卦三爻中是天位，但是它又没有真正进入外卦的天，所以说很尴尬，而九四爻虽然到了外卦，但是它却是外卦里地的位置，此时此龙下不着地，上没到天，而且它还冲破了九三那个天的位置，那是人到达不了的，所以它是非常困惑的，存在很多疑虑。《文言传》曰："上不在天，下不在田，中不在人，故或之。"这就是爻辞"或"的由来。无论怎样，走到九四爻，这条龙都要腾空而起，所以它蓄势待发，用了一个跃的动作，这即是"跃"的含义。

与其他各爻一样，在九四时，这条龙依然要变化，而当它阳极变阴的时候，外卦就变成了巽卦。这个巽卦的阴爻，就如同初九爻一样，有潜龙隐藏的象，所以说"在渊"。在此时，这条龙忽隐忽现，迟疑不决，非常不果断。但是《周易正义》中解释说："疑以为虑，不谬于果。"即这种迟疑，其实是在思考。如果在犯错误的时候不知道思考，一味地果敢冒进，那是莽撞，是会导致失败的。而九四做到"或跃在渊"，就是龙想要一跃而上，但它又忽然停下来，就好像人一样，想要前进，又后退回来，这都是为了韬光养晦，深思熟虑。如果用神龙潜藏在渊来比喻，此时的人深居简出，不外露锋芒，当他真正要做事的时候，一切都休整妥当，就一定会畅通无阻，也就是"无咎"的状态。

九五：飞龙在天，利见大人。

乾卦的九五已经到了天位了，此龙已具备足够强大的力量，可以腾云驾雾，随心而变，有得道成仙的意思。这一爻位是非常尊贵的位置。九五爻在外卦之中位，可谓又中又正，这一爻要是变化，就是一个离卦，离为明，所以说九五爻是德备天下，受万物瞻睹的位置。如果把它比作人，它就是圣人，就是有大德之人，而这个大德之人走到天的位置，这是王位，那么他就是天子。古代称天子为"九五至尊"，就是这么来的。

《文言传》曰："夫大人者，与天地合其德，与日月合其明，与四时合其序，与鬼神合其吉凶。"无论是圣人还是天子，走到九五的位置，他一定是与天道合德的。他既有天德的刚健中正，又能与万事万物相感应，做到了最大的无私，泽被天下，敷化众生，就像九五这条神龙飞到天上，为天下广施甘露，它没有任何的私心杂念，没有任何的区别对待一样。而如果能够得到这样一个体察民情、与民心相应、推施仁政的帝王治理国家，一定不只是利于一方，即使万国来朝也无愧于心，这就是"利见大人"。

上九：亢龙，有悔。

极数九在乾卦里，走到上九，就是最高的位置了，这个高度有点太高了，所以用"亢"来形容这条龙。《尚书》曰："满招损，谦受益，时乃天道。"在这么高的位置，再往上飞就岌岌可危，所以上九爻的爻辞中说"有悔"。这个"有悔"更多的是一种提醒、警示，让我们知道这个状态，再继续亢奋前行，就会有悔吝产生。这个上九爻，已经是天位了，用我们现代的话来说就是不接地气了。如果高而无民，不得群下之心，可想而知这样是一定会出差错的。

如果这个上九爻在此时一阳独大，其他五爻全都变成阴爻，这个卦就是"剥"卦。《序卦传》说："物不可以终尽，剥穷上反下，故受之以'复'。"所以说如果在这一爻辞的警示下，知道有悔而及时改过反省，那么这个上九的阳爻，就可以回到初九潜龙的状态，也就是一阳来复。因此这个"亢龙有悔"不仅仅是为了化解现在这个亢的状态带来的危险，也是在为另一次循环腾飞而打下基础。

这便是乾卦的六爻。这六条龙遵循着天道而行，贯彻着乾卦的生生不息，无论是在时间还是空间上，它们都顺应了天道的变化，涵盖了万物发展的规律，或潜，或见，或惕，或跃，或飞，或亢，因为位不同，时也各有差异，所以它们将天道的动静显藏、变化莫测的内涵都表达出来了，如果我们能够体会这些龙德，我们就可以驾驭万事万物，一切畅达。

用九：见群龙无首，吉。

六十四卦的爻辞当中，乾坤两卦与其他卦有一个非常不同的地方，就是这两卦分别多了爻辞"用九"和"用六"。古代的学者很多都用阳极变阴、阴极变阳的说法来解释用九和用六，这是通过观察卦象来体会爻辞的结果，这还不能充分地理解或说明用九和用六。我们说乾卦是纯阳之体，那么它的阳气要用什么来体现呢？就是这个乾元，到了上九爻，是亢龙有悔的阶段，几乎就没有了。所以说用九怎么用？要把它复归于最初始的元。《文言传》说到"乾元用九，天下治也"，说的就是这个过程。

在这里我们把用六一并解释一下。坤卦和乾卦刚好相反，它是纯阴之体，这个阴的德行就是贞，是守持天道，永恒坚贞。当坤卦到了上六的时候，爻辞为“龙战于野，其血玄黄”，这时候马上就守不住这个贞正了，所以说要用六，而且要永远守持这个贞，也就是用六爻辞讲的“利永贞”。

无论用九还是用六，都是因为无极就是太极，太极动可生阳，静可生阴。太极是无形的，阴阳却以气为形，要相互助力，流转运行，循环始终。乾元是至高无上的，天下万物无不受它统领；坤贞是厚德载物，它遵循着天道，利益众生。乾坤两卦的卦象，虽然也是六画卦，到上九、上六就没有了，但是在爻辞中又系上用九、用六这两句，是为了说明一个“元亨利贞”结束，贞后面还会有元再出现。用九中讲“无首”，用六中讲“大终”，这如同子、丑、寅等十二时辰，子在首位，而子这个时辰却有一半在前一天的晚上，子时是23点到1点，所以说对于这个十二时辰，是“无首”。十二时辰虽然终于亥时，而一天的结束却是在子时的一半，这是“大终”。再如春夏秋冬在十二消息卦中，一月是泰卦，在寅的位置，那么一年的结束，十二月就在丑的位置。这些都没有从子这个首位开始，都是“无首”“大终”的意思。类推到万事万物，全都是这样的道理。所以说这个用九、用六其实是乾坤的精妙深意所在，并不是在有形的六爻之外添加上去的。

2. 坤

坤：元，亨，利牝马之贞。君子有攸往，先迷；后得主，利。西南得朋，东北丧朋。安贞吉。

如果说乾卦的博大与奇妙让我如同在宇宙中遨游，那么坤卦的厚重与坚实却好像让我着了地。在乾卦里，卦形中的每一爻都是连线，代表纯阳，而在坤卦里，卦形中的每一爻都是断线，是与阳相反，代表纯阴，乾坤两卦就是阴阳的代表。那么是不是阴和阳就是完全对立的存在呢？下面我们就通过对坤卦的学习来好好地了解一下。

我们都知道乾为天，乾卦的本质决定天道的运转规律，从宏观上讲，它造就了四季轮回交替，世界上没有任何事物能违逆它、改变它。正因为这样，坤卦的象要与乾卦阴阳相合，所以坤为地。大地本身也需要顺应天的规律，这也正是坤的本性——要顺应天道。没有天哪有地？没有乾卦哪有坤卦？乾卦的健行动能才产生了坤，六龙时成，广洒雨露，才有了大地，才让大地生出万物。而大地只有遵守了天的法则，才能运行不息，前进无疆。所以坤也遵循着乾的“元亨利贞”四德。

虽然坤卦顺承着乾德，但是坤卦毕竟和乾卦是不同的。这样说很容易糊涂，那我们就再用另一种方式来解释一下。如果乾卦和坤卦都是马，那么乾卦就是一匹牡马，而坤卦就是牝马，它们有着不同之处。所以坤卦卦辞曰：“元，亨，利牝马之贞。”

坤卦卦辞中的“君子有攸往”这句，大家在学习的时候很有可能会把“君子”两个字一带而过了，但是这个“君子”实在是太重要了，“君子”这两个字其实我们已经见到过，就是乾卦的九三爻，之后的很多卦里我们还会看到它。从象的角度来说，乾为君，君是老天，那么老天造就的人为子。那什么样的人是“君子”呢？它并非是我们眼下的理解，把君子与小人相对，而是顺应天道的人才是“君子”。当一个人出生来到这个世界，他就具有坤的属性了，所以他所有的行为都要像坤卦一样，顺应老天的法则。乾是坤的主宰，而天是人的主宰，如果人能顺天而行，自然就做到“君子有攸往”，在世间行事畅通无阻。

那么本应柔顺的坤冒进向前，走到乾的前面去了会怎么样呢？它就会失去领路人，就会迷失自己。反之，如果它跟在乾的后面，它就有了方向，有了主心骨，它就能无往不利，这就是卦辞所说的“先迷后得主”。

“西南得朋，东北丧朋”这一句看起来有些不好理解，首先我们要知道什么是“朋”。“朋”是指有共同利益，或共同志向，或共同喜好的人。在《易经》当中阴气和阳气各自的聚合，就是得朋。那这句话中的方位是怎么来的呢？在后天八卦中，坤在西南，此时阴气在不断聚集，所以说“得朋”，而这个坤再向前走到东北的位置，在十二消息卦里那是三阳开泰的泰卦，显然阴气已经开始减少了，这就是“丧朋”。

貌似完全不同的两个结果，为什么结束的时候会说“安贞吉”？这是因为西南得朋，阴气的聚集，是为了使坤更加稳固，能够更好地辅佐乾。而东北丧朋，是要坤在跟随乾的过程中，越来越趋向于乾，使它更柔顺地追随乾。所以无论是这两者中哪种情况，只要坤能像牝马追随牡马一样，坚定不移地一直顺应着乾，那么它就能与天合德，一切吉祥顺遂。对于人来说，作为一个君子，就是要效法坤的这种德行，明白顺应天道的意义。

初六：履霜，坚冰至。

在六十四卦中，只有两种性质的爻：阳爻和阴爻。从乾卦开始到第六十四卦结束，这两种爻在不同的时位不停地变化着。坤卦的初六爻就是乾卦的初九爻发生了变化，阳极变阴，此时如果把乾卦比作身体的话，这个初九就如同人的脚，它变阴了，就像脚被霜覆盖，阴气上来，人如同行走在霜上，这就是“履霜”。

如果我们去追寻这一丝阴气的源头，我们会发现，在十二消息卦中十二时辰午的位置，也就是姤卦的五月份，正是天气渐热的时候，民间的百姓却说五月是毒月，要喝黄酒，插艾抵挡阴气。到了阴历的九月份，也就是十二时辰戌的位置才有霜降，那为什么现在就说有霜气了呢？这正是《易经》的精微之处。这一丝阴气的来临，一般人是察觉不到的，所以《易经》中讲“君子知几”。“几”是什么？就是事物当中非常微弱的苗头，《易经》提醒我们去觉知、捕捉它。《易经》让我们要有“知几”的意识和警惕的精神。五月的时候是夏至，并没有冰霜出现，但是阴气已经开始萌动。养生谚语说“冬吃萝卜夏吃姜”，在看似炎热的夏季，我们反而要注意这个阴气的苗头，进补温胃生阳的食物，保持身体的阴阳平衡。也就是说，既然这个阴气开始有苗头了，君子一定要在这个时候及时感知，要预感到地下有霜气产生的征兆，要有忧患意识，防患于未然。

什么是“坚冰至”？在十二消息卦中，霜降之后就是立冬。冬天来了，就并不单单是霜气了，紧接着这个霜气之后就会有坚冰出现。并且在后天八卦中，戌亥之间的位置正好是乾卦，《说卦传》说：“乾为寒，为冰。”在这里提到“坚冰至”，是为了告诫我们，一直带着这个霜气向前走，虽然坚冰还没有出现，也要先有所警惕。

《诗经》之《国风·豳风·七月》写道：“四月秀葽，五月鸣蜩。八月其获，十月陨萚。”十月份的木叶皆陨落，但要说这个陨落的征兆，从五月蝉开始叫的时候就出现了，说的就是现在坤卦初六爻这种情况。所以初六爻的含义主要是让我们知道，在事情刚刚有一个苗头的时候，我们就要很敏锐地觉察到，要做到防微杜渐，避免更坏的事情发生。

六二：直方大，不习，无不利。

在《易经》的卦形中，非常讲究“中正”二字，这个“中正”是说二爻和五爻。每一卦的卦形以三爻的八经卦做单位，分下卦上卦，也可称为内卦外卦，那在这两部分中，处于中间位置的，就是二爻和五爻。我们常说，阳为奇数，阴为偶数，在二爻的位置如果是阴爻，或者五爻的位置是阳爻，我们就说阴爻和阳爻站在了正确的位置，这就是又中又正，此时这一爻的本质就是纯粹无杂的。

那么坤卦的六二爻，就是处在又中又正的位置，它是整个坤卦至纯之德的所在。理解六二爻，就理解了坤卦内在的真实含义。古人说，乾以明道，坤以立德，天运于虚，地征诸实。在乾卦中，乾道似龙无穷变化，难以捉摸，在坤卦中，六二爻却非常精准地被表述为“直方大”。首先这个“直”是来自乾卦，乾卦中一字未提“直”，却在坤卦中下了定义。坤顺乾健，乾为阳，刚且直，坤顺其性，所以坤也很刚直，这种刚直含蓄地存于坤的内在，它显现出来的就是“方”。方是什么？方是有棱角的存在，如果你让一个球体向前滚动会非常容易，如果你让一个正方体向前滚动，那它有很多棱角，滚动起来就没有那么容易，在此时你想说它没有顺从吗？那就错了。坤顺是非常有原则的顺，它只顺从于天理，它不会随波逐流，它只会不偏不倚，这正是“方”内有“直”的内涵。无一念不直，以天道为主宰，无邪曲偏颇。无一事不方，以天理为裁制，正大光明，自然就“含弘光大”，也就有了“直方大”的“大”。

学习《易经》，我们要时时刻刻比之己身，如果将坤卦比作我们的身体，那么乾卦就是我们的精神，身体如何去做事，都是靠精神支配。如果我们可以做到与乾道和光同尘，我们的精神世界一定是正直而无私的，那么顺承这个精神去做事，我们一定也能够在与世界的相处中做到各得其正。内心有主见又正直，做事的时候有原则又大方，那么事业一定会做得广大。这就是我们依循天道去做事的结果。

我们一直在讨论天道，讨论人的本性，其实这两样东西都是无形的，看不到摸不着，可是它们却正是世间万物最本质、最根源的东西。孔子说：

“性相近也，习相远也。”与其他各家对人性作善恶解释非常不同，孔子讲人性，用近和远，是说人性本就相近，就如同六二爻一样纯净，只是因为习染了太多世间的有形的外在的杂质，才让彼此之间相差很远。所以说，这个“习”的过程，对本性的影响是很大的，很可能遮蔽了“直方大”的本性，使我们不能更好地前行。反过来说，既然是本性，它其实是不需要任何修饰与附着的事物，它在自然而然中，就可以让我们把事情做好。也就是说，恪守我们内心的至诚，剥去外物的负累，率性而为，一定是无往不利的。这就是六二爻的爻辞后半句“不习，无不利”的意义。

坤卦的六二爻是在告诉我们人本具足的道理，我们每个人的本性当中，都有让自己幸福和快乐的能力，这是六二爻给我们的肯定，让人非常感动。但是学习这一爻，我们也不要学得偏颇，这一爻之所以能够“不习，无不利”，不假修营，完全是因为它真正拥有了坤卦的盛德。而我们每一个人在还没有做到这么纯粹的时候，一定不要忘记修德治学，也就是《文言传》说的主敬守义。

六三：含章，可贞，或从王事，无成有终。

六三爻首先说“含章”二字，从象上来讲，这里是在说地的闭藏之象，也就是“含”。我们细想一下，大地虽然生出了万物，但是在地上生出的一草一木要是离开了大地会怎样？它们就会失去生机。另外，这世上大部分的矿藏，如金银、石油、煤炭等，都隐藏在地底下，不会轻易被人类发现，这些都是大地在用自己的方式守住财物。那么“章”又是什么？这要从六三的爻位说了。阳为奇数，阴为偶数，六三这一爻，在三的位置，是阳位，可是它却是个阴爻，所以在这一爻当中，阴阳相混，刚柔交杂，这就引出“文”这个字，盖因《说文解字》中解释：“文，错画也。”不只是六三爻，坤卦本身都是以乾德为内涵，以阴爻为外形的，所以《说卦传》又有坤为文一说。我们用一个比喻来说明，大家都知道刺青吧？刺青也叫文身。如果把乾德比作我们的皮肤，这是我们天生就有的，这是本质，如果我们加一个文身，这个“文”就是后加的东西。文之成者为“章”，在这里就有了“章”的象。

很多时候，学者们会把“章”解释成美丽的文采，或者解释成美德，无论是哪种解释，我们都可以理解为章是很美好的。为什么在六三爻要说“含章，可贞”？这完全是因为六三爻在下一卦里已经走到尽头了，而且一个阴爻还在阳位上，这是十分凶险的。要想自保，就要充分发挥坤的柔顺之德，不能太张扬外放。如果它阴极变阳，这个下卦就是个艮卦，这提醒和告诫了我们要止，要内敛。只有做到了“含章”才能够守持正道，贞正而自立。

我们在乾卦中讲到，乾卦就如同一个君王，追随、顺从乾卦的坤卦就像是一个臣子。观察六三的爻位，我们刚刚说它是十分凶险的，这一爻非常暗合坤卦卦辞“先迷而后得主”的含义，在这一爻，为臣之道要养晦退藏，深沉不露。可以追随王去做事，但是不能自己冒进前行迷失方向，为臣的本分不可逾越、不能专成，这就是“或从王事”。而要真正做到“含章，可贞”，这不是自私地将自己的美德、优秀的本事藏起来不用，而是要将其内化于心，转化到行动和事业中去，此时即使没有一点自己的成就，也得其善终。正所谓“无成有终”也。

六四：括囊，无咎无誉。

坤卦的至柔至顺，一直使它处在一种含蓄内敛的状态，每走一步，都小心谨慎，在六四爻的位置更是如此。坤卦六爻是六条断线，这样的卦形，就如同一个内部中空的口袋。到了六四爻，这一爻是坤卦外卦的初爻，那么比之乾卦重刚的九三、九四，坤卦的六三、六四就是重阴，六四这个重阴的爻在外卦初爻，就如同坤卦的初六爻一样，“履霜，坚冰至”，也就是说在六四爻，阴气已经非常大了，已经冻结凝闭了，所以六四又有“括”的象，像是把坤卦这个布口袋给扎起来了。而初六爻在底下凝结，成了布口袋的底，至此这个布口袋完全被封住了，里边的东西出不来，外边的东西进不去。这就是“括囊”。

在这种情况下，君子应该马上把自己的东西都藏到这个口袋里来，不要外露。不与外物相争，就不会有过失，也就是“无咎”。六四这一爻貌似和六三一样，都是讲退藏之道，不宜冒进，但是我们要细细地分析一下这两爻的区别。

首先这个六三爻是阴居阳位，它有阴阳交错“文”的象，也就是说此时六三爻可以做到“含章”，是因为它的内里有阳，故有这个章美。但是六四不同，六四阴居阴位，在这个位置，它的凶险要远远大于六三。按君臣关系来说，这个大臣已经身居高位了，离九五至尊只有一步之遥，伴君如伴虎，一不小心就可能功高盖主，惹来祸端。在这个位置，臣子可能会避开一些迫害，但是名誉地位带来的负面影响，是很难逃掉的。如果这个大臣具有足够的智慧，他一定会像这个六四爻提醒的一样，把他所有的才华和名誉都严严实实地藏到自己的括囊之中。不只是没有过错，那些外在的名誉地位也不要贪恋。所以说“无咎无誉”。

《文言传》中有云：“天地变化，草木蕃。天地闭，贤人隐。”六四爻特别像古时候那些功成名就之后退隐的名士，辅佐帝王打下江山，或治理好国家，就辞官归隐，不求名、不求利。这样的历史人物有很多，春秋战国时的范蠡、孙武，西汉的张良，等等，都是这样。

六五：黄裳，元吉。

学习过乾卦的九五爻之后，我们知道，卦形当中五这个位置，是九五至尊的位置，是天子之位，在乾卦之中，九五爻又中又正，极其尊贵，霸气十足。那么来到坤卦的时候，六五爻又如何呢？此时他依然是个王者。我们先来解释一下“黄裳”。古时候“衣裳”分上下，上为“衣”下为“裳”。黄裳即黄色的下衣。六五爻这里用“黄裳”一词，是有特别的内涵的。古时候的衣服制式中，只有皇帝才能穿黄色，大家都知道龙袍加身，这只能是皇帝享受的待遇，龙袍主要都是黄色，所以这个六五爻还是暗指这一爻是在君位。但“黄”后面又接了一个“裳”，为什么不是“衣”而是“裳”呢？这还是坤的特征决定的，坤卦一直强调要低调，即使在现在如此尊贵的位置，在衣服饰品上它也担心太过奢华，所以它不说上衣，而用在下的“裳”来表示。这么做是为了不逾越本分，守持中庸之道。不以尊贵自矜，谦卑自抑，礼贤下士。

前面我们提到过，坤为文。在六五爻这里，君主的治下之道也不同了，不用武治而用文治，效法的是坤卦的柔顺之德。六五爻在坤卦外卦的中位，这个阴爻虽然中间是虚的，但因它居阳位，仍含有乾卦的卦德，也具有元德的内涵。既然有元德，它在处理任何事的时候都会用仁爱之治，即文治。六五爻做到这么和顺自然，一切也就都是吉的，所以就有了“元吉”一说。

《系辞传》中有“崇效天，卑法地”的说法，这一句形容六五爻特别贴切。我们说坤为文，在六五爻里，其实还是阴阳交杂的，从本质上来讲，它有乾阳的仁爱诚信，从外形来看，它又有坤阴的至顺至柔。所以在这一卦，本质和文饰如同阴阳交杂，一切中顺平和，自然可以化成万物，诸事吉祥。

上六：龙战于野，其血玄黄。

从初六爻的“履霜”开始，坤卦一爻一爻地发展，到了上六爻，通体皆阴，这时阴气已经到了极点，坚冰终于还是来到了。当阴气到达极点，它再也不想受阳气的控制，甚至容不得阳气的存在，这时候阳气也不甘示弱，奋起与之交战。

在乾卦里，每一爻都用龙来表示，之前也解释过，九三用“君子”那是因为君子也是人中之龙。而在坤卦里从初爻开始就一直在说小心谨慎、阴柔顺从，一直都没提到龙。到了上六爻，却出现“龙战于野”，这个“龙”是指什么呢？我们知道，战争肯定是双方的，没有对手就没有战争，在上六爻，这个龙是阴阳两条龙。一条是因为阴之至极，阴盛于阳，而称“龙”。一条就是被阴气侵逼，与阴气交战的阳气之龙。这两条龙交战在一起，谁也不肯示弱。而坤卦上六爻，此时已经在外卦的最顶端，所以这个地方就像在野外一样，故有“龙战于野”的说法。

在本质上，乾阳刚健，坤阴顺从，现在二者交战，完全背离了它们最本真的状态，此时阴气内盛，阳气在外失去其刚直。而原本应该在臣位的坤，却与在君位的乾一较高下，这更是于理不合，所以这一战的结果肯定是两败俱伤。此时爻辞用“其血玄黄”表述，天之色为玄，地之色为黄，这正是乾坤在上爻一战各有所伤的象征。《周易正义》曰：“盛而不已，固阳之地。”说明这个上六爻已经盛大到极致，按道理讲，至极必穷，它应该如“亢龙有悔”的上九爻一样，复于内卦，按照规律让阳气回来，但它没有，它占固于此，反倒在野外与阳气开战了，此时这个上六爻是一定会受伤的。这就如同一个人，如果不具备真正的王者之风，就应该低调行事，返回自己同类当中，那时候可能还可以和大家一起抱团取暖。但如果他看不清楚形势，狂妄自大，而且后面跟着他的人都心怀叵测，一阴胜过一阴，那么可能那时众人都会变成他的敌人，从而腹背受敌。

上六爻其实是在告诉我们，善于学习的人，一定会懂得克制自己，善于管理的人，也一定知道修身养性。因为从一个大的范围内来说，乾阳始终代表天道，它无论被怎样挑衅和侵袭，都还是会生生不息。而坤是乾衍生出来的，乾为体，坤为用，坤阴最重要的是顺势而为。如果用人与天的关系比拟乾坤，与天逆行，天道是绝不会姑息的。所以要学会在亢龙有悔的时候及时调整回潜龙勿用的状态，在龙战于野的时候懂得停止战争，恢复阳气。这就是人道和天道的关系。

用六：利永贞。

详解见乾的用九。

3. 屯

䷂

屯：元亨，利贞。勿用有攸往。利建侯。

“有天地，然后万物生焉。盈天地之间者唯万物，故受之以《屯》。屯者，盈也。屯者，物之始生也。”——《序卦传》

乾卦的动能具有开创的本领，坤卦的顺德又可以化成万物。在这两卦之后，刚柔交会万物始生，总要有个开端，屯就在这个时候出现了。从现在开始，再没有纯阴或者纯阳的卦了，乾坤两卦之后的六十二卦都是阴阳交杂。就像一个人来到这个世界之前，谁也不知道自己存在于哪里，就像乾卦一样，神秘莫测。而当它成为一颗受精卵，有了一个形的时候，我们也很难猜想它是怎样的一个人，怎样的一种承载，就像坤卦。但它都是干净而纯粹的。但是，当人一旦出生，来到世间，首先就有了性别的分别，之后都是在思想和肉体的结合下成长，阴阳交错。那么屯卦就如同一个人刚刚出生的那一阶段，也如同万物生发、破土而出的那个阶段，所以它的甲骨文形状就是一棵小芽。现在就让我们在屯卦里，探寻其卦辞的意义吧。

首先我们来了解屯卦的卦形，屯卦是震下坎上的一卦。内卦为震卦，后天八卦中，震在东方，如日出一般，一个阳爻在初爻出现，它代表开始，自这一个阳爻开始，屯卦由六二到六四组成一个坤卦，坤阴顺从乾阳，是亨通，所以在内卦中有“元亨”的含义。屯的外卦是坎卦，后天八卦中，坎在北方，为水，在震的上方滋润着下边的万物，这是“利”。而自屯卦的六三爻到九五爻这里暗含了一个艮卦，艮为止，这里就有贞固的含义，所以此时又解释了“利贞”两个字。

在乾卦里我们学到了“元亨利贞”这四个卦德，在坤卦里我们也看到这四个字，现在屯卦里同样出现了。但是我们要仔细分辨这些“元亨利贞”的区别。乾卦的“元亨利贞”是非常纯粹完满的，它毫无限制。但是到了其他卦里，这四德就变得非常具体而有限制了。在坤卦里，是“利牝马之贞”。在屯卦里，虽然开始说“元亨利贞”，但是后面马上就跟了两句“勿用有攸往，利建侯”，这是一种限制。那么我们来分析一下这两句话。

首先在屯卦里，最重要的一爻，就是初始的这个震的阳爻，它就像一个统帅，屯卦的下互卦为坤，《说卦传》说坤为众，初爻这一阳爻率领着众人向前走，这便是“有攸往”。初爻再向上走，会遇到一个上互卦艮卦，艮为止，故有“勿用”一说。初爻在下深得民心，所以它就是“侯”。如果大家再仔细观察卦形，我们会看到艮止的那个阳爻，在九五的位置，所以说，九五是有王在的，那初爻作为阳爻，它与九五爻是合德的，所以利于分封设立诸侯，也就是“利建侯”。我们看，在屯卦的“元亨利贞”里面，这个“利”就特别强调了建立诸侯。这完全是因为只有乾卦是至诚至真至纯的，这一点非常重要，我们将会在之后的学习中慢慢深入体会。

在乾卦和坤卦里，我们很多次都用君臣关系、治国之道来解释各个卦辞爻辞，这是由《周易》经文成文的历史背景决定的。在屯卦的卦辞中提到“利建侯”，也是用为政的策略来诠释这一卦。那么我们也从治理国家的角度，再去理解一下屯卦。《彖传》曰：“屯，刚柔始交而难生。”在屯卦这里，国家就好像处在一个多灾多难的乱世，在这种情况下，一定要先安定民心，此时就利于立贤哲、建诸侯，分封治理，捋顺纷乱，秉持元德的仁爱，以仁心施仁政。因为天下纷乱之时，人心向背决定了是否能够履危为安。而且此时的民众宜休养生息，君王不宜急功近利，劳役百姓，或者让他们服兵役去打仗，那样将会让民众陷入险境。在划分土地、建邦设都的同时，要选用贤德之人做诸侯，管理一方百姓，并且做到爱民如子。这样不用兵戈相见去维护自己的统治，仁义统治天下的政策就可以广昭四方了。这就是屯卦要讲的“利”。

初九：磐桓，利居贞，利建侯。

分析完屯卦的卦辞，我们接着来抽丝剥茧地分析一下屯卦的各个爻辞。我们说屯卦的初九爻非常重要。为什么重要？看一个卦，要知道它有内卦和外卦之分，这个我们在之前的学习中也提到过。内卦就好比是内在，外卦就好比是外在。一个卦，具有什么样的性质，通常是内卦决定的，所以有时候也会把这个内卦叫主卦，外卦叫客卦。在屯卦里，"震"就是主爻居内，它对于屯卦来说，意义非凡。震为动，所以整个屯卦都存在一种积极的动能。我们想想也能理解，一棵植物或者一个人的生发，它一定是充满动能的，如果静止在一个状态，它就没有生长发展的可能了。

屯卦的初九爻，阳居阳位，它也是内卦震卦里唯一的阳爻，在《易经》里面，所有的地方都是以阳为贵，阳贵阴贱，所以说这个初九爻是屯卦的重中之重。在这一爻里，我们要好好地理解一下它给我们的启示。

"初九，磐桓"，磐为大石，桓为木柱。震为木，所以有桓象，初九以阳居下，犹如坚硬的大石头。那"磐桓"合起来就是石柱。

我们知道，古建筑中有很多这种石柱，它们都非常高大坚实，用以承载整个殿堂的屋顶架构，所以说这种大的石材在下方，也就是初九的位置，它稳固不动，就像乾元之中那个贞一样贞固，所以爻辞接着讲"利居贞"。

把这两句爻辞再回归到卦里来说，震为动，但在屯卦这种艰难的处境中，想要向前，首先要让震静定下来，所以二爻往上到五爻，形成一个互卦艮卦，艮为止，这就是要震卦不要再向前了。那把这个卦再比拟到人事上，一个如同国家柱石的人是谁呢？就是那些堪当重任的栋梁之材。这些人心里都有着拳拳济世之志，想要救国家于危难之中，此时屯卦初九，一阳爻居三阴爻之下，有以贵下贱之象，这是盛德不骄、体恤民下的表现。这种仁爱之心足以让民众感化，这种大义精神足以使民众钦服。所以在这种需要共克时艰的时候，如果分封诸侯，让这些国之重材，安抚一方，以静治乱，那一定是有利的，也就有了最后一句爻辞"利建侯"。在卦辞爻辞中都有"利建侯"，这是针对不同的方面讲的。卦辞中的"利建侯"是说在乱世治理国家建立诸侯，有利于民生安稳。爻辞里的"利建侯"，更多的是针对这一爻象征的心怀救国之志的贤士们，是说他们不宜以救国之心去做那些躁动的事情，比如打仗、征伐等，在此时他们要谦卑亲民，固守一方，引领民众渡过难关。综合整个屯卦来看，能有“利建侯”，除了初九居下固守贞正，其实也是又中又正的九五爻建立起来的。在屯卦中，虽然保家救国的志士们对君主没有所求，但是九五却要依靠初九固国安邦，所以这也是为君所施的王道。

屯卦的初九爻到这里就分析完了，回顾我们之前分析的乾坤两卦，还有现在分析的屯卦，大家可能会感觉到，很多时候我都在用君臣关系给大家分析，可能会想说，这些卦里的精髓，是不是都是为政之用，和我们普通生活的关系并不大？这样理解就误会了。就如同之前说的，因为卦爻辞是古文，贴近卦爻辞的一定是时代感很强的、在当时历史背景下的事情，但是《易经》是在给我们讲道理，而且是大道理，常言“道不远人”，可以被称为“道”的，一定是适用于我们的生活的，它一定是在任何时间、任何空间都适用的，大到一国，小到一人都是如此，不会因为诠释它的内容发生变化而失效。我们现在常用治国来解释卦爻辞，如果大家善于类比就会知道，每一个人都可以是一个国，我们可以用治国之心去经营自己，以期顺利祥和。

六二：屯如邅如，乘马班如。匪寇婚媾。女子贞不字，十年乃字。

六二爻我们还是接续之前的方式，用人做比喻。六二非常贞正谨慎，阴居阴位，且在内卦中位，所以他又中又正，这首先说明六二是个有操守的人。在内外卦里面，各爻之间是两两相应的，内卦初爻应外卦第一爻，也就是四爻，以此类推，二爻应五爻，三爻应上爻。屯卦当中，六二、九五都又中又正，所以它们两个可以说是正应，但是我们之前讲说，在屯卦里，这个初九爻非常厉害，它影响力非常大，而这个六二爻又亲比它，离它很近，离九五很远，所以此时这个六二想要正应九五，受到了初九很大的限制，所以就说“屯如”，也就是说想要应九五是很难的。如果想要去接近九五，向上走又遇到艮止，即又遇到阻力，所以又有“邅如”。“邅”，是改变方向的意思。

我们再看屯卦整个卦形，内卦为震，《说卦传》中震为马，外卦坎卦这三爻在上，为“乘马”，也就是说九五也是“乘马”，可惜六二所在的这个位置是“屯如邅如”，步履维艰。这匹马走不动，只能后退，“班如”即后退之意。《左传》中“有班马之声”也就是这个意思。

在六二进退维谷之际，一旦发生变化，阴极变阳，内卦就变成一个兑卦，兑为少女，这个少女柔顺中正，所以具有贞德。这段“匪寇婚媾，女子贞不字，十年乃字”，我们以一个少女的婚嫁来做一下解释。六二为少女，九五和初九都为男子。前面说过，和六二相应的应该是九五，但此时初九也爱慕她。初九爱慕六二，并不是想要强取豪夺，他是想求娶六二，和她一起合力济屯，所以说“匪寇婚媾”。但是六二知道，自己和九五是正应，我们姑且就比喻成六二和九五是有婚约的吧，对于突然跑出来的初九，六二没办法答应他。初九不能嫁，九五又离得远，也不知道是什么情况，所以六二干脆谁也不嫁，她就在家里等，等上十年再说。所以就有了“女子贞不字，十年乃字”。“字”在这里是许嫁的意思。

虽然我们用一个女子的婚嫁过程解释了爻辞，但是要明白这一爻真正想告诉我们的道理。我们知道初九爻是屯卦中主卦的阳爻，所以说，初九的影响力是很大的，九五爻虽然居君位，它的实力却很弱。在乱世当中，群雄逐鹿，不只是君主择选重臣，有才之人也会选择明主。六二这个时候就面临抉择。圣人之道，讲求从义不从势。六二和九五正应，和庞大的势力相比，六二还是选择了九五，它宁肯深居十年，以期一切事情都安定。六二的心也非常明确，对九五深信不疑，一心追随，这是十分艰难的过程，都出自六二的中正之心。所以这一爻，一方面告诉我们，不要为外物所迫而忘了心中的道义，另一方面也告诉我们，遇到混杂不清、十分艰难的情况，要有坚韧不拔的决心和中正坚贞的毅力。

六三：即鹿无虞，惟入于林中，君子几不如舍，往吝。

和坚贞不渝的六二相比，六三爻就有几分躁进冒行的味道了，为什么这么评断它呢？我们来分析一下它的爻辞。

六三爻阴爻居阳位，所以这一爻十分混乱，它不能真正柔顺，又做不到真正的刚直，因此它很躁动。六三爻上面的外卦坎卦，有鹿的象，所以这个六三爻看到了鹿，就想去追，就有“即鹿”之说。六三爻的这个位置既没有靠近初九爻，也没有和九五爻相应，此阴爻没有任何阳爻的带领，所以说“无虞”。“即鹿无虞”，是说猎人进山打鹿，但是没有熟悉地形的虞官的带领。六三爻如同猎人，初九和九五就如同虞官。

接下来我们看“入于林中”这句怎么解释。震和坎都有木的象，艮又为山，所以这些木聚在山上，这就是林。又因为坎者，陷也，“陷”就是入，综合起来，这就是“入于林中”。

刚才说到六三爻阴居阳位，这个位置很不好，所以此时，六三爻并不能被称为君子，但是爻辞里却用了“君子”二字。这完全是因为六三爻还是想变成君子的。如果六三爻变成君子，那么这个阴爻就会变成阳爻，变成九三，它就与乾卦的九三同德。而且它与六四爻、九五爻一起构成了一个离卦，所以这时候就有了光明，出现一个可以被看到的时机。这句“君子几”就是说君子在此时会见机行事，要依据屯卦给我们的预兆行事。在这里是什么预兆呢？是互卦，艮止。艮止是告诉君子不能去做这件事了，所以要舍弃，就有了“不如舍”。如果不顾这些警告继续冒进，那么就会有悔吝的事发生，就是“往吝”。

把六三这一爻也比作人的话，他在屯这样的时世当中，不去想着救济大众，而只想着满足一己之利，然后又没有一个有正念的人好好地引导，就像是去山林打猎没有虞官引路一样，就只会使自己陷入危险境地。打不到鹿，自己的所有本领又都用尽了，怎么办呢？《易经》里有一个规律，易穷则变，所以这个时候，他就特别期望自己可以变成一个君子。其实这个山林之中有危险，不是一定要进去才知道的，当自己最初要去追这头鹿的时候，没有虞官这件事，就已经给出危险的征兆了，但是利令智昏，六三爻一点也没有觉察出来。而君子是能够顺应天道的人，他看到危险的征兆了，就马上舍弃进入山林的想法。在这件事里，看来进不进入山林，都不会得到鹿，但是一开始就不去做危险的事情，而没有得到鹿，和明明知道有危险，却为了获利而不顾危险进入山林，最后迫不得已没有得到鹿，这两种情况在本质上是完全不同的。如果为了利益不顾危险冒进，在抬脚的那一刻就是自取其辱了，哪里还用进入险地之后才去后悔？所以说，君子和小人的区别就在于对义与利的取舍。舍利则为君子，舍义则为小人。一个人能否把握时机没有别的判断标准，就看他能否懂得在利义之间做出正确的取舍。

从六三爻知道，我们学习这些道理规律，就像是为自己找一个虞官。好比两个自驾游者去到一个陌生的地方，有导航一定会更顺利地找到目的地，没有导航只能摸索路线，甚至会迷路。所以说，学易学道是为了慢慢磨炼我们，让自己成为一个知进退的君子，做一个明白人。

六四：乘马班如，求婚媾。往吉，无不利。

讲完乾坤两卦，天地定位之后，从屯卦开始，《周易》经文就开始非常细致地讲这世间的人和事。单在屯卦中，就讲到了形形色色的人。初九与民亲近，建城设侯；六二待字闺中，不肯嫁人；六三一心逐鹿，只顾私欲。到了六四又讲到一个怎样的人呢？下面我们还是先从爻位看一下。

六四在屯卦中，居外卦初爻，并且靠近九五，对于内卦来说，六四已经在上位了，是一个重臣，但是它阴爻居阴位，又是互卦坤卦的上爻，所以是重阴的一爻，以人来讲，虽居高位但实力太弱。幸运的是，这一爻和初爻相应，它们刚好是阴阳相合的一对。这种相合，要是用在男女关系上，是可以成婚的关系，所以有“求婚媾”一说。

那么爻辞中前一句“乘马班如”是怎么来的呢？在六二的时候我们解释过，“乘马”是因为内卦震为马，六四爻在上，所以称“乘马”。“班”，退也。这个退有两种解释：一是六二爻和初九爻亲比，所以初九想要求娶六二，六四爻知道这种状况，它想要去与初九婚配，又担心初九没这个心意，所以它就退回来了。一个解释是，六四本来亲比九五，它要向上升，但是它知道自己的不足，想要求助于人，所以它向后退，去求初九的助力。我们分析《易经》的卦辞爻辞时要注意，因时因事不同，我们要进行不一样的分析理解。《易经》虽然一直是在变化的，可其中的道没有变。所以说这两种解释我们都可以接受，在以后遇到问题的时候，具体问题具体分析。

此时，我们先按照后一种来理解，按照君臣关系分析六四这个人。我们说过，六四离九五很近，所以说他已经位极人臣，一般来讲，有这么高地位的人，往往会有妄自尊大、刚愎自用的缺点。但是六四在此时，却能退回去，亲自去找初九帮忙，这是“往”。对于一个权臣来说，依附他的人，向他展示才华的人会很多，所以他不必担心自己遇不到有才之人，但是就怕一个人太有权势就忘乎所以，根本就不把别人放在眼里，要么没看到别人的才华，要么轻视别人的才华不去用，这就会出大问题。在六四这里，他能够做到屈尊降贵去求初九，就得到了一个了不起的助手与自己一起济世安民，那他一定会使这个屯的状态变得亨通，所以是“吉”。“无不利”是说，不只在扶危济困这个问题上，如果能得到一个有才之人，并且又能好好地任用他，让他好好地发挥自己的才华，那么天底下所有的事，我们都可以顺利处理好，都可以无往不利。六四的警示是，一个领导者，特别是自身能力不足的领导者，更应该有求贤若渴的精神，做到唯才是举。

九五：屯其膏，小，贞吉；大，贞凶。

前面讲了四种人都是臣子，终于来了一个真正的王者。九五爻居上位，又中又正，这是有真命天子的身份，但是乱世中的天子可不好当，下面我们就来看看九五爻的境况。

九五居于外卦的坎卦，坎为水，水能够滋润万物，象征着君施德政。《楚辞》中王逸在《九思·悯上》有言："思灵泽兮一膏沐，怀兰英兮把琼若。"这里的"膏"就是"膏泽"，就是比喻德政，所以九五卦辞有"屯其膏"，比喻九五这位君主，在这个乱世当中应该是施行德政的。

这个九五所在的这个坎的位置，还有陷的意思，在互卦之中，这是个艮，是止的意思，这两个解释加在一起，说明这个九五一动不动。一动不动是什么状况呢？首先我们回顾一下，在这些爻当中谁和九五最相应？是六二，但是解释六二的时候，我们已经知道了，六二在它的位置不主动和九五相应。那么这个时候，九五就没有辅佐自己处理事情的人了。古时候皇帝都是在宫廷之中的，他远离民众，要想体察民情、广施德政，没有人帮他是施行不了的。六二在它的位置守持贞正，而九五又陷又止地一动不动。六二是阴爻，九五是阳爻，阳大阴小，这是《易经》的惯例。这个称作小的六二，受到九五的膏泽，又在它自己的位置上守持贞静，不去求任何人，我们在分析六二爻的时候已经说过了，这是一种坚韧的精神。在这个乱世当中，用这个方法处世，是会亨通的，所以爻辞有"小，贞吉"。然而，换作九五爻就不同了，九五爻的君主虽然在上位想要对人民推行仁政，但是他也守在那里，贞静无为，不求助任何人为他传递消息，在宫廷里全凭想象去猜测民情，这是无法正确地施行德政的。就如同《晋书·惠帝纪》所记："及天下荒乱，百姓饿死，帝曰：'何不食肉糜？'"这样的境况，天子为政必定十分凶险，故有"大，贞凶"。九五没有元德的动能，又使世道和百姓陷入危险，此时连他想要守住的贞静也会一并失去，是十分凶险的。

上六：乘马班如，泣血涟如。

上六是屯卦的最后一爻，在外卦里也是在坎陷之中，所以还是处于险地。在这个时候，上六爻想再往前，但他没有才华，又做不到坚贞柔顺，因此“乘马班如”，上六还是得向后退。退回去干什么呢？和初爻与四爻、二爻与五爻一样，与三爻相应相求。六四应的初九，是建功立业者，所以六四就劝初九和他一同向前。九五应的六二，要做到“不字”，就给他一个戒律，要他守持住贞正。但是上六爻应的这个九三爻，只顾去追鹿，自私自利，特别不适合一起做事。

坎卦是一个危险的境地，在这里很容易受伤，所以坎卦也被称为“血卦”。此时上六自身条件不行，与他相应的九三又不靠谱，这可谓增加了忧虑，就有了“泣血涟如”这个说法。“泣血涟如”在现代汉语中解释为眼睛哭出血，比喻异常悲痛。

眼睛都哭出血了其实并不是解决问题的方法，但是值得庆幸的是，还有悲伤哭泣的这个念头。在上六这个位置看似山穷水尽了，靠自己，自己没有本事；靠别人，别人也靠不住。但是尽管境况困顿，道却是没有穷尽的。如果能因为这个悲伤的念头而想到好好地奋斗，或者向其他地方、其他人那里求得帮助，还是可以转祸为福的。所以说，不用见风使舵，但要随机应变，忧劳也是可以兴国的。对于人来说，就是要学会自我勉励，遇到事情要化悲愤为力量，可以难过，但要在这种难过的情绪中寻找到解决问题的正确方法，转危为安。

重温屯卦六爻的爻辞，上下互异，在下的爻遇到险陷的情况，适合按兵不动，贞守其静；在上的爻遇到险境，却适宜动起来，让它有所往。这是因为它们的时位不同，拯救民众的方式也不同，要区别来看。下卦为震本身就有动的含义，所以适合静，在互卦中，艮为止，所以它适合动，而上卦的“坎”陷，这是险地，所以在这种困境中就一定要努力。以上所有，从阴阳的角度来看，一静一动，一阴一阳，这都是遵从道法、阴阳平衡的。

4. 蒙

蒙：亨。匪我求童蒙，童蒙求我。初筮告，再三渎，渎则不告。利贞。

《序卦传》曰："物生必蒙，故受之以蒙。蒙者，蒙也，物之稚也。"在屯卦的阶段，万物始生，可谓历尽艰难地来到了这个世界，接下来《序卦传》就给万物的状态下了一个定义，"物生必蒙"。一个"必"字，说得这么坚决肯定，不接受任何反驳。我们常常还会想，世间的事哪有那么绝对的？但是这一个"蒙"字还真是人人都有，事事都有，即使佛法无边的佛祖，也要在证悟之后，才变得通透而不染世俗。那么接下来，我们就来说说这个"物生必蒙"的蒙卦。

首先我们来看蒙卦的卦形。蒙卦的内卦为坎，外卦为艮。我们现在已经知道，内卦是主卦，也就是说坎为主卦，而坎卦里只有一个阳爻，就是九二爻，所以，像屯卦的初九一样，在蒙卦之中九二是一个很关键的爻。

我们先来观察蒙卦的内外两卦，在《易经》的后天八卦里，内卦坎在北方，在十二时辰里子的位置，是坎子一。在这个位置，按乾卦卦德"元亨利贞"排位，这里是贞固的"贞"。按人事来说，"仁义礼智"，是"智"的位置，《说卦传》中称坎为心病，在这里，坎就是心智。再看外卦艮，艮为止，一个人在出生之后，心智受到阻断，我们说这是心智未开，这种状态就是蒙，也就是我们经常说的"蒙昧无知"。每个人出生时都是蒙昧的状态，这也正符合《序卦传》说的"物生必蒙"。

在前三卦的分析中，我提到过六十四卦中只有乾卦的卦德是最纯粹的"元亨利贞"，其他卦都有附加条件加以限制，在蒙卦卦辞里，第一个是从"亨"开始的，它的元德去哪里了呢？佛家讲"何期自性，本自具足"，《易经》里的每一卦也是一样。天一地二，三生万物，乾卦创造的一切，都与它一脉相承，同根同源，蒙卦也是一样。在蒙卦里，之所以没有"元神"，是因为它被蒙蔽了，我们在混沌无知的状态中，一直追求这个纯粹的元德，以使自己的一切亨通顺遂。因此，蒙卦卦辞“蒙：亨。”隐去了那个元。

我们现在还是将卦和人相比拟。首先艮为少男，所以艮就指蒙童。而我们之前说过，在蒙卦里，最重要的九二爻在整个卦里处于主导地位，所以坎卦里的这个九二就是老师，在这个卦里它是主，所以自称“我”。古语有云：“礼有来学，无往教。”这不仅仅是维护师道，在施教的过程中，也讲求时机。如果一个学生没有想要向老师求教的心，老师主动去教，这个时候，学生未必想学，这是一个主动学习和被动学习的关系，这两者对于开悟启蒙的效果来说是有很大区别的。以上就解释了“匪我求童蒙，童蒙求我”。不是老师去找学生为他答疑解惑，而是学生虚心向老师求教。

那么接下来这句“初筮告，再三渎，渎则不告”应该怎么理解呢？筮的本义就是占卜。为什么初筮告？卜卦问事，第一次占卜，肯定是诚意满满的，用的是一颗贞正的心，所以这个时候要告知。那为什么“再三渎”呢？这是因为，如果一件事你诚心占卜了一次，那它的结果你是一定会相信的，之所以有后面第二次、第三次再去占卜的行为，这就说明你心存怀疑，没有诚心相信。有句话叫“心诚则灵”，这时候就是亵渎了，所以也就不再告知了。按照卦辞字面的解释，就是讲占卜的事儿，但我们还是要回到师生这个问题上来。学生向老师求教，要有诚意，是发自内心地向老师请教。如果一个问题老师已经解释明白了，而学生还是一而再，再而三地去问老师，那他要么就是没有专心听讲，要么就是考验老师，这样没有诚意，老师就不会再教了。那么其实这个“初筮告，再三渎，渎则不告”也正解释了最后一句“利贞”，只有秉持真心，才能得到老师耐心的教诲。

从蒙卦的卦形来看，坎心在下受阻，其实是不能亨通的，但是卦辞第一个字就说亨，是因为人们想了很多办法让自己的家庭、事业、生活亨通，而之所以能达到亨通，全都是因为守“贞”。蒙卦的彖辞有一句是“蒙以养正”。在《易经》之中，每一卦、每一爻所蕴含的道理，大可到天地，小可至微毫。这个蒙卦并不单单是在述说一场师徒情分，它更是在讲天地之教化。圣人之所以为圣人，全在一个“正”字。想要一个人向圣人的方向成长，在蒙童的这个时期就要培养他“贞正”的精神，那么即使他以后不会成为一个圣人，他也是在朝圣的路上。如果天下的人都能够有这样的造化，所有人都找到了自己最初的具足本性，那么教化天下这件事也就不需要了。

初六：发蒙，利用刑人，用说桎梏，以往吝。

蒙卦的卦形，上面是艮卦，下面是坎卦，在这个卦形组合中，有一个下互卦震卦在二爻到四爻的位置。爻辞中的“桎梏”是指刑具，戴脚上的叫“桎”，戴手上的叫“梏”。艮为手，震为足，坎为陷，像是手足都受禁锢了，所以这个卦就有“桎梏”的象。

知道了“桎梏”的含义，接下来我们从爻辞第一句来解释：“发蒙”，初六爻在九二爻之下，它虽然有自己的本自具足的天性，但是它受到“桎梏”，所以它的灵气就像被拘束住了，被事物给遮蔽住了，就发挥不出来，那么此时就需要它亲比的九二帮它启发出来，而且这个“发”不只是对智商的启发，最重要的是要把初六的那颗心打开，如果初六能在九二的启发下，找到了自己的被蒙蔽的元德，那么它做什么事都将是亨通的。这就是“发蒙”。

应该要怎么“发”呢？“利用刑人，用说桎梏”这一句当中的“说”是个通假字，通“脱”，这是因为发蒙旨在使初六发生变化，去除它身上的枷锁。在初六发生变化的时候，初爻就变成阳爻，那么内卦就是兑卦，《说卦传》讲到过兑为毁折，一旦初六变了，那时候这个“桎梏”一定是被毁折的，也就是它脱掉了刑具。分析完这一句，不禁感叹《周易》的奇妙，每一句、每一形都是严丝合缝、环环相扣的。

明白了“用说桎梏”的意思，我们就知道，前一句“利用刑人”才是爻辞告诉我们的办法，启发蒙昧，去掉桎梏。“利用”很好理解，但这个“刑人”是什么意思？刑通“型”，我们知道“典型”这个词，指具有代表性的人物或事件。在初六爻里，用“刑人”就是指人，是可以给大家做榜样、做典范的人，他非常庄严，不怒自威，他不需要讲任何道理，你只要观摩他，就会学到很多东西。他就是一个有智慧、有仁心、讲礼义的人。他的威严可以平息邪念，他的仁义，如果我们去观摩，就会产生善念。于是那些“桎梏”我们、蒙蔽我们的东西也就被“脱”掉了，消散了。当然了，之所以我们能够被教化，是因为我们天性里就有这些善良的本质，它与“刑人”相应和，就会油然而生，不受任何束缚。

“以往吝”，是说发蒙的时机。初六爻在初位，还没有浸润世上很多不好的东西，这个时候发蒙，其初心还非常纯粹干净，故应及时启发，解除蒙昧。如果错过这个时机，再往前走，这个初爻可能就会沾染很多不纯净的东西，而且浸润会越来越深，那时候再想解下“桎梏”就难了，就容易出现悔吝。在现实生活中，如果对一个孩子，我们把道理和知识传授给他，他都会很好、很快地接受。但是如果我们和一个成人讲道理，因为这个成人已经有了自己固有的思维模式和价值判断，他接受起来会十分困难。所以说，教育的时机也是非常重要的，启蒙和引导，贵在提前进行。

九二：包蒙，吉。纳妇，吉。子克家。

在前面的蒙卦卦辞和初六爻的爻辞里，我们说到九二爻居内卦中间的位置，是内卦唯一的阳爻，在蒙卦里是主爻，之前我们说他是老师，所以说，这个九二爻就是去开启蒙昧的那个人。谁需要开启蒙昧呢？就是这一卦里的其他几爻，也就是老师身边有困惑的人。这些人有阴有阳，有远有近，蒙昧程度不同，诚心求教的心意也不同，有容易被启发的，也有不容易被启发的。所以在九二爻的爻辞中，首先就给出“包蒙”的概念。在这里，“包”是指一种包容、宽厚的心态，就是说老师对每个学生都能耐心对待。老师既要给蒙昧的人一个做事的范畴、一个行为的准绳，使他们不要违背了规范，同时又要宽以待之，不苛责学生，让学生们在接受启蒙的时候不感觉难受。正是《尚书》所说“敬敷五教，在宽”的意思。

在这种包蒙的状态下，老师的教导方法也是多种多样的，有的直接教育，使其明白道理，有的采用迂回的方式讲，让对方能听进去。这说明老师都是因材施教，对教育的对象没有区别心。如同娶妻一样，妻子被娶入家中，虽然妻子对于整个家庭来说是一个外姓人，但是用应该有的礼仪好好与她相处，用真诚的心去感动她，让她慢慢被同化。孔子说“有教无类”，说的正是这种不分异同、贵贱，一视同仁的教育。所以用“纳妇，吉”来比对九二爻。

九二爻对于六五爻来说，如果用在师道中，九二就是老师；如果以爻位来看，那么六五是君，九二是臣。君臣关系如同父子关系。如果一家人都成才了，那么作为一个儿子来说，他也是为了家庭尽心竭力了。如果天下人都一心向道，那么对于臣子来说，就无愧他的职位了。人臣负责施教于人，就如同人子认真治家管事。无论是臣是子，做好这些都是分内之事，但这是靠诚意和情谊才能得到的结果。

六三：勿用取女，见金夫，不有躬，无攸利。

有一个贬义词叫“不三不四”，这个词被解释为不正派。其实这个词就来源于《易经》的三、四爻。六爻每两爻一组配三才，即初爻与二爻为地，三爻四爻为人，五爻与上爻为天。那么“不三不四”，三、四爻不正位，不正时，就是指人不正直、不规矩的意思。在蒙卦里，这个六三就出现了这种迹象。

六三作为阴爻，如果它要求变，会变成阳爻，与九二爻和六四爻组成一个兑卦。兑为少女，内卦坎为中男、为夫。又有坎为陷，我们讲坤卦的时候说过，所有矿物质都被大地敛藏在内，像坎这种陷的象，一定暗藏了矿物质，而坎中间又是个闪闪发光的阳爻，就如同金子一般，便有了“金夫”。

六三爻的爻辞说“勿用取女”，这是针对九二来说的。九二想要成家，为什么不能娶六三呢？是因为六三这个姑娘隐藏着一个邪念，六三居内卦上爻本来应该再向前去，但是她看到了九二多金，所以她就喜欢九二了，换句现代的话说就是拜金女，她喜欢九二只是为了物质利益，而不是发自真心的喜欢，这就是“不有躬”。

我们说人性本善，人本具足，但是见了功名利禄就忘了自己初心的人是不适合娶回家的，因为她的本质就是为了求得富贵而取悦他人，对这样的人再进行教化，就像是给一个心术不正的人传授了知识，搞不好最后出现高科技犯罪，这就变成把六三之前心里那个坏的苗头又向前推进一步，最终是没有任何益处的。这样按照爻辞解释可能不好理解，我们简单地说，九二爻的“包蒙”讲对教化的对象要一视同仁，到了六三爻，《易经》给出了一个不能去施教的特例，为什么呢？因为一把锋利的刀子，本身是没有坏处的，它被一个厨师使用就是一个厨具，而且还能使厨师做出美味佳肴，但是如果它在一个歹徒手里，就是一个凶器，杀人伤人都有可能。道也一样，圣人传道解惑也要分对象，对于心术不正的人不为他施教，这是易道严格守正的态度。孟子曰：“予不屑之教诲也者，是亦教诲之而已矣。”所以真正的启蒙，并不一定是传授知识，因人施教，才是帮人。

六四：困蒙，吝。

六四的位置和六三相比，更艰难了。本身六四就是重阴的一爻，它在蒙卦之中，与上九、九二都不挨着，所以说它很困顿，这爻就解释成“困蒙”。六四在六爻中，它和六三是处于人的位置，周遭都是小人，所以说它有困于人。在外卦当中，它本该到天上了，自由自在了，但它这个位置在最下，所以说它又有困于天。这种重重围困的状态，说明这个六四天生就愚钝，没什么敏锐的才智，那在这种情况下该怎么办？勤能补拙。要靠不断地学习去改进自己。其实这和我们大多数人一样，世界上并没有那么多天才，很多人都是靠后天的努力来改变自己的命运的。这个六四想学习，但是它与九二那位老师还离得太远，想要向身边的朋友学习吧，又发现六三还不太靠谱，六五自己还很蒙呢，没办法，它只有自己困在原地，所以就有了爻辞最后的“吝”字。这个“吝”是为了强调羞愧，可能很多人奇怪为什么这里强调羞愧，其实这是《周易》的另一个激励人心的方法：想要六四知道羞愧，进而奋发图强，摆脱困境。《周易》的经文常常会用到这样的方式，有些内涵在这个卦或者爻中或许看不到，但是《周易》会通过卦辞和爻辞，埋下一颗期待的种子，希望人们更加自强，不断地进步。

六五：童蒙，吉。

蒙卦的六五爻，在尊位上却是一个阴爻，用我们之前的比喻来说，这个位置是王位，一个君主有柔美顺和的一面，说明他非常谦卑。我们知道，五爻一直都是和二爻相应，此时蒙卦的六五爻就是和九二爻相应，九二是老师，说明六五虚心求教。天子在上，他是否能够亲贤取善，这不是九二能左右的，所以这说明六五的诚意是发自本心的。这种柔顺在卦形当中也可以看到，本身六五爻就在上互卦坤里，坤的本质就是柔顺。这个六五爻一旦变阳爻，上卦就是一个巽，巽也为顺，而且有入的象。顺而善入，这就有了初筮的诚心，而没有那些再三亵渎的失礼。所以在卦辞中提到的童蒙，就是指六五这一爻。因为普天之下，再没有比小孩子更纯善的了，童真是最天然、最纯粹、最没有邪念的。在这种纯一守贞、毫不虚伪的情况下，教授他爱世界、尊敬世界的理念，让他把这一切融入自己的日常所行、言谈举止当中，那么大道的东西就会从他的本性中生发出来。

六五这种柔顺至诚的状态，是因为它是阴爻，与它所在的阳位相中和，这时候将诗书礼仪教导给它，它的品德就会像它此时的本性一样淳朴未漓。一个人在孩童时真诚向老师求教，老师又用正确的方法做到蒙以养正，就能把他培养成可用之才。如果想让他精进，使他成为一个圣人也是有可能的，那这就是大吉，因此爻辞说："童蒙，吉。"

在生活当中，这样的道理往往是被忽视的。很多老师并不知道童真的可贵，也就是不理解童蒙之吉。总喜欢过早地去开发孩子的潜能，或者是去破坏孩子天性中的良知。很多时候人们往往更注重孩子的外在表现，或者在蒙童没有生发求知欲的时候，提前给他们灌输，这样做就破坏了孩子心中的那份元德的创造力，还有贞正的纯心。可见，教育方法不对，就有可能将人才破坏了，这是非常可惜的。

上九：击蒙，不利为寇，利御寇。

在我们分析六三爻的时候，我们知道六三爻是非常不正派的一爻，而且不服教导。在六爻中，上九和六三相应，所以此时上九要对六三使出强硬手段。说起来，这个六三不顺服也不是他的本性，他是被物质的东西所诱惑。想占有物质，就如同流寇盗匪一般，是不对的，要用"击"这样严厉的手段来去除蒙昧无知，改变容易被诱惑的状态，抵御流寇一样的想法，蓄养自身的善念，阻止自身的邪念。如果用这种御寇一样的方式，节制得刚刚好，把那些不好的想法阻断，那些苦难或麻烦事儿就不会来临。但是如果这个御寇的手段用得太过激，用匪盗的方式治理匪盗，变成以暴制暴，那就没有益处了。这就是"不利为寇，利御寇"的意思。

最后我们来思考一下为什么要用这种严厉的方法去对付这个"寇"。其实是为了把它的过错清清楚楚地找出并公示出来，然后重重地惩罚，为的是遏制其贪嗜的欲念，而保护其天然的良知。上九自己不为"寇"而是去抵御"寇"的匪气，这样对于蒙童和老师来说都是有利的。所以说运用"击"这个方式一定要慎重，为人施教，贵在九二爻的"包蒙"，在宽厚包容的前提下，慎重使用严厉的教育方法，也就是要先注重以德服人，以礼待之，才能使人真正信服。惩戒要在适合的情况下用，而且要控制尺度。在屯卦里我们讲了为君之道，在蒙卦里我们又讲了为师之道，其实在道理上都是一样的。

5. 需

需：有孚，光亨。贞吉，利涉大川。

“物稚不可不养也，故受之以《需》。需者，饮食之道也。”——《序卦传》

在盘古开天辟地以后，万事万物出现在这个世界，一切事物开始都是稚嫩柔弱的。就像一个婴儿的出生，他除了蒙昧无知，需要教化，还需要物质的供养，即精神食粮和物质食粮都要给予充足的供给。所以在蒙卦之后就是需卦，《序卦传》称为饮食之道。我们之前就说过，道无处不在，人世间的每一件事，都依附着道而运行存在，那么我们现在就在需卦中来体悟这一卦给我们阐释了什么样的道理。

首先看卦形。需卦是乾下坎上的一卦，刚健的内卦乾，积极向上的势头，遇到外卦坎，坎为险为陷，所以乾卦受阻，它就停下来等待时机。此时的等待，就是这个“需”的意思，所谓“心急吃不了热豆腐”，在不适合行动的时候，那就等一等吧。

“有孚”“光亨”“贞吉”这几个词怎么理解？通过分析卦形我们可以知道，需卦外卦是一个坎卦，互卦是离卦和兑卦。坎为两个阴爻包裹一个阳爻的象，从外看来，阳爻陷入阴爻之中，坎的外观是虚的，但是实质上，它内里却是一个非常实在的阳爻。这就好像我们人体的结构，看上去外面是皮肤，是柔软的，如果我们用手去按一下，就会碰到里边的骨头，那个骨头是实的。我们的骨骼支撑我们的行动，皮肤破只是疼痛，骨头坏了，没了支撑。依据这样实实在在存在的一个阳爻，坎为“孚”，“孚”就是诚实，讲信用。人如果失去诚信，就如同骨骼出现问题，那是大问题。所以在需卦中，首先卦形里就设定了一个坎为“孚”的象做警示。那么接下来的“光”和“亨”就很好理解，上互卦离为日，所以它代表光明，而下互卦兑为悦，这是代表喜悦的意思，为什么又说“亨”呢？正如在服务行业中，我们经常讲究微笑服务。当一个人笑脸相迎地去沟通一件事，往往会顺利得多，如果满脸怒气，或者面无表情，就难以解决问题。所以说在兑为悦的条件下去沟通事情，会很顺利，也就是亨通的状态。这就是“有孚”和“光亨”的解释。那么“贞吉”是从哪里来的？坎卦的那个阳爻，在整个需卦里，处在九五的位置，它又中又正，所以它是贞正，此时一切都在正确的状态，所以也就是吉利的，故为“贞吉”。

接下来我们来分析“利涉大川”。在之前的卦形分析中，我们说内卦乾卦遇到外卦坎卦，要停下来等待，这是“需”。“有孚，光亨，贞吉”是说，乾卦的等待没有白费，它积蓄了很多利于自己的能量。乾的本质就是刚健决断，能预知并从容应对风险，那么在到坎卦这个险地的时候，乾卦也不会陷落，所以这是“利涉大川”。在这里，“大川”并不是指坎，而是指“乾”。或许很多人会认为坎为水，坎可能是“大川”，但我们知道，坎是一个阳爻，而且还陷于阴爻之中，所以说坎的这个水特别小，八卦图中子坎一的位置也是一阳来复，阳气很小的位置。这里我们如何好好地理解“大川”这两个字呢？我们可以想象一下，如果我们遇到一条河，这条河对我们来说是一个险境，那么这条河在大川、大海面前呢？它其实微不足道。海纳百川，何况是一条河。乾卦的这个“大川”以奔腾之势而来，面对坎卦这条小河流，可轻松对付。这正是“利涉大川”的真正含义。

分析完需卦的卦形，整理清楚需卦所有的卦辞，我们再来深入分析一下需卦的内涵。

首先我们要知道，这个需不是没有意义、漫无目的地等待。在这个需卦里，最有意义的就是“有孚”，至诚则心安。如果一个人做到有诚心，他就知道，决定命运的时机一定是在安详镇定的心态下体悟到的。我们常常会强调一个人要有定力、有定识，这都是为了使自己在遇险境、困难的时候，不会失去方寸，会很快让内心平静下来，不被情绪控制。冷静理智地去考虑问题，这个问题一定会解决，如果失去理智，心绪不宁，那么很难将问题处理好。有这种内心的安定，焦虑和妄念都会被消除，自己的内心就会明媚而美好。一个人精神上如果是愉悦的，身体各个方面都会变好。而这些明媚与美好都是附带的好处。坎卦的“有孚”，来自九五爻的“贞正”。九五爻持守贞固的精神，才让“有孚”一直发挥它的功效。而且九五爻暗藏在内，所以它虽然实现了“光亨”，但也没有把这一切显露出来，那是因为无论是“有孚”还是“贞正”，它们都知道还没有到展露的时机。虽然时机没有到，但是因为光明和亨通的态势已经存在，所以这个成功的时机是一定有的，即使没有任何人的救济，也一定是吉的，即使眼前是险境，也一定都能渡过去。

需卦告诉我们，要学圣人之道，我们要用一颗真诚的心去学习，并且要深入学习。只有你学得很深了，才可以自如地使用它，才会有自己的感悟和心得。如果把需卦的道理用在管理上，比如说管理自己的身体，我们要时时刻刻以大道修养自己，慢慢地我们就会发现变化，就会实现身体康健的愿望。这个过程都是在守持“贞正”。

需卦的卦辞和《大学》讲的“知止而后有定，定而后能静，静而后能安，安而后能虑，虑而后能得”特别契合，我们可以联系起来体会一下。

初九：需于郊，利用恒，无咎。

在需卦里，初九爻这个阳爻在最下方，外卦坎险在上边，所以它距离危险还很远。如果用距离远近来衡量，初九就好像在郊外一样；如果用人来比喻，初九就像个隐居山野的人。学习需卦的初九爻，常常让我想起“采菊东篱下，悠然见南山”的陶渊明，初九爻就是一个像陶渊明一样“心远地自偏”的人，他亲自耕作，对世上的事一无所求，只求过上世外桃源的生活。这就是“需于郊”。

虽然是一种明哲保身的状态，但是安逸的生活常常会使人堕落松散，怕是会失去从前的那种气节和初心，所以爻辞就附上一句“利用恒”。这是告诫，在闲适安静的环境中，不可忘记自己的使命感，要持之以恒地守持诚心，做到至诚也就是“有孚”，也就能做到“贞正”。就相当于说，一个胸怀大志的人，即使退隐江湖，也是不能改变自己的价值观的，如果因为生活的安逸，就开始做苟且的事，那是不行的，要一直保持自己的优秀品质。无论身在何处，只要正向的初心不变，就可以与这个世界和谐相处。正因为这些，初九爻虽然在最下的位置，即使它自己与世无争，不向前进，它的品德还是一直在提升的，它就不会出错，所以爻辞说“无咎”。

九二：需于沙，小有言，终吉。

如果初九是生活在世外桃源的隐士，那么这个九二爻就处在是是非非之中了。

我们知道二爻和五爻相应，在需卦里，九二爻和九五爻都是阳爻，他们有着共同的志向，就是匡扶社稷，救济天下。但是他们又有所不同，九二爻虽然有这个志向，在这个中正的位置，他却不肯轻易涉险前行。他涉险的距离比初九爻近了，但还是隔着九三这一爻。用一个比喻来说，如果初九爻是在与世无争的山野，九二爻就已经进入世俗之地了。虽然他前面是一条大河，有险陷，但他的位置还在沙滩上。所以就有“需于沙”一说。

九二爻的位置在下互卦的兑卦上，兑为口，人处在风口浪尖的时候，一定会有很多言语上的是非。一个人在世上难免不被人议论，也难免不去议论别人，这都是通过言语来表现的。你可能没有指责过别人，但是你一定评价过别人。你可能觉得自己行为端正，没有什么错处，但总有人对你妄议。这些事都不是君子所为，所以爻辞说“小有言”。比如说在九二爻的位置，要隐退，就会有人说不能积极地为大家服务；想出来做事，又会有人说，爱出风头。总之你怎么做都错，这都是小人之言。小人之言狭隘，带着偏见看问题。但是九二爻是守持中正的一爻，它与九五爻同德，所以它一定会以君子的智慧去面对一切，它不会被这些议论激怒，也不会随波逐流地失去自己的信念，不会迷失自己，它会做好一切准备相机而动，会对匡扶社稷起到应有的帮助。久而久之，它的这种坚定一定会产生积极效应，即使是议论他的小人，也会信服于它，所以爻辞最后说“终吉”。

九三：需于泥，致寇至。

到了九三这一爻，距离坎险可以说近在眼前。不中不正，离危险又这么近，在此时，下互卦兑卦却为悦，遇到危险，却产生一丝窃喜，说明这个九三有种富贵险中求的打算，本身离危险近，内心又不够中正，产生了不该有的想法，那么这个危险就更进一步。我们都知道，如果在河边离水远的地方走路，鞋子不会湿，但如果离水近，就可能踩到泥沙，不仅湿了鞋，还会沾一脚泥。所以九三爻用“需于泥”来形容它的处境。

一心向往世外桃源的是初九爻，涉世却能独善其身的是九二爻，如果要用处世的态度来诠释九三爻，他就像一个求取功名的人。争名夺利这种事，向来是你争我夺互相残杀，有了这种念头，就会引来如同匪寇一样的祸患。这是因为九三爻有了不该有的贪念，所以爻辞最后这句“致寇至”也是一句警示，是在劝诫九三爻要知道止步，不要让自己去到更危险的境地。

六四：需于血，出自穴。

六四爻来到需卦的外卦，此时外卦是坎卦，坎为水，又处在险境，坎卦又是血卦，所以有血水的象，这就是“需于血”。另外坎卦还有陷的象，就像一个大坑，所以也衍生出洞穴的样子。六四爻阴居阴位，它的实力是最弱的，此时又遇到了险境，受了伤。幸好它与初九爻相应，因此它就求助于初九。所以说，六四爻这个“需于血”其实是在讲如何拯救一个遭受灾难的人。有求于人，想要让别人帮助自己脱离险境，一定要做到诚心，知礼而且谦卑。我们每个人都会遇到有求于人的时候，如果人们在求人帮忙的时候还非常傲慢，可想而知，这样不会得到别人的真心帮助，也不会真正解决问题。但如果我们虚心求助，以礼相待，那么对方一定会尽力来帮助自己。如果所有的人都来帮助自己，即使有再大的困难，也可以安稳度过。到那时危险就可以解除，也不必深居洞穴，自有“出自穴”一说。

纵观六四这一爻的爻辞，其实就是在教我们如何正确地求助于人，告诉我们求人该有的态度。

九五：需于酒食，贞吉。

在需卦里一直在说这个险境，九五爻现在走到了坎的中央，这一卦外卦为主卦，九五在这里是主爻。坎为水，在这里为酒水，下互卦兑为口，此时为食，卦形有种九五爻拿着一壶酒，喂到下面兑的口里去的样子。九五爻在此时也和六四爻一样在险境当中，它也需要人帮助，在下的六四爻“出穴”了，就变成阳爻了，与内卦乾卦那三个阳爻一起来帮九五。在九五孤立无援的时候，它需要的就是去招纳帮助自己的人，当这些人浩浩荡荡地来了，九五需要的就是想办法去治理这些人。这个道理其实很好理解，一个公司创业之前，一定需要很多人员配置，那时候就开始招兵买马组建团队。一旦这个团队组建起来，不能是一盘散沙似的没有秩序，所以一定要有管理办法。那么这时候的管理办法要注意哪些呢？第一点，切记欲速则不达，管理这件事是要慢慢梳理的，不能上来就使用严政，起码你得了解一下人物性格，对症下药。第二点，作为一个管理者，要统筹全局，学会抓大放小，不可多事，既然任贤为用，就要信任他人。授权别人做事，又管这管那，肯定会影响下属的工作积极性和创造性。所以说，九五爻作为一个主爻，处在一个邀请别人来帮忙的位置，就要如同我们邀请人来家里做客一样，要拿出好酒好菜来给客人享用，这才是供养贤人的做法。《诗经·鹿鸣》云："我有嘉宾，鼓瑟吹笙。吹笙鼓簧，承筐是将。人之好我，示我周行。"说的就是这个道理。笙簧酒醴，娱我嘉宾，正是为了将自己治理的政策推行下去。但凡事都有两面，歌舞升平、安逸享乐的状态，往往会使人渐渐生出怠惰之心。人一旦开始懈怠，就有向小人那个方向发展的危险，所以爻辞非常及时地提出"贞吉"。这一句也是为了警示九五爻，要守持正道，不要骄傲自满，不要以为此时一切都平安无事了，就无所顾忌，一定要在心里面时刻提醒自己，未来还有很多不可知的风险，不可麻痹大意。此时如果九五爻为王的话，就要亲贤远佞，用正念治理天下，而天下人都能蒙受恩泽，都会跟随贤主去做事。换到现代的情境中，如果一个公司的管理者，为了拉近和下属的关系，成天花天酒地、攀交拉结，那么整个公司都会出问题。但如果这个管理者非常有正能量，又具有个人魅力，对下属充分信任，并能体贴下属生活，采用人性化管理，试问下属又怎么会不尽职尽责地做好工作呢?

六四爻和九五爻都在险境，都需要人来解救，但是它们又有很大区别。"需于血"是说六四爻在险中，而且势单力薄，环境差到了极点，需要求助别人来解困。就像一个求贤若渴的大臣在"先天下之忧而忧"的状态。九五爻本身就是王者，群贤来朝拜，这时候说九五爻"需于酒食"，是王者施怀柔政策的手段，这是"后天下之乐而乐"。

上六：入于穴，有不速之客三人来，敬之终吉。

需卦的上六爻又是走到了最高处的一爻，这个时候按理说危险程度进一步加深了。但是上六不知道等待，还是积极向前。所以爻辞说"入于穴"，进入危险之中，这是以身犯险。不过幸好它与九三正应，而九三和初九还有九二都是阳爻，有共同的德行，所以这三爻一起前来帮忙。但是我们知道，这三爻是作为九五的客人来的，并不是上六邀请来的，所以爻辞说"有不速之客三人来"。"不速"指没有受到邀请。

上六在这么不好的处境，它一定是求变的，一旦它变成阳爻，外卦的坎险，就变为巽顺了，这种柔顺使得上六变得十分恭敬，所以它能很恭敬地对待别人。在生活中，如果我们和某些有才华的人不期而遇，那么我们一定要恭恭敬敬地以礼待之。这是理所当然的，为什么呢？不是因为我们想在别人身上获取什么财富，而是我们不能失礼于人，而遭到别人厌弃，最后失去人心。如果上六能够做到这样，那么最后它一定可以得到别人的助力，虽然它已经步入险境深处，但因为它恭敬对待内卦乾那三爻，所以这三爻也一定会将它从陷阱中解救出来，因此最后还是吉利的，也就是“敬之终吉”的状态。

九三爻“需于泥”，我们讲它太贪图名利，状态非常不好，但是因为九三爻本身还是阳爻，它心里还是有很多敬畏和慎重的考量的，所以即使出现那样的危险，也不会使它非常惨淡。上六爻“入于穴”，这也是很危险的处境，但因为它用很恭敬的心去对待帮助自己的人，所以最后结果也是好的。如果不恭敬，就会使自己走上荆棘丛生的险路，如果做到恭敬，就是为自己选择了一条阳关大道。这样的道理，一个修养身心、经历世事的人，是一定要知道的。

凡是遇到险境的人，最可贵的是不要让自己陷入险地。所以内卦的乾卦三爻都用一种“需”的状态在等待时机，它们都不会冒进，这样就不会伤害自身，这三爻是在告诉我们明哲保身的方法。而外卦的坎卦三爻，已经在危险之中了，这个时候最可贵的是能使自己从危险之中走出来，所以这三爻，都需要乾卦的动能，需要乾卦三爻来帮助自己走出来，这三爻就是在重点说怎么用人。

6. 讼

讼：有孚窒惕，中吉，终凶。利见大人，不利涉大川。

“饮食必有讼，故受之以《讼》。”——《序卦传》

饮食之道即为民生大计，特别是在古代，科技还不发达，民众之间的争端基本都来自最基础需求的矛盾。所以《序卦传》中，在需卦之后就承接了讼卦。

研究讼卦，我们依然从卦形入手，讼卦卦形，下坎上乾，是需卦卦形颠倒过来，此时乾的刚健在上，压制着下面的坎险，这种象上下相制，必起争端，所以说是“讼”。在这个卦形里，坎为中“孚”，乾为警“惕”，这两卦上下交接的地方是互卦巽，巽为顺，本来应该是畅通的，但是因为有这个争端，所以就不顺了，所以为“窒”。此卦九二爻为阳爻在“中”位，上九也是阳爻，在最上是“终”端，九五爻又中又正，是“大人”的象。此时又出现了我们在需卦里分析的“大川”。这一回小河坎在下，乾大川在上，不利前行，所以说“不利涉大川”。

以上是用卦形分析卦辞，下面我们具体分析一下讼卦卦辞的内涵。民众之中的祸患多是来自争端和诉讼，而且在一个社会当中也不可能没有任何争讼。面对争讼一定要做到有诚信，讲道理，不能为了争辩就不讲情理。这样做到了有孚，那么遇到阻塞不通的情况就会懂得忍耐。所以说，想要没有争讼，就要在即将产生争讼的时候，仔细思量一下，警惕争端的产生，使这个讼因为戒备而消除。不可以着急去打官司闹诉讼。即便是不得已而一定要打官司的话，也要依理依法，少积怨，也就是吉了。如果不顾一切去结怨，而祸事也就一步一步来了，那一定是凶的。

之前我们说，九五爻是大人，因为他做到了中正。那么这些民众仰望着大人的中正，受其教正，就可以化解心里那个想要去争讼的想法，这就是“利见大人”。“不利涉大川”指有纷争的时候，就失去了和气，中国传统讲求以和为贵，天时地利人和，“人和”非常重要。失去了和气，就不可能做成大事，这就是“不利涉大川”。这些卦辞都是在表达圣人始终劝诫人们尽量不要争讼的意思。

在生活中，我们常会因为一些琐事而发生争吵，当一个人不诚实、非常虚伪狡诈的时候，这个争端一定会升级。而当一个人待人很诚恳，遇到不痛快的事又懂得忍让，而且有所敬畏，那么这个事一定不会闹到很大，甚至会大事化小，小事化了。当然了，这样的情况是最好的，但如果说有了必须要理论清楚的状况，又应该怎么样呢？即使到了最严重的真正的诉讼阶段，诉讼程序中也有一个非常重要的过程，就是和解。法律不是空设的，法律是有法理的，它一定是采取最有利于人民的办法来解决争端。也就是说，法律也认可“中吉，终凶”的道理。换句话说，即使一定要打官司，我们也要尽可能地避免两败俱伤的结局。

初六：不永所事，小有言，终吉。

讼卦的初六爻居下位，它势单力薄，阴柔才弱。对于初六爻来说，如果不去做一意孤行、急于求成的事，就不会有争讼出现了，这是“不永所事”。但如果有争讼产生，它根本不去争，想要就这么算了，可能又会有人议论它懦弱，这是“小有言”。不论以上哪种情况，初六爻的智慧之处，就是它懂得和别人解除恩怨，保护自己，所以最终还是吉利的，这就是“终吉”。这样的一爻，即便事情没有做成，它的福泽也是长久的。

我们每个人都会遇到一些争执或纠纷，很多人往往会自恃刚强，求胜心切，根本不考虑自己在什么样的处境当中，这是十分可怕的。在初六爻里，卦辞其实是让我们知道，要正确看待自己的能力。如果我们是在一种能力很弱的状态，那么即使有谁在一旁议论，我们也要不为所动，尽力避免争讼，不去与人结怨，保护好自己。

九二：不克讼，归而逋。其邑人三百户，无眚。

对于九二爻，我们还是先从卦形上分析。《易经》之中的卦与卦之间都是有着千丝万缕的联系的。在讼卦之中的九二爻，之所以爻辞说“不克讼，归而逋”，是因为讼卦的这个阳爻，是天山遁中艮卦的那一个阳爻，退回二的爻位得来，所以它仍带着艮卦退避和知止的特性。在争讼里不会积极求胜，而是遵循它原有的性质，退避回来，也就是“不克讼，归而逋”。而讼卦的内卦坎是凭借坤体产生的，坤为邑，所以坎也有“邑”的象。在下互卦里，我们可以看到一个离卦，在先天八卦中，离的数是三，所以在这个象里，称“三百户”。九二作为一个阳爻，它是坎卦里的主爻，其他两个阴爻都附着于它，九二爻此时如果因为有人跟随，就忘乎所以，想去博弈上面又中又正的九五爻，可想而知九二爻一定敌不过九五爻。幸好此时的九二爻处在中位，所以它还是心中很有数的，不敢有恃无恐，懂得退避，谦卑低调，所以那些负累也都去掉了。

初六是没有能力地隐忍，九二是有自知之明，淡然退避。有的时候，人在一个小范围内生活，可能会成为这个地方非常有威望的人，做什么事情都有人拥护和追随，久而久之，就容易产生那种忘乎所以的心态，但是有一句话叫“天外有天，人外有人”，如果不能反躬自省，裁度于礼，很可能在你离开自己的地盘，去到大千世界，遇到那些比自己厉害的人的时候，就会被自己的傲慢所伤。九二爻就是在告诉我们这个知进退的道理。

六三：食旧德，贞厉，终吉。或从王事，无成。

在讲到九二爻的时候，我们说了，内卦坎卦是从坤卦变来的，说明在坤卦里是二爻发生了变化，那么对于现在讼卦中的六三爻来说，它就还是原来坤卦的那个阴爻。坤变坎，坎为新，坤为旧，“食旧德”其实是拟人的说法，说的是六三爻还可以依靠旧的坤德。那么之前我们也提到，坤还有一个象，就是坤为邑，在九二爻的时候，它开始因为大家的教唆和自己的忘乎所以，想去挑衅九五爻，到后来它为了保护自己，退遁起来，所以它就失去了城邑。而六三爻此时能够做到顺从而不去起争端，它就能保住自己的城邑作为依靠。这些还是要归功于“旧德”，也就是坤卦的卦德带给它的好处。

但是在这样的情况下，又会遇到一个问题，就是六三爻一直固守着顺从的德行，那么在受到别人侮辱的时候，虽然这种顺从很有利于守持贞正，但也会给自己增添很多不好的事情，陷入危厉的状况。这些都要到最后，才能知道是什么结果。这是“贞厉”的含义。

讼卦之中，九二爻退避，九四爻改变，上九被夺去封号，六三爻能够“终吉”，是因为它已经得到了可以依仗的品德。饮食之后，天下的百姓就有争讼产生。在各地建侯之后，上位者之中又兴起了争讼。在这个时候，六三爻就是有俸禄爵位、追随王者的大臣。如果他跟随王者管理天下的争讼，不去刻意追求自己的结果，那么他就会做到没有私心，也不会掺杂自己的意见，只是顺着情理，做出决断。因此他所要处理的争讼都能够被公正无私地对待，得到妥善的解决。没有自己的成见，追随王者也是没有私心的，这都是来自坤卦六三爻的爻辞：“六三：含章，可贞，或从王事，无成有终。”至于为什么讼卦的六三爻没有“有终”一词，那是因为争讼这个状态不能一直持续，总是要解决才行。

九四：不克讼，复即命渝。安贞吉。

外卦乾卦的初爻有“复”的象，互卦巽卦为“命”，“渝”为改变，当九四爻变为阴爻的时候，互卦就是一个艮卦，此时艮为止，为“安贞”。

只要是在讼的状态下，就都有想占上风的心，必定不愿意顺从跟随别人。九四爻既然和初六爻相应，在讼卦里九四爻又是阳爻，不在中位，所以它心里有了争讼的想法，以至于它和初六就成为相讼的状态。因为之前我们分析过，初六是不肯与人争讼的，没有对手也就起不了争端，九四也就返回来了。我们知道，凡是人有了这个争强好胜的心，很多时候就特别容易为了取胜，而忘记正理。在九四爻与初六爻之间，九四是阳爻，初六是阴爻，所以说九四肯定不是力气敌不过初六，而是理不足。

此时九四爻能够认识到这一点，依据正理进行自我反省，它一定能够收敛自己好胜的脾气，回归到自己该有的命运，将心安住在贞正上，那么它之前缺失的理就可以被补足了，无论什么样的命运都不足以为道了。改过自新，去恶为善，所以爻辞说“吉”。

九二爻“不克讼”，不想去挑衅上面的九五爻，是因为它知道坎卦的险境。九四爻此时又提到了“不克讼”，这是针对初六爻说的，此时九四爻不去钳制下面的初六爻，是因为乾卦的刚健在其中，让它警觉到自己不应该恃强凌弱。一个人的命运就像这两爻一样，一定要明白自己该处在什么位置，做到安分守己，这样就不会有争讼。心念安住在贞正上，就会知道和善安定的快乐，并且再没有竞讼的心。

九五：讼，元吉。

在讼卦里，九五爻和其他爻都不同，它是听讼的人，也就是大人。为什么？因为九五爻处在又中又正的、最尊贵的位置。在这里，因为担心九五爻在审判案件的时候太过严苛，而失去了尊重体恤的仁心，所以爻辞就用了一个“元”字，这是为了增加九五爻的仁德。和蔼可亲，平易近人，才能了解真实情况。哀矜惩创，有好生之德，才能和民心融通协调。这样就没人会去犯官司了，天下也就少有争讼的事，对于人君来说，这就是“吉”。

初六爻不会去长久纠缠争讼之事，六三爻也不会去挑起争讼，九二爻和九四爻是“不克讼”，虽有争讼的心思，但是最后都没有去求胜，到了九五爻，爻辞说“元吉”，这是以元德化解争端。所以说这一卦虽然叫讼卦，但它不是告诉大家怎么打赢官司，不是教我们应对诉讼的策略，它从始至终都在强调无讼，它是在教我们如何避免争讼。

上九：或锡之鞶带，终朝三褫之。

分析上九爻，我们先把这些不太好理解的词用卦形来说一下。讼卦卦形，坎下乾上，乾为圜，有“带”的象，就如同腰带。“鞶带”是古时候的一种命服之饰。在这句话里“锡”是个通假字，为“赐”，这个字来自上互卦巽的象，巽为命，它有赐予的含义。“或”表不确定，也就是说，被赏赐了“鞶带”本来是一件很荣耀的事情，但是用这个“或”修饰，这件事是好是坏就变得不那么确定了。下一句“终朝三褫之”，下互卦离为“朝”，在先天八卦里又有“三”的数，而且六三爻就在其中，所以有这个“三”的出现。坎为曳，有把什么东西剥夺的象，所以有“褫”的含义，褫就是剥夺。那么这句话冠上一个“终”字，这说明最后的结果就是这样的。

通过以上对爻辞中每个字的分析，我们可以知道，上九爻在上，与它相应的六三爻相讼，六三爻在它的位置守正顺命，上九爻凭借自己在上的刚健强势，赢了争讼，并且获得了被赐予命服的荣耀，加官进爵。但是天道好循环，上九爻凭借自己的强势去对付柔顺的六三爻，这是犯了众怒，上九爻的这种做法有失道义，所以最终它还是会被六三爻褫夺掉所有荣誉的，这就是凶象。这都是上九爻求胜心切的结果。

不执着于争讼，在出现争讼的时候不一心求胜的人，最后的结果都是吉的，而好胜好争之人，结局都凶险。这些都在说明，能不要起争端就不要起争端，有矛盾的时候尽力化解才是正确的做法。

圣人喜欢遇险等待的需卦，厌弃争勇斗狠的讼卦，提倡彼此亲比的快乐，担忧人们兴兵打仗。由此可见，圣人在讼卦里想要阐明的道理，还是无讼，这从卦辞爻辞中都可以体会到。

7. 师

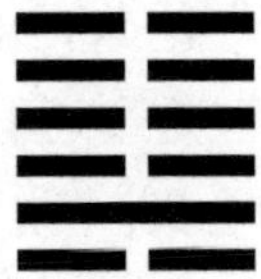

师：贞丈人吉，无咎。

“讼必有众起，故受之以《师》，师者，众也。”——《序卦传》

田野里有山花烂漫，险峰处有山风凛冽，天地之间，一事一物皆随阴阳变化。老子曰：“天地不仁，以万物为刍狗。”我们每一个人都在这规律当中。众多的纷争势必引发战争，讼卦之后，就有率众行师的师卦出现，我们现在就这一卦的卦辞爻辞，去看看师卦又是怎样的一番风云变幻。

师卦卦形，坤上坎下，互卦坤和震。下互卦震卦为帅，外卦和上互卦都为坤，坤卦为众，内卦坎为险，是一位统帅带领大家走过风险之地的象。所以卦辞曰“贞丈人吉”，是因为师卦取了坤德，坤为柔顺，为贞。兴兵打仗这件事，刀戈相见，是非常凶险的，所以这一定是违背民众安居乐业的想法的。之所以在此卦中民众能够一路追随，完全是因为被这个统帅的义勇肝胆所感动，所以众心归一，民众也就顺从，这是师卦的贞正之功。

从师卦的卦形中我们可以分析出，“丈人”乃是庄严尊重的人，也就是一个统帅，所以作为唯一阳爻的九二爻，在此卦里为“丈人”。九二作为阳爻处于中位，所以内卦坎卦为内明之象，互卦震为长子，又为威望，所以在此时，要真正理解“丈人”两个字，就要仔细体悟师卦当中互卦震和内卦坎的含义。这种象，既说明了一个帅的内在，又说明了一个帅的外在，坎水内明，震雷外威，说明这个“丈人”既具备做一个统帅的品德和能力，又有足够成熟和充满智慧的阅历，也就是一个智勇双全的人。他就好像一个国家的元老一样，所以就用“丈人”两个字做卦辞。

师卦本身就是守持贞正的一卦，又用“丈人”做大将，所以在战争胜利以后，对于敌军的残兵败将，一定会有仁德之心，会停止杀戮。一方面没有将对手赶尽杀绝，有仁慈之意，另一方面，对自己率领的民众来说，没有劳民伤财的错处，所以卦辞说“无咎”。能做到“吉”就很不容易了，再做到“无咎”其实是更难了，由此可见这个“丈人”具备大智慧和大格局。

初六：师出以律，否臧凶。

初六爻在师卦最下，是行军打仗的第一步。在此爻辞中“律”为法令，就是军纪，“师出以律”就是讲在出师之前要明确好军队纪律。我们的现代生活可能距离战争很远，但是我们知道，每个人在面对世界的时候，在自己要去挑战或者完成一件事情的时候，都如同备战一般。学生考试升学是备战，成人创业拼搏也是备战，甚至你想要改变自己的不良习惯都可以看作是对自己的挑战。而在完成这些之前，一定要有个规划和准备的过程。为什么要有这个过程？我们说，在打仗前就确立好军纪，赏罚分明，众人才会有标准，有规则，队伍才会整齐严肃。用兵时才会众志成城，劲儿往一处使，心往一处想，这样的队伍又怎么会打败仗呢？我们自身的生活也是这样，为自己设置好了正确的计划标准，并像执行军纪一样去认真执行，做事情有条理，有节奏，又怎么会做不好呢？

但是我们要注意，我们的计划和标准不能出错，不能随意制订。还是回到军纪这个比喻上来，军纪的本质要正确，要顺应民心，符合民意，而且简单易行，这就是爻辞“臧”的含义。“臧”是善的意思。如果制定的军纪不善，法令杂乱无章，而且滋生出很多扰乱民心的事情，那么这个法令就可能导致凶险。所以说制订法令和计划都不能不慎重考虑。

比如我们制订一个健身计划，如果这个计划制订得好，不仅目的非常明确，而且还很容易执行，那么我们就会很好地完成这个计划，并且可以持之以恒地按计划去做。但是如果不根据自己的实际情况，制订了一大堆高难度计划，虽然那些计划看似非常完美，但是不适合自己，结果几天后就放弃了，那么健身计划在最初制订时就注定难以执行，没有进展的可能。

所以说，初六爻的爻辞虽然非常简短，却讲了很深刻的道理：“师出以律，否臧凶。”在做事之前就要有可依据的计划和制度，而制度本身又要非常正确和具备可执行性。

九二：在师中吉，无咎。王三锡命。

在卦辞中我们提到，九二为“丈人”，它在师卦中内卦中间的位置，是一员大将。《易经》总喜欢为卦赋予变化，九二在这么重要的位置，我们也要改变思路来观察理解。师卦的错卦是同人卦。同人卦将师卦所有爻的阴阳都变化了。那么在同人卦里，外卦为乾卦，内卦为离卦，互卦就是一个巽。在讼卦里我们分享过，乾为王，巽为命，离数为三，所以师卦爻辞有“王三锡命”。初六爻的时候，我们知道军队设立了法令，做到了行军有法。到了九二爻，出现了一员大将在中位，所以古代又把主将称为“中军”。任命九二这么有威望的人做主将，让他在军中排兵布阵，是一定会很好地获取民心的，所以说“吉，无咎”。

但是有趣的是，管理军队、指挥打仗的是主将，管理将领、稳固国政的是君王。老成持重的“丈人”在战争中维持军纪严明，深得人心，屡建功勋的同时，也会因为这一切遭到很多小人的嫉恨，所以很容易会出现谗言和诽谤，这个时候就需要君主做点什么了。“王三锡命”是一种肯定，君王多次对主帅进行赏赐晋封，就是为了给他树立威望，用这样的方式表示王的态度，用来镇服小人。并且这也表明了君主对臣子的毫无怀疑的态度，这样的态度就可以更加助益主帅。这也就是“运筹帷幄之中，决胜千里之外”的道理。

在生活中，一个组织的最高管理者，通常要做到心如明镜，知人善用，对自己任用的人要有充足的信任，不能因为一些流言蜚语就产生猜忌。一个好的管理者做出的正确决策，才是使整个团队取得优秀成绩的关键。

六三：师或舆尸，凶。

初六爻我们讲设立制度，九二的时候我们讲将领以中正之道行军，君王以诚信之心支持。在六三爻，又出现了新的情况。

六三爻是阴爻居阳位，而且亲比外卦坤卦，坤为众。这个时候，六三爻在骨子里有一种刚健，使他想去主事。这就是“师”。接着爻辞一个“或”字又说了另一种情况，我们在说到每一卦的三爻时，都会感觉到三爻这个位置的不确定性，所以说这个三爻在想主事与否、左右摇摆的时候，会出现为“将者不主，众主之”的情况。在军队当中，能够发号施令的人不是唯一的，这就乱套了，打仗必是败局，这就是凶象。

要想控制六三爻这种纷乱的场面，九二爻是非常有责任的，《左传》中提道：“子为元帅，师不用命，谁之罪也？”也就是说，主帅不可以不充分听取大家的意见，但是也不能把权力都毫无保留地授予他人。

我们在做事的时候，有没有遇到过这样的情况？一件事本来是要自己亲自去做的，但因为找到了帮手，就撒手不管了，认为这是对对方的充分信任，等到事情出现差错时，又把责任归咎于他人。这一爻在告诉我们，每一件自己要去完成的事，无论有谁来帮忙，都要付出自己的精力去关注和管理，不得马虎大意，甚至归责于他人。

六四：师左次，无咎。

行军打仗的法则，右是前进，左是后退，这是因为在卦形里，乾为先坤为后，乾为右坤为左，六四爻是一个阴爻，为坤左，是退避的意思。所以爻辞用“左”。“次”在古代是行军在一处停留三宿以上的意思。那么也就是说，这个六四爻，是一种知难而退的状况。退，是为了给自己时间观察。如果敌情有利于自己，就可以继续前进，否则就保存兵力。既然是战争，进攻一定是主要的，但是如果不顾敌情，轻易冒进，那就很可能战败，那还不如退兵休整，所以此时做到“师左次”，爻辞之后就系上“无咎”二字。这是在称赞六四爻以退为进的做法。

刚直和迂回总是要求我们在生活中有所判断，有时候，人不能失去气节，做事唯唯诺诺，毫无原则地退让。但是有时候，我们又不能逞一时之勇，不顾自己的处境，毫无顾忌地向前冲。就如同阴阳一样，要讲求平衡调和。六四爻这个位置，阴爻居阴位，显然又到了势单力薄的状态。一个人要是处在这样的情境中，有一点一定要记得，刚者易折，柔者长存。因为《周易》一书，时时刻刻都在讲时和势，是刚是柔，都要放在时位中去看。

六五：田有禽。利执言，无咎。长子帅师，弟子舆尸，贞凶。

坤为“田”，坎为“禽”。六五爻如果发生变化，阴爻变阳爻，就是一个互卦艮，艮为手，为“执”。那如果六五所处的外卦，变化再大一点就是一个错卦，为乾卦，乾为“言”。互卦震为“长子”，内卦坎为中男，所以为震之“弟”。《周易》不停变化的象，是在告诉我们变化的道理。我们知道，有一句话叫作“万变不离其宗”，每一爻、每一卦都有阴阳两面，每一个象都不会脱离本卦本爻的本质。六五爻还是处在君位，它是君主，在这里它就代表真正指挥将领的君主。

当一个国家出现入侵者进犯的情况，或者出现犯法作乱的时候，君主就要命令将帅出征，为民除害。这种情形，爻辞用了一个比喻，就是“田有禽”。这是一个非常生动的比喻，一片庄稼地里跑进来破坏庄稼的禽类，那么一定要把它们捕获，或者赶出去。这是对民众有利的事情。在爻辞中不仅说了“利执”，后面还有个“利言”，为什么要“言”？表明自己出师的原因和意义。我们比照一下国际关系，遇到国际形势紧张的时候，一般都是先在外交上用发言的方式，表明自己的立场和态度。所以说这个“言”在一方面是尽到礼让的道义，另一方面是在警告对方，让对方知道，再来侵犯，就会受到反击。如果做到这样，即使是有了战争，对于出言警告的一方而言也没有错处，就是“无咎”，同时这也是守住贞正的体现。然而通过对前几爻的分析，我们知道，要想守住这个贞正，我们要把权力交到“丈人”，也就是统帅的手中。此时九二爻这个“丈人”爻辞又用震的象代替了，称“长子”。这是说本来君主应该把权力交给长子，但是他虽然让长子去做帅，同时又把权力分散给其他孩子，这些做弟弟的有了权力，干扰长子行事，那么虽然看似君主做到了贞正，这也是凶险的。所以说为人君者，选择人才做将领的时候不能不审慎，与此同时，既然决定了由谁领兵打仗，就不能不专一，不能把权力分散，以致出现“贞凶”。

做一个领导者其实是非常不容易的，一着不慎满盘皆输。在现实中，有很多领导者因为对自己委任的人才没有足够的信任，所以喜欢做那种分权的管理，貌似大家都有了权力，都有了积极性去做事，其实整个团队往往会失去凝聚力。任人不专，常常是破坏了整个团队的气势，也损伤了将领的干劲。其实六五爻深层的含义，是在告诫领导者，要有允许“将在外，君命有所不受”的气魄，做到用人不疑。

上六：大君有命，开国承家，小人勿用。

上六处师之极，为师之终。之前我们提到，师卦的错卦为同人卦，上乾下巽，乾为君，巽为命，所以此时“大君有命”。回到本卦师卦里，外卦是坤卦，坤为国邑，在师卦中，六爻多是阴爻，为小人之象。在上六的时候，其实是战争终结，将帅凯旋的时候，君主要开始论功行赏，颁爵定封。功劳大的将领，就作为开国元勋，封他们为诸侯，功劳小的人，就让他继承家业，做个卿大夫。这就是所谓的论功行赏，也就是“开国承家”的含义。

上六爻中看似充满胜利的喜悦，但是最后爻辞却系上一句“小人勿用”。这是对君主的提醒。凡是兴兵打仗，都是因为内忧外患。内忧之时，小人贪图名利；出现外患，小人喜欢邀功。在小人兴风作浪的时候，幸好有“丈人”出现来平定一切，但如果君主在战争结束之后，又开始重用小人，那么刚刚平定的战局，又会因此而起。所以君主和臣子之间要以此为戒，杜绝再次兴师动众的根源。在最开始就平息争讼，不去重用小人，在论功行赏的时候，也要把其中的小人找出来，不能让他浑水摸鱼，混淆视听。古语有云：“生年不满百，常怀千岁忧。”圣人写下这句卦辞，正是体现他对天下未来的担忧已经到了极致。

一件事完成，一个项目完成，会是一种很开心的状态。但是在现实当中，往往有这样一些人，做事的最初，只是为了自己的私利，不但不努力做事，还总是扰乱军心，做很多破坏团队协作的举动。还有一种人，虽然表面和大家一团和气，但是等到事情要做成的时候，就把功劳据为己有，或者直接窃取大家的劳动果实，以上这两种做法，都是小人的行径。作为团队的领导者一定要能审慎地看到这一点，在最后分配利益的时候，不能厚此薄彼，也不能让善于阿谀奉承的小人乘机得到重用，否则就会失去民心。

其实上六爻正是给我们讲了一个亲贤远佞的道理。

8. 比

比：吉。原筮，元永贞，无咎。不宁方来，后夫凶。

“众必有所比，故受之以《比》。比者，比也。”——《序卦传》

在一场激烈的战争之后，敌友分明，赏罚已定，各路人马开始寻找自己可亲比之人，于是比卦就在此时来临。

比卦卦形，坤下坎上。水附着在地面之上，此卦五个阴爻跟随唯一的阳爻，所以这一卦被称作亲比的“比”。在卦辞中“原”是再的意思，“筮”是问的意思。“原筮”的出现，或许会让我们想到之前的蒙卦。蒙卦之中，九二为师，在下卦，所以称为“初筮”，刚中在下，故能发人之蒙。到了比卦，刚中在上，此时这一爻为有德之君，所以人们来亲比、辅佐。“初筮”已经在蒙卦里了，所以在比卦里用到“原筮”。在比卦里，九五居中，被众阴亲附，有乾元的仁德。内卦坤为“永贞”，是永恒贞正。初六爻离九五爻很远，六三爻又和上六爻相应，这样的亲附还是有很多问题存在的，此时称“不宁”。按照卦形所成的次序，每一卦都是从初爻向上排列的，排在九五爻之后的为上六爻，所以上六为“后夫”。

九五爻作为唯一的阳爻居尊位，其他阴爻跟随着，这是一人为首天下归心的象。可想而知此象是吉的。如果想要这种被众人亲比的状态长久，一定要用好使众人亲比的方法。《尚书》云“民罔常怀，怀于有仁”，是说人民没有经常归附的君主，能够爱戴人民的，人民才会归附。所以说一定要“原筮”，再三自问，问问自己的仁德是不是存在于中正的状态，而且能够生生不息，永恒贞正地存在。这些内在的品德，如果可以外化于人民，并且能守持中正，就是“无咎”。这样的方法使天德至纯，而王道也就完备了。

如果说本该相互信任的亲比双方，有一方有二心，此时一定要转化一下自己的心意，让双方充满信任地亲比在一起才能顺遂。如果一直不愿改变，固执己见，定会造成自己势孤力单、没人相助的窘境。所以说带着诚意亲附的人，自然会安定太平。内心充满怀疑，不肯向前靠近的人，自然是“凶”。我们要不断地去追问自己那个元德是否还在，期待它永恒贞正，而达到“无咎”。这也是王者亲比民众的方法。

在以上分析中我们提到了王道，其实为人处世之道也是一样的。在日常生活中，两人相处意见不一致的时候，固执的人常常很难与人好好地沟通，而且固执的一方也容易把对方的问题扩大化，先入为主地给对方下一个不好的定义，然后怀疑对方的诚意。最后如果不能变通的话，就伤了两个人的感情。有句俗语叫作：“宁跟明白人吵架，不跟糊涂人说话。”不能用一种宽容的心与人亲比，又一味地胡乱猜想，不肯与人沟通，这样的处世方法是特别可怕的，最后会让自己陷于孤立的境地。这是比卦给我们的警示。

初六：有孚比之，无咎。有孚盈缶，终来有他，吉。

在初六爻的时候，如果阴爻变阳爻，内卦就为震卦，此时阳爻为诚信，所以说“有孚”。震又有“缶”的象，外卦坎为水，坎水注入缶中，所以称“盈”。在比卦里，九五爻下面的四爻都向上亲比九五，初六爻是最先亲比的。初六爻之所以能最先亲比九五，是因为它的诚心，也就是“有孚”。和别人亲比的道理，一定是以诚信为前提的，如果能做到有诚信，就做到了“无咎”。如果能把这些忠信积累起来，像水注入缶一样，使诚信充盈起来，这就达到了至诚的状态。乾卦至诚可通，此时初六与九五通感，就不只是“无咎”了，最后就可以获得利好，也就是“终来有他，吉”。在这里提到“他”，说明这份益处不是从九五得来的，与九五通感的是“无咎”，那么“吉”从何而来？因为初六与六二相邻，而六二又与九五正应，初六守持贞正，在它“有孚”的基础上得到意外惊喜，所以爻辞用“他，吉”。

通过这一爻的分析，我们可以知道，如果你心中有一个想要去亲比和追随的人，即使你和他的距离很远，但只要你心中充满诚意，就一定能让对方感知到，并且得到回应。如果你做到了至诚，还会感染他人，这也是对自己有益的。归根结底，初六这一爻，就是要我们与人相交先做到诚心以待。

六二：比之自内，贞吉。

六二这一爻，处在比卦内卦之中，所以从卦形上来说，爻辞用到一个“内”字。六二本来与九五相应，但是它安住在内，没有向外去跟从九五，所以说到六二爻得亲比，是“比之自内”。比卦中这个六二爻，又中又正，正是与坤卦六二爻的“直方大”一致，所以它有坤卦的贞正，在此情形下也就是“吉”的。

单从卦形上分析，并不是很好理解，我们还是将六二爻比作一个人，九五爻为君，六二爻为臣，这个大臣柔顺中正，没有二心，他对君主的忠诚，是发自内心的，从来不会为了和君主亲比，就用外在的表现去博取君主的欢心。也不会像初六一样接受其他人的好处，他已经到了忠贞不渝的程度。这是君子守其自重之道，以侍君主。修身，齐家，治国，平天下，这样充满正义的臣子，以身许国，毫无二心，这一定是“吉”的。

在生活中，我们的初心非常重要。为了获得什么而去做表面功夫，和自己发自内心地想去做成一件事情，这一做事的动机就差了十万八千里，其结果也一定有很大差别。君子之道，正义不可失，守贞方得吉也。

六三：比之匪人。

每次爻辞分析到第三爻，总是有一些负面的内容，主要原因是三爻的位置有失《易经》讲求的中正。比卦的六三爻，爻辞为“比之匪人”，看到“匪人”一词，我们大概就有了一种预感，这句不是什么善意的内容。六三爻所处的位置，与上六爻相应，我们分析卦辞的时候说过，上六是“后夫”“凶”，所以在此时，作为阴爻的六三，虽然也与阳爻九五有所亲比，但是，它的这种亲比和六二、初六都差远了，此时它这是有了二心了。初六亲比九五，有一颗至诚之心，六二亲比九五，有一颗坚贞之心，六三此时虽然亲比九五，却还惦记着上六，这是既没有诚信，又没有贞正，所以被称为“匪人”。“匪人”一词在我们之后的否卦中还会出现，否之匪人，那是谋害君子的小人，此时比之匪人，是与小人为伍的人，大家不愿和他一起谋划做事。

在六三爻的时候，其实爻辞是说了一种三心二意的人。有点像公司里面某个员工，本来应该按自己部门领导的指示好好完成本职工作，但是他又觉得另一个部门比较好，暗中去巴结另一部门的领导，并与之亲近。他这么做，并不是为了部门之间的相互协作，通常都是为了自己的利益在打小算盘，所以在团队里也常常不受大家喜欢。而且要是按卦辞所说，如果他去巴结的领导也是一个不够光明磊落的人，那么大家就更不愿与之共事了。

说起六三这样的人，我倒是想起了卓文君的《白头吟》:“闻君有两意，故来相决绝。”一个古代女子，对待三心二意之人尚有如此决绝的气节，在现实中，六三这样的人必定不会为人们接受。所有的一切都只是时间的问题，早晚会有一个结果。

六四：外比之，贞吉。

六四这一爻辞中说的“外”，从卦形上讲，就是指外卦。六四爻在外卦，本来应该与初六爻相应，但是它没有向内去应和初六爻，而是向外亲比九五爻，就好像切断了所有私人的负累，忘掉自己的家庭，离开自己的朋友亲族，全身心地去侍奉九五，这种情况是在说一种为臣之道。《汉书·贾谊传》:“为人臣者，主而忘身，国而忘家，公而忘私。”说的正是六四爻的道理。六四可以做到这么大公无私，臣道以正，所以也是“贞吉”的。在分析初六爻的时候，我们说“终来有他，吉”是初六受到了六二的提携，它们一同自内亲比九五爻，这是应了坤卦卦辞的“得朋”，而六四此时舍弃了与内卦初六爻的相应，而向外亲比九五，这是坤卦讲的“丧朋”，这里面不同的变化，都是因为各爻所处位置不同。

比卦六四这一爻，是在讲一位心存大义的臣子。他能够做到公而忘私，也是因为九五这个君主处在又中又正的位置，是一位贤良厚德的君主，这是互为助益的事情。君臣之义乃天地大义，臣之忠君爱国，必竭尽其本分。

九五：显比，王用三驱，失前禽，邑人不诫，吉。

九五爻所处之互卦艮卦，一个阳爻在上两个阴爻在下，如同阳光普照，散发光辉，有“显”的象，称“显比”。九五爻又中又正处君位，为“王”，外卦坎为车，内卦坤为马，这就是“驱”的象。我们在师卦九五爻说过，坎为禽，坤为邑，此时互卦艮卦有止的象，所以用到“不诫”一词。

以上是从卦象分析卦辞，我们接着再深入研究。九五爻处君位，阳刚而中正，是为万民表率，而且它又没有结党营私那些不正派的行为，可见九五是一位光明磊落的君主，所以爻辞就用“显比”。有这种“显比”状态的九五爻，心地宽阔，光明正大到了廓然大公的程度，如果有人来亲比自己，就亲厚地对待，如果对方不亲比自己，也任他自己选择。所以爻辞后面附上“王用三驱，失前禽，邑人不诫”，这是用古时候帝王外出狩猎之事做比喻。古时候帝王狩猎，用三面合围的方式驱赶猎物，有一面是可以让猎物逃出去的，这是网开一面的意思。在这种情况下，即使前面有猎物跑出去了，也不去管它，放它条生路逃走，只是狩取没有逃走的猎物，这既是彰显君主不忍征伐杀戮的仁德，也是显现君主在接纳顺从之意的时候，更看重人心。如果用这样的方式来对待顺从自己的“邑人”，不去强求。不再纠结于顺从和忤逆的芥蒂，那就会是个大同的世界，所以也就是非常吉利了。

师卦和比卦之中都有“禽”这个字出现，坎为“禽”，师卦的“禽”在内卦，可以比喻成国内的匪寇，所以用“执”，要把它抓住，并且改变不利的状况。比卦的“禽”为外卦，它如同教化达不到、法律管不着的外族，此时九五爻用“失”，就是只要他不来犯，则不去主动管他。师卦用

"执言"还有警诫、劝告的意思。到了比卦里，称"不诫"，这是毋庸多言的意思。

比卦的九五爻，就像一个非常佛系的君主，貌似在说，你愿意归顺就来归顺，你不愿意归顺，我也不强求。在我看来，这位君主恰恰是外圆内方，有主见，守中正的人。他对归顺有更高的要求，就是必求真心。不真心归顺自己的人，宁肯不要，对于发自内心归顺的人，他都放下防备心，以诚相待。在这位君王身上，还能看出他特别有格局，对内以师卦施以严政，以求国内安宁祥和，对外不拘小节，以比卦之"不诫"为手段，不去劳民伤财。

上六：比之无首，凶。

阳为阴之首，比卦四个阴爻在下，都向上亲比九五,九五为其首，这称为"有首"。上六在九五之上，又不想向下亲比九五，此时它上面再无阳爻，所以上六爻辞为"比之无首"。在比卦的状态，每个人都找到自己的首领了，只有上六没有，可见这是存在风险的，这里曰"凶"。乾卦用九曰："见群龙无首，吉。"因为乾卦本身就属阳，它不需要再去以谁为首了，这是君道。比卦在此爻称"比之无首，凶"，是因为阴爻没有以阳爻为首，这是为臣之道有失，所以是"凶"。

我们一直在《易经》之中探寻真理和准则，在这个过程中我们会发现，很多相同的情形却有不同的结果，在比卦的上九这一爻里，我们就有所体会。比之无首，与乾之无首，其结果南辕北辙，就是因为取象的角度不同，爻位也存在差别。其实学习每一卦、每一爻，我们都要去看它所处的位置，就像我们面对大千世界，遇到各种各样的事情一样，我们一定要具体问题具体分析，要把所有的条件综合考虑，才会有正确的判断。

9. 小畜

小畜：亨。密云不雨。自我西郊。

“比必有所畜，故受之以《小畜》。”——《序卦传》

征战过后，人们找到自己可亲比之人，一切平定下来，大家开始休养生息，安居乐业，此时就有足够的条件获得一些小的积蓄，所以随着比卦而来的是小畜卦。

小畜这一卦，五阳一阴，卦形是乾下巽上，这是用一阴止三阳的象，有积蓄的意思。乾卦以气为形，在内向上升为“云”。外卦巽为风，互卦离为日，云遇风，又见日，所以没有雨，此为“密云不雨”之象。后天八卦，兑卦在正西，乾在西北为郊外。在自然界中，凡是云彩从东向西移动，多半会下雨，从西向东移动则很少会下雨，这和地理也相符合，因为西部地区比较干燥，而东部临海比较湿润，所以就有这句爻辞，说这个云是从西郊飘出的，就会“不雨”。

有一个阴爻的巽卦处在外卦，阻止内卦乾卦的前进，貌似君子行进的路上有小人挡路，是不亨通的状态。但是在小畜卦里，阳爻为众，而且君子得九五中正之位，所以君子于道已经胜过小人。如果君子用诚信的心对待小人，让其为己所用，也是可以同道而行的，就好像阴阳和合而能成雨一样。现在乾卦在下，三个阳爻盛足如同浓密的乌云，但它不肯受阴的控制，不能继续积聚，这个云还下不了雨。文王推演此象“不雨”的原因，他没有责怪阴爻的意思，而是在责怪阳爻，所以他自称“我”，并且说这朵云“自我西郊”，这有种自责的意思。文王为什么要归罪于己呢？是因为他认为，民众之所以没有享受到恩泽，都是因为自己的德行浅薄，不能以“孚”感化小人，因此引咎自责，文王这样做，最终还是想积淀诚信去打动小人。

我们说过，每一段辞的出现都是比照人事在做说明，那么在小畜卦里，卦辞也讲到了一类人。这是讲上位者为人处世的一卦。首先，在小畜卦里，我们感受到的是至诚之心的重要性，上位者心存诚意，即使与小人共事，也有足够的信心可以将之感化，毫无芥蒂。其次，如果出现问题，上位者也要很有担当，要自我反省，而不是将责任转嫁他人。最后，就是要进一步体悟小畜这一卦，"密云不雨"其实是在讲积蓄得不够。这一卦之所以称"小畜"，是因为积蓄还很微薄，文王之所以自责，也是因为觉得自己的德行没有积累到足以感化小人的程度。所以对于上位者来说，小畜卦也是在提醒他不要满足现状，而要不停地沉淀自己的内在品德和智慧，才能从容地面对生活。

初九：复自道，何其咎？吉。

乾卦的初爻其实就是复卦初爻的那一个阳爻，此时初爻为阳爻，刚而得正，虽然他与六四爻相应，但因为六四在此卦里为阻止乾卦前进的阴爻，所以初九就不去和它相应，而是退避回来自守其道，因此爻辞称"复自道"。此时初九的做法，是不管别人的势力有多大，也不去趋炎附势，而守好自己本分。"何其咎"中的"何"通"荷"，是承受、负荷的意思。本来初九应该与六四相应，但是六四却没得到初九的回应，所以在上位的六四一定会归咎于初九，初九宁肯承受六四的指责，也不肯改变气节去应和，这是名誉和地位都安稳的意思，所以爻辞断为"吉"。

从初九爻我们看到了一个怎样的人呢？是不是刚正不阿、宁折不弯的人？学习《易经》特别有趣的地方就是它让我们看到了这个世界上形形色色的人，了解了千变万化的事儿，每一卦、每一爻的学习都像打开一个新世界的大门，那里有时阳光明媚、晴空万里，有时乌云密布，却不肯下雨。让我们带着内心的这份新奇，继续去探索奥秘吧。

九二：牵复，吉。

小畜卦里，九二九五皆为阳爻，是同德之象，所以九二爻也想向上前进，但是六四爻在前，挡住了九二的去路，此时九二有所警惕，不敢冒进。而且九二又被下面的初九牵引，所以它就又退回去了。爻辞这里就用"牵复"一词来形容这个过程。因为九二和初九都是内卦乾卦的阳爻，所以九二退回与初九结伴而行，此时为"吉"。从卦辞来讲，本卦为小畜卦，所以卦辞是想让下三爻接受六四爻的蓄止，但是从爻辞来看，本爻并不想受六四所制，所以九二爻不会接受六四爻的牵制，但是一旦它想接受六四的蓄止的时候，它也一定承受得住。对于九二爻来说，接不接受都是没有错处的，因为九二爻如果前进，就是为了救济世人，如果它退而不动，就是为了守持自身的节操。这都是有其恰当的道理的。

易道善于变化，在九二爻里我们可以体会，生活当中发生的事情对每个人来说并不是只有一种选择，就如同九二爻一样。如果我们做到进退得当，不失去自己的判断力，明白守持中正的重要性，那么无论怎么做选择都不会有错。入世，为天下兴亡而谋划；自守，修养身心而自得，都会有好的结果。

九三：舆说辐。夫妻反目。

外卦乾卦，为乾圜象，如同车轮，互卦兑卦为毁折。“说”同“脱”。“辐”就是车轮上的辐条，在自行车、摩托车上我们都能看到。车轮毁折，辐条脱离轮胎，所以有“舆脱辐”。九三为阳爻，它向上亲比六四，阴阳相比，取夫妻之象，互卦离为目，此时九三爻在下卦是向下看，六四爻在上卦是向上看，所以说“夫妻反目”。

九三爻本身就在内卦乾卦里，它是一个阳爻，所以它也想如同初九和九二一样，有那种牵复的关系，但是它离六四太近了，所以要接受六四的蓄止，被六四控制。站在九三爻的角度去看，它想要脱离六四的控制，但又没有能力像初九爻牵制九二爻那样去牵复六四爻。反过来要九三爻接受六四爻的蓄止，它的性情又与六四爻不合，所以用夫妻相处做比喻，这个时候它们就是反目的状态，不能好好相处。开始的时候九三与六四相亲比，后来它又与六四发生争端，对于九三来说，它现在是进退维谷，左右两难。所以说，君子一定不能失去自己的气节和操守。看着六四很好就去攀附，相处下来又觉得不好，又与之争，这只会使自己落入尴尬的境地。

现实生活中，我们为人处世，也要时刻提醒自己，不要有九三爻这样的行为。既不去了解对方的真实情况，自己心中又没有一个正确的立场，只凭外在就随便亲比于人。当有一天发现自己受制于人的时候，又不能妥善解决问题，与之反目成仇。这样的交往，即使不是两败俱伤，也一定是对自己没有好处的。归根结底，这还是一个人的品德和气节不够。

六四：有孚，血去惕出，无咎。

六四爻阴爻居阴位，所以说它的位置得当。在小畜卦里，六四爻作为唯一的阴爻，它在内卦乾卦的上方起到畜养的作用，阴为小，阳为大，这是以小畜大。九三爻本该与六四爻亲比，此时却反目，所以六四失去了比卦该有的亲和，为比卦卦辞“不宁”的状态。九三为阳，侵克六四这一阴，所以有“血”象。初九和九二牵复，警惕而不向前，六四此时对它们也是无可奈何。其实六四蓄止内卦乾卦，并不是要害乾，而是为了用乾，所以文王在卦辞中讲到以诚相待，在爻辞里，系上“有孚”一词，都是为了教化六四要做到“有孚”。有诚信的人是不会去谋害君子的，事实上，九四在这个位置如果比作人臣，他去调教内卦之乾，是为了让居尊位的九五可以很好地去用到乾君子。六四如果不去谋害乾卦三个爻，那么乾卦三个爻也不会谋害六四，所以之前说到的“血”象就去除了，此为“血去”。君子不为小人所用，但是他会接受为君王所用，所以一切误会解除的时候，因警惕而不出的内卦阳爻，也就都出来了，此为“惕出”。这是圣人扶持君子而抑制小人的道理。教化小人转变成君子，像君子一样行事，正是要让小人为君子所用。

六四爻一阴畜众阳，其实对于他来说，这是很吃力的，但他努力做到了圣人警示的“有孚”，就是他用自己的诚心，一方面取信于上，得到助力，另一方面感化于下，消除误会。所以他即使是一个小人，也把各方面关系都处理得十分融洽了。如果比照生活中的人来说，有的人，虽然没什么君子大义，但是他很会处理人际关系，而且知道以诚相待的重要性，所以当他能做到周到细致地对待每一个人的时候，他也会把事情办得很顺利。

九五：有孚挛如，富以其邻。

小畜卦里六四和九五两爻都是以“有孚”开头，但它们稍有不同。六四爻的“有孚”，是因为它是一个阴爻，处于互卦离中虚之位，外实内虚，有中孚的卦象，此为“有孚”。九五爻却是因阳爻居尊位，说明这一爻很坚实，此处是中实之象，为诚心，所以称“有孚”。程子曾经说过，中虚是诚信的根本，中实是诚信的实质。所以这两爻都用到了“有孚”来解释。

在九五爻的时候，如果此爻发生变化，就会使外卦变成一个艮卦，我们知道艮为手，“挛”为手脚蜷曲不能张开，也形容相互牵连的状态，所以“挛如”就是从艮手的象而来。

我们知道小人难以教化，唯有用至诚之心去打动他，使其去除戒惧疑惑，才能渐渐为我所用。此时爻辞用一个比喻，就是这个人很富有，不自私，他将自己的财富或者致富之道与人分享，可见这个富人非常慷慨。九五就是这样一种人，他在尊位持正有孚，把这样的诚信施于小人，而且重用他。

小畜这一卦之所以亨通，是因为在初九和九二爻的时候它们采用“复道”态度，这不过是洁身自好。九三的时候，九三与六四“反目”，稍微处理不当，就容易出现激变，所以一定要如同九五爻那样，用对待邻里的态度去处理，才可以把没有秩序、社会动荡的场面，转化成长治久安、太平盛世的样子。这就是为什么圣人总是用易道来教导天下。

究其根底，九五爻还是在讲为君之道，而比之现代的人事，也是在讲如何做一个合格的管理者。在九五爻里，一方面强调诚信的重要性，另一方面又说到管理者的大方无私，是与人亲近的有效方式。

上九：既雨既处，尚德载。妇贞厉，月几望；君子征凶。

上九这一爻也是富有诚信的德行，“载”为满之意，月之相位中，“月望”为满月，内卦是乾卦，互卦兑，为上弦月。所以此时说月亮几乎要变成满月了，是针对小畜卦的上九和九五爻说的，因为六四还是阴爻，外卦还没有完全变成乾卦。在此时阴阳相互信任，所以一直想要凭借诚信而积蓄的内容已经完成了，所以之前“不雨”的情况也可以下雨了。那些有所怀疑，还要去考察验证的人，也可以停止了。这是解释“既雨既处”。能够实现以上的内容，都是因为人们彼此之间都崇尚诚信的德行，积累得久了就满了，此为“尚德载”，做到这些所以也就成了。然而六四这个阴爻，就如同一个妇人，九五这个阳爻为君子，小畜卦以阴畜阳，只是一时的权宜之计，如果六四这个妇人以此为常态，则会有危厉的情况出现，此为“妇贞厉”的解释。“征”是往的意思，如果用诚心感化小人，任用他是可以的，但是如果这个小人已经忘乎所以，无视君子的存在了，这就是十分凶险的。

此处上九爻在讲君子被小人所制的问题。上九已经到达了小畜卦的最上爻，此时小畜卦卦辞中所讲的诚信之德已经积攒够了，但是有个词叫物极必反，需要防患于未然。上九爻的爻辞一半是肯定，说明小畜已经有所成；另一半又是一个警示，警告君子不要因为太过宽容而失去戒备。

在生活中应该是这样的情景，两个人共事，其实有很多时候是没办法自由选择合作伙伴的，你要学会采用不同的方法与不同的人协作。如果你遇到一个如同六四那样和自己三观有所差别的人，你首先要诚心以待，不要一开始就心怀芥蒂与他争斗，要尝试相互协作，与之共赢。但是你也要有所警惕，这叫“害人之心不可有，防人之心不可无”。

10. 履

履：履虎尾，不咥人。亨。

“物畜然后有礼，故受之以《履》。”——《序卦传》

当人们解决了温饱问题，不再单单为物质生活昏天黑地地忙碌时，对自己的精神生活就会有更高的要求，此时就有了礼仪的出现，也就是我们即将要分析的履卦。

人在地上行走，称为“履”。这些都是说行走。从卦形上看，履卦初九爻和九二爻为地位，六三爻和九四爻是人位，其中互卦巽又为股，人在地上行走为“履”的象。

在卦形中我们可以看到一个互卦为离，离为虎。上九爻为首，初九爻为尾，兑为口，在内卦，此为不开，所以说“不咥人”。人们在世上行走，越是行动多，遇到艰难险阻的可能也就越多。《尚书》中的“心之忧危，若蹈虎尾，涉于春冰。”说的就是履卦的意义。履卦外卦为乾，乾为警惕，互卦为巽，巽为谦逊，内卦兑卦，为悦。意为要有敬畏谨慎、恭敬礼让、温和顺从的礼仪。如果能够按照这个标准去讲礼仪规范，即使遇到危险，也会避免伤害。就如同踩了老虎尾巴而不会被老虎咬，还能通行无阻一样。

在履卦中，卦辞一方面在说处世之难，如同遇到老虎。每一个人的一生都不是一帆风顺的。人生途中有很多未知的风险在等着我们。我们无法去判断结果，只有一直随着岁月向前，一点点地去确认，从现在走到未来，看看是不是有只老虎守在前方。而卦辞又从另一方面告诉我们，如何在此时做好准备，未雨绸缪，提高自身的素质，从容应对那个未知。这里就是告诉我们确守礼仪的准则，学会审慎，学会谦卑，学会顺和。所以说圣人作《易》，从乾卦开始就已经有了忧患意识，而且这种意识贯穿《易经》的始终。世事无常，风云变幻，我们无法去左右，唯一能做的，就是做好应对一切的准备。学《易》的道理也正在于此。

初九：素履往，无咎。

“素”这个字是说初九爻没有任何掩藏修饰。因为初九爻作为履卦内卦的第一个爻，它还没有被任何事物牵制、浸染。它就是不加任何修饰的、很天真的状态，如同素色的物体，没有任何绚烂的颜色。以这样的状态往前走，是“素履往”，此时初九爻就是简单易识、直率纯正的状态，因为这样的状态，人们很容易就会原谅它做事失误和做错事的行为，所以说“无咎”。

元代著名的教育家胡炳文曾说过：“《履》初言‘素’，礼以质为本也。贲，文也。《贲》上言‘白’，文之极，反而质也。”要理解这句话，我们先要知道“文”和“质”的概念。大家应该都非常熟悉“文质彬彬”这个词吧？意思是形容人非常文雅且有礼貌。其实这就是说“文”和“质”两个方面在一个人身上都有了。“文”指一个人的文采，“质”指的是一个人的道德本质。本爻言素，就是为了强调礼仪道德要优于文采修饰，而之后我们会学到的“贲”卦，它本身是文饰的意思，但在它的上九爻里强调“白贲，无咎”，还是将文饰回归到道德本质上来了。胡炳文先生的这两句评价，其实就是在说“质”的重要性。而对于整个履卦来讲，也是在强调这个。

我们把初九比作一个涉世未深、刚走出校园的学生，对社会中的圆滑世故不了解，在步入工作环境的时候，可能很多事都不能妥善处理。但他往往会得到大家的谅解，因为大家知道他经验少，但是内心真诚，所以这种内在的纯真，反而使他更好地化解了风险。

九二：履道坦坦，幽人贞吉。

九二爻，是阳爻居阴位，且为中。所以在这里，九二爻所体现的就是柔顺而中正的礼仪。用一个人在人世间行走做比喻的话，这个人的处世都遵循了天道，顺天而行且心怀中正。天底下唯有天地大道才能真正保佑平安，所以用“坦坦”，这是形容人此时行走在坦途之上，也就是“履道坦坦”。

但是圣人又担忧人们因为知道了自己一路平安，在路途上遇到危险的地方也心存侥幸，爻辞用“幽人”一词。“幽人”指隐士，告诫九二爻低调行事。九二爻刚中在下，不去与外卦相应，淡泊宁静，用天道自守，这样就做到了“幽人”的“贞”正。如此就可以终身都行于坦途之上，这就是“吉”的。按天道的指引，安于现在所处的位置，努力做好当下的事，像一个隐士一样，不去管外界的纷扰，如同陆游的诗：“能自得我心，无入不自得。”君子无论到什么境地，都可以安然自得。

九二这一爻，指淡泊名利、处世遵循天道、活在当下的人，其平安和快乐来自内心的安定贞正。一个人最大的富足是内心的富足。当你的内心足够充盈时，无论你走到哪里，都会无所畏惧，通达顺利。

六三：眇能视，跛能履，履虎尾，咥人，凶。武人为于大君。

六三爻是履卦中唯一的阴爻，它的爻辞也相对复杂，说了很多内容。首先互卦离为目，巽为股，内卦兑卦为毁折。这是说眼睛和腿都遭到了损毁。“眇”为瞎了一只眼，“跛”指脚或者腿有毛病。六三爻本身为阴爻柔顺和悦，但因为它居阳位，所以它内里又有刚健的志向，因此即使自己是“眇”和“跛”的状况，它还是自称能看到，能行走。

而六三爻这个爻位，一直都是与上九爻相应的，所以此时九三爻“履虎尾”，招来的是为老虎头的上九爻的回顾，老虎转过头来，这就不妙了，所以爻辞说“咥人”。然而刚柔之间的相处虽无常，但它们都是为人所用。离为“甲胄”，乾为“大君”。此时将六三爻设喻为一个被大君所用的武人，身履行伍，指挥布阵，这是符合武人命运和志向的，虽然行军打仗有凶险，但也是吉的。所以说自处常用九二的幽人之道，但是遇到变化要用六三的武道。这是因为易道从来不会固守一端，要随时势变化行进。

六三爻讲述了一个精忠报国的英雄人物，作为血战沙场的武将，是有性命之虞的，如同要被老虎吞噬，但是六三爻的爻辞给出舍生取义的指向。武人不顾自身安危，是因为有着忠君报国的志向，也是鞠躬尽瘁的表现。

在九二爻里，《易经》告诉我们不要忽视前路的危险，要低调做人；而在六三爻中，告诉我们不要只看到生死吉凶。我们要深入地去体会易道之变化。通过学习，我们得出一个结论，就是易道永远不变的是内在乾德，其余外在的一切尽可以千变万化。我们既要抓住不变的那个重点，又要明白变化的重要。我们每个人常怀虚心游世，懂得变化，才能如鱼得水。

九四：履虎尾，愬愬，终吉。

六三爻和九四爻在整个履卦里居人位，都是“履虎尾”。六三爻志向刚健，与上九爻相应，九四爻阳居阴位，柔顺以应初九。卦辞中我们提到过，初九爻是老虎尾巴，这是最末端了，九四爻虽为阳爻，但内里阴柔，是个外刚内柔的性子，所以说它要踩到老虎尾巴的时候，心中是非常恐惧的，“愬愬”就是恐惧的意思。外卦乾卦本身就有警惕的意思，九四爻那么恐惧，那它一定会周密地防范，这种缜密就可以避险。故有最后“终吉”一说。《周易·系辞下》中说：“惧以终始，其要无咎，此谓之《易》之道也。”圣人之作易，就是教人们要将危惧存于心中，终如其始。

九四爻喻一个小心谨慎的人，做事相当周密，他很明白自己的处境，所以他在发现危险之前就已经有了畏惧之心。这种谨慎会把潜在的危险都很好地规避掉，最后必定也是顺遂吉利的。履卦的九四爻特别适合我们拿来警示自己，要时时刻刻保持谨慎和敬畏的态度。有时候我们会认为胆小怕事不太勇敢强大，但从另一方面讲，人心中存在畏惧的时候，会更加认真谨慎地去处理事情。我们常常说，要心存敬畏地活着，其实也是这个道理，人的心中一旦失去敬畏，就会面临很多超出自己可控的、非常危险的局面，那样最后不止会伤害到别人，也会反过来伤到自己。

九五：夬履，贞厉。

《彖》曰：“夬，决也，刚决柔也。”履卦九五爻，阳居尊位，其阳刚之气可决履行之人。也就是说履卦的九五还是处君位，他可以决断人与事。无论从权力还是地位来讲，九五爻都有这个能力。所以爻辞用“夬履”。

古时候的圣人，居天下之尊位，他的圣明就如同阳光一样，普照天下。他的刚健也足以决断天下之事，他的权力足以专断，不用问任何人意见。但是即便这样，圣人也一定会博采天下之议，以广其识。这就是圣人之所以为圣的道理。如果自认为刚健英明，谁的意见都不听，变得非常狂妄，那么即使处于正位和尊位，也是危及大道的。这是“贞厉”。

上九：视履考祥，其旋元吉。

上九在天位，所以它可以普降吉祥。互卦离卦在下，离为目，有“视”的象。在此时，上九爻是个观察者，他在天位观察自己和人与事，所以说履卦到了上九，履道已成，此时吉凶祸福也都有了定论。

“旋”是返回的意思，初九爻向上去，上九爻旋回初九，这是履卦的始终，这就是元仁。《中庸》对于礼有一句话：“礼仪三百，威仪三千。”在这三百三千之中，没有一样不是仁德。上九爻能够返回到初九爻的素位，它就能得到初九爻的仁心。如果一个人的心可以充满仁德，那么它就可以与天心相和合，那时候祥瑞一定会降临，所以说“吉”。

初九爻率真而毫无修饰，上九爻返回到初九爻具有仁德。六三爻运用武人之志，九五爻戒除自己的独决，九二所履之路平坦又能够守贞。九四处在危险之中，但因为它知道畏惧，提前戒备，所以也可以安全度过。所以说履道乃大行之道，它涵盖了方方面面，在每一个问题之中，都有着解决问题的办法。所以履道大成，吉。

11. 泰

泰：小往大来，吉，亨。

“履而泰然后安，故受之以《泰》。泰者，通也。”——《序卦传》

在“履卦”中，人们接受了礼仪教化，知礼守义，懂进退，安固呈祥，一切顺利通泰，所以《序卦传》在履卦之后继以泰卦。就如乾卦的健德一样，人们提起“泰”这字，也都是和很多美好的词语联系在一起的，比如“国泰民安”“泰然自若”“神融气泰”等。那么我们接下来分析一下泰卦。

天地之造化，分阴分阳，阳为大，主生；阴为小，主杀。人之性情，阳者为大人，阴者为小人，大人光明而慈祥，小人阴暗而刻薄。泰卦卦形乾下坤上，属于阳内阴外的象。退而在外，为往；进而在内，为来。内卦乾为大，外卦坤为小，所以卦辞讲“小往大来”。

在子坎一的位置，一阳生，向前走到寅的位置，成三阳，此时十二消息卦里就是泰卦，代表一月份。一月份的自然界中，生机之气开始出现，也就是春天万物生发的时候。所以，此时讲的四时运转为天时之泰。如果把泰卦比照人事，大人在内而用事，有阳刚之德，小人在外而退听，听从大人的指示做事，仁政就可以顺利推行，为世运之泰。世运既然通泰，那么小人在外安分守已地生活，大人在内得以施政，与天道相合而行，所以一定是吉而亨的。天时之泰是靠老天决定的，我们没人能够改变自然界的四时。世运之泰是靠人决定的，所以，君子和小人的进退，又怎么能忽视呢？

乾坤两卦之后，各卦阴阳爻都是相杂的，一直到此时的泰卦，在一卦里出现乾坤两个八经卦。此时阴爻阳爻变得比较清晰，而且阳气在下，向上升，阴气在上，向下行，阴阳之气在泰卦里是相互交流、通畅的状态，所以无论用它比对人事，还是用它来判断天时，都表示是通泰的状态。

初九：拔茅茹，以其汇。征吉。

泰卦的初九爻，如果阳极变阴，内卦就从乾卦变为巽卦，巽为茅，在下为茹，茹就是指植物的根。互卦震有拔的象，如果互卦震动，将下面三个阳爻都拔起，那么就如将植物连根拔起，因为根还相互牵连，所以就有“以其汇”。三阳开泰的最初是一个初九爻，像是一个君子，向前走的时候，众君与之向上同行，所以有“拔茅茹”的象。但是君子在内，具有乾卦健行的动能，所以它不可以贪图安逸，一定要使小人与自己一起归于正道。这样的话，泰卦的运行就毫无阻挡，所以为吉。

乾卦中，《象传》曰：“天行健，君子以自强不息。”泰卦的内卦为乾卦，所以初九爻就是那个要自强不息的君子，他带着乾卦的健德，就如同一个生来就被赋予使命的人。每个君子，都是其他人的表率，所以他一定要有这种使命感，不断地进步和前行。当他的正能量散发出来，就会有人和他一起同行向前。而在这个过程中，如果遇到小人，他不能放任不管，他要将自己身上的优秀品质同化小人，以求事情畅通无阻地发展。

九二：包荒，用冯河，不遐遗。朋亡，得尚于中行。

坤为大荒，九二发生变化，互卦出现坎卦，坎为河。九三爻在坎卦中间又成一个互卦震，震为足。爻辞中的“冯河”是徒步涉水过河的意思，所以此时就有“冯河”的象。上六爻与九二爻离得很远且不相应，故为“遐”。“遐”是远或久的意思。六四因为和九二离得近，并且有相同的功用，所以这两爻为“朋”。六五爻是阴爻居阳位，而且是中位，称“中行”。

九二爻阳爻居阴位，也在中位，并与六五爻相应。想要此卦真正成为通泰的一卦，使一切泰和的办法，不是难在怎么用君子，而是难在怎么安顿小人。小人为外卦三个阴爻，如同漫山遍野的杂草，呈现出一片荒芜的景象。我们知道杂草难除，正所谓“野火烧不尽，春风吹又生。”治理小人也不能太过严厉激进，穷则生变。治理小人，贵在使用仁政，使那些辗转反侧、十分不安的小人安定下来。然而这种包容宽厚的心并不是一味地迁就，如果说怀疑小人有二心，则要“用冯河”，以此消除隔阂。虽然上六爻与自己距离很远，但是不能因此忘记，甚至遗弃他。虽然六四爻与自己近在咫尺，但也要拿捏好分寸，不能相互勾结，也不能轻慢对待。

九二爻行于中，它的心极其光大，它有至诚可通天下，又以光明照万物，还用大公无私教化顽冥。所以九二爻的爻辞在一开始用“包荒”二字示为仁德，宽以待人。“用冯河”示为刚断，以使德中。君子行不偏不倚之道，小人与之相合，此时君臣同德，这种和谐，形成真正的中正大道，所以就可以常保通泰。

分析到最后，我们来描画九二的模样。九二这一爻是国家栋梁之材，他虽然在臣位上，却担负着治泰的重任。首先九二爻一定是一个心胸宽广的人，有容人之量。因为心胸狭隘的人，做不到“包荒”。另外，九二爻还是一个刚决果敢的人，有深远之虑，并且大公无私、做事公正而没有偏颇。我们每个人在生活中，如果真的想要成就大事业，就要有九二爻这样的气度与风范：一方面要有大的胸襟，做到真正的胸襟开阔，不去计较得失；另一方面还要在遇事的时候，有决断的能力，不拖泥带水。

九三：无平不陂，无往不复。艰贞无咎。勿恤其孚，于食有福。

“平，陂”指地势，外卦坤为地。“往”“复”是就乾卦运行的规律而言，内卦为乾。乾卦时刻警惕为“艰”，坤卦卦德为“贞”，九三为阳爻，阳实为孚。下互卦兑为口，就是“食”。

九三爻到了内外卦相交的地方，凡事没有始终顺利而不遇风险的，但我们不能任由九三去遇上危险。虽然乾卦的内涵是周而复始，生生不息的，但是我们也不能听之任之。一定要在出现危险前预防危险，在出现往复变化前去思考即将出现的变化。做到贞固其守，防微杜渐。

做这些只是为了求得君子的“无咎”，而不必担忧小人，因为阴者都是滋养阳者的。小人食禄于君子，如果君子能够救济而思防，转变猜忌的想法，开诚布公地用诚心去感化小人，小人就会接受君子的治理，并享用君子给的俸禄。君子要给予食禄。常言道“食人之禄，忠人之事”，此时，小人一定尽心为君子办事，而君子也可以很好地管理小人了。这样是上下相安，所以它们彼此都是有福的。在艰难时期，君子守贞正可以使追随者不离开，凭借诚信可以不去担忧小人来犯，这是圣人用来平复天地缺憾的做法。

九三爻在泰卦里是一个要发生变化的位置，如果泰在此时过中，很可能就变成否卦了。所以爻辞用了很多提醒，要九三爻防患于未然。小往大来虽好，但是世事无常，小往一旦去而复返，就是乱世来临。这样九三爻就会陷入非常艰难的处境，因此一定要处理好。天道不可逆，但谋事在人，九三爻对为人处世来说，意义十分重大。

六四：翩翩，不富以其邻，不戒以孚。

“翩翩”是鸟轻飞的样子，《诗经·小雅》中有“翩翩者鵻，载飞载下”。九四爻在乾坤交界处，此时泰卦已经过了中线。泰卦外卦三爻皆是阴爻，如同鸟群集结，本是小往退于外之象，但此时爻辞用“翩翩”，有向下飞的势头。这也是三爻忘了自己还没有实力，就想翩然来复，与下交往。所以说有“不富以其邻”的象。“富以邻”者用的是自己真正的实力，去与邻相处。而泰卦外卦此时没有那个实力，想要与邻相处，靠的是虚心。虚心求人，人一定会相助的。阴能与阳相邻比和，小人就不必怀疑君子，或者生出戒心，君子以诚信对待小人，彼此都产生信任，这样之前那些不愉快的过往就可以不放在心上了。小畜卦的五爻、四爻强调相孚，所以使畜成，泰卦的三爻、四爻也做到相孚，所以泰定。故而，对于易道来说，实则是贵在守诚信。

六四爻在泰卦里讲的是一个小人，这个小人本身还没有实力，但是他喜欢鼓动他人。他鼓动六五爻和上六爻，想要合交以害正道。但是他发现自己的实力还是不够雄厚，所以他又改为与内卦相邻，虚心求助了。他的这种转变，也使对他多有戒备的阳爻诚心以待。最后因为彼此都带着诚心相交，所以没有出什么大乱子。

六五：帝乙归妹，以祉元吉。

帝出乎震，六五处于互卦震的最上爻，十天干中，坤纳乙。九三爻和六四爻变换位置，就成了“归妹”卦。六五爻为中行之君，向下与崇尚中正之道的臣子相应，降低自己尊贵的身份，以期跟从内卦之阳，这就有“帝乙归妹”的象。六五爻用这样的方法，是为了得到上天的庇佑和福祉，此处就是“以祉”的解释。这种行为是大善，所以为“吉”。乐于为善是优秀的治理方法，礼贤下士是高尚的品德。好善下贤，则君子不用退避，而小人也不会进犯，所以称“元吉”。

六五爻还是说为君之道，简单地说就是两点，一要乐善好施，二要礼贤下士。其君道，吉也。生活中，领导的艺术不是严苛的制度或对他人的责难，而是处在领导位置的人即使性格刚烈或者威严深沉，对待下属也以善为先。这个善，说的是内心的本质。领导的外在行为上可以有许许多多的不同方式，但是本质里一定要有这个“善”，这才是处理好任何关系的根本。一个暴君或者一个笑面虎式的领导者，是没办法建立良好的团队关系的，进而也不可能管理好自己的团队，从而取得事业的成功。

上六：城复于隍，勿用师，自邑告命。贞吝。

坤卦为地，其土在外势高，有“城”的象。“隍”为城下池，外卦三爻反复于下，所以说“复于隍”。坤为众，上互卦震为帅，以帅领众，为“师”的象。坤为文，下互卦兑为言，此时曰“告命”。又有坤为“邑”乾为“君”，所以称“自邑”。因为坤盲目顺于乾，以致无所成，这是坤卦盲目守贞的固执，所以就容易产生悔吝，也就有了“贞吝”。

圣人观察卦象，“城复于隍”说明世运要开始泰极否来了，又有“师”象，说明有兵变争斗。所以为了阻止祸乱的发生，爻辞说“勿用师”，不要兴兵打仗，而要“自邑告命”，这是说，要反己自治，修其政令，以感庶人之心。这是因为崇尚武治不如加强文治，致力于对外战略，不如治理内部团结。守护其国家，明确其政令，这么做就可以得民心，而使祸乱除。

如果上六安于顺从乾的贞固，不知道变通，那么它一定要羞愧。在泰否即将发生变化的紧要关头，虽然只是天命，但是圣人在此爻开示的道理，还是想用“尽人事，听天命”的态度去挽回局面。

上六爻，处在大厦将倾的危急时刻，爻辞告诉我们，不要把心思放在外在的争斗上，要先把自己内里调整好，攘外必是从内而始。另外，做事不要不知变通，虽然守持贞正是好事，但是也要学会就事论事，危急关头，重症需下猛药，不可拘泥固执。天命虽不可改，也要有人定胜天的斗志。我们在平时生活中遇事的时候，也要参考这一爻，因为我们往往想着如何快速地解决这个问题，却忽略了自省的过程。其实很多错误之所以一犯再犯，都是因为我们只在外在找突破口，最后只是治标不治本。只有找到内因，并且改正自身的不足之处，才会不再犯同样的错误。上六爻说到的另一个方面也是值得我们注意的。很多时候我们把忠贞或者执着看作非常值得称赞的事，当我们过分肯定这个行为的时候，势必会导致走向另一个极端，就是在需要做出应变的时候，还以固守一个信条为荣，这就违背了易道的变化之道。我们在之前的几卦中也提到，要学会观察自己的处境，要懂得事物的变化性，应对也要随之变化。如果做不到这一点，就会像上六爻一样产生悔吝。

12. 否

否：否之匪人，不利君子贞，大往小来。

“物不可以终通，故受之以《否》。”——《序卦传》

万事万物皆随天道循环变化，有直径，必有曲折，有通泰，又会有阻塞。一切畅通无阻的泰卦之后，随之而来的是否卦。

否卦卦形，坤下乾上，正好是泰卦反转过来。在泰卦中提到“无往不复”，这是天数使然，所以否卦先否后喜，这是因为人若想成为君子，一定要竭尽全力忠于人道。小人之心与君子正好相反，所以叫“匪人”。泰卦的匪人在外，否卦的匪人在内，匪人在内，不利于君子守持贞正，因此要谋划去除它。阳为大，君子向外往，阴为小，小人向内来。君子前进，小人后退，举世常保通泰。如果小人前进，君子后退，那么世界就会常常为否的状态。按照《序卦传》的顺序，乾坤两卦之后，经历了十个卦，正好是阳爻三十爻，阴爻三十爻，阴阳均等，然后才有了泰卦，可见出现泰卦的过程是十分艰难的。而泰卦刚刚出现，紧接着就出来否卦，可见出现否卦的状态又是多么容易。人们要想追求亨通安泰，并且严防否卦的颠覆，应该怎么做呢？

初六：拔茅茹以其汇。贞吉，亨。

在三画的八经卦里，乾卦第一个爻变成阴爻的时候，卦形就变成巽卦，所以否卦中，初六作为内卦第一个阴爻，有巽卦之体，所以为茅。上方与之相应的九四爻为下互卦艮的阳爻，艮为手，所以有“拔”的象。三个阴爻同时被拔起，也有汇集之象。这是小人一起向前来了，这种状态如果是在一件事情当中，就会让人担忧。但是初六爻的小人之恶还没有形成，而且它又与九四爻相应，有变为君子的可能，所以圣人作爻辞，教化它守持贞正。如果初六爻能够在此时幡然悔悟、改邪归正，它就可以受到九四爻的福佑得到吉祥，此为“贞吉”。如果它顺承九五爻的美好，那么世界可以恢复亨通的状态，也就是“亨”。所以说，君子之贞，并非没有作用和不能利他，如果将这种贞正施于小人，则小人可以返回到中正之路上来，甚至可以成为一个君子。

泰卦的反转可谓天翻地覆，在否卦的情形中，阴爻汇集在内成为一伙小人。而初六爻在这伙“匪人”里面，也就算一个小蟊贼，他属于跟着别人做事的人，还没有完全黑化，一旦有正人君子出现，给他指明道路，初六又能自己醒悟，回归正途，一切都会变得通泰吉祥。

六二：包承，小人吉，大人否。亨。

六二爻是阴爻居阴位，属于重柔之象。六二爻以这样的象上应九五爻，因为他羡慕九五爻的势力，所以承接九五爻。又因为六二内卦居中，所以他也得中位，在这个位置上，他的奉承之意就好像被包裹了一样，没有外露，这就是爻辞讲的“包承”，由此看出，六二爻是小人里面有巧思的人。他这样做是为了取悦君子，并不是要害君子，所以可以得吉，此时就为“小人吉”。谄媚阿谀的人向前，那么大方正直的人就会后退。如果小人是吉的，那么大人就会出现否的势态，所以说“大人否”。然而接下来爻辞又告诫大人，即使遇到这样的情况，也要固守自己的否，而不能羡慕小人的吉，或者去效法他的奉承。在世风倾颓的时候，大人能够心存乾坤之正气，这是天道的亨通，世运也会因此而亨通。在泰卦的时候想要亨通很容易，在否卦的时候却非常难。无论泰否怎么交替变幻，循环反复，君子的亨通都可以悠然自得。天地之间的时运，无论通达还是穷尽，道都可以使之通畅，所以说，道可以解除一切堵塞不通的否的状态，那么最后就还是“亨”的。

六二爻虽然像一个善于阿谀奉承的小人，但这一爻我们却要从它的反面去进一步理解。我们知道小人的流弊，才更清楚什么才是君子所为。君子不能与之同流合污，要有出淤泥而不染的精神，坚守乾坤正气，方能化否为泰。

六三：包羞。

六三爻不中不正，与九四爻相近，却不被九四爻放在眼里，它感觉很羞愧。互卦艮为止，所以六三的羞愧就被包藏起来，隐而不发，这是小人的危险。知道羞耻，并能够改正，就是吉的。心中充满怒气，又想着怎么去逞强，这是凶的。所以在六三爻的爻辞中，只有“包羞”这一句，后面没有任何关于吉凶的断辞，因为六三爻这个时候是吉是凶，全看它自己的选择。

六三爻设喻一个心存险恶的人，想要用阿谀奉承的方法，达到自己不可告人的目的。此人在否卦的时候是吉是凶，全看他自己。通过对六三爻的学习，我们要记得，知错能改，善莫大焉。无论在什么样的情形下，对善恶的正确判断都是必不可少的，而当我们明白了对错，即使我们之前做错了，我们也不要害怕去改正，“放下屠刀，立地成佛”。过往已经成为过去，将来掌握在我们自己的手中，什么时候改过都不会晚。六三爻没有用断辞去做评断，圣人也认可未来有无限的可能。

九四：有命无咎，畴离祉。

上互卦巽为命，泰卦即将变成否卦的时候，我们用了“自邑告命”，到现在否卦已成，就没有命令了。现在九四爻过了否卦中位，即将变回泰的状态，所以九五爻就发号施令，让九四爻去施行。这个时候适宜昭告天下，而不只是自邑而已。九四爻以阳居阴位，有刚柔相济的象，所以虽然它以刚施行的命令，却是顺应民心的，所以“无咎”。天下都服从九四的命令，这是时政即将否极泰来。九四爻的爻辞为“畴离祉”。“畴”是同类、众人的意思，“离”取离卦附丽的意思，“祉”就是福祉。否卦外卦三爻同心，而且共同发出了命令，此时是阳爻福佑阴爻。内卦三个阴爻一起听从命令，这是阴爻福佑阳爻。阴阳之同类相聚，相互附丽而获得福佑，即为“畴离祉”。此时即便小人来了，君子也不用退避。泰卦的九三爻为“无咎”，而且“有福”，否卦的九四爻为“无咎”，附丽而获祉。盛衰荣辱虽然都是天命，但是又何尝不在于人事呢。

九四爻处外卦最下，他作为听从九五爻安排而去执行命令的人，一阳爻在上率领下面三个阴爻。九四爻所执行的命令，其实是外卦三爻共同制定出来的，他们制定这些政令，是为了保护内卦三个阴爻。而内卦三爻向上亲附，并且听从上令，这是这三爻反过来福佑外卦三个阳爻。每个人都在尽力做事，只为使事情变得通畅顺利。所以任何时候都不要放弃，不要听天由命，当遭遇否卦的状态时，更要有条理地去进行改变，当所有方面都配合好以后，自然可以解除否的状态。

九五：休否，大人吉。其亡其亡，系于苞桑。

否卦的下互卦艮为止，所以说“休”。《说卦传》中，艮木为“坚多节”，所以此时把它比喻为苞桑。“苞桑”是指桑木之本，用来形容根深蒂固，根基稳固。否卦中上互卦为巽，巽为绳，所以就是“系于苞桑”。以上就是通过卦形卦象分析的爻辞。

九五爻在中正之位，十分刚健，它阳极变阴，就会在外卦出现一个离卦，离为明。六二爻的奉承，六三爻的羞愧，九五有明就都能察觉，而九五爻本身的刚健又有止的意思，内卦阴爻为小人，小人被止，否象也就被止，所以说“休否”。否象的休止，就是大人的吉象。然而大人虽然吉利了，但是小人还是存在的，危险还在，所以一定要每天都心存对危亡的戒惧，这样国家才会安定，就如同把绳索系在苞桑上一样稳固。泰卦在九三爻提到“艰”字，否卦又让九五知道警惧，这都是在用乾卦的“惕”警示自己。

否卦九五爻，主要还是强调乾卦的“惕”，在否的状态中，虽然处在极尊贵的位置，但对于危险的警惕不能少，因为潜在的危险，总是在等待人们的大意和懈怠趁机来袭。可见越是走到高处，越要“夕惕若厉”。

上九：倾否，先否后喜。

否卦走到上九爻，否极泰来，就要变成泰的状态了，这个时候所有的爻都要发生反转，上下之间要变换位置。这就是“倾”的象。此象的出现说明所有否的状态都要倾覆，那么此时我们也就可以预知之后喜悦的来临。不过从否到喜的过程其实是很长的，此时去回忆之前的否象，是为了反思以往的那些过失，使自己对从前做错过的事有所防范。也就是人不能在同一个地方再次跌倒，既然知道那是个陷阱，我们就要想办法绕过它。这就是爻辞强调的“先否后喜”。戒除自己的骄傲和自满，预先解除日后的祸患。

忧危和戒惧越多，就越深知“平陂”“往复”值得敬畏。《诗经·周颂·我将》曰：“畏天之威，于时保之。”我们只有深怀敬畏之心，才能得到老天的庇佑。人们常常不明白学习易道的意义，总是认为大道与自己的距离十分遥远。其实，学习的过程，是让我们了解真相的过程，我们了解了之前在蒙昧中无法感知和理解的真相以后，就会生出敬畏之心。我们要懂得顺势而为，依靠自己的谨慎努力去解决困难，扭转逆境。

13. 同人

同人：同人于野，亨。利涉大川。利君子贞。

“物不可以终否，故受之以《同人》。”——《序卦传》

“讼必有众起，故受之以师。”出现争讼的时候，人就开始聚集，一副理论不通要打仗的模样。在否卦之后，又有一群人要聚集，这是因为否卦至极，定会否极泰来。而否变为泰需要过程，先把能让事情变得通泰的人聚合在一起。因此，否卦之后续以同人卦。

“同人”即与人一起、共同的意思。从卦形上看，此卦离下乾上。乾卦与坤卦相错，此时的乾卦就如同覆盖在坤卦之上，天地相交之际为“野”。乾卦健行，所以为“利涉”。同人卦里，二爻和五爻都是又中又正，此为“君子”。乾为天，离虚明为人心。乾卦在离卦之上，这是人心的天。我们学习和认知，就能与老天的心靠得更近一些，君子行事顺应天意。虽然每个人都是独一无二的存在，但是人心所比照的天心是相同的。那么，若是想与人同，贵在“同人于野”。前文说“野”为天地相交之际，此时天地最为广阔，最为接近。人在天地相交处，所以称“于野”。此时的人，内心如同天地一般辽阔，没有藩篱，没有边界，仿佛心里生出一片天空。这样的心与天下人相通，就可以合而为一，这就是廓然四通，没什么事是办不成的，所以说“亨”而且“利涉大川”，这是因为人心与天心同的缘故。

天本来就是相同的，为什么有时候我们觉得有所不同呢？这是人心不同所导致的。心本来生于天，但是它具化到人，就有了天心和人心的差别。天心指的就是天理，天理公正无私，所以可以统一，即为“同”。人心是人的一种意识，随着人的成长，最本质的初心不断地被外部环境所浸染，就有了私心杂念，所以人与人的意识千差万别。君子要以人心合天心，他的光明可以用来观察天理，他的刚健可以去除私欲。私欲去除了，就可以做到无我且中正。而做到了无我且中正，人心当中的差别也就没有了，我们就会回到最初与天心相同的状态，天心之同就复归了。由此，我们得出结论，同人之道还是要君子能够守持最初的贞固。圣人之治要想达到大同，也要遵循这个道理。这也就是卦辞说的“利君子贞”的意义所在。

初九：同人于门，无咎。

同人这一卦，整个卦只有一个阴爻，就是六二爻。六二为阴爻，是一条断线，在初九之上，如同一个大门。世界本来是大同世界，因为门的存在而有了不同。我在门内，人在门外，就无法相通。初九爻向前遇到六二爻，这扇门就开了，六二这一爻又中又正，由此可知，门内是可以与之同的人。初九就是在门这里与人同，所以爻辞讲“同人于门”。此时初九爻只看到可以与人一起，而忘了门里门外的差异，虽然初九爻没有达到大公之心，没有做到廓然无累，但是可以看出，它的私心已经很少了，所以说“无咎”。

每个人在这个世上与别人相处，最开始都好像隔着一扇门，推开门之前，谁也不知道彼此是什么样的，我们只有向前走走，推开门看看，才知道门内是不是一个与我们心意相合的人。当我们遇到心意相合的人，即使做不到无私，也一定要减少自己的私心而与之相交，这样才会拉近彼此的距离。

六二：同人于宗，吝。

先天八卦中，北方为坤；后天八卦中，北方为坎。从先而后，一阳入坤，所以我们可以说，坎是由坤变过来的，坤为坎原来的样子。同样的道理，处在先天八卦南方位置的是乾，后天八卦是中离，一阴附丽于乾变成离，所以乾为离宗，“宗”就是根本。六二爻处于又中又正的位置，而它与初九爻和九三爻为宗，又相邻近，所以六二爻与初九爻和九三爻相“同”相亲，这是因为它们三个是有宗亲的同族，而不是因为六二有什么私心。九五爻居尊位，六二应该与其相应，既然六二爻上应九五爻，那么它本该做到大公无私，宁肯“丧朋”也要去追随外卦乾。但是它现在在内卦之中，与同宗相亲比，虽然此时六二没有私心，却于理不合。六二爻处中正之位，却不去与九五爻相应，这不该是君子所为，它失去了君子的贞正，所以爻辞最后说“吝”。

六二爻有种“自古忠孝不能两全”的意思，虽然处在六二爻的位置，人们并无结党营私的杂念，可是在面对国家和小家利益取舍之时，不应国诏还是于理不合。《易经》讲到此处，是为君子立下一种大志向，也是赋予君子一种大气度。在现实中，有许多仁人志士都怀揣着一颗爱国之心，真正做到“国有难，召必回，战必胜”，舍小家为大家。

九三：伏戎于莽，升其高陵，三岁不兴。

从卦形看，离为甲兵，故为“戎”，下互卦巽为隐，所以有潜“伏”的意思。同时巽为木、又为茅，是密生的草，也就是“莽”，这些就解释了“伏戎于莽”。九三爻要是阳变阴，六二到九四就出现一个艮卦，艮为山，为“高陵”。“三岁”这个词，在其他的卦里我们讲到过，这是离之数。

同人卦里只有一个阴爻，其他五个阳爻都想要与之同。九三爻与六二爻为宗，它也想与六二爻同，但是惧怕九五爻会与自己争，所以它就带兵潜伏起来护卫六二爻。然后又上到高陵处观望与自己争抢的九五爻。我们讲过六二爻与九五爻是正应，所以此时九三爻有了这种与之同的想法，是于理不合的。况且九三爻与九五爻为敌，它的实力也不够，所以“三岁不兴”。九三爻埋伏多年都没有兴兵，是因为它害怕九五爻，以致到最后都没有出兵。也因为九三爻没有实际的兴兵的举动，所以爻辞没有说到凶险。然而只要九三爻有了这种心思，就一定会生出许多事儿来。那么我们知道，与人同一定不能有相争的念头，以兵戎相见的方式去求同，还不如不同。

九三爻就好像一个人看上了哪家的姑娘，想与之婚配，但这个姑娘已经许了一门好亲事，对方各种条件都比自己好，所以他就决定暗恋。暗恋的过程中他还观察竞争对手，后来越比较，越觉得自己比不过，一拖多年，也没敢表白。虽然其间也没什么凶险的事发生，但是对于九三来说，漫长的几年，不知道发生了多少事情，又错过了多少事情。

九四：乘其墉，弗克攻，吉。

研究九四爻，还是先从卦象上看，内卦离为墉，九四爻在内卦之上，故为“乘”。九四爻也想与六二爻同，而此时有九三爻隔在中间，所以九四爻处在高墙之上，想要攻击九三爻。既然九三爻想要与六二爻同，已是有失中正，那么九四爻也未必中正了。所以说“弗克攻”，此时九四爻不去攻击九三爻，并不是九四爻的实力不敌九三爻，而是因为九四爻也不占理，在道理上它胜不过九三爻。在此时，九四爻能够认识到这一点，并且自我反省，循天理而行，吉莫大于此了，所以爻辞最后为“吉”。

从此爻辞中我们可以看出，与人同，靠的是理，而不是情。如果凭借人情获胜，争得别人与自己同，这样的同还是会产生异心。以理胜之，即使不去争抢，即使彼此有不同意见，也会走到一起，共同做事。所以说，君子想守持贞正没有别的办法，只有遵循道理而行。

同人卦如同一个理科班，男女比例5∶1，全班唯一的女生六二爻被所有男生喜欢。如果说九三爻是暗恋六二爻的密友，九四爻则与六二爻疏远一点，九四爻也喜欢六二爻，他想把九三爻比下去，让自己和六二爻更接近。但六二爻和九五爻是一对，他们的关系非常坚固。九三爻暗恋六二爻于理不合，九四爻想要去破坏别人的关系也没有任何道理。九四爻和九三爻不同，他不是因为畏惧九三爻才退出的，是分析总结反省后选择了退出。他的结论是通过理性思考得出的，所以他的选择是正确的，也是吉利的。

九五：同人先号咷而后笑，大师克，相遇。

卦象之中，乾为金，有一个成语叫“金声玉振”，“金声”是说以金属做的钟发出的声音，所以此时，乾有“声”的象。同人卦下互卦巽为风，风善鸣，风声在很多时候会让人觉得很凄厉，如哭声一般，因此爻辞说“号咷”。此时九五爻发生变化，上互卦变为兑，兑为悦，即为“笑”，所以就是先“号咷”而后又“笑”的象。同人卦的综卦为大有卦，大有是“众”的意思，同人五个阳爻，阳为大，五个阳爻在一起也是“众”的意思，《序卦传》讲说：“师者，众也。”综上可知，爻辞用“大师”，取的是“众”的意义。而这里的“克”就是众志成城，无往不克。内卦离为目，此时为相遇。九五爻刚健中正，能下应附丽文明的六二爻，全都在于君子守持贞正。

九五以贞正与天下相通的志向，并不是一天就能实现的。当它没有与人相通的时候，它们各自的心、各自的想法都是不一样的，此时即使大声疾呼，也不能使彼此相合，所以先用“号咷”的办法做足够的积累并使之相通，那时候天下一心是不言而喻的，所以“后笑”。

九五的志向既然实现了，做到了与天下相通，那么就不是特指与六二的正应了。六二舍弃其宗族而跟随九五，初九从门里走出来，九三拥有甲兵而不开战，九四也不在高墙上了。全卦所有的爻，都能和九五一心相遇，这就是所谓的于野之同。能够与天同德的人就是圣人君子，这些人出现一定是亨通，且利于走出险境的。其实同人之道说的就是与天同德。

上九：同人于郊，无悔。

分析卦辞的时候我们知道，乾为“野”，其实乾卦也为“郊”。“野”和“郊”这两个字虽然都是乾卦的象，但是它们还是有区别的。“野”是没有边界的领域，它是“野外”，但只是人烟稀少，与城市的距离稍近一些，此时有所有人与之同的象；“郊”是远离城市的位置，郊的位置可谓是荒山野岭，是没有人与之同的象。同人卦的“大师”都和九五爻相遇，上九爻又在九五爻上边，没有人和上九爻同，所以上九爻就跑到“郊外”去了。在“郊外”没有人，但此时在上九爻的爻辞中还说是“同人”，这一定是有与之“同”的。人虽然不与之同，但人心中的那片天是相同的，上九居于乾卦最终，它与天相合，处在这个宽阔僻静、寂寞孤独的地方，尽其所能地守护其他人，这是符合天道的。所以虽然没有人与它相同，我们也称为“同人”。此处还是由上九爻的贞正得来。所以上九虽然“于郊”，但它无怨无悔。乾卦《文言传》有“遁世无闷，不见是而无闷”，《中庸》中有“遁世不见知而不悔”，《论语》中有“人不知而不愠”，这些都诠释了此时上九爻无悔的精神。君子远僻于世，即使不被看到，不被知道，也是无悔的。

上九爻出于世外，因其同人之志未得，所以一无所同，但是它不求一时的相同，而求千秋万世的相同。想要这样，只有与天同，才能世世代代，经久不衰。而能做到这样的，只有像孔子那样的圣人吧。

14. 大有

大有：元亨。

“与人同者，物必归焉，故受之以《大有》。”——《序卦传》

人同，物众，视之为“大有”。一群志趣相投的人走在一起，不断地开疆扩土，创造财富，最后就会有大的收获，《序卦传》此时在同人卦之后，续以“大有”卦，下面我们接着来分析卦辞。

“大有”这个卦名，它的意思其实要倒过来看，为有者大也，什么意思呢？就是说拥有足够财富的人，他必定是一个足够强大的人。“大有”卦形乾下离上。同人卦中，离卦在下，指人心。大有卦中，离卦却在上，这个时候代表“君心”。对一个帝国来说，持有人力物力最多的，一定是拥有至高权力的君主了。离日在上，普照众人，庶人百姓的生活繁荣昌盛。君心向下与贤人相交，此时就会人才辈出。这个时候物质上繁荣为“物大”，人才会集称“人大”，物和人这两者都归属君王，因此此卦称“大有”。拥有财富和人才多的人如果被称为大，那么他一定是用大道治理天下的。六五爻柔而中虚，“虚”就会被担心他不够至诚，“柔”又会被担心他没有能力去做事，但是同人卦中我们分析过，外卦离为乾转化而来，乾为离宗，所以离卦的这个阴爻和其他阴爻并不同，这一个阴爻之中，蕴含着乾卦的元德。最初始的善念在心中积累到一定程度，就会变成诚心。又因为乾为健，所以有亨通之象。此时六五爻虽为离象，为虚，实际上却是乾象为实，也就是有天德实实在在存在其中，遵循这样的天德而在外施行王道，一定能使物归焉。物之大者，一定常保物之丰沛；人之大者，一定会人为我所用。这就是实现大有的方法。

大有卦卦辞非常简短，看似只有乾卦“元亨利贞”四德的前两个部分“元亨”，其实物和人尽数归焉，已经就是“利”了。而在分析离卦的时候，我们知道，虽为离虚，其实质却还是守持了乾贞的诚信贞正，才使万物归焉。所以说，大有卦依然是“元亨利贞”皆备。我们都知道“大有”的状态很好，但是我们也要知道它的来之不易，下面我们就具体分析一下爻辞，看看这一卦到底是遵循什么路线，一步一步获得大有的。

初九：无交害，匪咎。艰则无咎。

初九这一爻刚正而居下，在大有卦的发端，它就像一个非常耿直的人，不想和上面任何人攀附关系，所以和大有卦里的其他爻没有任何交往。它不与人交往，也就与人没有任何利益纠葛，所以就没有因为相交而产生的弊端。此为“无交害”。

六五爻在上位，为“交如”，要与所有人相交，然而初九爻却和谁都不交往，这是它的位置使然，并非它的错处，所以爻辞称“匪咎”。

如果初九爻不能安于现状，生出了与别人相交的心，而且自以为现在是无害的状态，就易心而处，这就不能保证初九一直是无咎的状态了。所以爻辞用一个“艰”字做警示。就是不管你自己多么富足盈满，也一定要淡泊以待，刻苦自励。坚守着无交的那种清贫，常常警惧有害的事物，这样才可以做到无咎。常保这样的状态，说起来简单，真正做到却是十分艰难的，因此爻辞称“艰则无咎”。

此时我们还是用拟人的方式来说明初九爻。在大有卦里其实每一爻都是富有的状态，即使位置处在最初的初九爻也是一样，他虽然不是一个富可敌国的大人物，但他绝对是一个丰衣足食的民众。之前说他耿直，是指他可以自给自足，有了万事不求人的态度。初九爻的这种状态，虽然在人际交往中不一定绝对正确，但是起码为他免去了许多因为与人相交而产生的麻烦事。我们要知道，一些人物质条件刚刚好的时候，或许还能秉持自己的初心，一旦物质条件发生质的飞跃，很多人都会膨胀，都会难以自持，这个时候会产生很多复杂的心理，炫耀、迷失等负面的状态都容易出现，而这些最终都会导致不好的结果，所以初九的爻辞在最后是在告诫人们用一种淡泊名利的态度去面对生活的重大变化，不要被突然增多的财富冲昏了头脑。

九二：大车以载，有攸往，无咎。

乾卦为轮，又为马，有“大车”“攸往”之象。在大有这一卦里，每一个阳爻都想向上与六五相交，九二与六五正应，所以其他爻想要相遇且彼此投合，责任全都在九二爻身上了。天下有才华的人，一定是被这种有容人之心的大臣择选出来，并推荐给君主的。而且一定是这位大臣能够正确用人，才能使这些贤才各司其职去做事。九二爻以阳爻居中位，这是有刚中之德，所以九二爻心志宏大，有容人之量。群贤毕至之时，九二爻有宽厚包容的气度，这又是它的气量使然，所以为“大车”。“大车以载”比之那些小车一定要稳当很多，所以大车以载物，一定是“有攸往”。九二爻载负重物还能去到很远的地方，此为任重道远，所以说“无咎”。不用“吉”来断言，是因为九二爻把功劳都归于六五爻。

九二爻让我想到古时候科举考试的主考官。为政清廉的考官，会以国家社稷为重，为朝廷聚贤纳才，而贪官污吏则会结党营私，使有才之人不能为国效力。大有卦的九二爻，明显就是一个有大气度的主考官。

九三：公用亨于天子，小人弗克。

还是先从卦象来看九三爻。离象为“王公”。大有外卦为离，为“王”，为天子，九三爻变，下互卦为离，此时为“公”，为公爵。乾为金玉，也为良马，这些都是进献之物，所以为“用亨”。九三爻变，内卦为兑，大有卦变为火泽睽，睽为“小人弗克”之象。

九三爻居内卦的最上，这时它地位很高，为公侯之象。在一个富足的国家，公侯一定也拥有相当丰厚的财富物产。但是如果作为公侯的九三爻不善加利用这些财物，这些富有之物就会变成一种负累。因为九三爻此时刚正，而且与上面的外卦相交，所以他就将这些财物作为进献之物，进献给天子。他没有将自己所获得的财物私自占有，所以他即使有了非常丰厚的财产，也不会被这些所害。但如果是一个小人在这个位置，他将所有财物都据为已有，不与任何人分享，那么就不知道小人的结局是怎样的了。这其实是在讲，当一个人拥有很多财物的时候，如何使用这些财富也是一个难题。

九三这一爻，是一个拥有大财富的臣子了，他和初九爻已经有了质的区别。九三爻已经步入官场，他的这些财富，如果处理不当，将会引来杀身之祸。好在九三爻是一个很有远见的大臣，他知道权衡利弊，他把自家的私有财产进献给天子，这一方面表明了自己的忠心，另一方面也解除了天子对自己的忌惮，这正是件两全其美的事情。

九四：匪其尪，无咎。

“尪”者，盛也。九四爻是下互卦乾卦的上爻，又与六五爻离得那么近，它的势力可谓太过强大了。过于强大就会产生危险，所以九四爻的这种“尪”对它来说也是有害的。外卦离为明，九四爻处离卦下爻，且居阴位，所以九四爻很明白自己的危险处境。九四爻居阴位善于谦逊做事，所以他把自己的功劳都让给他人，以此来说明这并不是自己太过盛，而是大家一起出主意，一起谋划事情，以此来强调不是自己一个人的功劳。把所有的功劳都归功给各个贤才，把所有好的结果都归功于君主，所以他虽然功高却不被君主忌惮，虽然权重但也没有遭到君主的怀疑。这样就可以“无咎”了。九三爻用进献的方式，将自己的物质财富都进献给君王；九四爻没有膨胀，他舍弃了自己的功名。可以说这两爻都非常善于处理这个“有”。无论是财物还是功名，这个“有”一旦到了富可敌国、功高盖主的程度，都是危险的，所以一定不能因为一时贪念毁折了自己。

如果九三爻是富可敌国的臣子，九四爻就是位高权重的臣子，这两个爻以人来说，都很富足，但也是利益与风险并存，我们每个人拥有的越多，责任也就越重，生活优越、名利双收看似是一件好事，其实背后压力非常之大，付出的也比其他人多很多。一定要警觉，持盈保泰，万不可一味贪心。

六五：厥孚交如，威如，吉。

六五爻是大有卦唯一的阴爻，可谓“一柔得位，众刚应之”。六五爻居尊位，是大者，天子，所有一切都为它所拥有。在这里柔能用刚，完全是凭借六五爻这个虚中之孚。在这颗谦虚内敛的心中产生的诚心，是六五爻独有的，所以爻辞曰“厥孚”。“厥”为其，指的就是六五爻本身。上下都以诚信待之，君臣同心同德，就好像良朋益友相互助益，所以爻辞有“交如”。这里的“交如”说的是与君子交，如果碰到有私心杂念的小人，一定要惩恶扬善，振作君威，所以交如之后又有“威如”一说，这是天子恩威并施的做法。

初九小心处世，远离财富带来的错处；九二以宽宏的心积累自己的财富，又为他人着想；九三对待财富的态度很通透；九四抛却自己拥有的财富与功名；而六五能用自己的诚心，使各个爻想要与自己相交，同时又敬畏自己的威严。这样对于每个爻来说都是“无咎”的。且对于六五来说，也是十分吉利的。所以爻辞用“吉”做断辞。

此时九五就像文王一样，面对众多归顺追随自己的贤士，都以诚相待，让他们都能积极地去做事，同时又能用自己的威严做到公正无私，使贤士信服自己，让所有人都没有不满。

上九：自天佑之，吉，无不利。

在六五爻里，我们分析到“交如”一词，那是因为六五爻之下所有的阳爻都相当于它的臣子，所以六五爻要用朋友的方式与之交往，以示亲近。但是上九爻这一爻在六五爻之上，显然单纯地把它看作臣子，多少还是有些不合适的。所以六五爻此时就以“师道”待之，把上九爻当作一个老师一样尊敬。这是因为六五爻的诚心，也是越向上越笃定。贤人之所以能成为贤人，是他们都遵从老天的心，如果天子能够尊重有才德的人，那么天子就是顺应天道，此时老天也会保佑他，这就叫“自天佑之”。保佑天子，以使他能够常用有贤德的人，这个“吉”就是非常大的了。保佑诸贤，使他们能够一直被天子所重用，这就是无往不利，此时为“吉，无不利”。

君德贵在得天道庇佑，得天道庇佑本来就是因为天子善于用人，所以说，“同人”卦强调，将心性扩展到无限大，包容一切，做到与天同德，进而与人同。大有卦强调，所有的一切都要遵循天道，并与之相符。得人者，得天助；得天者，善用人。

15. 谦

谦：亨，君子有终。

“有大者，不可以盈，故受之以《谦》。”——《序卦传》

在上一卦中我们讲到，“大有”不是大的富有，而是大者才有。那么在《易经》创作的年代，最大的统治者就是天子，所以有大者主要指的是天子。一个天子在拥有足够大的权力和足够多的财富时，去过奢靡荒诞的生活，危害的就是江山社稷。所以，圣人在《序卦传》中受之以“谦”卦。

“谦虚”这个词我们在成长和学习的过程中都体会过，它讲的是即使我们拥有很多，无论是能力、财富还是地位，也不能自认为有多了不起，还是要戒骄戒躁，非常和顺地听别人的意见或者向别人学习。谦卦说的就是这个意思。谦卦的卦形艮下坤上，内卦艮为止，外卦坤为顺，这两个经卦就有谦虚的意思。艮为山，坤为地，高山可以屈居于地下，这就有谦虚的象。

谦卦里唯一的阳爻，就是九三爻，它是乾卦的九三爻入到坤卦中来而成了谦卦。我们知道，乾卦九三爻的爻辞中并不是以龙称呼它，而是以“君子”称之，所以谦卦的九三爻，就是一个“君子”。而乾卦九三爻如果变为坤卦六三爻，爻辞即为“有终”，此时坤为大终。如果我们在内卦中观察，就会知道，内卦艮为终万物之经卦，所以艮卦为“成终”，那么坤卦和艮卦都说明了谦卦具有“终”的意思。这样谦卦的卦辞就为“君子有终”。君子在这世间行走，为人处世最好的方法莫过于一个“谦”字。如果能为别人考虑或者担忧，那么走到哪里，都是受到欢迎的，就是亨通的，这也是为什么卦辞用“亨”。凡是有大者，为君子之人，如果才华出众就容易自满，如果劳苦功高就容易骄傲，所以说能够善终是很难的事情。如果能做到虚心谦让，即使有大的成就或财富也不把这些放在心上，不骄傲自负，这样即使不去展示，自己的品德也日渐高尚；不去征伐，自己的功业也会日渐丰硕。

如果君子懂得“谦”的道理，就能做到乐天知命，而不去与谁相争。内心充实，对别人谦让，也不会感觉自己可怜。自己做到足够谦卑，就会受到大家的尊重；自己隐藏才能，德行就会越加光明，越能被人感受到。所以说遵循谦卦的道理，就可以“有终”。

初六：谦谦君子，用涉大川，吉。

初六这一爻，是以一个阴爻处在全卦最低的位置。阴爻为柔，有谦德，此爻的爻位又在初爻，为卑位，在谦卦之中就显得十分谦虚低调，已经将自己低到尘埃里。这是谦之又谦的状态，所以爻辞有“谦谦”。如果初六爻发生变化成为一个阳爻，它就与上面两爻组成一个离卦，离为文明，为“君子”。所以爻辞称初六爻为“谦谦君子”。从另一个象来分析，离有虚舟的象，在此时以离卦渡大川，称“用涉大川”。

在初六爻的时候，一个人要低调行事，内心之中对没有自己强大的人也不厌弃，做事的时候能做到恭恭敬敬。谦卑地面对在自己下面的人，使人们愿意与其共事，那么分配这些人去做一些非常困难的事，也是可以很容易地完成的，这就是“吉”。十分困难的事都可以完成，更不用说其他事了，所以说，人足够谦卑，做什么事都是会亨通顺利的。

谦卦的初六爻已经是个君子，能被称为君子的人，应该是人中翘楚，所以这一爻虽然在最末位，但也是一个管理者。这个管理者非常低调谦和，平易近人。他的低调并不是表面功夫，他在内心中对比自己地位低的人也非常的恭敬有礼，待人接物都不骄躁傲慢。他的这种谦卑会使他的下属都非常信服他，从心里愿意跟随他做事情，即使工作中遇到特别有难度的挑战，大家也愿意共同完成。对于一个具有凝聚力的团队来说，有什么问题是不能解决的呢？所以说，在工作中不一定是权威型领导者才能带出好的团队，谦谦君子这样的领导者，更具个人的领导魅力。

六二：鸣谦，贞吉。

分析六二爻，我们还是从卦形上入手，谦卦六二爻如果发生变化，内卦就是一个巽卦，巽为鸡，所以有“鸣”者一说。六二爻属于阴爻在阴位，且又中又正，所以为“贞”。六二爻承接九三爻，而且与六五爻相应。九三爻被称为“劳谦”，六二爻深知九三爻的劳苦功高，所以对九三爻心服口服，而且他还想让六五爻知道九三爻的功劳，也想让九三爻知道自己内心对九三爻的信服，所以就有“鸣谦”的内涵。愿意称道别人的优点，而且急切地想要表达自己佩服对方的优点，又把自己说得很卑微，这样看起来好像特别谄媚奉承，但是因为六二爻虽然在下，却处在中正之位，他就像一个国家之中地位低的贤士一样，他的赞美是真心实意的赞美，并不是虚伪的谬赞，因此老天一定会保佑他，所以是“吉”的。

在这段爻辞里，六二爻可能会让很多人误会，因为他太爱赞美别人。在现实生活中，如果一个人赞美同事，可能大家都会认为，那是低调谦虚，真心赞美。但如果盛赞比自己地位高的人，同时又把自己的位置放得很低，就很容易让人误会是在阿谀巴结，让人怀疑其真心。不过因六二爻居中的位置，我们早就分析它有很贞固的德行，所以我们知道其赞美都是发自内心的。这种敢于表达的性格，最后还是会被理解和接受，这也是很好的。因此在现实生活中，哪怕是同样的表达，我们也要从它的内涵去判断是否真实正确。

九三：劳谦，君子有终，吉。

谦卦的九三爻是本卦中唯一的阳爻。阳爻在每一卦里都有着重要的责任，其他五个阴爻都会依附于它。谦卦下互卦为坎，坎为水；内卦为艮，艮为山；外卦为坤，坤为车；另一个上互卦为震，震为马。而九三爻处中间的位置，它向上要服务君王，向下要福泽黎民百姓，就像车马驰骋于山川之间，非常勤劳辛苦。把它比喻成一个人，就是一个劳苦功高之人。谦卦中处君位的六五爻为阴爻，处臣位的九三爻是阳爻，这是主柔臣刚的象。九三爻在此时功名太过强盛，有功高盖主的担忧。此时内卦艮为止，上互卦震为知惧，九三爻退处于谦，不以自己的功劳自居。这是它德行深厚、恭敬有礼的表现。因为这种厚德到了极致，爻辞说“君子有终”，所以是“吉”的。

在九三爻爻辞的分析过程中，我们已经大概知道了他是一个大功臣，而且是一个不辞辛劳的功臣。在这一爻里，我们可以体会到什么道理呢？作为谦卦来讲，单纯讲一个人能做到真正的内心谦虚谨慎，已经是很不容易的事情了，而九三这一爻在有着大功劳的时候还能做到谦卑，就更加不容易了。从古至今，有功之臣能够善始善终是非常难得的，因为人在有功德的时候，很容易因为气量小而恃功骄恣。所以九三爻能够做到这样，一定是他的德行足够深厚，才能在这么大的功绩面前做到功成身退。在九三爻里，从正面讲是在告诉我们要时刻修持自己的品德，从反面讲是在警示我们，如果在自己有了很优秀的表现的时候就忘了谦虚的道理，那就会得不到善终。

六四：无不利，㧑谦。

“㧑”与“麾”同义，用手来指示，是指挥的意思。六四爻是阴爻居阴位，所以它是柔顺之至的一爻，也是谦德很深厚的一爻。六四爻居九三爻之上，属阴居阳上，是非常适合谦卑的位置。这一爻处在内卦艮上，艮为止，这是知进退、守礼仪到了极致。又因为此爻处在外卦坤卦之最末位，所以此爻对上来说，又柔顺到了极致。这个六四爻发生变化，上互卦就变成兑卦，兑为悦，另一个下互卦为巽卦，巽为伏。所以说这个六四爻，举手投足之间都透露着谦卑，爻辞称为“㧑谦”。六四爻处在六五爻和九三爻之间，就像在一个圣主和贤臣之间一样。它的德行比不过六五爻，它的功劳也不及九三爻，所以它无论走到哪里都要发挥它的谦德。而它无论走到哪里都没有不利的情况，也是因为它发挥了谦德。向下济以光明，向上走又能做到谦卑，二者兼而有之，这就没有什么不顺利的，这就是“无不利”。

六四这一爻本来是一个很尴尬的位置，如果说他是一个臣子，它没有九三爻的功劳，却处在九三爻之上，他想要有什么大的作为，又不能超越九五爻，那么六四爻为什么会在这样一个位置还是“无不利”呢？全凭他把谦德发挥得淋漓尽致，自上而下都感受到了他的谦卑，所以没有人去找他的错处，他虽然居九三爻之上，却和九三爻没有相忌之嫌，他处于六五爻之下，又能够做到完全的柔顺。柔而得正，推贤让能，这就是六四爻的“㧑谦”。

六五：不富以其邻，利用侵伐，无不利。

谦卦六五爻为阴爻，为阴虚之象，所以它是“不富”。外卦坤为众，互卦震为帅，以帅统领众人，这有“侵伐”的象。六五爻以其阴虚之德统领谦卦里一众阴爻，并重用九三爻。这就是虽然六五爻自认为并不富有，但是知道如何与邻相处的象。谦虚的本质不可以通过造作的举动来体现。如果内心认为自己富足，却在表面上表现出谦虚的样子，这是虚伪。如果不敢自认为富足，而强迫自己表现出谦卑的样子，这是矫情。真正的谦虚，应该是自己不觉得自己富有，忘记自己拥有很多，不去勉强自己做到谦虚，却自然而然地做到了谦虚。这样所有人都愿意为他所用。六五爻的“侵伐”用的是九三爻，九三爻是处于上互卦震的阳爻，震为长子，是师卦中的“丈人”。师卦守持贞固，而且用的是“丈人”，所以侵伐是有利的。当然六五爻不止用九三爻，还用六四爻发挥谦的精神以制定礼节，用六二爻宣扬谦的精神而使人们愉悦欢乐，用初六爻的谦卑劝勉所有人向初六爻学习。这是文韬武略都具备了，将自己身边的人的长处都利用上了。“大有”卦中的六五爻，以其不自私地占有，而得到了众人的拥护，谦卦的六五爻，以其不自用，而能把身边每一个人都用好，所以说，谦卦对于“用”来说，意义更为重大。

如果说在上几爻中，都是一些中层管理者，那么到了六五爻，就是统筹全局的人了。这样的人再不是单纯负责哪个部门了，他需要的不是自己在哪个方面做出优秀的成绩，他最需要做的是做好用人的工作。在六五这一爻的时候，他要把每个下属的优点都发掘出来，用到正确的地方，与此同时自己又做到足够谦和。他就是众望所归的对象，他的下属会心甘情愿地为他冲锋陷阵，这种情况还有什么事是做不成的呢？一定无往不利的。

上六：鸣谦，利用行师征邑国。

在谦卦中，九三爻处在上互卦震，它与上六相应，震为雷，所以上六以“鸣谦”的方式回应。“邑国”是我们之前已经说过的外卦坤的象。上六爻居外卦坤的最上爻，已经柔顺到了极致，向内它相应顺服于九三爻，想要降低身份跟从九三爻，但是它的地位又在九三爻之上，如果太过直接就有些不合适，所以上六爻就用“鸣谦”的方式表达自己的心意。上六爻处在坤卦之中，为众，而它又顺从九三爻，九三爻是震之帅，所以上六爻也有行军打仗的象。处君位的六五爻“利用侵伐”及于天下，那么处在上位也是臣位的上六爻，它的“行师”范围就止于“邑国”。上六爻是阴爻，属性阴柔不利于用刚硬的手段，所以它就用“鸣谦”的方法。这是因为行师打仗并不是因为骄傲自满而使自己受损，而是迫不得已的方式。现在虽然兴兵，但上六爻还是想用“谦受益”的方式解决，如果对方停止反抗则即刻就可以停止征伐，对外宣告这样的意图，并明确告知邑国的人，那么邑国之人就不会抵抗上六爻的征伐而自愿臣服。所以说，这是“有利”的。

豫卦的利于行师是因为它和顺而利于行动，谦卦的利于行师却是因为它用自己柔顺的特质去阻止战争的发生。这就是谦卦的亨通吉祥。每个人都信服就有利于行师，唯独猜忌和怀疑是不利于行师的。就好像伯益接替大禹的故事，伯益本来是最有希望继承大禹王位的人，但是最后他没能继承王位就聚众造反，想靠武力争夺王位，惹来杀身之祸。出兵打仗之前，先表达想用谦和的方式解决问题的意思，这是尊崇道义。而且在谦卦中说到“行师”，六五爻“不富以其邻”，上六“鸣谦”以“征邑”，这些方法都说明，圣人所谓的“行师”是别有一番道理的，并不是野蛮的杀戮和暴力。

16. 豫

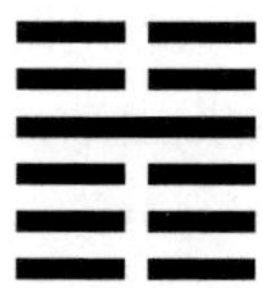

豫：利建侯行师。

“有大而能谦必豫，故受之以《豫》。”——《序卦传》

当我们拥有了美好的事物，拥有了实现愿望的能力，同时又能做到足够谦逊，那我们一定是非常快乐的。内心和物质都非常富足，自己的一切都顺遂，每个人此时都充满了幸福感。《序卦传》在此时就出现了豫卦。

“豫”在这一卦里是和悦、和顺的意思。三阳开泰之后，震雷开始发声，从天时来讲，这就有和的象。从豫卦卦形来看，用一阳从事，五阴跟随，这在爻位上，也是和的象。顺从天理去行动，这是人和之象。集合这所有的“和”之象，就有了豫卦。豫卦卦象，内卦为坤，外卦为震，坤为国，震为主器，一国之重器即为“侯爵”，此时豫卦为“侯爵”之象。又有坤为众，震为长子，师卦中我们提到过长子帅“师”的说法，此时豫卦就有“师”的象。国人爱戴，百姓信服，万众一心，那么如果出师打仗，也一定能够建功立业，在这个时候设立“侯爵”，必定会有一番作为。所以在豫卦“建侯”“行师”，侯王能爱民如子，则国家兴利，而且人人心悦诚服。将领能与众将士亲和，则可以铲除祸乱，使人民心平气顺。故爻辞为“利建侯行师”，这些都得益于“豫”卦的顺和。建侯行师是非常重要的事情，因为天道的存在就是为了指导人事的，所以在此卦中，将人事都安排妥当，一切尽力做到最好，也从一定程度上彰显出上天创造一切的道理。

初六：鸣豫，凶。

豫卦唯一的阳爻位九四爻，它在外卦震卦里，震为雷，初六爻要与之相应，就用“鸣”的方式。但是初六爻在初位，它是阴柔的一爻，而且还是不中不正的位置，所以它向上与豫卦的主爻九四爻相应，这有小人向上强求攀附的象，它这种邀宠之心超越了它该有的本分，所以初六爻是德不配位，它没办法实现这种“豫”的状态。与此同时初六爻又用“鸣”的方式去索取，我们要知道，自满没有不招致损失的，骄纵没有不危险的，当它把这种想法表达出来的时候，已经可以知道它是十分凶险的了。

在豫卦中，初六爻是一个位置很低的人，此时这个人自身还有很多不足，但是他没有认清自己的缺点，不去改进自己，而是想通过向比自己强的人攀附的方式来提高自己。同时又对自己有一种骄傲自满的态度，明明没有真正的内涵，却还在炫耀自己，喜欢出风头，引起别人的注意。这个初六爻特别像现实社会中的一类人，就是那些摆拍晒幸福的人。喜欢用网络的虚构场景进行炫耀，有些人甚至连自己都欺骗了，活在幻想当中。一个人脱离现实地活着，这就非常危险了。这就是初六爻“鸣谦”的凶象。

六二：介于石，不终日，贞吉。

豫卦之中，下互卦艮为“石”。六二爻处于内卦的中间位置，这个位置的阴爻，是在三画卦乾卦中发生变化而来，六二爻变化之后下互卦就是离卦。离为“日”，乾卦九三爻的爻辞为“终日乾乾”，而六二爻在中间的位置，没有在离卦终了的九三的位置，所以六二爻为“不终日”。六二爻向上与六五相应，却被唯一的阳爻九四爻所阻隔。按常理来讲，六二爻很可能会转而向九四爻发出请求，但是六二爻又想守持它又中又正的位置，介于道义和利益之间。最终，六二爻没有因为这种阻隔而有所行动，如果去分辨它的志向的话，会特别清晰明了，那种确定坚如磐石，所以就有“介于石”。内心静定，静定之中就能生出光明，面对九四爻的权势，六二爻决然离去，而不等到一日终了，不沉溺于欢愉之中。能够固守这份贞正，则六二爻的品德又有了精进，它周围的危险也会离它远去，所以就是吉的。

豫卦的六二爻，是一个非常有主见、有操守的人，他内心确认的想法，就如同被放在石头之中一样，不可动摇。正是因为有这样一份坚定，才使得六二爻在遇到一些事情的时候，做出了正确抉择。他没有惶惶终日，也没有沉迷享乐，而是走在自己该走的那条路上，一直向前。与此同时，他还修炼自身的品德，使自己与那些危害自己的事情越来越远。在六二爻身上，我们领会到正确而坚定的信念是多么可贵。

六三：盱豫，悔，迟有悔。

六三这一阴爻所处的位置，不中不正，但因为它亲比九四爻，获得了愉悦。因此爻辞说“盱豫”。六三爻在九四爻之下，这个“盱”是睁大眼睛的意思，从这个动作可以看出，六三爻是仰面求人的姿势，这种抬着脸求人的方式在圣人看来是非常可耻的，所以应该尽快悔改。那么此时就要求六三爻做出改变，但是六三爻如果发生变化，变成一个阳爻，下互卦就是一个巽卦，巽为不果，是不果决干脆的意思，所以，此时六三爻悔改这件事进行得拖拖拉拉，没有六二爻迅速。明明知道这是不道义的，还姑息等待，那么一旦对它有害处的事情出现，它就会后悔莫及。况且悔改这件事，除了对自己的克制，还需要勇气，所以再没有什么是可以使六三爻真正悔过和更改的。

如果把六三爻比作一个人，就是一个品格不是特别好的人。因为他仰人鼻息。这样的人往往缺乏气节，做事也犹豫，没有果敢的精神。即使知道自己错了，也不及时悔改，纵容自己的错误延续下去，就会产生悔吝。这一爻爻辞告诫我们，做事的时候要学会自我克制，千万不能失去自己的气节，也不能太散漫。要有一颗勇敢的心去面对生活，而不是一直期待依附于别人去实现自己的想法。

九四：由豫，大有得，勿疑，朋盍簪。

九四爻是豫卦的主爻，它是豫的缘由。首先阳为大，坤为得朋，一个阳爻横贯在五个阴爻中间，就像用一个发簪把头发簪住一样。九四这一爻在它应有的位置上有其志向和操守，其他阴爻所产生的“豫”象，都是由于九四爻的存在而产生的。九四爻为“由豫”，它离六五爻这个君位很近，而且还得到坤朋，所以它能够吸引群贤来侍奉君主。它的所得为君心，君为“大”，这是“大有得”的意思。九四爻所处的上互卦坎，增加了忧虑，所以有“疑”。这个“疑”是猜疑，猜疑什么呢？猜疑君主可能忌惮自己专权，又猜疑下面的人会分自己的权。圣人教导我们不要猜疑，这里称“勿疑”。要开诚布公地为国家推荐贤士，使这些人才聚集在一起，然后让九四爻进行统筹安排。这聚集人才的象，就如同用簪子把头发挽起来，一丝不乱。那么九四的象，就是向下能得到一群贤才相助，向上又得到君主肯定，这就是保持“豫”这个状态的重要方法。

九四爻是一个统筹全局的重臣，也是整个豫卦的根本。正是因为有九四这样一个人，在上统领安排其他的贤士，在下又积极维护六五爻的地位，所以豫这一卦才能形成那种和顺的状态。如果在现实生活中六五爻是一个董事长的话，这个九四爻就是非常有工作能力的首席执行官，而整个公司的局面都是由九四来调度控制的。

六五：贞疾，恒不死。

豫卦之中的上互卦坎，六五爻在其最上一爻，坎为心病，故有“疾”。外卦震有生的意思，有了心病却又出现生机，所以为“不死”。六五爻，阴爻居尊位，适合“豫”的状态，但是它受制于九四爻，所以它得不到真正的众心服顺，这就变成它内心的一个病症。它常常会因为其他人不受自己控制而产生心病，又常常会因为不能够自由享受自己的快乐而抑郁。所以这是“贞疾”，差不多如同顽疾。不过六五爻又因为自己有这样的顽疾所以知道戒备，这样就减少了自己的骄傲自满。知道敬畏戒惧而受益，这是它有顽疾却“不死”的原因，这就是生于忧患，死于安乐。

豫卦的六五爻的爻辞，可以用生病的状态来解释：在人处于六五爻的时候，就好像一个人有了心病，而且这是一个顽症，不好祛除。他常常会因为别人的快乐不受自己左右而感觉不舒服，又会因为自己不能自由自在地享受快乐而难受。在我们的生活中，其实有很多这样的情境，有些人喜欢去掌控别人的喜怒哀乐，满足于别人受到自己的影响。然而这样心事重重、控制欲很强的人，很多时候都难以做到真正的洒脱，所以他可能不但没有很好地影响别人，连带着自己也过得不好。好在这种情况下，人们往往会生出一种警觉，认识到自己的这个想法是不好的，而及时停止或改正。如此，即使时常还会犯这样的错误，倒也不至于把自己伤害到无法生存的地步。在六五爻里，强调了一种防患于未然的处世方法，只有在事情没有彻底变坏之前，进行及时的预防，有忧患意识，才能让自己拥有生机。

上六：冥豫，成有渝。无咎。

在上六爻的爻辞中，我们看到两个字，一个是冥顽不灵的“冥”，另一个是至死不渝的“渝”。上六这一爻在豫卦里，已经走到了卦的尽头，而且它还是个阴爻，所以它此时特别容易迷失，也就是“冥”的糊涂、愚钝的状态。我们常说，物极必反，上六爻在外卦震卦的最上爻，此时是动极而变，所以爻辞用“渝”，也就是发生改变的意思。上六爻处在豫卦的最终一爻，它沉溺于“豫”的状态，迷失了自己而不知道回转，所以爻辞给它取名“冥豫”。幸好它在外卦震体上，因为有了震的动能，所以它可以有所改变。它这种改变自己的心，专一而且有悔悟，所以它竭尽所能地去改变自己之前的所作所为，这样，即使在六五爻出现顽疾了，也是可以改变的，这就是“成有渝”的意思。有过能改，善莫大焉。此时有过也变成了无过，所以爻辞说“无咎”。元代的教育家胡炳文说：“成而有渝尚可无咎，则未成者可知。”初六爻作为“鸣豫”，它刚一发出声音，就警诫这是凶兆，这是在事情的最初就遏制违背天理的行为。而上六爻虽然已经出现错误，但是它改变自己的错误行为，使自己变得没有错处，最终还是让自己顺应天理行事了。

虽然豫卦是一个非常美好的卦，但是在这六个爻的分析中，我们也知道，它充满了各种坎坷。如果我们要一直保持这种“豫”的状态，就要不断地调整自己的行为。上六爻主要是讲一种迷失自己的状态，我们常常会在生活中耽于享乐，并沉迷其中，就像许多人喜欢玩手机、刷视频一样，因为这样的外界刺激很容易给自己带来快乐。但是凡事都要有个限度，如果不能及时发现自己迷失其中，及时改正，那么后果会非常严重。反过来说，如果我们能够下定决心去改变自己这样的错误状态，就会有重新开始的机会。所以说，犯错误不可怕，可怕的是执迷不悟，不知悔改。“成有渝。无咎。”是一句爻辞，也是一句对我们的鼓励。

17. 随

随：元亨，利贞，无咎。

“豫必有随，故受之以《随》。”——《序卦传》

生活中有许多滋味不同的境况，其中和顺愉悦的感觉总是吸引着我们每个人去追随。在豫卦中产生的就是这样的一种感觉，而《序卦传》也恰好在此时承接了随卦，说是恰好，其实是有着根本关联顺序的。在我们期待一切顺遂如意的时候，我们要如何追随这些内在的指引，去找到我们想要的一切。

在乾卦之后，随卦的卦辞又出现了“元亨利贞”四德，就前所述，这四德在乾卦中纯粹精微，而在其他卦里又都赋予了不一样的条件。在随卦之中，元亨来自内卦震卦的阳爻，此时，震卦的这个阳爻，就是乾卦最开始的那一爻，所以它有“元亨”的内涵。而随卦中的“利贞”，却是来自外卦兑卦的最上面的阴爻，此时兑卦的阴爻就是坤卦的最上爻，所以它是“利贞”。如果是卑躬屈膝地去追随别人，这是十分不应该的。在随卦之中，震为刚健，为动，兑为柔顺，为悦。以刚随柔，会担心它违背正道，委曲求全；以动使其悦，又担心会出现违背常情以求美誉的错误。所以卦辞用元亨，是为了提醒人们，在事情最开始的时候，就秉持仁德行事。之后又提到“利贞”是为了晓以处世的大义。以大公无私的方式通晓物理人情，以极其贞固的方式守持自己的德行，这样行动的时候也是顺应天理去做事的，愉悦自己而没有徇私的想法，所以就没有不顾是非而不尽人意的错处，此乃“无咎”。《春秋》中提道：“有是四德，随而无咎。”说的就是秉持着“元亨利贞”这四德，去追随任何人或事，就都不会有错处，这是学习《易经》的通识。“元亨利贞”四德一直都在我们学《易》的过程中，给我们制订行为标准。

我们每个人的一生，都要追随某个目标，这样才不会如行尸走肉般活着，但是这样的追随并不是失去自我的飞蛾扑火，或者没有意义的迷恋。我们一定是像内卦震卦一样，有一个积极的动能，而且秉持乾卦的仁德去追求自己想要的东西。而我们想要的东西，又要如同外卦兑卦一样的美好，同样是追求，如果目标的本质有问题，那么错处就大了，所以又要做到“利贞”。接下来，让我们在爻辞之中继续去探索，如何追随一份美好吧。

初九：官有渝，贞吉，出门交有功。

随卦的初九爻是一个阳爻，它在内卦震卦里是一个主爻，初九爻的爻辞中出现了“官”字，让我们想到的是一个职称，长官，大官，但是在初九爻中，我们要体会“官”这个字的本质，才能更好地了解爻辞的意思。无论是大官还是长官，都是一个主事的人，是一个做决定的人，因为初九爻在内卦之中为主爻，所以就用“官”来称呼，但是这个官决断的对象却不是人，而是内心，震阳来复，此时初九爻是心的主人，即孔颖达所谓“人心所主谓之官”。内心中一旦有所追随，而且是不由自主地去追随他人，那么这个“官”就发生了变化，就是“官有渝”。然而我们要知道，心中的变化并不全都是有害的，只要这种改变能够守持贞正，即内心跟从的是理而不是私欲。正所谓跟从道义，而不是跟从势力。即使发生改变，也没有失去内心的正念，这就是“吉”的。但是这种守持贞正的想法又不能矫枉过正，变成一种执念，一旦思维受限，专一就变成了固执，就不能用很开阔的眼光去看问题，所以爻辞又有“出门”一说。从卦形来看，初九爻上面的两个阴爻，就像两扇门一样，而且上面的下互卦艮，也确实是门的意思。出门而交，此时初九爻和谁都没有亲疏远近的想法，没有分别心，而是去做那些有意义的事情，做到集思广益，没有局限在自己那一点小顺利、小吉利上，这样的做法可以使更多人受益，这就是对天下都有功德的行为了，所以随卦中讲说，随时之义大矣哉。

随卦初九爻虽然在全卦最下面的位置，但它是阳爻，所以它在内卦中是主爻。我们把初九爻用内心的活动来比喻的话，这个初九爻就是内心的一个主心骨。内心的变化其实会有很多，特别是当我们出现想要去追随什么念头的时候，此时，我们不能很武断地去把自己产生的所有念头都加以否定，而要用一个贞固的内涵标准加以评断。什么是贞固持久的？是道理，而不是私欲。可以经得起考验的东西一定是有道理的。在初九爻里虽然强调要守持贞固的精神，但是固守并不是顽固不化，它还告诉我们要知道发展和变化。开阔我们的视野，扩大我们的活动范围，把我们内心美好的一切，把我们遇到的有益的一切，传播开来，那我们就不只是利己地活着，更是做了利于他人的事情，这也就是爻辞说的“有功”之事。

六二：系小子，失丈夫。

随卦的六二爻，爻辞非常简单，就六个字，但我们要认真分析其意义。六二爻是一个阴爻，其上呼应九五爻，其下亲比初九爻。我们讲以刚健之气跟从别人，称之为“随”，但以阴柔之气跟从别人，就要叫“系”了。系和随有什么区别呢?“随”是一种大公无私的状态，这种跟随没有私心，也就没有过失。而“系”是一种依附的状态，它有一种依附于人获取私利的想法，所以有“系”就一定会有损失。在《易经》之中，阳大阴小，所以阳爻被称为“丈夫”，阴爻被称为“小子”，当一阴一阳两个爻都可以被追随的时候，六二爻因为是个阴爻，它有自己的私心想向上，就去依附在它上面、与它相近的阴爻六三爻，这是“系小子”。六二爻的这种做法就是明显地舍弃了在下的阳爻初九爻，这就是“失丈夫”。做出改变的时候没有守持贞固正道，那么凶险和灾咎就已是可以预见的了。《尚书·商书·伊训》的“远耆德，比顽童”与六二爻的爻辞含义就很相似。

在生活中我们一定有过这样的体验，如果我们很有主见地去追随我们敬仰或者敬佩的人，内心是一种很愉悦、很理性的状态。但是如果我们毫无主见，只是跟从别人的思路去做事情，那么到最后只能变成人云亦云，对自己没有任何的提升和助益。而且经验告诉我们，盲目跟从别人做事的初心往往有很多私欲掺杂其中，会想要走一些捷径。六二爻只看到六三爻在自己上面，没有明辨六三爻是不是真的有能力助力自己提高，就贸然地去依附六三爻，而看不起真正有实力的初九爻，最后直接失去了初九爻的助力，结果没有得到任何自己期待的改变。所以说，如果自身能力不足，而想凭借依附别人去提升自己，通常不会有好的结果。何况六二跟从的还是一个小人。疏远贤德高士，而亲比庇护小人，其结果可想而知。

六三：系丈夫，失小子，随有求得。利居贞。

随卦之中的每一爻都是亲比上面一爻的状态，向上跟从。六三爻在内卦震的最上面，震为动，所以对六三爻而言，向上去求九四是一个助益，这样的向上求是会有所得的，而六三爻又在互卦艮卦之中，艮为止，所以爻辞又强调，六三爻是“利居贞”。六三爻是阴爻，它向上去亲比九四爻，这是以柔系刚的象，为“系丈夫”，这时它失去了自身阴爻的本性，这就是“失小子”。六二爻和六三爻，都出现了一个“系”字，都蕴含着依附的意思，但是它们去依附的对象却不同，六三爻此时是系九四爻这个阳爻，这是依附了它所应当依附的对象，所以这里，它还是有了追随的含义。九四爻在六三爻上面的位置，六三爻向上追随它，这样是可以有所求的，也一定会有所得。然而每个人为人处世，往往就在有求于人的时候使自己的人格变得卑微，而那些祸端也潜伏在自己获得的利益当中。所以爻辞此时用“利居贞”加以警诫。不去逐名求利，而端正自身的操守，品格会变得高尚，危害也会远去，这是无求就得利的意思。无求也无得，却认为自己获利的人，是因为他们不把物质的利益当作获利，而是把恪守道义看作获利。

在六三爻中似乎出现了和六二爻一样的情况，这个六三爻也是向上依附，但是此时依附的对象已经发生了变化，六三爻去依附的九四是一个君子，此时力量不足的六三爻去依附它，结果就完全不同了。这正是《易经》的辩证之处，我们要在分析的过程中，仔细审视《易经》给出的每一个条件。

在六二爻的时候我们说它依附于人，会有凶险，那是因为六二爻依附的是一个小人，这是它选择的对象不对。我们不能以偏概全，把所有向上去追随的行为都认为是错误的。《论语》中有一句“无友不如己者”，就是劝勉人们去结交比自己优秀的人。在比自己优秀的人身上，我们总能学习到更多东西，所以六三爻向上依附九四爻，这也是正确的选择。但是在这个过程中，内心的正念也是很重要的评判标准。不能说对方优秀，你就有无尽的要求和贪念，想去获取很多的利益。如果要保持自身的品格，就一定要做到多学习对方的优点来充实自己，而不是直接在对方身上谋求利益。

九四：随有获，贞凶。有孚在道，以明，何咎？

九四爻与九五爻相近，它追随的是九五爻。九四这一爻是一个阳爻，它有诚信的本质，即为“有孚”。内卦震为大涂，是道路的象。下互卦艮有辉光，是明的象。外卦兑卦为本体，而上互卦为巽卦，巽为顺，这是巽顺来追随九五爻的象。九五爻为君，九四爻此时为前来追随的臣子，又有兑为悦，所以此时君主非常开心有人来追随自己，就会给予九四这个臣子以赏赐，这就是九四爻的收获，称为“有获”。人之所以羡慕这个过程，都是因为有所收获，但是因为追随而产生的收获不可以作为一个常态存在，因为固守于此，虽然有将领来归顺，但是这些将领并没有匡扶社稷的心思，那么最终还是凶险的。这不是“追随”这个行为错了，而是来追随的这个人不对。人臣要是想追随自己的君主，一定要带着诚心，即“有孚”，以诚意处世沟通，而不是为了邀功取宠，也就是卦辞讲的“元亨”。处世的原则一定在大道之中，用正义来获得，而不是用虚伪迎合的方式实现，这就是卦辞中说的“利贞”。能做到这些，才是深入理解了随卦对时代的意义。以光明正大的方式追随，而且追随自己应当追随的对象，这样的收获才是适宜的，这又何咎之有？所以说，追随要做到专一贞正。是真的有诚心，还是只是为了利益在追逐，这里面判断的因素十分微妙，稍有疏忽就辨别不出了，因此，一定要以明辨之，而且要慎重行事。

在九四爻中，爻辞又是说了一番君臣关系。在这段关系里，爻辞处处给予警示，警示的内容前面已经分析了，这里说一下最后的这处微妙的判断。人的心念其实是最难以把握的，很多时候是我们自己都不知道自己下一刻会有怎样的心理变化。九四爻还是重点强调了诚信的问题，要想这个诚心诚意一直持续下去，爻辞告诉我们两个要点，一是“在道，以明”，一是谨慎行事。我们要用这两个条件，不断地觉知自己的内心变化，及时修正自己错误的念头。这样才能保持内心的诚信，才会有真正有益的收获。

九五：孚于嘉，吉。

九五爻处于又中又正的位置，与之相应的六二爻也是这样。它们彼此相应相信，因为彼此的诚信而变得很美好的样子，就是“孚于嘉”。九五爻处君位，让一个君王去追随什么其实是很难的事情，因为君王的地位和势力，很容易使他自以为是，不能尽可能多地去听从别人的意见，而且如果这个君王本身心中没有主见，还可能会被人欺骗，所以想要做到“孚于嘉”，就要求这位君王做到廓然大公，不被任何事牵绊，只去选择正确又有意义的事去做。这种随不是去跟随任何人，而是跟随正义，这样才能够不失去跟随自己的人，也不会迷失自己。广交天下贤士而得到功绩，没有比这更“吉”的事情了，这是作为一个君王该去遵从的“随”的道。

在九五爻的分析中，又用到了君王的比喻。其实联系我们的生活，我们去经营一番事业，或者经营一个家庭，甚至在一件小事当中，处在一个决定者的位置时，很多人都容易犯一个错误，就是自认为自己的观点是绝对正确的，不喜欢听取别人的意见，内心处在这个状态的时候，做出追随的举动其实是很有难度的。还有一种人，是自己的内心并没有足够的力量去完成这件事，但是因为自己所处的位置，他又在表面上表现出自己很强大，这样也是很容易出问题的，因为会有人趁其不备，攻击他的弱点。所以在九五爻里，随卦告诉处在这个位置的人们要怎么做呢？要没有私心，理性地处理问题，广泛地听取意见。而听取意见时，不能被别人的意见左右，而是要自己加以判断，就事论事地去处理问题。

上六：拘系之，乃从维之，王用亨于西山。

随卦之中每一爻都向上跟从的这种状态在九五爻的时候就停止了，因为九五爻为君，它所跟随的不是其他爻，而是大道之理，所以在上六爻的时候就没人跟随它了，它就反身回来跟随九五爻。因为上六爻这个位置在九五之上，这是会使九五爻忌惮和猜疑的一个危险的位置，所以上六爻这种跟从不能不做到极度的专心，如果把“系”这个动作比作用绳子系住九五爻，那么这个结一定要打得非常牢固，所以上六爻的爻辞用到“拘系”，而且这种跟从爻辞又加深了一个程度，就是“乃从维之”，即这个绳子系住之后，终生不会解开。昔日文王的时候，文王三分天下有其二，但他还是拘系于殷纣王，恪守自己作为诸侯的本分和气度，祭拜其封地内的山。这是为了与神紧密连接，也是为了与君主紧密连接，这就是上六爻所谓的“乃从维之”。这也是爻辞最后一句“王用亨于西山”的典故。

随卦的意义不是贵在与谁相依附或者跟从，而是贵在有利于时代的作用。所以说随卦虽然在讲跟随、随从，但是实际是在讲“随”对时代的作用，从这个角度看，还是要知道变通，深入地思考问题。

18. 蛊

蛊：元亨。利涉大川，先甲三日，后甲三日。

“以喜随人者必有事，故受之以《蛊》。蛊者，事也。”——《序卦传》

在随卦的最后一爻，我们讲到随卦的真正内涵不是如何追随、跟从，而是对时代起到有价值的作用，那么当人们忽视随卦的这个本质含义，只凭自己的喜好去盲目跟随的话，一定会出现问题，也就是现在蛊卦的状态。下面我们分析一下蛊卦究竟是什么样的一种状态。

如果按照《序卦传》给出的“蛊者，事也”来理解蛊卦，我们一定能感觉到蛊卦是一个麻烦事。那么按照《易经》富于变化的特点来说，“蛊”的状态一定是从一个非常好的状态变化来的。在之前了解过的各个卦当中，我们知道有一个卦是特别好的状态，那就是泰卦。蛊卦自泰卦转变而来，泰卦卦形是地天泰，乾下坤上，而蛊卦卦形，山风蛊，巽下艮上。我们发现在泰卦变蛊卦的过程中，确实有不好的转变了，原来很纯粹的天地都有了阴阳的变化。乾卦变成巽卦，它的刚健变得柔弱了；坤卦变成艮卦，它的广袤变得有局限了。所以这个时候，之前通泰的感觉消失了，不能很好地做事了。那么泰的状态变坏了，变成蛊了，一定不能任由它发展，而是要想办法治愈。卦辞此时反其道而行之，用了巽复乾、艮综震的方法。这是怎么看出来的呢？我们还是回到卦辞。蛊卦当中，卦辞授以“元亨”就是用乾健的本质来除去巽的柔弱，所以我们知道这是巽复乾。卦辞“利涉大川”是艮综震，用震的动能去振奋停滞不前的艮止。

那么卦辞的“先甲三日，后甲三日”又该怎么理解？这要用天干来理解，乾为八经卦之首，在天干中甲为十天干之首，这个甲就可以理解为乾。先甲三日即为先乾三卦，按照先天八卦的位置，先乾三卦为震卦，后乾三卦为艮卦。震为动，艮为止，此时我们要看经卦的卦形，艮卦阳爻在上终了的时候，它就会返回最初位置，这个时候就变成了震卦的初始阳爻。这一来一往之间，正是阳气的流转，也是乾卦的健行不息。对承担天下重任的人来说，他们用震的动能是符合乾的健德而行，将巽的柔弱和艮的止步不前全部改变，就永远都没有“蛊”的祸事了。

在蛊卦的卦辞中出现很多不太容易理解的变化，这也是《易经》的奇妙之处。我们学习《易经》一定要用动态的思维去理解圣人所作卦辞的真正用意。单从蛊卦来看，这一卦确实是一个不好的状态，那么圣人作卦辞的时候，就从这个不好的状态中，总结出如何改变的方法，并把它告诉了我们。这也是我们学习《易经》真正受益的地方，在每一卦的学习当中，不仅知道了问题的所在，还学会了处理问题的方法。

初六：干父之蛊，有子，考无咎。厉，终吉。

后天八卦中巽和艮这两个经卦，与乾和坤这两个经卦，一对在东方，一对在西方。它们的位置正好是巽艮在东，一种冉冉上升的状态；乾坤在西，一副日落西山的样子。所以蛊卦中内卦为巽和外卦为艮，就有了父母老去用自己的子女来做事的象。因此蛊卦当中，所有的爻都有种子女来处理父母那一辈留下来的问题的感觉。初六爻，以柔居初位，按理说，它是非常弱小的，它之所以能去处理事情，完全是因为这件棘手的事，在最初的位置，还没成为特别大的问题。所以卦辞用“干父之蛊”说明初六爻有处理父辈留下的问题的能力。“父之蛊”为父辈的问题，“干”是解决。父子本为一体，子如果能够解决这个问题，那么父亲也就没有事了，所以此时卦辞用一个“有子”来做注解。对于“蛊”这个状态来说，一定是先出现事情了，然后才涉及解决。出现麻烦事很危险，所以初六爻担心会伤害到父亲。好在最后还是把事情解决了，所以父亲虽然做了错事，导致麻烦，但最后也是“无咎”的，这是“考无咎”。而作为儿子能解决这件棘手的事情，也没有危险了，所以就是吉的，为卦辞“厉，终吉”的状态。

初六爻用了父子的关系来说明这一爻的意义。在蛊卦中，每一个爻辞都用到了父母与孩子的相互关系来诠释，但是在联系实际和自身需要的时候，我们也可以变通地来看这一爻。在这一爻里，我们可以把“父之蛊”作为一个根本问题来看待。在问题出现时我们可能会觉得这是一个小问题，很好解决，但是如果不去追根溯源地找到问题产生的真正原因，那么我们就只是暂时解决了眼前的问题，而留有隐患，在初六爻中，之所以最后爻辞断定“厉，终吉”，是因为解决了“父之蛊”这个根本问题。所以我们在生活中争吵、埋怨，很多时候是因为没有找到问题的根本解决方法而发泄情绪，这样就导致了恶性循环。这是初六爻让我们引以为戒的地方。

九二：干母之蛊，不可贞。

九二爻与六五爻相应，六五爻处在尊位，却是个阴爻，所以它就像是一家之中的母亲。九二爻以刚承之，所以九二爻解决的是关于母亲的问题。女性的本质更富于感性，常常难以用理性处理问题，所以在处理母亲的问题时，可以默默地进行，但是不适合当面指教。和父亲沟通的时候，可能几句话就直截了当地说完了，但是和母亲沟通的时候，往往还要顾及一下她的情感需求，不能用过于直率的方式去沟通，要用委婉而调和的方式去处理，这个就是“不可贞”的意思。“不可贞”不是“不从正道”，而是告诫我们处理这样的问题时，要学会变换方式，不能一味地固守，用巽顺的权宜之计来使问题向好的方向发展。这是表面上看着不贞，实际上内里是善于用“贞”。

九二爻教会了我们怎样更好地和母亲沟通处理问题。在这一爻里，我们可以体会到，处理问题的时候要看对象，要知道对方能接受怎样的方式，才能使用最好的处理方式。有时候往往不是问题难以解决，而是我们用错了方法。而在找到方法的时候，又要学会变通，有时候人们往往囿于准则和要求的局限，即使知道一种有效的方法，但是因为这些局限而不肯去使用。我们要知道贞固的前提，我们也要知道变换方法。邓小平有一句非常经典的话，用在这里很合适——“不管黑猫白猫，捉到老鼠就是好猫。”

九三：干父之蛊，小有悔，无大咎。

九三爻为重刚之爻，但它却没有在中位。所以这个九三爻做事情有些没规律，虽然在此时它也力求做一些改变，却没有进展。这样时间长了未免就会把父亲的错处显露出来，但是最终父亲的这件事还是被他解决了，这就是“小有悔，无大咎”的意思。虽然在处理事情的时候，让外人看到了自己父亲的错处，这让自己有了一点悔意和内疚，但是最后事情能够得到解决就是没有大的灾咎了。如果说九三爻只有对自己处事不力的悔意，而没有解决问题，那他的错就大了。所以九三这一爻的爻辞，着重想让人们懂得做事的时候要分得出轻重，不能为了避免自己产生这种小小的悔意就不去做事，而使自己犯更大的错误。

我们在生活中也常常会面临这样的选择。不去做一件事，就会使自己没有任何错处，所以就产生了事不关己高高挂起的心思，但是“父之蛊”不可能是与己无关的事情。这件事如果避重就轻地去处理，很可能大的祸端就在后面等着呢。所以我们不能在认为一个问题没有特别严重的时候就忽视它，还是要去找到症结，妥善地解决。有问题不解决，它永远都是个问题，如果想让自己拥有真正的安定和快乐，就一定要认真地去面对每一个问题，并好好解决它，而不是为了不使自己暴露错处而讳疾忌医。

六四：裕父之蛊，往见吝。

六四爻是重阴的一爻，它也没在中位。这个孩子的行为和举止都有失君子之德。所谓龙生九子，各有不同，在六四爻的时候，这个孩子对待父亲的错处和其他孩子的处理方式完全不同，他用的不是及时制止或解决的方法，而是纵容父亲的错误行为，这就是“裕父之蛊”。六四爻忌惮用做出改变的方法处理父亲的事，这使得父亲的错处越来越多，六四爻此时不加以干涉，还去纵容，他的借口是为了维护父亲的颜面，不使父亲的错处显露人前。但是他不知道，这样的状态再往前走，一定会有事的。那时候，自己坏的思绪就会被触发而显露出来。没有往前走，看不到自己小气的地方，这正是所谓的欲盖弥彰。我们在观察卦象、解读卦辞的过程中，一定要知道，宁肯做九三那样“小有悔”的事，也不要做六四爻这种自私自利的小人。

生活中往往有这样一种小家子气的人，他自己没有足够的能力去解决一件事，又不想让别人说自己的不是，于是他就找很多借口，比如说，不去处理这件事其实是为了保护谁的名誉。其实他没有明白，一个问题既然存在，早晚都会有显露的一天，在当下或许可以用借口敷衍过去，但是一旦事情向前发展，不止问题会显露出来，之前找借口的那些不好的行为也会被大家发现。所以说，为人处世还是要做到光明磊落、坦坦荡荡。即使像九三爻那样犯点小错误都没问题，千万不能以小人行径行事。

六五：干父之蛊，用誉。

六五爻以阴爻居尊位，又得中位，所以他一定会处理父辈留下的问题。

六五这一爻的做事风格和九三爻就很不同了，六五爻做事稳妥，张弛有度，不急不躁。虽然进行改革，但是不露痕迹，只看到他子承父业的善意，却没有显露出父亲的错处，所以父亲也是“无咎”的，用这样的方式处理事情是会得到赞誉的，此为“用誉”。既弥补了父亲的过错，又保全了父亲的名誉，儿子尽心为父亲办事，臣子尽心为君主办事都应当做到这样。

六五爻可谓一个十分周到细致的人，做起事来非常稳妥，把事情办得漂漂亮亮。放在工作关系中可以这样理解，虽然自己的上级出现了过失，但是六五以自己的能力不仅妥善解决了问题，而且还维护了上级的形象。这样的人走到哪里都是会受到赞赏的，这是每个团队都需要的人才。

上九：不事王侯，高尚其事。

六五爻居尊位，因此六五爻为这句爻辞里所指的“王”。九三爻为互卦震卦的阳爻，所以九三爻为“侯”，那我们再来看上九爻的位置，上九爻在这两爻之上，所以爻辞称“不事”，这是这三爻的位置决定的。内卦巽为高，外卦艮为山，上九爻在艮卦的最上面，所以用“高尚”来形容这一爻。蛊卦的状态一定是有事情发生了，如果是家事就会归责于儿子，如果是国家的事就会归责于大臣。上九爻在最上，他没有任何职位，是置身事外的位置，所以不管“王侯”出现什么问题，他都可以不管。上九爻不去管王侯的事，是因为还有更重于王侯的事。天下被称为蛊的状况，有的是因为事情产生的，有的却是因为思想产生的。因出现事产生的问题都是一时的，可以很快解决，但是因思想而产生的问题却可以累及万世。上九爻虽在蛊事之外的位置，却将自己置于大道之中，用高风亮节的精神去处世，使贪婪的人能够廉洁，使怯懦的人能够自立，这是在治愈精神上的蛊。它不是解决一时的问题，而是解决万世的问题。世人常常把一件事看作一个问题，而上九爻却不单单把一件事看作问题。上九爻其实是在解决比具体的事情还要严重的问题，这就是上九爻的高尚之处，这才是做更有益的事情啊。

学习上九爻，总是让我想到造福千秋万代的圣人。圣人之心，从不在一件小事上胶着，圣人的智慧都是用来指导人们的精神世界的。很多时候人们常常会问，学习《易经》到底有什么好处？探究一个道理有什么好处？很多人往往把这个好处，以一时的利益来评断，然而随着时间的推移、历史的变迁，每一件我们能去具体感知的事情都会成为过去，古老的长城会被风沙侵蚀，我们赖以生存的地球会因为自然界的各种变化而发生改变，只有内在的精神和文化的传承才是永不湮灭的存在。精神层面的影响力是十分长远的，上九爻就是那个想要把人们的精神世界塑造得更加美好的人。

19. 临

临：元亨，利贞，至于八月有凶。

“有事而后可大，故受之以《临》。临者，大也。”——《序卦传》

很多问题不被发现和重视，往往是因为它还很小，而被人们忽视掉了。有了问题不去解决，慢慢地积累很容易就会变成一个大问题。在蛊卦中，出现得越来越多，渐渐发展到了临卦的状态，就是大到被看见的时候。接下来，我们就分析一下临卦。

还是先从临卦的卦形开始分析。临卦卦形下兑上坤，此时卦名称“临”，是说最下面的这两个阳爻要亲自向上，去治理上面的四个阴爻，是亲临的意思。此时这两个阳爻向上临四阴爻，是用的乾德，而四个阴爻在上对于两个阳爻来说，也是一种临，这个临是由四阴的位置决定的。在临卦中，因为有下互卦震，所以称“元亨”，外卦为坤，所以称“利贞”。在乾卦中我们分析过，天道有四时变化，也具备四种德行，即为“元亨利贞”。想要亲临治理人，就一定要效法天道。首先要用仁德来教育，也就是用“元亨”。然后在道德规范方面，要使人知道合乎正义，所以就用“利贞”。

此时既然知道了天的运动变化规律，就一定知道天的运势，归根结底就是阴阳消长。临卦在十二消息卦里，属于二月卦，此时阳气上升。如果临卦发生旋转，就会变成一个观卦。观卦就是两个阳爻在上，为十二消息卦中的八月卦。这种卦形，是阴气上升的象，所以说如果发生这样的变化，阴气向上侵蚀阳气，这就有凶象。这是“至于八月有凶”的解释。临卦还没有到八月，所以还没有凶险，但是卦辞却把这种情况说出来，这是一种担忧，是用卦辞来警示，让大家准备对即将到来的凶险进行预防。可以说这种预防的处世方法真正做到了，运势都可以被反转。掌握天道的运行规律，用这些规律指导自己的行为处世，可以将很多事情都做好。反过来说，人们也可以依靠自己的努力来挽回不好的运势。很多时候，有两个概念会让我们觉得非常的矛盾，就是天道无常和人定胜天。好像一方面说每个人都逃脱不了命运的安排，另一方面又在说人为的因素可以改天换命。事实上这并不是矛盾的存在，老天的运行规律一直都是不变的，也没有人能够改变，而人定胜天的概念是对自己的调整，这是一种在规律中的调整，前提一定是你不能违背天理去改变，可以说这是一个大前提和具体行动的关系。临卦里在强调一种治世的方法，依照天道来治世，使其不乱，这就是临卦对人的最大利益。

初九：咸临，贞吉。

在初九爻为什么称“咸临”呢？初九这个阳爻刚刚出现，在最下面的位置，它想向上临上面的那四爻，从位置上看，它并没有那样的地位。因此它不能用强制的方法，去使上面的四个阴爻服从自己。它一定是用感应的方式去与四个阴爻交流。初九爻是一个阳爻，它具有刚正的内涵，一身正气。一个人有正气傍身，就会使其他人能够信任。他的行为端正，就会有人追随跟从。用这种正气去感化他人，这是临卦的贞固，一定会获得他人的回应，这就是吉的，是为“贞吉”。也就是说自己先做到品行端正，那么受到自己感化的人，也会随之变得端正。

像刚刚提到过的一样，初九爻是一个浑身充满正气的人。他知道自己人微言轻，所以并没有因为自己是一个阳爻而用自己还做不到的强势的方法让大家服从自己，而是以自身正义的感染力去影响大家。充满正能量的人总是像一个发光体一样，会吸引别人来追随，所以初九爻用这样的方式感化了众人。作为一个人来说，内心向好的本能是人人都有的，正能量在一个人身上会带来神奇的变化，这种能量在生活中又可以去感染其他人，这是非常好的。

九二：咸临，吉，无不利。

九二爻与初九爻同德，它们都在下，处于低位。都想用感应的方式上临四个阴爻，所以也称“咸临”。但是九二爻和初九爻的位置不同，所以这个“咸”还是有差别的。初九爻是以自身的正气去感染他人，九二爻却是以自己的中位去感化众人。什么叫以中位去感化众人呢？这个中是一种平衡，不偏不倚，中庸，适中。人就是天地调和、阴阳平衡的产物。九二爻以中正去感染他人，人们没有不来相应的，所以说是“吉”的。九二爻能守持这种中正，并用之造福人民，那它做什么事都会顺利的，也就是“无不利”。在九二爻里不再强调贞正，是因为处中位的爻，没有不贞正的。观卦上面的两个阳爻，用中正去观察天下，临卦下面的两个阳爻，用中正去感化天下。虽然这两卦中爻的位置不同，但是它们也是同德的，遵循的道理是一样的。

九二爻在初九爻的基础上又有了进步，也许之前初九爻只是自身端正，而且影响到身边的人，但九二爻身上除了自身的端正，还有处事的公正在里面。所以此时九二爻的影响力更大了。如果说初九爻的时候，人们是被初九爻感染，它积极向好的内在使人们愿意去亲近它，那么此时，九二爻是产生了真正对人们有利的实质性影响的。试想一下，在遇到问题的时候，谁不想被公平对待呢？两人出现矛盾的时候，如果遇到一个特别公正的人来做评断，解决问题，那么这些人一定是非常信服来做评断的人。如果这样的人是一位领导，能够得到大家如此的信服，做什么事情都一定是非常顺利的。

六三：甘临，无攸利；既忧之，无咎。

六三爻处在内卦兑的最上爻，兑有口的象，此时六三爻就处在兑口的位置，而兑又为悦，处在这个位置的六三爻，是一个善于用甜言蜜语取悦他人的人，所以爻辞用了一个“甘”字。又因为六三爻处在互卦震卦之中，震卦有一种震慑性，它让人知道戒惧，所以六三爻对自己这样的行为其实是有担忧的。六三爻是一个阴爻，以柔居不中正的位置，处在初九爻和九二爻它们之上，它的品德不及这两个阳爻，但是位置却超越了这两个阳爻，它担忧下面两个阳爻不服气，所以就用甜言蜜语取悦它们。因此这一爻被称作“甘临”。然而用言语讨好他人哪会有什么益处呢？这是“无攸利”。但是既然六三爻自己有所担忧了，也就是“既忧之”，那么圣人作爻辞，劝勉六三爻，修养自己的品德，使自己之前说的那些虚伪的甜言蜜语变成事实，这样就可以“无咎”了。这是一种褒扬美德而使其更好发展的意思。

《易经》之所以让人觉得晦涩难懂，往往是因为其卦辞、爻辞的精深微妙。在六三爻中，我们分析出这一爻是上位者，但是因为自己的能力实质上没有它下面的人强，所以就想用一些口头许诺去笼络人心，但是这种做法谁都知道是不好的，连六三爻自己都觉得不是长久之计，十分担心。那么现在就出现了我说的爻辞不太好理解的地方，就是爻辞结尾用了一个“无咎”。此时我们分析这个“无咎”就要去体会一下圣人作这句爻辞的用意了。虽然六三爻的做法欠妥当，但是因为它自己有担忧的悔意，所以圣人还是想给六三爻改过的机会。这也正是每件事都有正反两面的道理，一句空头承诺就是一句花言巧语，但是如果这句承诺在努力之后变成了现实，那么这也是可以称为“无咎”的。所以爻辞用“无咎”做结尾，我们就要知道这是给我们改过的机会。但是话说回来，“无咎”只是通过努力使之前的一切变得没有错处了，它终归不是吉的，所以对于之前错误的做法，我们依然要清醒地认识到，不能因为有了补救的机会，再去犯同样的错误。

六四：至临，无咎。

六四爻是一个阴爻，属阴虚之象，所以它本来是缺乏诚信的象。幸好它的位置正确，又用柔顺的态度去与刚正的初九爻相应，由此我们可以看出，六四爻情真意切，诚恳之至，所以爻辞用“至临”来称呼。六四爻不用什么甜言蜜语，而是力求务实上进，摒弃那些华而不实的方式，遵守彼此的承诺，去掉那些外在的修饰，回归最初的本质。所以说也是“无咎”的状态。

和六三爻相比，六四爻完全是另一种状态。它处在比六三爻还要高的位置，却能向下一直到最低的位置与初九爻相应，可见六四爻完全放下了架子，没有把自己外在的地位权势放在心上，去与比自己地位低的初九爻相交。虽然在六四这样的高位，很难让人看出它的诚心，但是其行为已经足够说明一切。六四爻在德行上能够做到这么低调，那么即使它的实力与自己所处的位置不相匹配，也没有大碍，不会有什么错处的。

六五：知临，大君之宜，吉。

六五爻以柔居尊位，向下与九二爻相应，它们都处中位，而且阴阳正应，说明六五爻此时知道九二爻的贤德，所以重用九二爻。这是不用自己去做事，而取每个人的长处去做事的为政之法。六五爻能知道任贤为己所用，这是十分英明的做法，也说明六五爻眼睛明亮，耳朵灵敏，十分通透。它能够汇集天下人的智慧作为自己的智慧，这是有大智慧的表现。所谓“大君之宜”，没有比拥有这种大智慧更好的了。所以说六五爻的聪明睿智，足以让临下的人为它提供各种智慧支持。因此我们说六五爻才是有智慧的人，“知临”的“知”是指智慧，这也是为什么称呼六五爻为“知临”的原因。这样的六五爻又怎么会不吉利呢？

从六五爻看，为政就如同下一盘棋，或许去做某一件具体事情的人就像一颗螺丝钉一样，在他的位置做他的本职工作，但是为政者作为一个管理者，最大的工作是如何用好人，把每一个做具体工作的人的最好状态调动起来，以最优的方式去完成工作。所以说最好的管理者，不是自己去展现自己，而是给别人发挥的空间去做事，自己要运筹帷幄，掌控好大局。当然了，这里面还有一个前提，就是六五爻要懂得亲民，懂得用别人接受的方式去实现对大局的运作，也就是说六五爻这种阴爻的柔顺特质也很重要。

上六：敦临，吉，无咎。

从临卦的卦形来说，上六爻处外卦坤卦最上，此时坤卦的厚德载物阴极变阳，成为艮卦，艮为终，说明上六爻这种厚德从始至终保持如一，所以有厚实笃实之象，称为“敦”。上六爻居全卦最终的位置，积累的福德已经十分深厚了，因此它在最高的位置用的是以德化民的方式临下，这种方式使在下的民众的德行也变得更加深厚，所以这一爻被称为“敦临”。上六爻用尽心思去教化民众，用厚德去保护民众人。因为它的爻位与其他爻不同，所以采用的方法也不同。临卦下面的两个阳爻，用感化的方式去教化民众，这种临很快就会过去；用厚德去教化众人，这种临十分长久。有智慧的人赋予众人光明，尽善尽美的人给人以诚信，用甜言蜜语的人常常会被看作贼人。在临卦的各爻之中，爻辞将临的法则戒律都明明白白地告诉我们了。

20. 观

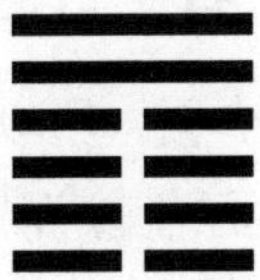

观：盥而不荐，有孚颙若。

“物大然后可观，故受之以《观》。”——《序卦传》

在临卦中说事情已经发展得大到可以被看到了，那么如何去看呢？现在《序卦传》根据事情的发展变化给出观卦。往往事物被放大之后人们才好好去观察，对于特别微小的事物，我们要先把它放大，才可以仔细观察。我们看看这个观卦到底在给我们讲述什么样的道理。

首先看卦形，观卦为坤下巽上。如果对这个六爻卦进行整体观察，我们会发现，观卦其实可以看成两个艮卦相重叠，上面两个阳爻，下面四个阴爻，这个象有没有让我们联想到古时候门阙重重的宫廷或庙宇？在观卦里，互卦艮为手，外卦巽为洁。我们之前就提到过艮为手这个象，但巽为洁的象不常见。这里解释一下，《说卦传》中有言：“万物出乎震，震东方也。齐乎巽，巽东南也；齐也者，言万物之絜齐也。”这是说东南方的巽代表光明洁净，这就是巽为洁的象。那么卦辞中的这个“盥”字，从巽和艮的象上看就好理解了，“盥”本身就是洗手洗脸的器皿。那么为什么卦辞又说“不荐”？在宫廷和庙宇当中使用这个“盥”有祭祀进献的意思，“不荐”是因为卦形当中的互卦艮，艮为止，所以“不荐”。观卦两个阳爻在上，以自身为表率，建立中正之道。四个阴爻在下向上仰望，所以卦名用了一个观字。在下的人向上观，不是观察他的外貌，而是观察他的内在。在上的人以自身品格示下，不是用他的行为举止，而是用他的内在精神，如果只是用行为来启示下面的人，那么能看到的会受到他的影响，但是看不到的就不会受益。所以把那些细小的行为隐藏在内，而将精神层面的东西展示给众人，这样即使处在重重宫阙之中，也可以让天下人都看到他的心意。这就好比在宗庙之中进行祭祀，端着净手盂，虽然没有进献，看似默默无言、无所作为，但是诚心却显示出来了，人们也会不由自主地仰慕和敬仰。《中庸》中有“君子不动而敬，不言而信”，又有“笃恭而天下平”，说的就是这个道理。

初六：童观，小人无咎，君子吝。

观卦的卦形中，上互卦艮为少男，所以用“童”表示。初六爻这个阴爻在最下面的位置，就如同一个生活在蛮荒之地的人，他安于愚昧无知的状态，如同一个小孩子没有学识也没有见识，只是顺应着帝王的规则和普通人的日常去生活，这样怎么会有错处呢？这是“小人无咎”。但是如果初六爻是一个君子，他必须观察时政变化，而且要知道道德准则。现在他处在初六的位置向上观察君主，那么他日这个君子向上提升的时候，他也要用这样的方式向下观民众。所以说，如果作为君子的初六和其他普通百姓一样无知，那么他就是要羞愧的了，所以为“君子吝”。在观卦的六爻之中，三次提到君子，是对君子寄予了非常大的期望。

在初六爻里，出现“小人”和“君子”，是在讲初六的两种情形，如果初六爻只想做一个普普通通、没有什么主张和思想的人，那么他就随波逐流，碌碌无为地生活就好，这样虽然看起来很消极，可也不会有什么错，承认自己很平凡，过普通人的生活，这没什么不好。但是爻辞中又说了另一种情况，就是如果你用君子的标准要求自己，一直仰望着君主，观摩君主的样子去生活，立志要实现远大抱负、造福众生，那么你就不能愚昧无知，只喊口号，而不付诸努力。初六爻说的这两种情况，决定因素在于内心对自己的定位。但是圣人还是期待来到世上的每个人都能有所作为的，因为只有大家都去努力，这个世界才会变得越来越好。

六二：窥观，利女贞。

在卦辞分析中，我们讲过艮为门，也讲到过坤有闭合的象，所以说在观卦中互卦艮为门，内卦坤为合。六二爻在此时就是闭门而观，从门缝里看就是“窥”。六二爻处在坤卦中间，属又中又正的一爻，所以是“女贞”。在观卦里，六二爻与九五爻正应，能去好好观察九五爻的人，再没有比六二爻更合适的了。但是六二爻是阴居阴位，又在坤卦中，这有重柔的性质，所以它生性怕光，不能贸然进去观阳气很大、光亮很足的九五爻。所以它就守在自己的位置上，从内向外，推开一点门缝去看，这一个“窥观”带着些许女子羞涩的感觉，所以说这一爻是女子守持贞正，这种偷看的行为并不是君子该有的行径。至高无上的道德遍布天下流传广远，帝王治理天下的政策可以荡平一切，六二爻却顽固守旧，目光短浅，躲避在一个角落，这就只能看到他的小气，而看不到他有什么博大的胸襟了。这不也是一种“吝”吗？

六二爻虽然和九五爻正应，却因为自身的不自信，不敢大大方方地向前与九五爻相交。六二爻是最有机会向九五爻好好学习的，而且可以通过学习去做一番大事业，但是他却畏首畏尾地躲起来。“扶不起的阿斗”特别像这个六二爻，六二爻因为不努力，失去了成为一个君子的机会。

六三：观我生，进退。

在六三爻的爻辞中，“我生”的意思是一生所有的行为。六三爻阴居阳位，以柔居刚，此时它想要向前，但是遇到互卦艮。艮为止，它又想退回来。六三这一爻在互卦巽的最下面，这有种犹犹豫豫的感觉，进退都很不果断，所以它就一直在观察。

元代易学家王申子对这一爻“进退”的解释是：“君子进退常观乎时。今不观乎时而观我生者，盖九五方以阳刚中正观示天下，则时不待观也，但观吾之所有以为进退可也。”明朝的张振渊对“进退”做这样的解读：“士人所学既成，则进而观光以翊圣明，其或才德未足，则退而修其所以进之具焉，不苟且以赴功名，君子之所为也。”在这两位易学家的解读中，我们可以知道，六三爻这种进退不果的行为是被肯定的。六三爻有“吾日三省吾身”的意思，虽然他不够干脆，但是他去观察审视的是自己的行为，他考虑的是自己的进退是否会有不好的影响，所以这种观察是被肯定的。

六四：观国之光，利用宾于王。

内卦坤为国，上互卦艮为辉光，九五爻为王，六四爻因与九五爻相近，所以它就如同九五爻的幕宾一样。九五爻在中正的位置，用一种中正无私的态度观临天下，礼仪制度、音乐歌舞、文辞章法全都清清楚楚，详尽完备。这就是一国之光，也是君主之光。六四爻能在近处感受到九五爻的光明，他在道德品格上得到的光辉就是来自他亲比九五爻而得到的耀眼的光芒。他和初六爻那种蒙童的样子、和六二爻那种从门缝里偷偷窥视光明的样子完全不同，他知道这种获得良知的机会十分难得，此时适宜前进，而不适宜后退，所以他付出所有的努力向九五爻学习，以一个幕宾的身份走入朝廷。这个时候如果为君子，就是找到了君子可行的大道，这是君子之利。所以说在九五爻下面，向上观九五爻的四个阴爻，只有六四爻取得了九五爻的精髓。

从这段爻辞的分析中可以看出，六四爻是最幸运，也是最有判断力的君子。本来在观卦之中，与九五爻最亲近的是六二爻，但是六二爻的做法使他失去了成为君子的机会。反倒是处在九五爻身边的六四爻一直追随着九五爻，他看到九五爻身上的优秀品质，并且被这些优秀品质所感染着，他努力向九五爻靠近，向九五爻学习，以使自己成为九五爻那样的人。

九五：观我生，君子无咎。

九五爻处中正之位，被下面的四个阳爻仰望着。因为作为一个阳爻，处在上互卦艮的最上爻，所以它是十分内敛的，它的心安静地止于自身之内，不去观察别人，而是反观自己，以期变得更好，使在下观摩自己的人能够被自己本身的优秀品质所教化。如果想要自己变得更好，就一定要内省，确保自己一生的行为举止无时无刻不是在追求大道，没有一件事不合乎正义。不责备他人，而是自己管理好自己，这是做君子的品格。但凡有地位的君子都能用这样的态度来观察审视自己，那么在这之后，就不会有什么错处了。

九五爻在说，到了一定高度的人，已经非常有威望了。人往往越到这个时候承担的责任也越大。这就像一个公众人物，会被很多人追随效仿，此时这个人就不能仅仅在能力上对自己进行要求，还要在自己的行为举止和品德修养上保持非常严格的自律。因为他的影响力很大，要给别人做表率、做榜样，所以他更多的是要自我审视。因为他具有很大的影响力，能力也很强大了，在此时，一定要学会秉持中正，谨言慎行。

上九：观其生，君子无咎。

上九爻这一爻已经走到了全卦的最上端，已经超越了九五爻。从位置上看，它已经到了一个人类所不能触及、观察不到的位置。在这里，上九爻的进退已经成了定数，所以它也不必自我审视了。在观卦中，自上九以下的五爻中，上面有九五爻这样需要观察的君主，下面有需要观察而被教化的民众。所以上九爻不再观察自己，而是去观察这些人。它常常观察自己君主的行为是不是能保持中正；常常观察在下的民众是不是真的被诚信所教化。为了国家忘掉自身，这是君子的大公无私。凡是有德行的君子都能如此去观天下，那么就毫无错处了。《易经》在观卦当中对君子寄予这样的重望，是因为观卦之中阴气太盛，而阳气一旦失去自己的正道，那么事情的形势变化很快就会变成只剩一个阳爻的剥卦。所以这一爻中就是想让君子居安思危，觉察到小人行径就去教化，发现不诚信就纠正。

上九爻如同一位圣人出现，此时，他关注的是时代的大变革。他关注君王的举措，关注民众的动向，都是为了不使世界发生无法预知或者不可控的灾难。如果说九五爻有天地那样的胸怀，那么观卦上九爻就有如同宇宙那样的气魄。

21. 噬嗑

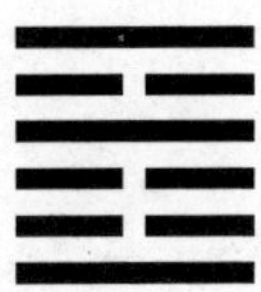

噬嗑：亨。利用狱。

“可观而后有所合，故受之以《噬嗑》。嗑者，合也。”——《序卦传》

一切可观之后，天下人心声和，一切又有了聚合之象。但是这次的聚合已经历了太多过程，远没有天地初开时那么干净纯粹，要想使一切真正凝聚在一起，就要去除各种阻隔。此时《序卦传》继以噬嗑卦，“嗑者，合也”，但是前面的噬却是一个破除阻隔的动作。下面我们来分析噬嗑这一卦。

噬嗑卦的卦形，震下离上，从卦形整体来看，上下两个阳爻，其间在三个阴爻中夹杂了九四爻一个阳爻，这个卦形里九四爻就像是横在人嘴里的一段木梗。那么这样不舒服的状态要用牙咬断，才会合上嘴巴，才会舒服，所以卦名在嗑前面用了一个“噬”字，将此卦称之为“噬嗑”。接下来我们再进一步观察，卦形中互卦为坎，坎为陷，此时噬嗑卦中，内卦震，互卦坎和艮，都有木的象。如果陷于木中会是什么情景呢？我们还是回到卦辞的时代背景中去思考，有一个成语叫“身陷囹圄”，在古代，监狱都是木栅栏围住的，这种陷于木的象，就是监狱的象。

天下之祸乱起于嫌隙和隔阂。一家一国生出祸端，多来自奸佞小人的挑拨离间，而宇宙之内，如果出现什么动荡变革，那么一定是有一些顽固不化的能量存在，使宇宙气运不通，产生变化。就如同人的嘴里塞了东西合不上一样。噬嗑卦的卦德从它的内外卦可以看出，离为明，震为威。明察秋毫将阻隔在其间的内情找出，再以威震天下的手段去除离间的弊端，就如同梗在嘴里的东西去除了，去除也就合上了，亨通了。奸佞小人被整治掉，统治者的君恩之谊也就与天下百姓相通了，而顽固不化的阻隔去除了，世界内想要去实施的政策和教化也就都通了。所以说噬嗑对于治理天下来讲，是有大用处的，尤其利于去治理官司罪案。因为双方不合而造成了官司罪案，彼此之所以不合，一定是因为有了嫌隙。用光明而威严的方式弥合嫌隙，可以使两者相合而不再相争。理狱量刑要慎重，要知道体恤民情以保民众性命，也要知道刑罚的手段是治理祸乱的方法，这是不可或缺的。

初九：屦校灭趾，无咎。

噬嗑卦内卦，震为足，初九爻在下，就如同脚一样，而震又有木的象，所以就像古时候套在脚上的木质刑具，这是“校”的象。“屦”为一种很便宜的鞋子，在这个爻辞里，足受到“校”的束缚，就如同用了“屦”一样，所以这就有了“屦校”。“灭趾”是脚被遮住的样子。仅仅是遮住了脚，这说明“校”这个刑罚在此时很轻微。这是因为初九爻在最开始的位置刚刚想动，它的错处还没有很严重，向前遇到下互卦艮就停止了。这是在最初就终止了错误的象，所以用刑很轻。这就是所谓的“小惩大诫”，受刑和用刑的人都没有错处，所以是“无咎”。

在我们学习的过程中，时时能够感受到《易经》的有趣之处，因为它展现的是世界上的方方面面，既丰富又多彩。在噬嗑卦里，《易经》又用刑罚的内容为我们讲述道理，既告诉了我们现实生活中刑罚的过程和如何妥善实施，又在这个过程中把其中深意传递给我们。初九爻这一爻的情况，是在错误刚要发生时，这时不能用刑过度，但也不能不加以告诫。所以在初九爻，刑罚只用到脚那么微小的部位，是想用适当的惩罚使犯错误的人引以为戒。这对用刑的人和被用刑的人来说，都是很合理的状态。

六二：噬肤灭鼻，无咎。

六二爻是重柔的一个爻，阴爻居阴位。如果从受刑之人的身体来看，这个六二爻还没到骨肉那么深的位置，所以把它形容成皮肤。那么此爻在下互卦艮上，艮为鼻，这个鼻说的又是施刑之人的鼻子，这是怎么看出来的呢？我们来分析一下"噬肤灭鼻"这句爻辞。因为皮肤容易被啃噬，所以牙齿会陷进去很深，那么被咬的皮肤就会把咬人的鼻子给遮盖住，这就是"噬肤灭鼻"的象。这看起来有点可怕，又是咬人，又是被咬，其实这都是《易经》用具象的事情来阐释看不见的道理。这个象说明的是，六二爻在这个又中又正的位置，内含中正之德，用这样的品德去惩前毖后就不会造成滥用刑罚或者久审不明，所以说六二爻也是"无咎"的状态。

现实生活中如果要解决问题，最快速的方式就是直中要害，一下找到症结所在。在六二爻里，犯错误的人没有抵抗解决错误的人来了解自己的错处，而解决错误的人也用一种公平正义的态度去解决问题，这是相互配合和信任的，所以问题就会很容易得到解决。

六三：噬腊肉遇毒，小吝，无咎。

六三爻这一阴爻已经接近骨肉的位置了，所以爻辞开始把六三爻称作"肉"。因为外卦离为日，六三爻在太阳下被烤炙，所以称"腊肉"。腊肉可能很多人都吃过，它已经不是新鲜的肉了，而且味道也有了变化，那么处理不当或者方法不对，就会变质产生毒素，这就是"遇毒"的由来。这一段是在陈述处理罪案的时候遇到了疑难、不好解决的问题，那么在这个过程中或许就会有毁谤出现，这就是"小吝"。六三爻阴柔居刚位，所以他不争辩也不急躁地去获取真实情况，这样就可以使之沉冤得雪，而被长期羁押的状态也可以解除。所以说，最终还是"无咎"的。

随着爻位不断上升，噬嗑卦里的案情也越来越复杂。在六三爻里简单的审问不能控制局面，快刀斩乱麻又可能造成冤假错案，所以施刑的人非常沉着、不慌不忙，抽丝剥茧地审理出案件的真相，最后刑法得以公正落实。

九四：噬干胏，得金矢。利艰贞，吉。

九四爻刚居柔位，这是带肉的骨头的象，所以称"胏"。此时这个九四爻也是被外卦离卦熏烤着，所以称“干”。上互卦坎为箭矢，其中爻为阳爻，所以称为“金矢”。坎卦还有禽的象，而外卦离又为戈兵，所以“离”射击“坎”，称为“噬胏”。“得金矢”是因为击中之后，箭头就留在所射猎的猎物身体里了，这就在捕获猎物的时候也得了金矢了。“干胏”是一块又干又硬的带肉的骨头，所以是非常难啃噬的。爻辞里用“噬干胏”比喻在九四爻的情形中，所要去审理的对象要么就是权贵，要么就是豪强，此时面对权力和财富两者都有的对象，用刑之人，一定要刚正不阿、不畏权势、不徇情枉法。九四爻“得金矢”相当于他有了治狱的利器，所以他能做到刚直，但是因为用这种刚直的手段去处理问题，很可能就会与人结怨，遇到强大的阻力，恐怕案情的进展会有所反复，所以一定要知道这种情形的艰难，谨慎对待，以求恰当地处理，这样才能稳固的守护住国家的强制力，而不被别人动摇或者夺去，这就是“利艰贞”。九四爻的这种做法，解决了损害国家利益的小人，使得九四爻身体和名誉都得以保全，所以这就是“吉”的。

在我们所知的司法办案过程中，越是遇到有钱有势的违法者，这个案子就越难处理，因为这不仅仅是案件复杂，而且它还牵扯许多外在的因素。在审理这种案件的时候，执法者的正念至关重要。执法者在面对弱势群体时要做到公正公平，在面对权力压力和钱财诱惑的时候，更要坚守人格。九四爻显然不是一个徇私舞弊的人，所以他经受住考验，继续依法办案。爻辞此时又告诫九四爻一定要知道自己处境的艰难，慎重处理案件。无论是普通百姓犯的错误，还是位高权重者作的案，认真对待，审慎处理，都是于国于民、于家于己有利，这就是为什么虽然艰难却也吉利。

六五：噬干肉得黄金。贞厉，无咎。

六五爻是阴爻，它本质为柔，所以此时它是没有骨头的肉，这一爻也在离上被烤干了，所以是“干肉”。“噬干肉”说明执法者此时处理的是已成事实的案子。此时爻辞的“金”还是指“箭矢”，说它是黄色的是因为六五爻处在外卦中位，在五行之中黄色居中，所以爻辞有“黄金”一词，大家不要简单把它理解为金属物质的黄金。“得黄金”是爻辞为了强调，这个执法者用的不是它居中位的刚硬手段，而是用中正之术。采用中正的方式，就可以把事情处理得非常妥当，而且正固。我们知道，六五爻处在我们通常说的君位，所以六五爻此时心里还是有很多担忧的，他害怕自己有什么过失，处理不当，其实这种担忧就是君王亲自治理国家的态度。而这种担忧还表现在他对人们不幸的怜悯，而不是幸灾乐祸，这也是君王对民众的体恤。由此看来，六五爻虽然也是在用刑治理问题，但是他是期待可以不用刑罚的，所以即使他用到了刑罚，也是“无咎”的。

九四爻作为一个人臣，他经历了艰难的过程，所以他一定守持正固，依法办事，这是人臣该有的道义。在六五爻这里，六五爻担忧自己有失误或者自己没有体恤百姓之苦，作为君主施以仁德，这是治国之道。

上九：何校灭耳，凶。

噬嗑卦里，上九爻到了头的位置。《说卦传》有离为科上槁，这是形容干枯的木头，所以此时上九爻在上位就如头部被枯木禁锢住一样。大家可以想象一下古时候戴在脖子上的木质刑具，此时戴着刑具的这个象就是“校”的象。爻辞中“何”通“荷”，这是说负荷着刑具，所以有“何校”。互卦坎为耳，爻辞用“灭耳”说明这个刑具把耳朵都挡住了，如果“何”字还没有让我们切实地感受到这个刑具的沉重，那么此时“灭耳”这个词就用得十分生动了，一下就让我们感受到这个刑具沉重，挂在脖子上的刑具把耳朵都遮盖住了，其厚度可想而知。上九爻虽然以阳爻的状态居外卦离的最上爻，已经拥有极大的光明了，但是因为其位置不够中正，所以他这种明察秋毫就太过了，甚至成了一种苛责。这种刚硬的手段使出来，很容易造成暴乱。此时又想要用重刑显示威严，从而进行镇压，就失去了六五爻亲比民众、体恤民众的为政之心。自古以来，滥施刑罚、残害民众的人，没有好下场，所以这是受刑的人和施刑的人都有凶险的一爻，故爻辞称“凶”。

在噬嗑卦里，六二爻因为他很容易处理好案件，所以是有功劳的。九三爻因为他处理的案件很复杂很难解决，所以他能成功解决就是没有危害的。六四爻明慎所职，守持自己的刚直，伸张正义。九五爻用中庸之道，体恤百姓之苦，慎罚明德。初六爻用很轻的刑罚处理案子，所以很少会出错。而上九爻用非常重的刑罚去处理案子，所以他遭受了如同灾难般的凶险。从这六个爻的爻辞之中去观察，此时卦辞所讲的“利用狱”的道理我们就可以知道了。所谓“利用狱”一定要有个度，不是说“用狱”就是崇尚酷刑或者严苛的律例，所有的这些刑罚都只是纠正错误的手段而已，最本质的目的，还是要使一切变得更好，而不是一味地用刑。如果我们能体会到这些深意，把它类比到我们自身的行为上，我们就可以找出自身的很多过失和错误。很多时候，我们在解决问题时，都会犯一个本末倒置的错误，完全忘记了要以解决问题为前提，反而在这个过程中过分地追求成效。

22. 贲

贲：亨。小利有攸往。

“物不可以苟合而已，故受之以《贲》。贲者，饰也。”——《序卦传》

盘古开天辟地之后，乾坤两卦形成，世界开始变化。在这个变化当中，《周易》先给我们讲了一个大的循环过程，然后于泰否两卦之后，又细数人事变化。于大循环中，在同人卦的聚合、《序卦传》续以履卦、噬嗑卦聚合之后，又续以贲卦加以文饰。下面我们就来分析有着文饰作用的贲卦。

说起贲卦，我们还是要知道“文”与“质”的含义。物分阴与阳，分质与文，分内在与外在。“质”其实就是事物的实质，“文”之前我们也分析过，它是附加上去的，是附在本质上的一种外在表现。那么此时来理解“贲者，饰也”就容易很多，本质的存在用“文”来修饰，就是贲卦。贲卦也是从泰卦而来。贲卦的卦形离下艮上，这是地天泰的泰卦中、外卦坤的一个阴爻下入内卦乾成为离卦，内卦乾一个阳爻上到内卦坤成为艮卦，而得来的象。阴阳互动，以柔文刚，以刚文柔，互为修饰。这就是“贲”。我们都知道一个词语，叫作“文明”，文明的本质含义就是来自贲卦。此时我们来观察贲卦，贲卦的内卦离为明，这就说明了贲卦是以明文之。这是在用赤诚指引行动，彰显以光明与感恩之心去美化适宜的行为和道德。这样将人们的社会行为与自然行为很好地融合在一起，附以道德的准绳，人们都富有高尚的品格和适宜的恭敬的行为礼仪，那么就实现了“文明”，这样的状态也一定是事事亨通的。而另一方面，我们再看外卦艮，乾卦以刚文柔，在此时艮卦的状态下，艮为止。此时我们再来分析一个词，叫“礼节”，以礼相待，也要知道明确与人相交的礼仪规矩，没有规矩不成方圆，知止而不过，这是和谐的体现。有人常说繁文缛节，其实只有在细致的小事之中做好自己，才会有人生的无往不利。贲这一卦，在内卦离中以“文明”告知大的方面要修行高尚品德，在外卦艮中以“礼节”警示小的方面要谦逊礼让。实质是在告诉我们，君子行事，没有大小的区别，每一件事都不敢有所怠慢，无论是以柔文刚，还是以刚文柔，都是相互为济，一时并有的，只有把这两方面都重视起来，才发挥了贲卦真正的功用。

初九：贲其趾，舍车而徒。

“趾”这个字我们之前也提到过了，因为初九爻在卦的最下面的位置，所以就称它为趾。此时在贲卦中我们能看到下互卦是一个坎卦，坎为“车”，外卦艮，艮为止，所以爻辞说“舍车”。初九爻与六四爻相应，但是与六二爻相亲比，六二爻为贲卦的主爻，而且在下互卦坎上，因为阴爻总是主动亲近阳爻的，所以六二爻想用车“贲”初九爻。但是初九爻知道自己与六二爻不是正应，所以就拒绝了六二爻向自己示好的车，而徒步行走，此为“舍车而徒”。舍弃坐车的机会而徒步行走，必然会让脚有所磨损，但是初九爻自己认为这是正确的决定，所以称“贲其趾”。

这么解释或许并不好理解，看上去像初九爻不坐车而步行，就要赞誉它的脚。在这里不能这样理解“贲其趾”，我们之前分析时，知道初九爻的位置是趾的象，“贲其趾”是对初九爻这种行为的赞誉。就好像一个人，本来有获得物质利益的机会，但是他内心知道自己应该在什么位置，怎样做事才是合乎道德标准的，他拒绝别人的示好，这说明初九爻有以道德大义为重，而不以荣华富贵为荣的高尚品格，是值得称赞的。

六二：贲其须。

从初九爻到九三爻，这个内卦离的卦形就像是一张嘴一样，而六二爻处在九三爻之下，像是附在嘴上的胡须，所以六二爻为“须”。六二爻对九三爻的关心，有以柔文刚的象。六二爻以柔文刚，并不是改变了九三爻阳刚的本质，而是像胡须附着在嘴上一样，六二爻依附九三爻生存，所以它就会随着九三爻而动。如果从象上来分析，我们知道，凡是修饰仪容仪表，我们都是为了美化自身，就像男子要修剪自己的胡须，实质上是为了使自己嘴部的外貌更美观，而不是单单想把胡子整理成什么形状。因此回归到文饰这个问题上来，所有的文饰，都不能是空洞虚幻的，它要有一个本质做基础，没有本质而强行地去做文章，那不是君子所为。

说到六二爻，我想到了一个可以用来参考的现实问题。我们现在的时代，对于读书这件事已经非常重视了，那么如何评断一本书的质量好坏呢？我相信每个人看重的都是这本书的真正内涵吧？书的价值和意义，不能是拿在手里的一个装饰品，而应该是它文字之中赋予人们的有益的思想和见解，这些就是一本书的本质。如果一本书没有用真情实感或真正有益的内容去打动读者，只是用华丽的辞藻或者离奇的情节去吸引读者，那么这本书可能会成为畅销书，但是随着时间的流逝，它一定不会成为一本长销书。因为它一定经不起时间的检验。对于六二爻这一段的解释，我们要体会到这种“文”与“质”的关系，明白“文”的重点在哪里。

九三：贲如，濡如，永贞吉。

贲卦的九三爻为重刚的一爻，它上下附着两个阴爻，所以九三有被两个阴爻修饰的象，又因为九三爻在下互卦坎中间，九三又为阳爻，它呈现光滑的样子，坎为水，有润泽的意思，所以是“濡”的象。这就是爻辞的“贲如，濡如”。可能在分析中大家对爻辞的“如”字不好理解，这个其实很简单，爻辞就是在分析可以用来比喻爻的象，这个“如”就是比如、比作的意思，就是说九三爻有这两种象。

九三爻的一阳爻陷两阴当中，阴爻的文饰过盛，我们说阴柔可以润泽阳刚，但是太过也可以将阳刚溺毙。就好像这个互卦坎，它既有濡染的作用，也有使事物沦陷的危险。如果说忘了本质的重要，而一味地以文饰之，那么就本末倒置，不可逆转了。所以爻辞最后用“永贞吉”是为了让九三爻永守自己的刚正，不可被阴柔完全覆盖。如果能把握好这样的尺度，那么上下两个阴爻的存在对于九三爻来说就是一种滋润养护，不会使其溺毙，所以就是吉的。

九三爻是处境很危险的一爻，这一爻的爻辞有水能载舟亦能覆舟的意思。九三爻要想自己可以保持吉祥通泰的状态，那最应该做的就是守持自己内心的贞正，不随波逐流，不流于表面。为人处世也是这样，世间的繁华对我们的初心来说，其实是一种很大的考验，很多时候，如果不是有一颗警醒而内明的真心，人们就很容易迷失自己，这种迷失，如果幸运一点还有改正的机会，而如果不幸被物欲的横流所淹没，可能就再也找不回自我。贲卦的九三爻更多的是在给我们一种处世的警示，我们每个人都要明白，“自我”这个词不是自大和狂妄，而是守持自身的贞正，勇敢面对一切。

六四：贲如皤如，白马翰如。匪寇，婚媾。

六四爻和九三爻相亲比，有刚柔互为文饰的象，所以是“贲如”。但是六四爻这一爻已经在外卦艮上了，艮为止，所以内卦离的文明的状态将要停止，之前那些“贲”的方式也都要发生改变了。如果六四爻发生改变，就会和下面的两爻形成一个下互卦巽，巽为白，就是“皤如”。“皤”就是白的意思。虽然用外在来修饰本质，但是本质其实是淳朴素雅的，既崇尚文饰，也崇尚本质，这两者都去重视，并没有决断它们孰轻孰重。爻辞中，“白马翰如”其实讲的是与六四爻相应的初九爻。六二爻在互卦坎中，它用车去“贲”初九爻，此时的六四爻在互卦震里，震为马，所以六四爻用马来“贲”初九爻。初九爻与六四爻相应，它一早就拒绝了六二爻的车，所以此时它就接受了六四爻的白马，并骑行。在《易经》的卦象之中，有很多地方用马作象，所以每个马的象，都做了一些细致的区分。在《说卦传》里这个震于马为馵足，是为馵马，即一种后左脚呈白色的马。而且震于马的时候还为“的颡”，“的颡”是白色的额头的意思，这说明这个马额头上长了白色的毛，所以就有“翰如”一说，“翰”本身就有长毛的意思，它也引申为白马。初九爻骑白马疾驰而来，六四爻本身的“皤如”也有白的意思，所以这可以看作初九爻与六四爻同心，那么初九爻就是来助力六四爻的。

初九爻在低位，我们可以把它想象成身居山野之人。不修边幅，骑着白马疾驰而来，在外人看来可能是一身浪荡气，但是因为它与六四爻同心相应，所以六四爻认为初九爻并非一个流寇，而且还与它成婚了，这就是“匪寇，婚媾”的意思。由此可见，同心之德，是崇尚内心本质的相合，两人心志相同，所以在一起的信念也十分坚决。在物欲横流的时代，想要洁身自好，用自己的力量去挽救世界，一定要有与这个世界志趣不同的人来相助自己处理事情。所以说这一爻，一方面是要六四爻拥有自己相信自己的朴素本质；另一方面也是要六四爻明白，善于审人用人的重要性。

六四爻还讲一个人做事情的那种明确性，首先是自明，要知道自己的初心是怎样的，而且要坚守自己的初心，同时还要有明智的判断力。像是初九爻这样的人出现，或许很多人都认为它与世界格格不入，但是六四爻独具慧眼地认定了初九爻，这和它自己的明智是分不开的。如果说把六四这一爻的情况比作婚姻，很多人在最初选择伴侣的时候，都把外在条件作为评价标准，看到像是初九爻这样的山野小伙子别说和他结婚了，甚至会把他看成一个坏人。但是六四爻却看到了初九爻的淳朴，知道他是与自己的心意相通的人，所以就毫不犹豫地嫁了，用一句现代流行的话来说，这是嫁给了爱情啊。有感情基础的婚姻，自然能够一起奋斗、一起创造，如果只是因为利益去结合，那么很快婚姻就会出现问题和裂痕。

六五：贲于丘园，束帛戋戋，吝，终吉。

贲卦六五爻处在外卦艮的中间位置，艮为山，这个位置在半山腰上，所以称其为“丘”。《说卦传》中，震为苍筤竹，为萑苇，艮为果蓏，所以有园子的象。此处的六五爻如果发生变化，外卦就变为巽卦，巽为长女，为工，为白，女工织做白色的织物就出现了帛的象。五匹为一束，六五爻的爻数为五，所以就是“束帛戋戋”，“戋戋”是形容帛的数量很少，这是说这个帛的宽度和数量都是有制式标准的。六五爻在外卦艮的中间位置，说明他善于守持中正，而且他知道一定要遵守制度规范，知道止步。它很讨厌世上的那些喜欢用夸张文辞修饰自己的人，因为那样的人一定会过于追求细枝末节而忘记了事物的本质，甚至崇尚奢华浮夸，而失去勤俭朴实。

当贲在丘园之中，要踏踏实实地去务农，用“束帛戋戋”也是为了追求朴素。当文饰的繁华尽数展现时，本质之中还是如此崇尚节俭，或许有人从外貌来看觉得鄙陋，就会出言讥讽，这时候就是“吝”，但是对于民生大计、风俗教化，最终还是要用这种简朴淳厚的精神来治理，天下子民不再追求奢侈浮夸，而是节俭朴素地生活，这对天下来说是一件大好事，没有什么比这更为吉祥的了。所以说治国之道，重在审视崇尚怎样的道义理念。

千百年来，中国都流传着艰苦朴素的优良品德。即使在盛世，淳朴和节俭也都是被赞扬提倡的美德，穷奢极侈的欲望，往往可以颠覆一个朝代。所以把六五爻比人的话，他就是一个虽然拥有物产丰富的庄园，但是依然穿着自制的素色衣裳，而且对这些布料非常珍惜的人。这有没有让我们联想到那些白手起家的创业者，每一个守得住自己创业财富的人都会非常珍惜自己创造的财富，而且他们会对那些只会炫富招摇的人嗤之以鼻。

上九：白贲，无咎。

上九爻处在外卦艮的最上端，这是知止到极致了，所以此时的上九爻把所有的浮华都去掉了，以至没有了颜色，所以爻辞称为“白”。对于装饰来说，一般都是用色彩丰富的饰物进行装饰，白色不太会用来装饰什么东西。但是此时爻辞称“白贲”，这是说在本质很突出的时候用外在的东西来做装饰，但是装饰不宜太过，要把之前附着在上面的东西进行删减，使物质回归它最初的素色状态。那样，它纯白色的光辉才能显现出来，这种光辉将会比五颜六色的华彩更加鲜明地展现出来，所以爻辞用“白贲”注释上九爻。上九爻虽然回归淳朴，但不是回到野蛮原始的状态，自然不会有错，所以就有“无咎”的说法。上九爻的状态总会让我想到“大象无形”这个成语。我最喜欢的一幅画就是俄罗斯画家的《白上白》，把白色用到了极致。

根据上九爻的爻辞，我们最后还可以有这样的推论：虽然很多人想成为圣人，但因为老天厌恶文辞的修饰，所以没有用文字的方式把它彰显出来，即使有一些我们所能看到的文字，也是特别晦涩难懂，就如同《易经》一样，我们很难直接通过文字轻松领会。再有就是，为君治国的道理，要扫除繁复文饰的弊端，把一切拉回崇尚忠信的本质上来。以上这些全都是“白贲”要说明的意义，它的用意也是十分深远的。

23. 剥

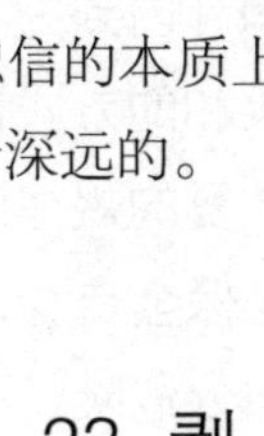

剥：不利有攸往。

“致饰然后亨则尽矣，故受之以《剥》。剥者，剥也。”——《序卦传》

《序卦传》此时讲到剥卦，其实在贲卦中我们已经说明了原因。贲卦上九爻的白贲，就是在繁杂的修饰之后，又力求将那些外在修饰一一去除，而还原事物本质的光辉。此时的剥卦，就是这个剥落一切的过程。剥卦在十二消息卦里是九月卦。从天时来看，这是秋天来临的时候，在大自然之中，一切都像被剥落了外衣一样，树叶落了，大部分昆虫在这个季节准备过冬，动物也开始迁徙或者准备迎接严冬。此时我们来分析剥卦，思考一下在万物肃杀之中，人们又该有怎样的应对呢？

剥这一卦，从卦形上看，坤下艮上，这个卦一个阳爻下面五个阴爻，可见阴气是盛长的象，那一个在上的阳爻岌岌可危，很可能会被阴气消灭或侵蚀，就像是马上就要被剥落的样子。所以这一卦用剥来做卦名。这种象就如同一群小人来谋害君子，所以君子要远离小人，并且要把小人的罪行公之于众，和众人一起摒弃小人，此时就要用到后面要学到的夬卦。夬者，决也。小人来害君子，他不敢明目张胆，所以他一定是选择那种很隐蔽、慢慢侵蚀的方法，一点一点耗减君子的阳气，使君子的阳气在每一日中被消减，在每一月中被削弱却不自知。这就是小人所用的剥的手段。“不利有攸往”这句其实是为君子谋划。小人的阴气正盛长，而君子只有一点阳气且势单力薄，不适合有所行动，所以爻辞用“不利有攸往”来警示。虽然君子此时不利于有所行动，但也不能轻易放弃。剥卦内卦为坤，外卦为艮，所以君子要知道遇险而止，安守坤卦的巽顺，用柔和的方式说话，隐藏自己的行迹，这样保护好自己，等待天道运转的循环往复的规律出现，到那时不利有攸往的状态就会变成利有攸往的状态，岂止是保全自身，更是远离灾害。

剥卦的状态下，君子的处境十分危险，小人横行于世，一不小心就会被小人伤害甚至毁灭，君子要采取退避的方式应对。当然退避只是暂时的，我们都知道，在《周易》里，一切的变化都是循环往复的，所以君子此时的退避，是为了以后时机到了更好地前进。

初六：剥床以足，蔑，贞凶。

剥的状态之所以成卦，是因为此时有纯阴的坤卦层层剥落重阳之性体的乾卦这种象。乾卦上九爻在上，就有天似穹庐笼罩四野的象，它就成了下面众阴的庇护。乾卦初九爻在下的时候，就好像是这些阴爻的温床，让所有的阴爻有了安住的地方。那么乾卦的初九爻在下，此时它一定是先被剥落的。而针对乾卦初九爻这张床，阴爻首先去损毁的是它的足，但是它的目的不仅仅是毁坏床足，而是毁坏这张床，这是剥床从足开始的意思，所以爻辞说“剥床以足”。小人谋害君子，往往不敢正面交锋，他们总是先从不被注意而且容易撼动的小处下手，用这样的方式伤害君子，渐渐地使君子陷入困境。这种情形就如同“剥床以足”一样。

初六爻辞中的“贞”此时通“桢”，是指这个床的主体。床足坏了，那么床的主体就会倾斜，这是损坏小的地方而灭杀大的方面，以致最后把主体都毁掉的行为。床毁掉了，那么来毁坏床的小人也无处安身了，所以对于小人和君子来说，都是凶的，这就是“蔑，贞凶”。

小人的手段一般都是十分阴险狡诈的，他们想要伤害君子的时候，总是偷偷在不被人觉察的地方下手，有时候貌似他做出的行为只是一点小失误，没有什么大不了的，但小人的心思是非常恶毒的，他的目的是要伤害君子，他用这种看似无伤大雅的方式，使君子在某方面遭受损毁而不自知，然后慢慢地、一点一点地实现真正扳倒君子的目的。现实生活中常常有这样的事情出现，刚正不阿的人常常对其他人的有心算计没有防范，在最开始的时候就没有意识到对方的真正意图是伤害自己，所以很容易受伤。另外在初六爻中我们还看到，大道之中还是支持正义，在有些人用见不得人的手段去算计别人的时候，爻辞也一样给出凶险的警告，正所谓“天道好轮回，苍天饶过谁”，用阴谋诡计处事，永远不会走得长远，最后也一样是没有好下场的。

六二：剥床以辨，蔑，贞凶。

六二爻中出现一个“辨”字，这个字我们不能用通常的理解去解释，这个“辨”在《说文解字》中，是“判”的意思，引申为床足与床身的区分之处。所以六二这一爻处在内卦中位，有辨别上下的意思。

剥卦到了六二爻阴气更盛一筹，此时小人的胆子也大了起来。初六爻已到了要损坏床足和床身相关联的位置。这还是小人加害于君子的情况，而且伤害进一步加深，上升到了毁坏君子名节、打乱纲常礼法的地步。小人的做法如同到了“剥床以辨”的程度。以这样的方式去破坏床，床倾斜得更加严重了，所以这一爻与初爻一样，都是“凶”的。

六三：剥之，无咎。

我们都知道，每一卦的三爻和上爻都是相应的，在剥卦里也不例外，所以此时的六三爻是唯一与上九爻相呼应的一爻，两爻相应，就有了小人护君子的象，这个六三爻的存在，是为了保全君子。在剥卦的状态中，一君子有难，即使其他的君子有心相助，但是因为阴气太盛，所以没有办法介入相救，此时只有在小人内部的人，才有这个机会救助落难的君子。六三爻和其他四爻一样都是代表小人，所以在外人看来，它和其他爻一样也是对君子“剥之”。但是唯独六三爻是表面在伤害君子，其实是有救助君子的意思。这个时候其他的阴爻对六三爻没有怀疑，而事实上君子是得到了六三爻的帮助，托了六三爻的福。所以君子许给六三爻“无咎”一词，是为了不埋没六三爻的善意。

不知道分析六三爻的过程有没有让大家想到，被策反的卧底六三爻本来是个小人，可是因为上九爻这个君子对他的感染，使得六三爻生出救护上九爻这位君子的心，但是此时小人强势，六三爻救助君子的方式非常隐秘，他表面上与其他人一样一起伤害君子，却暗中运作如何解救君子。他这样的做法，没有让其他小人对自己起疑心，最后还真正帮助了君子。君子对他也十分感念，所以对六三爻作出无咎的评断。

六四：剥床以肤，凶。

六四爻，剥的内容更深一层。初爻是床足，床足和床身连接处是六二爻，六三爻虽然没说，但我们推断六三爻应该在床身的位置，那么六四爻在六三爻之上，爻辞用了一个“肤”字，我们说在床身之上又可以称作床的皮肤的，就应该是床箦，也就是床席。此时的六四爻如果发生变化，外卦艮就变成离。离为附丽，光华而明亮，正是箦的象。这个床箦蒙在床身上，让上九爻看不到毁坏的严重性。所以，这个六四爻虽然没有毁坏床身，但是等到床席都被毁坏的时候，床已经什么也不剩了。所以说，真正的毁坏不仅限于对床身的毁坏，六四爻此时的破坏力其实比毁坏床身更大。

君子想要安身真是要睁大眼睛好好看清楚了，遇到六四爻这样的情形是万分凶险的。六四这一爻特别像那种城府很深的贪官污吏，他们在被揭发之前，根本看不出来有任何问题，而且还光鲜得很。但是在他们的保护伞之下，其实有很多小人在做着蝇营狗苟的事情，而上位的管理者却因为六四爻在中间阻隔，一直被蒙蔽。当六四爻这把保护伞被揭开的时候，事态已经相当严重，甚至无法挽回了，君子不只是失去名节、自身受辱，还很有可能是危害国家和大众的事情已经发生了。

六五：贯鱼以宫人宠，无不利。

在六五爻的时候，阴气大盛已极，再向前一步，就要把所有阳气都剥尽了，圣人不忍心再用“剥”字来称呼这一爻，所以换了一个词，用“鱼”来称呼九五爻。因为鱼属于阴性之物，这一爻如果发生变化，外卦就为巽，巽为绳，用绳子提着鱼，这就是“贯鱼”。另《说卦传》中有内卦坤为众，为女，外卦艮为门，为阍寺之说。“阍寺”为宦官。此时这个象就是众女在内，又有宦官守门，所以就称“宫人”。此时六五爻虽然是一个阴爻，但是它居于尊位，所以这一爻中有柔顺的贤德，它不会将阳气剥尽。反之，六五爻还会顺应上九爻，而且承托上九爻。因为六五爻所处的地位，所以它能够率领下面的四个阴爻，就像是一个绳子拎起几条鱼的样子。它承托上九爻的阳气，就如同宫人受到皇帝的恩宠。此时的情形对阳爻来说是十分有利的，那么对其他阴爻来说，也没有不利的影响。所以说阴爻与阳爻，如果一心想要去“剥”去迫害，那么一定是凶的，如果可以采用顺和的方式去相处，怎么会有不利之处？而且也可以决定自己所追从的人。在遁卦之中，两个阴爻刚刚出现，所以那时候还有办法制止，所以在它的九三爻的爻辞中有“畜臣妾吉”一说。在剥卦之中，六五爻阴极已经到了无法控制的地步，所以爻辞称“以宫人宠”。这两爻是在告诉我们，如果畜阴的权力在阳爻手里，那么爻辞就是告诉阳爻控制阴爻的方法；如果控制阳爻的权力在阴爻手里，那么爻辞就是在告诉阴爻顺从阳爻的道理行事。所以说天道所讲授的方法不论是曲是直，它都是在为君子谋划。

六五爻像一国贤良淑德的皇后，她一方面受到皇帝的隆宠，另一方面又以母仪天下之姿统领六宫。此时皇帝对她宠爱有加，后宫妃嫔又对她拥护敬畏。六五爻不是一个无知的妇人，她没有在后宫争宠吃醋，而是温良礼让，并且顺应帝王的心思行事，所以六五爻就是智慧、上下皆得人心的皇后了。

上九：硕果不食，君子得舆，小人剥庐。

外卦艮为果，上九爻为阳爻，所以为硕。剥卦之中，上九爻是唯一阳爻，它是仅存的“硕果”，所以爻辞说“不食”。《说卦传》中内卦坤为大舆，最开始分析卦辞的时候，我们说一个阳爻在五个阴爻之上，庇护五个阴爻这是天似穹庐的象。在上九爻的时候，这颗仅存的硕果之所以不食，是要将它作为一颗种子，这颗种子重新被播种、恢复生机，这是符合天理造化的，这也是天之心的仁慈。时逢乱世而能够独存的君子就好像这颗硕果一样。时逢乱世，百姓们就会更加期待有人能够来治理天下，所以此时如果君子出现，那么他一定会受到众人的爱戴，坤为众，为大舆，所以“君子得舆”。但是小人有一个特点，叫作江山易改本性难移，小人很多时候会死不悔改，或者他们厌恶被别人统治驯化，所以君子以为自己为小人提供了庇护，但是小人还是要去剥君子为自己遮风挡雨的穹庐，这样的事也是会有的。君子在剥卦的状态下，能够得众人爱戴，得舆而乘，那么他一定和小人都是安泰的。然而小人要是还要去“剥庐”，这就会失去自己的安身之所，失去君子的庇护，那么小人就难以自存了。六五爻授以贯鱼之利，就是小人顺从君子之利，上九爻告诫剥庐之灾，就是用爻辞警示小人不要再去侵害君子，否则会自食恶果。这些做法都是为了让小人自己做出正确的选择。在这一爻里，看似是在为小人谋划，让小人知道利害关系，其实还是《易经》善于为君子谋划的体现，因为只有安顿好小人，君子才能无忧啊。

上九爻是在讲乱世之中君子当何去何从。乱世中君子处境艰难，能够安身立命已经十分不易，但是我们知道“易为君子谋，不为小人谋”，天道的运转，一定不会使君子全部蒙难，乱世中的君子就如九月金秋的硕果，会被筛选珍藏，到了来年还会作为一粒种子，重新焕发生机。而正值乱世之时，平民百姓不堪其苦，所以大众一定特别期待有人能出来救世，君子正是担此重任之人，他的出现，一定会一呼百应。此时《易经》告诫的这些内容依然具有“为君子谋”之意，它惩戒小人，是为了让君子更顺利地行事。

24. 复

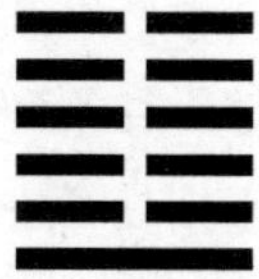

复：亨。出入无疾。朋来无咎。反复其道，七日来复，利有攸往。

“物不可以终尽剥，穷上返下，故受之以《复》。”——《序卦传》

在剥卦上九爻里我们已经说过了这个循环往复的道理。每一样事物、每一件事情都会有反转的机会，当穷尽到极致的时候，天地运行的规律就授以复卦，使之转圜。当然了，就如同一个人的生命会终结，一棵植物会枯萎一样，这种往复常常被赋予新的生命形式再出现或延续。我们可以说，复卦是充满生机的一卦，我们也要知道，这一次新的开始也有着屯卦的艰难。下面我们还是以卦形做主线，继续来探索新的一卦——复卦。

穷上反下即为复。剥卦上九爻那一枚硕果没有被食用，它化作一颗种子又深深地埋入地下，所以一切穷尽破败之象，又有了转圜的机会变得亨通起来，所以爻辞称“亨”。剥卦上九爻这一个充满纯阳真气的阳爻，既然出离于剥卦，复入于坤卦之下，就不再被阴爻所伤，那么，它就是“出入无疾”的。这一个阳爻的微弱阳气，再进一步壮大就是地泽临的临卦，再向上来，就是地天泰的泰卦，到了泰卦一切顺利，再不必被阴气所阻，所以就是“无咎”。而这股阳气之所以能到达通泰的地步，是有道理可循的。《易经》有六十四卦，每一卦有六爻，一共是三百八十四爻。在六十四卦中，我们去掉乾坤坎离四卦之后，爻数就是三百六十爻，一爻就是一日。乾卦的初爻发生变化就是天风姤，然后历经天山遁等，乾卦经历自下而上的阳爻变阴爻的过程，最后到了剥卦，将阳气全部剥尽。乾卦失去所有阳气，一定会反其道而行，乾就变成坤。在经历坤卦之后，到了第七日就成为复卦。天运循环，无往不复，人道也是如此。虽然一个人在剥卦的状态下，已经如同陷入泥浆之中，不能自拔，但是只要人的天性没有完全被侵蚀，没有泯灭，就也是“无疾”的。正人君子一个人前进，则众贤士一定追随他出征，这就是“朋来”。

私心杂念都去除了，人天性中的良知被激发出来，之前的小人就退去了，君子就有了前进的机会，此时也如同天道一样，反其道而行，复归正道之中。既然回归了正道，那么所有人的天良也就充实起来，以至于对很多小事都能够理解通透。群贤齐心协力辅助君子，继续施行先王的仁政，对人们来说也是“利有攸往”的事情。人们能够无往不利，天运也就会非常亨通了。所以说复卦所想讲的道理，就是天和人相互产生的功用。

初九：不远复，无祇悔，元吉。

在复卦之中，阳气动能的运转就在最初的这一爻，所以说初九爻是阳气最先复归的一爻，在人们的观念上，这就是“不远”的位置。一个念头刚刚有一些动向，心上就会知道，如果知道这不是一个善念，马上就会让它停止不动。如果不动的话，还没有让自己在错误的道路上越走越远，过失就停止了。此时这个往复的行动就不会有什么悔吝。不善的念头全都停止了，是回到元德善良的最初。这就是吉象，所以卦辞称“元吉”。

复卦的初九爻我们不再用人比拟了，其实这一爻更多的是在说一种内心的变化。在复卦的初九爻产生的时候，它代表了阳气重新开始聚集形成，这股阳气的形成就如同一个人内心当中的一份心念，这个心念在最初的形成阶段还没有被外界的世俗感染，所以它一旦有了动向，内心马上就会察觉到是好还是坏。这个觉知的过程，正好就可以提前有所预防。如果发现这是一个不好的念头，就可以马上让自己停止下来。不去那么想，自然也不会那么做，这样也就不会做出什么让自己悔恨的事。但之所以自己的内心会很快发现自己不善的念头，归根到底，还是因为自己的初心一直都坚守着“人之初，性本善”的善良。

六二：休复，吉。

六二爻此时是一个阴爻，我们之前分析其他卦的时候分析过六二爻阴居阴位，它是中虚之象，此时它的天性良知都藏在自己的内心之中。和初九爻相比，这样的阴爻更能主动向下相交，所以他一定能亲近老师，结交朋友，六二爻能够做到这样也是成就了自己的美德。六二爻与师友们相互研讨勉励，对师友们进行观察学习，他心中如果有恶念，也会默默消散，他的善念也一定会日渐增多。虽然没有做太多的事让自己劳累，但是他的功效却是加倍的。六二爻讲“休复”这是为了强调修缮自身的美德的重要性。初九爻能够严格要求自己，六二爻能够相助于人，虽然功效不同，但是“复”的道理是一致的，所以六二爻也是“吉”的。

六二爻和初九爻的不同之处在于，六二爻展示出来的是一种善于沟通、与人亲近的美德。六二爻有这种美德，是由它阴柔的性质决定的。初九爻为阳爻，它更多的是自省和自律，但是六二爻不同，它喜欢与人交往，喜欢向人学习，在这个过程中，它以别人为榜样，不断修正自己，而且在修正的过程中，又不断提升自己的品格。此时六二爻做事常常事半功倍。

六三：频复，厉，无咎。

六三爻的位置是不中不正的位置，又在复卦内卦震的最上端，这是震为动最极致的位置，因此这一个位置的“复”一直在动，并不稳固。所以说在六三爻的时候，是频频恢复，又频频迷失。在“复”的状态中，频频迷失是十分危险的情况，所以为“厉”。但是形势已经处在复卦的状态了，所以最终还是会复归回来的，那么虽然有一些危险，最后爻辞也说是“无咎”的。在此时，爻辞在劝勉人们要向善而行。

我们或许都经历过这样的情况，很多事会让我们犹豫不决、取舍不定。那时候我们也会感觉到自己内心的躁动，而且越是躁动越是不知道如何选择，也就会反反复复。但是这种状态也不会变成一个永远持续的状态，最后无论如何还是要得出一个确定的答案，那么在这个过程当中，一个好的决定，就取决于自己的善念、取决于向善的想法，所以复卦的六三爻，看似很不果断，其实爻辞是在这种情况下告诫，每一个人做一个正确决定取决于善念，而能够做一个正确决定，又是多么重要。

六四：中行独复。

六四爻在众多的阴爻当中，向下与初九爻相应，所以它虽然与众阴同行，但是唯独六四爻主动地追随善念。六四爻在外卦当中，它并没有标新立异，而它在众阴当中也没有与其他阴爻苟同。它就像一个独来独往的人，这样的人，诋毁或赞誉，灾祸或福气他都不去计较，不放在心上，所以这一爻的爻辞也没有什么吉凶悔吝的占卜之词，这是一种坚固而独立地追求往复的志向。

六四爻让我想到“上善若水，从善如流”八个字，六四爻虽然在上，但是它与初九爻相应，在众多阴爻中成为一股清流。如果还是用人来比喻，他是那种独来独往、跳脱出是是非非的人。他有十分坚定的向善的信念，不与那些理不清的人和事纠缠，他也就不会在意外在的评断。六四爻这一爻虽为阴爻，却有着君子独善其身的特质。

六五：敦复，无悔。

复卦的六五爻以中顺之德处于尊位，在此时，它恢复善念的心意已经十分纯粹，所以它能复归坤卦的厚德，爻辞称为“敦复”。“敦”就是厚道，敦厚的意思。六五爻之所以能够有这样的心意，是因为六五爻为阴爻，所以它的虚明在内。它用内明之心守持中正，自己就觉知到自己的过失，因此它就要努力恢复到好的状态。这不是个一蹴而就的过程，而是六五爻在慢慢积累的过程中才发生质的改变，因此六五爻的这些善念一点一点地积累，变得越来越敦厚，以至于不再有过失，所以爻辞称“无悔”。初九爻有自知之明，六五爻有坚守之牢固，这样常常修正自身的缺点，所以就会是吉的，不会有因为“频复”而产生的危险。

六五爻虽然是一个阴爻，也没有阳爻与它相应，因为它处在一个好位置，在中位和尊位上，所以这一爻的内在是十分纯净的。如果初九爻的自省是从初心而来的，那么六五爻就更加难得，因为它是经历了许许多多的事情而沉淀出来的纯粹，它的内省付出了很多艰辛、经历过许多考验。如果还是用人物来分析，这有点像是两个不同的女性，初九爻是一个被呵护在单纯的环境中成长起来的女生，这个女生内心的美好是因为她的意识单纯，六五爻是一个经历过世事的女生，这个女生内心的美好是看清楚一切之后的通透。

上六：迷复，凶，有灾眚。用行师，终有大败；以其国，君凶，至于十年不克征。

复卦到了上六爻，这一个阴爻已经处在最上的位置，上六爻最终还是没有回返，所以称之为“迷复”。这是因为上六爻在最高的位置，他没有用一颗仁爱的心对待下面人的美德，而且它距离初九爻那个阳爻又太远，所以没有从善的时机，而九五爻的敦厚到了极致，就出现了难于开解的弊端。此时上六爻的阴柔就没有了改过的勇气。所以它就变成了“迷复”的状态。上六爻的这种状态，就会惹来天怒人怨，所以说就一定会出现“灾眚”。根据复卦卦形，震下坤上，震为帅，坤为众，率众以行师，所以称“用行师”。又有震为君，所以称“君”。其他卦中我们分析离卦之数为三，所以三年是从离卦来的，此时复卦之中这个“十年”是指坤卦之数，坤数为十。迷失了自己的人尤其不利于出兵打仗，战争接连不断，造成许多灾难，而此时上六爻的状态又不知复返，所以最终一定是大败，此为“终有大败”。这种行为也会害到自己的国家和君主，使其遭受凶险，这就是爻辞说的“以其国，君凶”，以至于十年都没有停止战乱，爻辞说“至于十年不克征”。

上六爻的爻辞看起来与卦辞相反，卦辞讲“出入无疾”，但是上六爻却是“有灾眚”，卦辞讲“朋来无咎”，而上六爻却说凶险波及君与国。卦辞有“七日复而利往”，现在上六爻则说“十年而不克征”。所有这些都是因为一念之迷失，以至于此时用这些爻辞来引以为戒。

在上六爻中我们可以看出，一念之差所导致的后果是多么的严重啊，所以很多时候，没有去行动之前，在思想上我们就必须先端正自己，在心念上也要做到足够坚定。要知道，人一旦迷失了自己，其行为也是十分危险的，其后果也是十分凶险的。

25. 无妄

无妄：元亨，利贞，其匪正有眚，不利有攸往。

“复则不妄矣，故受之以《无妄》。”——《序卦传》

如果一个人经历一次生死考验，死而复生，那么对于这个人来说就是一次大彻大悟的转折点。很多人在生死边缘走一遭，生命得以延续之后，都会把生命的无常看得很通透，那么在这个时候，人很少会再有妄念产生，所以《序卦传》此时在复卦之后续以无妄卦。在这个时候，我们来分析一下无妄卦，看看我们心中的那些痴心和妄念，《易经》又做了怎样的评说？

无妄卦的卦形，震下乾上，下卦震卦感应上卦乾卦，此时的所有行动都是随天道而行，没有自己的私欲，因此本卦称为无妄卦。内卦震动为元始亨通，下互卦艮止为利守坚贞，此时在本卦里，乾卦四个天德皆备，所以这一卦的重点是在讲天之心。天心复归，而且做到无妄，这是至诚的体现，至诚的状态是不需要任何修饰和作为的，所以此时顺天而动，就是最初始的亨通状态。没有任何干预地去行动，虽然是动了，但是就像没有动一样，所以此时元亨又归于利贞。这样说或许很不好理解，我们用一句《道德经》里的话再来理解一下，这句话叫作“道常无为而无不为”。这句话用在无妄卦里非常的好，就是说在无妄的状态下，如果顺应天命而行，那么人们不必对天的运转加以任何人为的干涉，我们只要顺应自然就好。

但是我们是不是就不动了，无所事事了呢？也不是。在无妄的状态下，我们一样有所行动，但是这样的行动归根结底还是不会跳脱出规律，所以在无妄中的作为就如同水滴进入大海一般，再看不到它自己本身的形状，好像没有任何的变动。如果把这种天道的精神放置在人的身上，我们再来分析一下人的本性。此时在无妄的状态下，人的本性之中也是要至诚至善的。因为与外界事物相感应，所以有所行动，此时的行动也是用至诚得来了亨通，所以也称为“元亨”。亨通之后没有不往复回转的，所以之前的动的状态就要回到静的状态，那么就是卦辞所说的“利贞”。命运与天性相符合，就是人与天道相合，这是无妄的贞正。但是人心是最复杂的，如果一个人的心里与对方有间隙，但是因为他知道如果表现出不满，就会与对方产生隔阂，所以他用自我意识控制自己不去做损坏双方感情的行为，并且认为这就没有问题了，这也做到无妄了，这种无妄是有瑕疵的，这不是我们本卦所讲的真正的无妄。心中已经产生恶意，但是自己强行压制住这样的想法，用心念控制住心念而自认为达到了无妄的状态，这都是不正确的，是人性中的病症，所以卦辞称“匪正有眚”。又因为无妄是一种心理活动，知道这是个恶念，如果我们还是一边去追逐外在的物欲，一边又追求内心的无妄，这种摇曳不定、反反复复的行为终究是不利的，所以为“不利有攸往”。

从这段卦辞的分析中我们可以看出，要真正做到人心的无妄是十分困难的，就像佛家持戒当中远离虚妄语这一条，是大家都认为非常难做到的。一定要把心上的杂念全都去除，将人心复归于本性，按照天性行事，行动以天道做准则，而不是以自我的观念去左右，那时才能够做到沉静没有错处。虽然有所行动，却不是向前去追赶什么，这就是得到了无妄的贞正。正确与否的差别非常细微，所以一定要小心谨慎，不可以不察。

初九：无妄往，吉。

无妄卦的初九爻，是刚从外而来的象。这一爻是震一索而得男，变作了内卦震。震卦之初爻，即为乾卦之初爻，所以震动就是乾动。一个人的初心就如同乾卦的初爻一样，纯粹无杂而后有所行动。在这个行动中，人们遵循天性去行事，其行为一定是顺应天道的。初九爻以这样的方式前去与九四爻相应，彼此都是很好的，就是“往吉”。所以初九爻作为内卦的主爻没有任何的变动，这就是吉的。

初九爻还是在讲一个人的初心，这颗初心的纯粹是由初九爻的位置决定的，就是内心没有受到杂染才有的纯粹。人的一生当中，容易达到无妄状态的时刻，其实是在生死的两端。初九爻就像一个刚刚出生的婴孩，他对世界一无所知，他拥有最单纯的初心。如果他能一直保持这样纯真的心去面对世界，去不断地成长，那么他一路前行的过程也会非常顺利。

六二：不耕获，不菑畲，则利用攸往。

无妄卦，内卦震为动，上互卦巽为入。如果按照四季来说，震在春耕动土的时候，巽在秋收获入的时候，所以有爻辞“耕获”。此时六二爻在天地人，地这个位置的最上，说明六二爻在地上，也就是田间，即为“菑畲”的意思。人心之中有妄念，都是来自对自己播种的付出有着收获的期望，对自己开垦的土地有让它成田的期望。对这种结果的期待都是虚妄的，以致使自己之前所付出的功劳也被耽误荒废了。六二爻处中正之位，内心没有杂念地去行动。这个时候不是说六二就不去耕作了，而是六二爻不以期待收获为前提去耕作，六二爻也未尝不去开垦田地，而是六二爻不以期望田地长出庄稼为前提去开垦，这就是爻辞说的“不耕获，不菑畲”。所以就是有无妄之心，方得无妄之福。一定是像这样去行事之后，才利于有所收获。这一爻是告诉我们，不可以轻易地去求什么样的结果，在做事的时候要有目标，但不要过分看重结果，在这样的心态下更能获得意想不到的收获。

六二爻让我想到父母对孩子的教育。父母在对孩子的教育中，往往会附加很多个人的期待，在最开始和孩子建立信任关系的时候，有些父母常常觉得自己非常用心，非常尊重孩子，但是和孩子的关系还是会有很多问题出现，因为很多家长的爱都被自己无意间附加了条件，期待也是一种附加条件，父母常常会觉得自己是为了孩子好，所以总是替孩子着急，这种过度关注和紧张的情绪常常在不经意间流露出来。单纯敏感的孩子会很容易捕捉到父母的这种情绪，而产生一种压力。最后这些看不见的症结变成父母与孩子之间的隔阂，对亲子关系非常不利。父母对孩子信任的前提就是六二爻的状态，要真正无条件的信任，才会收获信任带来的融洽，孩子也会变得自信而乐观，做事情也会无往不利。

六三：无妄之灾，或系之牛，行人之得，邑人之灾。

内卦震与下互卦艮相重合，就会形成一个离卦，此时离为牛。又因为互卦巽为绳，所以有“系”的意思。内卦震有动的意思，互卦艮有止的意思，用来形容人的话，震动的状态就是“行人”，是在走在动的人，艮止的状态就是“邑人”是定居的人。六三爻在内卦震上，也是无妄的状态，但是这一爻的位置不中不正，所以说在此时容易出现意外，就好像本来被拴住的牛却被路上的行人得到了，我们知道被拴住的牛，一定是家养的牛，也就是邑人的牛。邑人丢了牛，这就是他遭受的灾祸，以上就是“或系之牛，行人之得，邑人之灾”的解释。

“无妄之灾”是说本不该发生的灾祸。在六三爻里讲这种不该发生的灾祸，是为了说无妄的另一种情况，发生本来不该发生的灾祸是因为又有了妄念萌动。所以耕作收获，开田成田，这是为了说明做善事自然而然可以得到福报，君子没有期待之心去做事反而有所收获。而在六三爻的时候，君子处于灾祸之中，虽然也是秉持善念做事，但是未必会有好的回报，但是君子没有任何怨念，尽力而为，有没有收获自己就可以评断。相比于六二爻，六三爻将无妄的纯粹又向前推进了一步。

如果说六二爻是在告诫人们做事不要目的性太强而失去做事本身的意义，那么六三爻就是在告诉人们，要有谋事在人成事在天的决心。就像你做了充分的准备，在自己家中拴好了牛，这头牛都能自己走丢。这并不是自己期待发生的事情，更不是自己可以左右的事情。但是在这样的事情出现时，考验我们的是面对这个结果时我们的态度，如果我们因此而产生怨念了，那就是一个有妄念的状态，如果我们面对这样一件本不该发生在自己身上，而且自己也没有错处的事情，我们还能从容面对的话，那才是真正的内心无妄。所以我们说三爻对人们又提出了一个更高的要求。如果你有一个不好的念头出现，你可以很好地控制它，并且把它消化掉，但是当发生一件真正触及个人利益的事情时，往往很多人都做不到真正地接受，而六三爻的出现，就是让我们修持这样的内在，豁达地面对一切。

九四：可贞，无咎。

九四爻已经上到了外卦乾卦的爻位之中，此时它又在上互卦巽的中位，巽为命，九四爻还在下互卦艮的最高位，艮为止。此时九四爻的卦象有天命止于人心的意思。所以“可贞”，这是为了安守贞正的稳妥。这里的止而不动，不是真的不动。我们一定要记得动静有常，在动的时候不要失去自己当止的原则，这样静固然是静，而动也是静，此时就没有过于静的错处，就为“无咎”。初九爻向前走是吉利的，是去走它应当走的路，而九四爻是贞固的，知道自己应该在恰当的时候停止。六二爻向前走而不流于追求功利，九四爻知道停止，是不沦陷于虚妄，这些都是在无妄的状态下的正确做法。

我们提到天命止于人心，对于九四爻这一爻来说，就是要在我们自己的内心当中生出一种敏锐的判断力，是行动还是静止，这些状态都不是绝对的。我们要知道当止则止、当行则行的道理，但是这样的道理不是轻易就能领会的，这些都是在我们的学习和实践中一点点积累出来的内心的觉知。如果能够很好地做到动静有常，那么我们就会将自己的人生过得非常的顺利。

九五：无妄之疾，勿药有喜。

九五爻这一爻本在中正之位，与之相应的六二爻也是中正之位，这样的应和本身不该有什么“疾”。但是这个“疾”恰恰出在“应”这个环节上，因为有相应的心，这颗心就有了念头，此时本身的自然天性就会受其所累，那么此时九五爻就会发生变化。九五爻变成阴爻，外卦就变为坎卦，坎就是心病，所以称“疾”。如果人心牵绊在私心杂念上，这是产生了妄念的病症，需要用药祛除，但是如果人心牵绊在情理之中，这是没有妄念的病症，没有妄念就不能用药医治，因为用药医治是一种强加干预，反而会生出妄念来，这是为了将有意识的行为化作无意识的存在，此时九五爻与六二爻相应就没有牵绊了。所以说“勿药”其实是为了使其可以自己痊愈，因此不用药就是用了药。孟子曾经说过："必有事焉而勿正，心勿忘，勿助长也。"就是说一定会出现的事情就不要刻意去改正它，内心之中不要忽视它，但也不要太过关注而助长了它的发展。

或许我们都遇到过这样的情形，在一个朋友有什么麻烦的时候，我们很热心地去提意见出主意，本意是好好地帮助朋友解决问题，但是反而越帮越忙，朋友的一些念头反而因为自己的劝诫而朝不好的方向发展了。反倒是我们有时候只是真心地陪伴，不去做任何评断，给对方一些冷静的时间，对方就会在冷静之中自己思考出问题的解决办法来。九五爻给我的体会就是这样，内心的变化，有时候很奇妙，越是纠结、关注，越是会混乱不清，反倒是顺其自然的处理方式会让自己不药而愈。

上九：无妄行。有眚，无攸利。

上九爻在无妄卦里又是走到了最高的位置，此时的阳爻是一个刚健到了极致的无妄状态。因为他与六三爻相应，他看到六三爻的"行人之得"，于是在心里就起了动念，想要向六三爻靠近。此时无妄的状态有了要行动的欲望出现，一旦有了行动的念头，就生出了"眚"。不动是遵循天道，动就是听从了人心，所以"有眚"。有了过错就会招来灾祸，哪还有什么益处呢？所以爻辞为"无攸利"。

我们在做事的时候不能不谨慎。无妄这一卦的六个爻的爻辞，外卦部分和内卦要说明的意义是不同的。内卦震感应外卦乾，适宜行动，所以初九爻为"往吉"。六二爻也是利于前往。六三爻本来应当前进，但是忽然又停止了，所以有"灾"。外卦为乾卦时，下互卦为艮卦，艮为止，此时外卦各爻均适宜停止。九四"可贞"这就是坚守不动，九五爻"勿药"这是不去做任何干预的意思，这也是一种止。到了上九爻，本来应该停止，但是他却想要行动，所以就"有眚"。这些都是因为没有与天道相合的缘故。所以说，人要想做到无妄，一定要效法老天而遵循天道行事，在乾卦中我们讲到过，天道即为元亨利贞这四德。我们守护天性，静定而不是真正的静止，运动而看不出行动，顺应老天的安排，天时让我们停止就停止，天时让我们行动就行动。当我们行动的时候，是按照天道之元亨行事；当我们静止的时候，是按照天道的利贞而守持。如果人们违背天道而行事，那么天的运转规律就不会有助于人、护佑于人，这是我们一定要小心谨慎的地方。

26. 大畜

大畜：利贞；不家食，吉；利涉大川。

“有无妄，物然后可畜，故受之以《大畜》。”——《序卦传》

在无妄卦中，我们说如果可以做到无妄的状态，就会在无妄中自然而然地得到福报和回馈，《序卦传》就在此时将大畜卦排序在无妄卦之后。

学习大畜卦，我们或许会想到一个和它很像的卦 —— 小畜卦。怎样区分小畜卦和大畜卦？我们先来看看这两卦在卦形上的区别。小畜卦卦形风天小畜，大畜卦卦形山天大畜。万物止而养，称为畜。在小畜卦中，是用巽卦畜止乾卦，这是用阴养阳。在大畜卦中，是用艮卦畜止乾卦，这是用阳养阳，阴为小，阳为大，所以同样是畜的状态，又有大小之分。

在大畜卦中，外卦艮为止，所以就有“贞”。下互卦兑卦的阴爻在外卦六四爻的位置，就是在外食的象，所以称“不家食”。现在又有上互卦为震，震为木，兑为泽，木在泽地上移动，此时有“利涉大川”的象。

以上就是我们通过卦形对大畜卦进行的分析，接下来我们再看一看大畜卦对人事的指导意义。大畜卦与小畜卦不同，小畜卦从比卦众人亲比的情境中变化而来，但是到了大畜卦，他在精神上和物质上都上升了一个高度，此时的大畜卦对人来说，不是用什么谋略获取到财富，也不是依靠和谁亲比而获取财富。他是用天道驾驭人的行为，使人的行为符合自然规律，然后自然地有所收获，而且是很大的收获。那么要想用天道驾驭人的行为，就一定是以德行使其驯服，所以此时就利于使用外卦艮止的贞正让人们守持正道。如果说能够当止则止，而且停止之后又没有左右变动的行为，那么，这就是值得人们信服的。人们就会因为对这种正行的信服而不再妄动。既然人可以安守在一处，安稳平静地面对生活，那么天道一定会给予其滋养，而且还会用非常隆重的礼仪对待，并给予丰厚的食禄。这样的天道运转，如果从治国之道来看，就是使贤士不再食于家，而是食于朝廷。这样贤士们就会十分开心地为国家效力，所以，这样的停止就是吉祥的。既然国家培育供养了这些人，就一定会重用这些人，这些贤士都是有大才能的人，他们都可以为国家做大的事业，那么使用这些贤士的上位者也一样会有大的收获。因为自己的供养，而培育了一批有用的人才，这样自己也收获了众人的庆贺，所以说，人们守持大道而取得收获是特别快意的，这也就忘记了停止这件事带来的受阻的感觉，这就是大畜利益众人的所在。

在卦辞当中，有一句“不家食”，是一种隐喻，“家食”就好像说一个人做着事还得自己出钱补充自己，而大畜卦不是这样的做法，就像国家鼓励发明创造或者见义勇为，就设立相应的国家奖励机制一样，只要你为国家做出了贡献，国家就给予你相应的奖励，此时这种奖励行为，就是让你“不家食”。在这里，我们要体会一下人心。一位科学家发明创造，或者一个正义的人见义勇为，当他们去做这件事的时候，并不是为了谋取利益才去做的，这是“无妄”的状态，但是如果他们做出了贡献，国家又给予了奖励，这是会使人很欣慰的事情。之所以说是奖励机制，就是因为它的内在有促进的作用，所以在大畜卦里，强调的就是这种管理制度的重要性。而这种制度的实施会有双赢的效果：一方面促进社会创造的积极性，另一方面也使上位者获得同样的利益。

初九：有厉，利已。

大畜卦的初九爻与六四爻相应，但是它们却是不同道的两个爻。因为初九爻作为一个阳爻，它在内卦乾卦里虽然是初爻，但是它的阳气依然是刚健的，所以六四爻这样阴柔的一爻，想要畜止初九是非常不容易的。此时出现两种情况，如果初九爻自降身份与六四爻相应，就会使自己受到损失，如果初九爻继续秉持自身的锐利与六四爻相应，那么它和六四爻就会起争端，所以说无论初九爻用什么样的方式向前与六四爻相应都是“有厉”的状态。那么此时爻辞就给出了一个建议，就是“利已”。“已”就是停止的意思。也就是说爻辞告诫初九爻不要动。此时初九爻不动，就会保护好自己，同时也是积攒了自己以后向前进的实力，这就是有利的处理方法。

初九爻像是一个意气风发的少年，刚刚要开始正式社交，但他稚气未脱，说话办事还有很多锐气棱角。所以爻辞嘱咐他不要冒进，先停下来好好地打磨一下自己。我们大概都经历过这样的一个过程，初心都是好的，但是在与人交往中，总会有在自己不自知的情况下得罪人的情形，或是太过耿直，或是阅历太少，有很多人对此不以为然，总觉得年轻人就该率性而为，实则这是一种情商和礼仪的不足。如果别人和自己相处不舒服了，对方可以选择换一个人交往。但是如果自己没有这个意识，总是这样一种莽撞的状态，那么就会惹别人厌烦，最后把自己置于孤立的境地。所以说，在大畜卦的初九爻中，用“利已”一词做提示，就是让我们能够知道自我反省，而且也是不要轻举妄动的意思。试想一下，如果遇事我们都能沉着冷静地停下来多想一下，我们又怎么会有冲动之后的悔恨呢？

九二：舆说輹。

九二爻和初九爻一样，与它相应的六五爻也不同道，但九二爻的止步，却和初九爻不同，初九爻是在爻辞的劝诫下停止的，九二爻却是因为自己对当前的形势有充分而理智的认识，自己停止的。首先说九二爻阳爻处中位，在这个位置上看，它就是非常清醒自持的，它内在的动能要大于初九爻，所以它还是有前进的状态，就像是一辆车行进在路上，它是势在必行的状态。它意识到不好的苗头出现了，宁愿断掉自己车轮上的辐条，也要停止下来，可见九二爻审时度势的能力和知危而止的决心。九二爻之所以有这样的能力，全都是因为它处在中位，走在正道之中。九二爻是短暂的停止，而不是彻底停止，它此时停下来是为了抓住可以行事的最佳时机，相时而动。大畜卦的初九爻与九二爻，和小畜卦的初九爻、九二爻是相同的情况，因为它们都遇到了阴爻畜止的情形，所以它们就都选择了不前进。

用九二爻喻人的话，我们可以感受到这一定是个君子。君子知几、君子审时度势、君子果决力行都在九二爻中体现出来了。在九二爻的停止，不是因为自己不懂人情世故需要学习沉淀，而是因为九二爻自己太清楚前路如何了，所以他果断作出抉择，这种果断不是激进的，而是非常理性的，所以九二爻是真的做到了当止则止。

九三：良马逐，利艰贞；曰闲舆卫，利有攸往。

大畜卦中，内卦乾为良马，上互卦震为动，所以有“良马逐”的象。九三爻与上九爻相应，且都是阳爻，所以九三爻与上九爻同道。因为九三爻处在内卦乾卦之首，牵引着下面的初九爻和九二爻一同前进，这三爻就有良马相互追逐的象，然而六四爻和六五爻都为阴爻，此时前进依然有各种阻力，所以这三爻就要一起共克时艰，不可以有异心。要有坚定的决心就要守持贞固做到坚韧，这就是“利艰贞”。此时下互卦为兑，兑口在六四爻，内卦为乾，乾为言，是说用言语教诲其进行调习，这里爻辞讲的“闲”就是调习的意思。上互卦震和外卦艮重合在一起，就是一个离卦，《说卦传》中，离为戈兵，这是“卫”的意思。那么此时“曰闲舆卫”到底怎么理解呢？意思就是，处在九三爻的情况，要在闲暇的时候进行练习，练习使用兵器、驾驭马车，这是为了真正用得上的时候就可以马上使用起来。九三爻的这句爻辞我们也要进一步体会，就是不仅仅在驾驭一辆车、使用一件兵器这样的事情上理解它。我们要知道，车是代替步行非常好的工具，兵器也是很好的防身之物，所以用这两个方面做爻辞也是寓意：人生在世要保护自己就要早做准备。只有这样才既可以济世救人，又可以保全自身。能做到这样自然是“利有攸往”的。

初九爻禁止它前进，九二爻本来是有充足的动力前进，但是自己停下来，不向前走。到了九三爻终于可以前进了，但是圣人又担心准备不足，变成轻率冒进。所以从这三爻就可以看出，君子想要向前，是多么艰难曲折。

六四：童牛之牿，元吉。

大畜卦中有两个畜止的含义：一个说的是培养贤士；一个说的是畜藏刚健的动能。培养贤士的意思是在卦辞中表达出来的，而畜藏健能指的就是六四、六五两爻。大畜卦外卦为艮，艮为少男，所以是“童”，又因为六四爻为阴爻，它就是一个坤爻，《说卦传》中有“坤为子母牛”，这个要放在后天八卦中看，坤卦之所以为子母牛，是因为后天八卦中，坤在西南为地，艮在东北丑的位置，也是地，这两个位置相对，所以坤既有母牛的象，又有丑牛的象，丑牛在艮卦处，艮为少男，所以也为子牛，为童牛。这种象上的变化，不是特别好理解，要在学习当中不断地变化思维去体悟。艮的三爻卦形，就是坤的最上爻变成一个阳爻，此时就如同牛头上横亘一个牿的象，“牿”是一个工具，可以制住牛角，不让牛角伤人。所以这就是卦辞称六四爻为“童牛之牿”的原因。用牿将小牛的角制住，小牛就忘了用牛角去触伤他人，这就把它的戾气化解掉了，让它回到了最初的本性，这也就是“元”，而可以实现这样的本性回归，自然也就是“吉”的。

在六四这一爻里，用了这么多象来说明的其实是一个问题。本身六四爻是与初九爻相应的，他想要畜止初九爻的阳气，使初九爻去掉身上的锐气，事实上是比较容易的。就像小牛刚刚长角的时候，就给他戴上牿，让它改掉用角伤人的习惯，那么就是将恶习杜绝在萌芽状态。如果这种改进方法用到人的身上，在恶念恶行刚出现时就对人们进行教化，那么民众也会在潜移默化中慢慢地向善而远离罪恶，自己却还不知道，这也是防微杜渐的功效。

六五：豮豕之牙，吉。

六五爻在上互卦震的最上一爻，在《说卦传》里，震为决躁，这个象说的是一种迅猛狂躁的状态。这种象如果用一个动物表示的话，那就是“豕”的象，因为豕牙横滑，是刚暴难制之物。此时爻辞称“豮豕”是和六四爻的“童牛”用了一样的比喻，都是在说年少、幼年的状态，而这里的牙，就是六四爻那个“牿”，都是木具。艮为止，所以就有用木具将这些动物制住的象。因为“豮豕”喜欢到处跑，所以就用牙拴住，防止它乱跑。

天下的百姓涣散，没有纪律约束，而圣人有行为准则，并且用这些对百姓进行规范。在圣人治理下，人们安心在田里耕作，爱恋自己的家。圣人教导人们做到兄友弟恭，而使他们不忍与自己的亲人分离，虽然人们还是要迁徙，但是心中有对法律的敬畏，虽然不能像童牛之牿一样，将一些事在萌芽的状态就制止住，但是既然能够控制，使恶习不能得逞，天下还是能够获得平安的，所以是“吉”。

在六五爻里，爻辞用的比喻和六四爻很像，但是六五爻毕竟管理的不是初九那种初级阶段的问题，所以说它和六四爻还是有所不同的，在六五爻里，其实是把圣人治世的方法讲出来了。圣人教化天下众人并不只是通过喊口号或者是简单的语言说教。圣人在教化之初就给出了行为标准，而且圣人的教化方法也是潜移默化的。古老的原始社会进行着打猎游牧、居无定所的生活，圣人教导人们将猪驯化，变成可以家养的动物，又让人们开垦农田、种植庄稼。这些表面上看着是生活的琐事，但是背后却也是因为它们才使人们过起定居的生活，而且生活质量越来越高，进而产生礼仪、伦理以及文化，这才是真正的治世之道。

上九：何天之衢，亨。

“衢”为四通八达的大道，指“亨通”。大畜卦的上九爻，到达了整卦的最终位置，此时大畜要畜止的一切都已经完成。冒险前行的已经停止，贤士们已经培养好。内卦三爻为良马，快马加鞭，相逐而行，王路坦荡无阻，就像通天的大道，就是“天衢”的象，这是积蓄到了极点而变得亨通。在小畜的上九爻里，君子还不能够征服天下，但是到了大畜，君主做到使贤士“不家食”，以国养贤，而且与这些“利涉大川”者同行，他们都是“利有攸往”。所以爻辞用到了“何”，就好像在感叹大畜卦以震卦为大涂的象是何其宽广，如天空一般；何其通达，如大路一样。这种喜悦的心情溢于言表。

27. 颐

颐：贞吉。观颐，自求口实。

“物畜然后可养，故受之以《颐》，颐者，养也。”——《序卦传》

小畜卦之后受之以履，那时候积蓄还不是很多，算是刚刚解决了温饱问题，所以之后就对人类文明进步提出了履的要求，就是知礼仪。但是此时的大畜卦之后，物质和精神都有了充足的储备，所以此时就受之以颐。“颐”这个字我们很熟悉，“颐养天年”“颐神养气”等成语讲的都是人的一种养生之道。作为生命来说，所有人和物都要以一种具态的形式存在，那么这个存在形式，最根本的就是自己的身体，而随着我们物质生活的提高，精神生活的不断扩展，我们对颐养自身的意识和物质条件都具备了，也有了更高的要求，就是除了对身体之外，对精神层面也提出了养生的要求，所以此时就迎来了颐卦。

颐卦这个卦形，如果大家留意的话，我们并不陌生。回想一下，我们在噬嗑卦里提到过，噬嗑卦是震下离上，断掉中间的阳爻，就是震下艮上，此时就是颐卦。“颐”这个字本义就是颊或腮，此时我们可以感受一下自己的嘴部运动，当我们张嘴或者闭嘴的时候，我们的下颌是可以动的，上颌始终都是静止的，这个象与颐卦特别的吻合。在上的外卦艮为止，在下的内卦震为动。另外我们将艮卦和震卦相重合就是一个离卦，离为目，所以可观。而整个六爻卦颐卦，除上下两个阳爻，其余都是阴爻，所以颐卦为中虚之象，此时它就需要“求实”。颐养不能用苟且的方式得到，所以一定要贞正，这样才能吉利，所以卦辞为“贞吉”。

颐养就是要用正确的方式方法，那么以什么考校正不正确？就看他重点放在哪里养护。观察自己所养护的地方，养护自己的性情，抑或养护自己的身体。养护自己的性情，吸收的是道理，利于用止，自己感觉充实了，自己的德行足够了，就不必去求他人帮助了。如果是养护自己的身体，那么人是食五谷杂粮的，利于行动，要自食其力，也不可以向别人相求。所以说养护性情，向自身内求，这才是正确的养护，为了满足口腹之欲，或者为了自己身体的需求而去求人，这是不正确的。因此在颐卦之中，贵在仔细观察，审视自身是不是向外求助了，这样才能做到在养护自己的过程中不会犯错。

初九：舍尔灵龟，观我朵颐，凶。

颐卦的卦形，就是一个拓展的离卦，《说卦传》中，离为龟，另外在传统的观念中，龟乃灵物，所以灵物是不可以食的。在人的心中也有灵性，这里说不食，是说人的灵性不可被蚕食。如果不进行内观而想要明心见性，那其实只是表面的，从外观察只能看到具象的实物。于是这样就放弃了用经义道理愉悦内心的方法，而去求牛羊猪狗等牲畜用来满足口腹之欲。圣人用立象的方式进行说明，“舍尔灵龟”就是舍弃了内心之中的灵性，而只“观我朵颐”，就是关注在自己大快朵颐的外在上，这样就是没有去养护自己的性情，而只养自己的形体口腹，而且这一切还不是靠自己努力去获得的，是向别人求得的，那么这样的情况一定是凶险的。

初九爻以它自身的位置来讲，它就像生活在底层的人。这里所谓的底层，并不是以外在条件判断的，我们知道，有很多有思想有抱负的人虽然生活困顿，但也可以让人觉得，他活得很高级。那么什么是生活在底层的人呢？这是用思想判定的。有这样一群人，每天在琢磨的都是充满诱惑的物欲和那些物质条件对自身外部环境的滋养，而不去追求精神世界里内在的提高，这种情况其实是非常危险的。人与动物的最大区别就是人有思想，如果舍弃或无视自己的思想，那么这个人可能就会变成行尸走肉。

六二：颠颐，拂经于丘颐，征凶。

在六二爻的爻辞中，“经”是脖颈的意思，“丘”是指高处。人如果向下求食就要低下自己的头，这是“颠颐”，如果向上求食就要扬起自己的脖子，此为“拂经”。六二属于阴爻，它自己不能供养自己，它要求助于阳爻的滋养，那么它向初九爻求食就是“颠”，这是向处在卑微位置的人求食。它如果向上求食，就是向上九爻求，是仰起脖子向高处，这两个方向都不是与它相应的地方，所以它如果前往，就会有凶险，就是“征凶”。

六二爻自己的内在没有可以滋养自身的办法，他向外求又没有与它相熟相知的人愿意帮他。如果它继续厚着脸皮去求人，只会徒增对自身的侮辱，且一无所获，这是非常值得引以为戒的事情。此时的六二爻如果用来形容现实的人事，这个人就是活得非常卑微、没有志气的人。不靠自己的努力去做事养活自己，而是向上向下相求，并且没有人愿意帮助他。我们知道，在古代有很多君子，即使到了穷困潦倒的时候也要坚守自己的气节，宁可饿死，也不食嗟来之食。所以在六二爻中我们要体会到：一方面我们要知道自食其力的重要性；另一方面我们要懂得向别人求食的羞辱感。

六三：拂颐，贞凶；十年勿用，无攸利。

六三爻与上九爻相应，“拂颐”就是六二爻中我们提到的“拂经于丘颐”的情况。因为六三爻也是阴爻，所以它也需要向阳爻求食，所以就扬起脖子向高处的上九爻相求。但是六三爻阴爻居阳位，而且没有在中位，所以它是非常躁动的一爻，没有守中正，而且贪得无厌，如果它以这些恶习为贞固的话，就一定会有凶险，所以爻辞提出警诫，劝诫六三爻不可求人。“十年”的由来是六三爻所处的下互卦坤，坤数为十。“勿用”是指外卦艮，艮止为“勿用”。“十年勿用”是针对上九爻来说的，一个人如果做不到廉洁，那么他是不值得用的人。虽然六三爻可能一求再求，求了很久，上九爻也一定会拒绝，因为一旦用了一个贪婪的人危及国家和民族的利益，那么一定是百害而无一利的。所以爻辞总结为“无攸利”。在六三爻中，爻辞所说的，就是深恶痛绝六三爻不能自己养活自己，又不能协助上九爻去养育他人。

六三爻此时不但不能养活自己，而且它比之六二爻更甚一步，就是不止依附别人生存，还特别贪婪。人的欲望是无止境的，当人们一旦把依附于人的生活看作理所当然，往往会进一步生出贪念，这种贪念不只是对自身的损害，它还会极大地危害他人，佛家讲求戒贪嗔痴，贪字放在首位，可见其危害之大。生活中一直都有这样的人，在一次一次的索取得到满足之后，就会变得越来越有恃无恐，此时给予他帮助的人要非常清明，做到上九爻那样“十年勿用”，就是发现对方的贪婪，就不要再继续给予帮助，或者用他做什么事情，否则会损害很多人的利益，甚至是危害民生社稷。助纣为虐是十分要不得的，这就是六三爻的爻辞要告诉我们的。

六四：颠颐，吉。虎视眈眈，其欲逐逐，无咎。

颐卦到了六四爻，这时候就到了外卦了，此时的六四爻处在上位，它与内卦两个阴爻不同了，它是滋养别人的阴爻，它用自己的阴柔去与阳刚的初九爻相应，资助下面也是为养护上面，所以为“颠颐”。六二爻向上求，是索取，为了供养自己而去求人，所以它的“颠颐”为“凶”。六四爻与初九爻的关系，是六四求贤良之才，用来养护他人，所以在六四爻辞之中的“颠颐”，爻辞评断为“吉”。六四爻处在外卦艮，如果六四发生变化，艮卦就变为离卦。艮为虎，为止，所以这只老虎盘亘在山上。离也为虎，离又为文，所以此时我们能看到这只老虎的皮毛展示在外面。又有离为目，则为“视”，内卦震为动，所以为“逐”。凡是供养他人的人，最担心的就是这个人不够清明，而且容易自我满足，所以一定要将民情了解得一清二楚，就如同隐在山中的老虎一样，时隐时现，凶狠地盯着下面，仔细查看，这样才能专精而又广泛地施予民众。那么另一方面，又要追求可以供养人民的物资，就如同老虎一直都有追逐猎物的欲望一样。只有这样勤劳，才能有物资为继，那么他施与别人的才不会穷尽，才可以“无咎”。六四爻的爻辞也是在说供养他人的艰难。

六四爻看似与六二爻都有“颠颐”的爻辞，但是因为他们所处的位置不同，而且所求的内容不同，所以这个“颠颐”的断词也截然相反。六四爻所讲的是一个去施与他人的人，而且是一个广施恩惠的人。在六四爻里，爻辞提醒这样的人，帮人是好事，但是不能没有辨别，一定要帮助值得帮助的人，才不会养虎为患。在卦辞中用了很生动的形容来强调辨别的严谨性，就是用老虎观察猎物的眼光去审视一切。而另一方面也用老虎做比喻，却是在强调，如果要一直使自己对他人的施与没有穷尽，那么自己就要勤奋起来，不断地去创造财富。所以说六四爻是相当不容易的一爻，为了大家的利益，也算是鞠躬尽瘁了。

六五：拂经，居贞吉；不可涉大川。

六五爻阴居尊位，是中虚之象，因此六五爻虽处君位，也要任用贤能以补自己的不足。而且同时它还会仰起头向上九爻求，以求获取滋养天下的帮助。虽然六五爻也是拂经向高处求颐，但它是为了养贤和惠及人民。君王的贞正在于处在王位而守住江山。虽然天下无事，民众可以自己安稳度日，虽然没有欲望，但是民众可以自给自足，所以是吉利的，此所谓“居贞吉”。如果自己获得的一切没有用之于民，而是留作自用，并且还想用这些去创造更多的财富，因此造成纷乱，这就是用资养民众的东西去扰乱民心。所以此时不仅不会获得利益，还会损害自己。所以这是不可以去做的事情。

颐卦的各个爻辞都在进行一些正反两方面的分析。在六五爻中，爻辞先是肯定六五爻的做法，六五爻不是卑微地去索取，而是为了天下安稳太平而进行索取，它向下去求，是为了培养人才，它向上去求，也是为民请愿，这些全都是爻辞肯定的地方。但是稍一反转，爻辞就提醒了这个守护江山的人，千万不能为了满足自己的欲念而去破坏人们安稳的生活，去做那些劳民伤财的事。这样的历史实例在古代多得是，许多朝代的统治者在国家兴旺之时，都会想要大兴土木，或者开疆扩土，而往往这样的政治决策，到最后都使人民苦不堪言，甚至使国家走向没落。

上九：由颐，厉吉。利涉大川。

上九这一非常刚健的阳爻在最上的位置，下面初爻到五爻都仰赖它，天下被养育都是由于它，所以称“由颐”。古代周族的始祖后稷，总是思考天下如果有挨饿吃不上饭的人，一定是由于自己的原因，这就是说担任大职责，承担重任的人一定时常心怀危厉的担忧，所以就是“吉”的。维护社会的伦理道德、政治制度，其根本在于兢兢业业、竭尽其人力物力去平定艰难险阻，以成就人们长治久安，而后自己却两袖清风，十分清廉，就会“利涉大川”。六五爻的时候说“不可涉大川”，上九爻却说“利涉大川”，这是因为六五爻和上九爻所处的位置不同，六五爻在君位，它要守持贞正，不可以按自己喜好生事，对于上九爻来说，作为臣子不能够安于现状，对国家的事没有危机感，也就是说，六五爻和上九爻他们所处的道是不同的。

综合颐卦这六爻来看，畜养德行品德为大，如果只是滋养自己的身体，那只能算是小。如果是为了滋养他人，这是为公共利益；如果只是为了供养自己，这就是私人的行为。不能够自己供养自己，又去向别人乞求的人，是十分卑贱的。而能够畜养贤良，而且为了人民的利益去求人的人，是十分高贵的。六爻的吉凶大概就是依据这些来断定的，所以说颐卦贵在观察，每一个爻都是在细微之处就出现了转变，如果不观察清楚，就看不清一切。

28. 大过

大过：栋桡；利有攸往，亨。

“不养则不可动，故受之以《大过》。”——《序卦传》

在颐卦当中我们探究到，人们对内在精神的滋养，要远远超越对物质的追求。在区分这些内容何对何错的时候，我们强调为已所求的危厉和为众人所求的攸利。为已所求不去供养众生，终究会有凶险，这样的状态下，首先要知道的就是止步，也就是《序卦传》所讲的“不可动”。与此同时《序卦传》对这种情形又用了一卦来为我们讲述缘由，这一卦就是大过卦。

大过卦，“大”是古文中常见的“太”的意思，所以“大过”卦在说太过的状态，什么太过呢？我们看一下大过卦的卦形，大过卦，巽下兑上，上下各一个阴爻，其余四爻皆为阳爻，所以我们推知，这是阳气太盛，刚健太过。《说卦传》中，大过卦内卦巽为木，为长，为高。又高又长的木头，这是“栋”的象。如果把大过卦看成一棵大树的话，这棵树的树干是那四个阳爻，阳为奇数，而它的树枝和根茎，就是最上面和最下面那两个阴爻，阴为偶数。在下的阴爻为树根，是一切的根本，在上的阴爻是树枝，是最后的结果，在大过卦里，本末都很孱弱，所以是“桡”的象，“桡”就是木头弯曲的样子。在大过卦的时候，中间四爻为阳，过于沉重，上下两爻为阴，木头的两头都不够坚实，所以一定会弯曲，就如同房屋的栋梁弯了一样，此时就为“栋桡”。好在大过卦内涵的卦德，二爻和五爻皆在中位，而且内卦为巽顺，外卦为兑悦，既得中正之位，又有柔顺和悦的卦德，所以就可以对中间过强这样的弊端加以抑制。而且内顺外悦的状态还可以将两头垂下的状态扶正，这是用德行去救济时运，所以卦辞称“利有攸往”。也因此，在这种过的情况下，也是亨通的，所以有“亨”。

初六：藉用白茅，无咎。

在《说卦传》中，巽为白，爻辞中“藉”的意思是垫在下面的东西，此时初六爻用这样的爻辞来描述，就是因为初六爻的位置在最下面，它有“藉”的象。这个初六爻倒是让我想到了万有引力定律，所有的物体都要有所承载，无论是把它放在桌上，放在地上，还是置于其他何处，都离不开这个“藉”。而且按照一般规律，我们会把贵重的东西，放在比它价值较低的东西上，用价值低的物品作为承载，就好像承载钻石用托盘，承载美食用餐具，那在卦象里呢？阳为刚，为贵，阴为柔，为贱，此时就是用柔“藉”刚，如果放在国家这样的命题中理解，民众虽然为柔，但是他们却是国家的根本，君主要想“藉”人民的力量，就不能侮辱鳏寡孤独的人，不能革除穷困潦倒的人，要安抚百姓民心，为己所用，就如同“藉用白茅”一样。这样一来虽然人君的责任和担子很重，也是可以胜任的，此时人君的可贵之处，就在于其能致力于根本。在这种情况下，就如同干枯的树木护住自己的根，那么一定会起死回生。弯曲的栋梁与之相应，也会重新隆起。这就是“藉用白茅”的“无咎”之处。

在大过卦中，初六爻虽然在最低的位置，但是它起到的是根本作用，我们现代常常有人在说一个词语，叫“不接地气”。什么样的状态是“不接地气”呢？就是忘记了初六爻的根本。刚刚的爻辞中我们分析过了，所有的一切都要落地，都要被承载才能存在，这些看上去都是物理性的存在，但是实质上是万事万物都不能脱离违背的规律。有人说精神世界是自由的，不受束缚的，如果真的是那样，精神到了无拘无束的地步，那么一定是病症了。就好像很多人都期待修仙，很多人都去探索佛家的参禅，然后就把所有的实修都舍弃了，那就是抹杀了根本，去做虚无缥缈的追求。自以为得道了，顿悟了，却没有实证的顿悟，只能是肤浅而不可信的。越是含章可贞、德高望重的大家，我们越会在他们身上看到平易近人的一面，他们会用最朴实的话给我们讲授最深奥的道理，而不是矫揉造作、不接地气地夸夸其谈。这里其实又回到了阴阳调和，就是乾的自强不息，离不开坤的厚德载物。所以说，大过卦仅仅一个初六爻，都是值得我们细细琢磨和品味的。

九二：枯杨生稊，老夫得其女妻，无不利。

在九二爻中，是内卦巽木接近外卦兑泽的位置。此时将这段木称之为“杨”，因为此时阳气太过，所以这棵杨树有干枯的象。如果把九二爻比喻成人，乾阳为男，而阳又分少阳、老阳，此时阳刚太过，所以称“老”，这样就是“老夫”的象。九二爻虽然阳刚太过，但是它位于内卦巽的中间位置，这个位置是柔而得中的位置。九二爻亲比下面的初六爻，是以初六爻为承载，收敛身心，务实根本的象。这样向下与阴相交，则之前过盛的阳气会被浸润，而枯枝也会生出“稊”来。如果拟人，就是说这个男人在老的时候娶得一个女妻，虽然枯槁在上，但是下面有柔德的滋养浸润，而使其内部的燥热消除，这是一种无所不利的迹象，所以爻辞称“无不利”。那么在卦辞中所讲的“利有攸往”在九二爻中就可以看到了。

九二爻的爻辞用了两个比喻：一个是树木，一个是人。从树木来讲，如果植物干枯了不一定就是完全不能存活了，如果它的根还可以吸收水分，那么这棵植物还可以起死回生、重新发芽。从人来说，九二爻用了一个老夫少妻的现象来诠释。《黄帝内经》对于人们的养生讲求“和于阴阳，调于四时”。岐伯讲到男女身体发生变化的节点，女人以七为周期，男人以八为周期，男人“五八肾气衰，发堕齿槁”，指四十岁开始有衰老的迹象，女子要更早一些，所以老夫少妻互为阴阳调和，是有一定依据的。但是对于这一段爻辞，我们又不能单纯地把它看作在讲人事，包括《黄帝内经》在内，我们还是要通过这些具象有形的概念去理解阴阳的关系。此时老夫为老阳，女妻为初六爻少阴，阴阳调和，会在达到顺利亨通的状态。这里说的，天地万物都在其中。

九三：栋桡，凶。

九三、九四两爻，在大过卦的中间位置，是“栋”的象。而九三爻阳居阳位是重阳之象，且又不在中位，有失中正，原本就不可以委以重任。此时九三爻又舍弃与初六爻相应的机会，它向上与上六爻相应，这是不恰当的。在之前讲到过的很多卦里，都是上爻与三爻相应，大过卦里有一些相应的不同，此时说九三爻与上六爻相应是不当的，是因为在卦辞中我们就分析过了，大过卦就好比一棵树，初六爻为树根，上六爻是枝叶，所以此时作为树干的九三爻舍弃根本追逐末节，这就是自己给自己带来凶险之象，所以此时爻辞称“凶”。卦辞中所说的“栋桡”木头弯曲的危险，就在九三爻中体现出来了。九三爻远离初六爻的阴柔的滋养，失去了根本，而他自己又做不到自立，初六爻不能为他提供承载，上六爻又怎么会用他来辅助自己呢？所以九三爻有刚愎自用的象，这是一定要引以为戒的。

在九三爻中我们要懂得一个道理，那就是傲慢而且舍本求末的人是不会有好的境遇的。如果在人事中理解这一爻，九三爻瞧不起比自己地位低的人，他没有看到在自己下面默默做事的人，给了自己多么大的支持。新中国的成立就是依靠群众的力量才实现的。在一个团队之中，没有一个领导者是可以独自维系整个团队运作的。九三爻忽视这一点，又自以为自己处在刚盛的状态，各方面都很优秀，所以期待被上面的上六爻青睐重用，殊不知上六爻已经看到了他的自以为是，根本不会重用他。所以在九三爻身上的种种不合时宜的做法，都是我们大家应引以为戒的。

九四：栋隆，吉。有它，吝。

大过卦到了九四爻，是阳居阴位，而且九四爻还与初六爻相应，这时九四爻虽然刚健，却柔以顺之，是虽刚不过，而且务实根本的象。这种象正好与九三爻相反，所以不是“桡”的象而是“隆”的象，因此我们也能够知道它是“吉”的。九四爻与上九爻同体，都在外卦当中。如果九四爻有了其他的心思，舍弃与初六爻相应的机会，而向上取悦上六爻，那它就是进退没有目标的样子，这就会有悔吝产生。大过卦只有两个阴爻，九四爻得到初六爻做承载，所以成就了“栋隆之吉”。但是初六爻过于谨慎，而上六爻又有用不惜灭顶的方式使自己强大的意思。圣人担心上六爻没有好好地观察九四爻的变化，误用了九四爻，所以在此时提出“有它”一词，想要九四爻引以为戒，此中的意义也是十分深远的。

九四爻在整个卦里是堪当重任的一爻。虽然九三爻重刚，看上去好像应该来担此大任，但是他是真正在君王身边的人，没有九三爻那种妄自尊大的缺点，虽然是阳爻，却处在柔位，所以它身上没有傲气，很亲民，正与初六爻相应。但是任何事情我们都要做两方面分析，九四爻与初六爻相应本是好事，然而如果一个重臣总是流连在市井之中，以致忘记了自己肩上的重责，也是非常危险的。九四爻一旦变得摇摆不定，就不堪重用了，所以爻辞做“有它”的分析，一方面警示九四爻不要忘了自己的本职，另一方面也是在劝诫初六爻在委任九四爻时，一定要好好地观察。

九五：枯杨生华，老妇得其士夫，无咎无誉。

九五爻与九二爻有同样的象，都用了“杨”作象。九二爻靠近根部，所以就是生“稊”，但是九五爻与枝叶相近，所以它就开出花来，“华”通“花”。生“稊”的象，是说下面的根滋润上面的植被，所以生出新芽来，而生“华”这是一种外泄的象，在内的郁结泄出，则内部的枯竭也就被治愈了，这里就是对本末的一种分辨。中医里虚则补之，实则泻之。就如同在说九二爻和九五爻的情况。男子没有家室的时候称为“士”，九五爻没有与自己相应或者相助的爻，所以他没有家室，是爻辞中所指的“士”。妇人衰老了称为“老妇”，这是指上六爻已经到了阴极的地步，衰老了，“无咎”是指上六爻想要得到九五爻的相助，这不是九五爻的错。但是这种情况也不是值得称赞的，所以爻辞又称“无誉”。为什么九二爻老夫得其女妻就是“无不利”，到了九五爻，老妇得其士夫，就“无誉”呢？看起来很不公平，很不客观。首先，之所以用这两对来作象，是阴爻和阳爻的性质决定的，以阴为女，以阳为男。而这两个爻的位置，一个靠近树根，一个靠近枝叶，树根可以生发，可以促进生长，但是枝头的花只会随着时间而消逝，一时盛开的花朵不能常妍。将要太过的变得越来越过，而弱者越来越弱，这是栋桡的凶象，以至于到了不可挽救的地步，所以君子一定要务实根本。

如果说九二爻的时候在讲老夫少妻，到了九五爻就讲到一段姐弟恋。在现代社会中姐弟恋很常见，但是很难被人看好，特别是在这类关系中，女方被诟病的地方很多，反而大众的态度对男方相对宽容很多。原本是两个人的恋爱，与其他人没什么关系，但是总是会成为一个社会舆论点。在这种情况下，往往需要女方有一颗强大的内心，也需要男方有足够柔软的包容，两个人的关系才能长久。如果说女方的内心不够强大，被流言所左右，或者男生不够温柔，那么就是过者越过，弱者越弱，两个人的感情一定会出现裂痕，最后不可挽回。所以说如何评断一段感情的好坏并不是受外人左右的，也不用外人评说，而是要两个人彼此对爱情最本质的内在含义达成一致看法。

上六：过涉灭顶，凶。无咎。

上六爻位于外卦兑的最顶端，兑为泽，此时阴爻到了终极的地方，完全涉入沼泽之中，这就是“过涉”，那上六爻这种完全沦陷的状态，就用“灭顶”来形容。上六爻作为一个阴爻，它的才华是有限的，同时它的位置是最上，所以它的任务又是最重的，这种情况有种德不配位的感觉。此时上六爻还继续在兑卦的愉悦中前行，而不知道止步，就会有灭顶的凶险。然而此时上六爻向前而行不是为了自己一己之私，它是为了公众的利益，所以它的不足并没有让它放弃尽力而为，那么爻辞就给它“无咎”的评断。《易经》教给我们的是，人事的灾福，是与内心的恶念和善念相随而来的，有时即使行为有错误、有偏差，但是因为内心之中有善念，所以福也会到来，君子可以用这个道理来勉励自己。如果内心之中存在的是恶念，那么灾祸就会随之而来，君子要用这个来警诫自己。或许也心存恶念却得到了福的情况，但君子不认为这是正确的，担心人们会存在侥幸的心理而效仿。那么内心存在善念却招惹了祸端，这样的事君子也不会评断为错事，这是为了鼓励人们向善。把福祸都置之度外，以良知为指导做善意的事情，去除恶意的念头，这就是圣人参悟天地而得出的结论。

29. 坎

习坎：有孚维心，亨。行有尚。

“物不可以终过，故受之以《坎》。坎者，陷也。”——《序卦传》

所有的事物和人，都不能一直处于一种亢奋状态，一旦太过就必有所调整。此时《序卦传》续之以坎卦。如果要很好地理解在这里为什么续上坎卦，那我们要先来分析它，知道它真正的内涵。

首先我们要看坎卦的卦形，坎卦是继乾坤两卦之后，又一个由三画卦本身相叠而成的六爻卦，此时坎卦的卦形就是两个阳爻深陷在四个阴爻之中，这个卦形就叫作坎。六十四卦之中，唯独坎卦的卦辞之前用到一个修饰词，就是“习坎”。首先我们要知道的一点是坎为险，但是这个险并不是坎卦的卦德，即不是坎卦真正的内在含义。坎卦的内在含义是说习于险，这一卦不是在强调“险”字，而是强调在这个“险”中不断地练习和锻炼。所以说这样的象，表示坎卦的卦德在内里而非在外的，加之坎卦两个阳爻在中位，坎卦有中实之象，所以称“有孚”。在卦辞中“维”是“系”，“尚”是“合”。人一旦出生就是“习坎”的状态，人的本性入于形体，就会被脾气秉性拘束，会被外界事物蒙蔽，这是内坎。当我们成为有形的人，我们以这样的存在状态进入这个世界中，充满阻力的环境和艰难的局势就是外坎。人被外界拘束和蒙蔽的地方虽多，但天性是一直存在的。人们遇到的艰难险阻虽多，但内在本性不会改变。这些都是因为坎卦中“有孚”。天性固然是看不见的存在，但是能够按照自己的想法去做事的一定是心使然。所以说，在艰险中锻炼学习的人，一定内在坚实有主见，用道理收敛心神的散发，使心神不至于沉溺而失去了本性，这样就可以使仁义礼智这四端都充分地发挥出来，就像是清泉一样流出，而内里的那些险象也就都去除了，所以也就亨通了。天底下的本性都是一致的，如果能了悟个人的天性，也就可以了悟其他人，就像是流水一样一定有与它相合的，此为“行有尚”，那么外部的困难也就解决了。“有孚”就是有诚信，那时就会亨通而又有与之相合的力量出现。所以我们可以通过真诚明白道理，当你的真诚有了，道理自然也就通了，事情也就非常顺利了，这就是圣人提出的心学。

对坎卦的理解，就如同对一朵出淤泥而不染的莲花的解读。人的本性就如同莲子当中我们找不到的那个使之发芽的存在。每一棵莲花都是从那颗种子里长出来的，当它们生发出来，它生长的泥沼就会给它们很多污秽。但莲花高洁，最后还是会亭亭玉立地成长起来，在迎风的花瓣上我们再也看不到一丝杂染，它天性之中的美都生发出来了。

初六：习坎，入于坎窞，凶。

初六爻在坎卦最下面的位置，它阴柔的内在，使它不能从险境中走出来，所以它一定要不断地练习，使自己具备走出困境的能力。但初六爻是一个阴爻，它缺乏诚信，它的练习过程是投机取巧的，它想凭借侥幸的方式获取走出困境的机会，那么这个时候，本来它是想摆脱困境的，但是反而是越陷越深，这就叫入于坎窞。那最后也一定是十分凶险的。《中庸》说："人皆曰予知，驱而纳诸罟擭陷阱之中，而莫之知辟也。"就是说，人人都说自己聪明，但是被驱赶到陷阱之中，却不知躲避。初六爻说的就是这个道理。

对于人们来说，投机取巧有时是特别省力的做法，所以不少人选择这样的方式，殊不知人们来到这世上所遇到的每一件事情，都是为了修炼自己。当下的问题或许凭运气得到了暂时的解决，但是最终还是会有更大的本质问题在等着我们。在现代社会中，人们凭借创造力，发明了很多科技产品，为我们的生活提供了很多便利，特别是互联网和人工智能的应用为人们节省了很多时间。这首先是值得肯定的，因为它是一种创造性价值，但是如果人们不能以端正的态度去使用，那么就会非常危险。比如互联网数据库拥有庞大的数据，是人脑无法企及的容量，几乎是有问必答，那么，如果一个人一直依靠互联网解决问题，再也不去自己思考，那么这种依赖性就会使他失去创造力和学习能力，进而他也不能找到自己内在当中最宝贵的东西。

九二：坎有险，求小得。

九二这一爻是一个阳爻被两个阴爻包裹住了，它的威势敌不过两个阴爻，所以说"有险"。这是君子孤立而小人势众的象。好在九二阳居阴位，又得中正之位，所以它的做法是，不与小人争，而是争取让小人与自己相得益彰。如果能够得到小人相助，那么最后就可以脱离险境。但是九二爻所求的与自己相助益的人，是谄媚而卑微的小人，所以九二爻需用自己的诚意去感化他们，以内心的至诚去改变外界，这才是君子真正想要的结果，而并非只为求得小人的助力。小畜卦的九五爻所讲的"富以其邻"也是这个道理。

九二爻是个阳爻，他是个君子。他所处的环境不利，那么他必定要有所改变。虽然此时君子身边并没有与自己志同道合的人，但是君子还是决心用合作的方式使自己脱离困境，因此即使知道身边的人是小人，他还是求得与之合作的机会。在这个合作过程中，君子用自己的真诚感化小人，使小人有所改变。这一爻告诉我们，人在困境之中，一定要保持清醒，要有坚定的信念，这才是君子成事的根本。此外，君子行事不拘小节，立意之深远，是和小人不同的，小人可能只顾眼前利益，但是君子不只是在寻求合作，他要感染、改变小人。

六三：来之坎坎，险且枕，入于坎窞，勿用。

六三爻的爻辞“之”是往的意思，六三这一爻来来回回都是在坎中。六三爻本身所在的内卦就是坎，它再向前走到六四爻，外卦还是坎，所以是重坎，爻辞用“来之坎坎”。六三爻在下互卦震上，震为木，这是枕的象，古时候的枕头有木质的，也有瓷质的。六三爻所在的另一个互卦为艮，艮为止，此时停在枕头上。六三爻所处的下互卦为震，而且处于震的中爻，所以六三是在险中想要有所行动的一爻。如果它的行动方向是向内而来，是有坎的，如果它向外去行动，也一样有坎，所以说六三这一爻的危险是非常大的。既然来也不行，往也不行，那么就不来不往停止吧。当事情处在万分艰难的阶段，那么在着手安排的时候，可以先停下来，静待时机的出现。如果不这样做，一定会掉入陷阱，没有办法获救。爻辞最后用了“勿用”一词，告诫此时不要轻举妄动。屯卦的初九爻“利居贞”也是这个道理。

此时的六三爻，进退维谷，险象环生。在这个时候，爻辞告诉我们最好的办法是像枕在枕头上一样，让自己静止下来。静止下来做什么呢？就是等待有利时机。六三爻用拟人来说明，就是他总想跃跃欲试，但他所处的环境并不利于行动，所以爻辞告诫“利居贞”，可他往往控制不住自己的躁动，爻辞在最后把坏的情况也分析了，并给出断言，就是如果六三爻一意孤行，那么一定会堕入深渊，谁都没有办法来拯救。

六四：樽酒，簋贰，用缶，纳约自牖，终无咎。

坎为酒的象。下互卦震，就是震仰盂的象，这个象既有樽的象，又有簋和缶的象。六爻卦中，震卦为“笑言”，所以此时为“约”。坎卦九二爻到九五爻中虚的样子像是窗户一样，这就是“牖”的象。六四爻与九五爻相近，所以此时六四爻处境十分艰难，在用忠心和九五爻主动缔交。因为有这份忠心，即使六四爻只进献了一杯酒和两簋的菜肴，而且用很粗糙的瓦缶做餐具，处在君位的九五爻也不会嫌弃。简单来讲，就是君主明白六四爻的心意，所以六四爻投靠九五爻，双方缔结互为有利的条约，也就不必拘于常理和规定。省去那些繁文缛节完全是因为两人心意相通了，而两个人之间有了诚信就不必高谈阔论地让对方明白自己。卦辞中的有孚乃亨，六四爻已经得到了，所以最终六四爻可以渡过险境，没有灾咎。

六四爻是一个领悟到爻辞给出的，只有真诚做事才能让自己亨通的道理之人。所以他去投靠九五爻的时候，他不是拿物质去讨好，而是让九五爻知道自己的忠心。六四爻告诉我们，与任何人交往，最重要的前提是真心地彼此赞赏和信任。两个人可以合作，并相处融洽，一定是内在有一致的看法和共鸣。生活中常常会用“貌合神离”形容夫妻关系，这种情况就非常危险。夫妻关系应该是最亲密的人际关系，如果没有真诚的沟通都会面临土崩瓦解的危险，可想而知，其他关系没有内心的真诚，又会是多么脆弱。

九五：坎不盈，祇既平，无咎。

九五爻的爻辞中“盈”是高的意思，“祇”是恭敬的意思。九五爻处于又中又正的位置，是救济险难的人。天下的险象都是从这个“盈”开始的，如果说一个人总觉得自己比别人高一等，那么谁愿意比他低呢？这种高低之分没有理由地反复出现，就需要平定。在这世间，能做到不自满的莫过于水了。水在坎的情况下，就像在一个坑里，它没有自满溢出的时候，它只是与坎相平。如果它流动起来，我们能看到的都是平的，就没有坎了，所以说“上善若水，水善利万物而不争”。水有虚怀若谷的精神，善于向下，会根据物的不同顺势而为、因地制宜。所以水流到的地方都能使之平，看不到险陷了。在艰难的环境之中，普施恩泽救济众生，可能没有什么功德被纪念，就期待少有过失吧，所以是“无咎”。做事不骄恣放纵，而严格依据法度，圣人之所以能够平定天下也都是遵循这样的道理。

首先我们说，人和人的关系总是在攀比谁高谁低，这会产生很不好的事情，而且很多事情在这样的状态下也很难解决。那么九五爻作为一个处于公断位置的评定者，他就需要像水一样。为什么呢？我们看看水的特点，如果它在高处，它一定会向下流，如果它在低处，它也会将洼地盈满，但是它不会超出，只会齐平。我们都知道一个词“水平”，我们也知道水平的物理原理，那么这个“水平”用在人的身上，如果他真正能够做到水的特质，那么就拥有了九五爻的“水平”。

上六：系用徽纆，寘于丛棘，三岁不得，凶。

五行之中，坎为水，水为黑色，上六爻如果出现变化，阴变阳，则外卦变为巽，巽为绳，黑色的绳子，这是徽纆的象。此时上互卦艮为手，所以“系”之。又因为《说卦传》讲，坎木为坚多心，所以这里有荆棘的象。经历了内卦坎，现在又是一个坎，这是重坎的象，如同将外卦这个坎置于荆棘之中。上六爻在坎险要终了的位置，因为它是一个阴爻，所以它向外走不出去，就像是“系于徽纆，置于丛棘”的样子。坎卦的错卦为离卦，离数为三，此时为“三岁”。周朝的时候司圜将行为恶劣、不从教化的民众收捕入狱，按其罪行的严重程度，轻微的处一年的刑罚，中度的处两年，严重的处三年。之所以用长时间拘禁的方式，是为了让犯罪的人悔罪思过，想出让自己脱离险境的办法。如果拘禁三年还不知悔改，那就是没有珍惜机会，给自己带来了“凶”。凶险是客观存在的，但人可以知错，想到解决办法，从而解决掉那个可以预知的危险。如果人们能够明白这个道理，那么不到三年都可以脱离险境了。用绳子系住而置于荆棘之中，这并不是一个能够造福自己的地方，但在这里可以让君子明白“习坎”最深刻的含义。

到了上六爻，习坎的所有爻辞我们都分析过了，而且处在上六爻的情况之下，历练人们的方式又进一步加深了难度，爻辞用到了牢狱之灾，让一个人处在最不好的环境之中，去领悟自己脱离险境要用什么样的方法。

在坎卦之中，我想到的是很多人经常喜欢说的“落地”一词，内心当中如果真的有这样把自己低到尘埃里的谦逊当然很好，但是现在很多人对于“落地”一词怕是有曲解，他们是在自视甚高的时候说出期待自己能“落地”这句话的。其实我们谁也不需要这样的“落地”。我们从一出生，就已经在地上了。我们之所以认真而努力地活着，就是想不断地向上使我们脱离因为“物生必蒙”而带来的险境。一个积极乐观的人，几乎一生当中都在练习和觉知摆脱一切外在束缚的能力。我们一定要在这个过程当中学习和自悟到那样一种方法，它不是为了让我们“落地”，而是让我们踏踏实实地在这世间生活，又不流于世俗。

30. 离

䷝

离：利贞，亨。畜牝牛吉。

“陷必有所丽，故受之以《离》。离者，丽也。”——《序卦传》

在坎卦当中，我们是在一个探索本性的过程，之后，《序卦传》为我们续上离卦。此时的离卦很像是之前我们分析的贲卦，它需要有所依靠才能存在，但是对于这个依靠的本质，离卦为我们进行了不一样的解读。在这里，人们对自身生命的探索，不只涉及本性，还包括更深入地去探知心性的问题，那么心性和本性到底有什么样的区别呢？

离者，丽也。很多时候我们看到“丽”字，就会想到“美丽”“亮丽”这样的词语，但是在《序卦传》之中，这个“丽”主要取的是“附着”的意思。离卦确实是十分美丽的，因为离为火，火光的绚丽我们每个人都能看到，但如果我们仔细思考会发现，火其实是没有实质的存在，火的出现都需要附着在其他物体之上。火焰其实是无形的。它只有附丽于有形的物质上，才能够让我们看到那些我们定义的绚烂。那么使它展现出美丽的样子的有形物质就一定要正确。这个概念我们换到思想之中去理解，我们的精神世界如果说要依附一些东西才能展现出来，那我们就要看它所依附的到底是什么。如果这个精神是依附于道理来展现的，那么一定是端正的；如果它是依附于欲望来展现的，那么它一定是不正派的。不正派则会昏庸而堵塞，端正则会光明而通透，所以离卦卦辞强调，一定要“利贞”，也就是利于守持正固。而能够做到这样，才会亨通。所以这句“利贞，亨”的卦辞，是为了起到观察自己和自省的作用。能够时刻观察自己并自省的人，一定以涵养为根本。做到有涵养也是非常难的。没有这种主见，空有执念，一定会停滞不前。我们每天都说到养生、修养，但是都不知道这个“养”为何物，是个什么道理。君子观察卦象得出结论，这个“养”就如同牲畜中的母牛，也就是卦辞中的“牝牛”。我们知道坤为牛，是温顺的意思。离卦是在坤卦之中生出一个阳爻，因为有阳为纯，纯顺就是离卦展现出的状态。而这种至顺的牛就是母牛，所以离卦就有“牝牛”的象。对于人心的养生和修养，根据离卦的特征，要做到结聚精气使身体柔软，约束自己的性情使事情变得和顺。和顺和柔软进一步结合，就变成了顺遂。就静止在这样的顺遂之中，其他庞杂的事物也就都不存在了。这里说的不是空无的状态，而是至纯无杂。这是不去说贞正，却自然而然地做到了贞正静定。这样的状态即使是行动起来，也一定是通达的，是顺势而为的，不会有阻滞。不去期待亨通，而亨通自然而然地出现，这就是“吉”。坎卦的内在是笃实的状态，这来自坎卦至诚的内在特征，它在讲人的本性。离卦的内在是虚心的状态，这是来自离卦所代表的光明、内明。这种清楚明白的内在，需要附丽于正念而存在，这是在讲心性。本性是根本的存在，不需要去修炼，它就在那里，心性却需要历练以实现它的美好，它要在不断的自我约束中变得越来越好，正所谓明心见性。心性变得光明通透了，本性就自然而然地显现了。因为只有正念才能恢复我们本自具足的本性，也就是所谓的“大学之道，在明明德”。又因为修养心灵必守持中正、纯善，以致和顺，所以有大学之道的“止于至善”。

到了离卦，《序卦传》上经部分就结束了。上经部分从乾坤开始，到坎离结束，其实是有着乾卦之中那个圜象存在的。在乾坤两卦的时候，天地初开，阴阳始生，一切都在最原始最本质的状态，乾卦的至纯，就是万物的根本，就是坎卦里讲的本性。而坤卦是乾卦的承托，它厚德载物的本质就如同离卦的心性。所有的一切经历过上经的循环过程，最后还是来解决明心见性的问题。因为在一路走来的过程中，本性的至纯，已经被各种浸染包围，变成此时的坎。而厚实宽阔的坤也变成离这样需要附丽的形态。我们对六十四卦的学习，就是为了充分了解这个变化的过程，找到我们回归本性的方式方法。或许用“方式方法”一词又有太多的具象含义，我们不要用固化的思维去理解，其实这就是一个对生命真谛顿悟和内明的过程，我们从哪一入口走过去都不要紧，最主要的是找到最适合自己的那条路。

初九：履错然，敬之，无咎。

“履错然”是一种杂乱混乱的状态。想象一下，我们走路的时候各有各的方向，大家交杂而行，这就是“履错然”。那为什么离卦的初九爻会有这样的象呢？这还是要回到卦形中来看，初九爻在全卦最初的位置，它就像是一颗刚刚升起的太阳，在这个状态的时候，我们可以用一个时间点来形容，就是日出之时。世界经历了一个晚上宁静的沉睡状态，在朝阳升起的时段，万物都苏醒过来，一切都开始动起来。有动就有交作，就有杂乱的象。世界上的事物虽然有千千万万，但是我们的心性却是唯一的，如果以恭敬的态度将我们内心的嘈杂约束住，使自己知道最根本的东西是唯一的，就不会有任何不适了。外界虽然繁乱，但是内心之中做到光明清醒，就可以是“无咎”的，圣人在离卦的初爻的爻辞中提到“敬”这个字，是为了让我们明白易学的根本，不外乎就是要在主观上守持恭敬之心。

我们在事情繁杂的时候，内心会有一些慌乱和不适应，常被事情或者情绪牵着鼻子走，这就是把主次矛盾给弄反了。佛家有一个词叫“境由心生”，特别适合此时的初九爻，在一切处在嘈杂状态的时候，你自己如何评断外界的状态，这会产生不同结果。还是以一天的开始为例，有的人一早起来把事情安排得井井有条，他可能做了五六件事，也没有觉得很忙乱。但是有的人内心常常想的是，今天早上怎么这么多事情，甚至外面有声鸟叫都觉得不堪其扰，在这样的心绪之下，即使只做一两件事也会杂乱无章。细致探究，发现这种差异来自人们对待生的心境不同。应该秉持着恭敬之心去面对生活。有一句流行的话叫“自律给我自由”，这种自律就是对自己、对生活的尊敬。而这样的尊敬，也会回馈给我们足够的自由去做我们想做的事情。

六二：黄离，元吉。

六二爻在内卦中间的位置，是日中之时。之前也说过，五行之中黄色在中央，所以用“黄离”来称呼。在卦辞中我们分析过，柔丽乎中正，六二爻具备中正之德行，又能够知道停止而不乱动，所以六二爻是以坤卦的贞德保护乾卦的元德。元德中的至善有处在中正之中的六二爻来相助，这就是“吉”。《尚书》有云：“惟精惟一，允执厥中。”就是说我们探索真理和本性的心，要精纯专一，不偏不倚，符合中正之道，“黄离”的六二爻，强调的也是这个道理。

坎离两卦更多的是在讲内在主观的问题。对于离卦的六二爻来讲，它最主要的就是代表了贞固之柔和中正之心，这两个特点的存在就护卫了我们内心的本性。有很多人会有一个误解，就是会认为有主张的人应该是那些外在表现特别阳刚的人，觉得直接的表达代表了有主见，其实不然。《道德经》有一句话：“天下之至柔，驰骋天下之至坚。”我们要知道，刚则易折，其实最有主见和韧性的内心，往往是最柔软的。我们用这样柔软的内心守护的是我们最初的本性和良知，是我们本质当中最善良的部分。有些人常常会利用别人的善良，自以为占了很大的便宜，从有此想法开始，他的良知就离他越来越远了。孰轻孰重，自有评断。当然了，对这份善良和内心的柔软，也是有一个度对其进行限制的，佛家讲，既要有菩萨心肠，又要有霹雳手段。各家之道都是相通的，所以六二爻除了贞固，还强调了中正，就是做事不要太过，只要偏颇就会引发问题。

九三：日昃之离，不鼓缶而歌，则大耋之嗟，凶。

九三爻在内卦最上的位置，让人想到了日昃，日昃是太阳偏西的时候，大概是下午两点以后。九三过了六二日中之时，所以称为日昃之离。又因为离有中虚之象，所以爻辞称“缶”。太阳有向西落下的时候，人有变老的时候，人到七八十岁被称作“耋”，所以九三爻也可以称为“耋”。如果到老了还没有明了自己应该具备的品德，那么就会在老年变得越来越衰败。此时不会再去想及时行乐“鼓缶而歌”，只会担忧自己的死期将至。此时老人哀叹是因为他内心的精神世界被其肉体束缚奴役，对于痛苦和快乐，他失去了平常心。这个时候我们知道一定是凶险的。如果说此时人能够在光明之中寻找出更大的光明，就不会去在意自己肉体的衰老，即使大限将至也不会去在意。那么即使太阳西行，又有什么喜怒哀乐的情绪产生呢？所以《孟子·尽心上》说：“夭寿不二，修身以俟之，所以立命也。”这就是修持到了通透的状态，生命时间的长短已经没有什么两样了，这才是真正的安身立命。

离卦的九三爻似乎讲到了一个很沉重的话题，就是死亡。但是在九三爻的表述中，如果我们真正能体会到爻辞的内涵，就会知道这并不是一件沉重或者痛苦的事情。人之所以会对死亡充满恐惧，是因为对肉体过度关注了。那么在这个过程之中我们要做的，是使自己的内心世界变得越来越充实，只有在内在的强大支撑下，我们才会摆脱对死亡的恐惧，才会明白无常，接受自然的结束，将一切都不放在心上。世上人来人往，生命的开始与终了，我们都会坦然面对。

九四：突如其来如，焚如，死如，弃如。

九四爻在日昃之后，是日落西山的象。日落西山之后天地一片黑暗，此时就要用火来照明煮饭。离卦中的下互卦巽为木，又为风。风一吹动，火就燃起来了，所以就有“焚如”之象。火燃起来将木头烧尽，就有“死如”之象，那么此时灰烬再被风吹散，就有如同被扬弃的象，所以为“弃如”。大的光明就是太阳，太阳已经落山了，就用薪烧火，以续明德。如果此时不明，一片黑暗，就会有情绪和欲念产生而不能忍耐。那么这时人的贪念或者一时的激愤，就会突如其来地引火烧身，以至丢掉性命，丧失名节。这种事情虽然是突如其来的，但是未必没有原因。如果能够如卦辞所讲的畜养母牛一样，积聚自己内心的柔顺之德，就会将那一时燃起的自焚的念头放弃，那么祸患就没有出现的理由了，所以说，君子还是贵在修身养性。

如果有安定而沉稳的内心，即使在面对日落、面对世界一片黑暗的挫败时，也不会做出极端的事情来。很多容易激愤的人，都内心缺少柔顺，而平日里又不在乎修身积德。突然发生的重大事件本来就容易使人失去理智和冷静，或许在平时每个人都没有什么不同，但是在面临重大考验的时候，就会看到人性中的缺失。越是在紧张的时候，越能镇定自若的人，一定经历了很多历练，才拥有十分强大的内心。

六五：出涕沱若，戚嗟若，吉。

六五爻在黑夜之中，是第二天黎明就要到来的象。因为离为目，就有流眼泪的象，为“涕沱”，而兑为口所以有“戚嗟”的象。为什么有目有口就会有这样的象呢？大家可能有过这样一种感受：在嘈杂的白天，每个人都在忙碌，也就没什么时间去伤感了；可是在夜深人静的时候，人的内心就会变得十分敏感，无论是孤独感，还是良知的萌动，都会使人对突如其来的事情感到深深的悲痛，以至于涕泪纵横。但因为对死亡的恐惧使其放弃了自我毁灭的想法，所以就变成自己一直在那哭泣。在这种情况下，用坎卦的忧戚改变离卦的刚猛，难以忍耐的激愤遇到这么悲伤的状态就会被抑制住，那种无穷无尽的欲念遇到恐惧的心理就会停止，所以就不会有不吉利的结果。六五爻是在告诫我们，想要没有灾咎就要懂得忏悔。

六五爻说的情况与现实特别契合，当我们遇到不顺，因一时激愤做出一件伤害自己或者他人的事，那时候因为事发突然，自己没有感觉到任何不对。一旦到了晚上，一个人独处，回头想想自己白天做的事情，可能就会反思到自己做错或者处理不当的地方，那么在这样的悔悟当中，他就会去纠正自己的行为，这种情况就是六五爻的情形。六五爻肯定不是在讲早晚这种时间问题，它主要在说，我们遇事要知道自我反省，冲动的时候要给自己时间冷静。

上九：王用出征，有嘉折首，获匪其丑，无咎。

《说卦传》中有离为甲胄，为戈兵，所以有出征的象。离为火，火有礼的意思，所以是“有嘉”。离卦为乾体，所以它有“首”的象，上互卦兑为毁折，所以为“折首”。又因为离卦为火，所以要戒备火势太猛，此时柔而不用刚。但是道法并不是要固守一端，就比如说上九爻，它虽然是刚明的阳爻，而且远离君王，但也是可以用它出征的。这是要借上九爻的威猛来震慑敌人，兵权如同火一样由夏官掌管，就是上九爻所说的情况。这个时候虽然用其刚猛，但是最终还是要施以柔顺，所以只要申明君王的意思，以礼相待，不必将所有和自己不是同类的人都笼络过来。如果能做到这样，虽然刚猛却不会残暴，这就没有过刚的错处了。

所以说易道，就是阴和阳、刚和柔而已。坎卦为水，所以担心它太过柔弱，因此它如果有所行动，就会有与之相合的高调显露，用刚克制。而离卦为火，所以担心它太过刚强，因此用畜养母牛这个意思用柔克制。坎卦是坤卦自乾卦获得的一个阳爻，所以用乾卦的刚健，以阳主阴。离卦是乾卦从坤卦获得一个阴爻，所以用坤卦的柔顺，以阴济阳。乾坤定位，而为本体；坎离阴阳相交，而为物用。天地运转，为人处世的道理都是这样的。如同我们在离卦部分所说的一样，乾和坤是纯阳纯阴的两卦，它们是万物的本质，而在屯卦中我们说，阴阳交杂，万物始生，那么在坎和离中，乾坤两卦的阴阳发挥了极致的作用。坎离两卦与其他卦不同，它们在更进一步地追寻天人之道的根本。

31. 咸

咸：亨。利贞。取女吉。

“有天地然后有万物，有万物然后有男女，有男女然后有夫妇，有夫妇然后有父子，有父子然后有君臣，有君臣然后有上下，有上下然后礼义有所错。”——《序卦传》

从咸卦开始，就到了下经部分，就如同上经开始没有提到乾和坤这两个卦名一样，下经的开端也没有提到咸卦，上经开始用的是天地来代表乾坤，此时的下经用男女、夫妇、父子、君臣交感来指代咸卦。很多人在学习下经的时候，会认为下经开始讲人事。这样想也可以，但是不够全面，在学习《周易》的时候，我们不要把任何一部分割裂来看，《周易》从始至终都是在讲阴阳，讲天道，并以人事为佐证。天道用不用证明？不用证明。那为什么还要用人事佐证？那是人们要认识到天道，需要用人能接受的方式说明。就好像给一个不懂外语的中国人讲道理，如果用西班牙语去讲，即使这个道理再好，他又如何听得懂呢？所以圣人在观象之后，用这世间一切能为大家普遍感知的关系或者存在，为大家分析卦的含义。在咸卦的时候就先从关系说起。有意思的是，这个咸卦是一个无心之感，什么叫无心之感？无心之感，就是不凭借任何外力，不依托任何方法，而纯粹从本性之中生出的那个感知。

咸卦卦形，艮下兑上，《说卦传》中有“天地定位，山泽通气”的说法，这里的“山泽通气”，说的就是咸卦的状态。此时山泽通气了，那么内卦和外卦也就是相互感应了，所以就有了卦名“咸”。在天地之间，无非就是这个感应而已，天以阴阳二气相感应，无须凭借任何外物。人以自己的内在去感知也是一样的，是为无心之感。这样的情况不用多说，我们也能知道，所有的感应都畅通无阻，没有障碍，那一定会是“亨”的状态。但是这种情况最怕的是没有守持贞正。如果为君为臣品行不端，朋友相交阿谀奉承，男女之间骄纵放荡，这些都是不贞的行为。不贞就会导致不通，也就没有了“亨”的状态，所以卦辞用“利贞”引以为戒。依本性和良知相感通，而不是以私欲和情绪相交。在这种玄妙空无中讲求如何感知相合，其实都是依据自然法则的流转运行。那么咸卦之中，兑为少女，艮为少男，少男少女相感应，而且少男在下向上求娶少女，这是婚姻建立的自然方式。所以卦辞用“取”，此处“取”通“娶”。一切按照自然规律进行，那么一切也就是“吉”的了。夫妇之道为人伦的开始。婚姻的礼制正确了，那么此后万物就顺遂了，所有必然存在的自然规律也就明晰了。《诗经》以《关雎》开始，这是重视大婚的表现。《周易》的下经部分以咸恒开始，是为了和上经开篇的乾坤相匹配，都是在讲道。乾坤是在天地的层面讲阴阳相合，咸恒是在人的层面讲阴阳关系，实质上都是一回事，只是用来说明的象不同罢了。

初六：咸其拇。

虽说咸卦是在讲无心之感，但是这个无心之感的状态已经达到了得道的状态，作为还在蒙昧与坎陷之中的我们，还是要凭借有形的实质去感知。能够使自己对外界感通的机关，最快捷、最敏锐的就是我们自己的身心了。所以说我们能够感受到自己身体的任何信号，我们就能够感知整个世界，乃至宇宙中万事万物给我们传递的信号。所以咸卦六爻都用身体来取象。

初六爻中的“拇”是脚的大脚趾，初六爻在下，所以就有这样的象。如果说我们的心里产生一个想去哪里的念头，那么在那个念头产生的时候，我们的上身还没有行动，但是大脚趾一定先伸出去了。所以说对方的大脚趾一动，我们就预先知道了对方有行动的细微苗头，只是对方不知道而已。如果我们能预先知道，就可以谨慎行事，那么就是吉的；如果没有发现，而且不够谨慎，那么就可能产生凶险。所以在这一爻辞当中没有下任何的断言来评断是吉是凶，这是教育人们要谨慎对待那些细小的苗头，吉或者凶，都是自己的谨慎程度决定的。

喜欢研究心理学的人可能很熟悉一个词——读心术。擅长读心术的人，一定特别擅长察言观色。如何观呢？就从初六爻这种细小的地方去观，很多无意识的行为，常常将人们内心的真实想法表达得一清二楚。如果在一次谈判当中，或者是在一场战争当中，自己的底牌都被别人看到了，想赢得胜利，那就太难了。初六爻的爻辞，就在提醒我们谨慎对待，谨慎到什么程度呢？谨言慎行已经不够了，它要求我们，对自己身体最细微之处的变化都要控制好，这样才不会有凶险产生。

六二：咸其腓，凶。居吉。

随着爻位的上升，代表爻位的身体的象也向上了。这一爻的“腓”指腿肚子。六二爻在脚和大腿之间，所以被称为“腓”。我们的腿肚子，不能自己行动，它要依靠脚的行动而动，而且它也不能自己停止。如果动起来不能够自己停止，这就是凶象。然而，“腓”虽然自己不能停止，但是“腓”如果处在应当停止的时候，就要让脚停下来，去掉那些浮躁和妄念。使脚居贞而不动，那么“腓”也就没有理由再动了，所以也就是“吉”的了。那些意外的干扰往往都是自己招惹来的，如果不想受到干扰，要在根本上找到原因。

我们在生活中，常常会因为外界发生的事打乱自己的生活节奏。比如说今天学习计划没完成，归咎于朋友找自己吃饭。哪一天的情绪不好，理由是有谁惹自己生气。事实上，如果你真心想要学习，你完全可以拒绝朋友的邀约，或者赴约之后，继续完成自己的计划。而别人惹自己生气，那只是说明自己的情绪被别人的行为所左右了。归根结底，这些自己认为外界给自己的不好影响都还是来源于自己的决定。如果自己不谨慎对待自己的事情，而任凭外界对自身产生影响，那就是盲从的状态，人在这种状态下，别说是明心见性了，能做到独立自主都非常难。

九三：咸其股，执其随，往吝。

九三爻在六二爻之上，也就是在身体之中、小腿肚以上，而且九三爻在互卦巽上，巽为股，所以此时称作“股”，也就是大腿的位置。爻辞中的“随”是对初六爻和六二爻来说的，这是在强调脚的大拇指和小腿肚本来应该跟随大腿来动的，也就是初六爻和六二爻应该跟随九三爻。但在这内卦之中，有脚和小腿动，而大腿随之行动的迹象。这是因为九三这一个阳爻，被两个阴爻所牵绊。如果九三爻被下面两爻牵制，而跟随它们行动，那就不是正确的感知了，所以如果前往就会有悔吝产生，即为“往吝”。在这里我们就看到，内卦的三爻还是要顺从内卦的本性，守艮止之静，这样才会吉。

既然说到身体，我们就用运动的知识说明一下九三爻。跑步的人都知道，跑步的正确姿势是大腿带动小腿和脚向前跑，而且在过程中还要控制好落地，不能伤了膝盖。如果人们在跑步过程中一直在用脚和小腿带动大腿跑的话，那就会把小腿锻炼得很粗，而且还跑不远，所以说即使是从身体的生理结构分析，我们也可以知道，九三爻一定要带动初六和六二两爻，而不是让它们控制。那我们再返回阴阳中来说感知。以阳主阴这是符合道理的，以阴主阳那就是违反了规律。而违反规律的方式，一定是不符合自然的，那往往是执念和欲念左右的结果，那个时候即使我们产生了什么感知也是不准确的。所以我们通过错误的感知去处理事情，也一定会产生错误的结果，这就是九三爻告诉我们的道理。这样说不好理解，我们可以用一个生活中的例子来说明。两个人谈恋爱，我们说既然是恋爱，那么要以感情为基础，但是如果确定一段恋爱关系的决定因素是外貌或者财富的话，那会有什么结果？一旦条件发生变化，那么两个人的关系也就无以为继。这两人最开始有没有彼此喜欢的感觉？一定有的，但是这个感觉的条件是错的，最后的关系也会因此而出现裂痕。

九四：贞吉，悔亡。憧憧往来，朋从尔思。

九四爻的位置，是身体上心脏的位置，此时九四爻的爻辞，没有用“咸其心”来注解，这是因为感就是心，这是有心之感。此时感受到心之所累，就有了私欲的牵绊，悔吝就产生了。所以咸卦利于守贞，贞是无心的状态。它如果显露出来就是虚空的样子，如果处于凝聚的状态就是静止的模样。没有心在这个感知上，就会无所不感，无所不通，所以说就是“吉”。既然无所不通，那么之前生出的悔吝也就全都没有了，也就是“悔亡”。如果向外追逐外在的事物，感知到已经追逐到了尽头又返回来，这仍旧是一种执着于私欲的现象，是徘徊的状态。这时候初心已经缺失了，而复杂的思绪已经生起。如果和自己有一样想法的人跟从自己并进行干扰，那么这个感知就会变得更加凌乱无序，到处分心，这就是被有心之感害了。所以说，专心在一件事情上，要做到谨慎处事，心无旁骛，专心致志。这个专一，就是指我们说的“贞”。如果到处分心，就是往来不定。这也是我们用来判断一个人是否表里如一的标准。

对于九四爻，我们可以这样去理解，就是一个人去做一件事情，是有心为之，还是无心而为，其结果是大不相同的。如果一个人和你交往，他是带着私心，有什么目的的话，你会是什么感觉？一定很反感吧。但可能在最开始的时候，我们并不知道对方的真实目的，我们没有看到对方带着心机与自己交往。那为什么最后一切会水落石出，被我们感知到呢？那是因为一个人做事的目的不纯正的时候，他一定在行动上会有“憧憧往来”的象显现出来。因为他一开始就没有用真诚的心去对待你，没有把你当作朋友，所以他一定会在有些事情上没有办法以一个朋友该有的情谊，去当即做出反应，他一定会露出破绽，没办法做到表里如一。

九五：咸其脢，无悔。

“脢”是脊背的肉，它是和身体前面的心相对的位置。这块肉很特别，全身的肉都会动，只有它不动。所以我们延伸地去理解，它不能感知外界事物，而且外界事物也感知不到它。九五爻在九四爻之上，在外卦兑口的附近，如果它一有什么动作或者感应，它跑不过舌头是会被吃掉的，那时候后悔都来不及。幸好九五爻为阳爻，又是以刚居中，所以就禁止自己向外跑，且务必要停止在内。所以此时爻辞用“咸其脢”，这是为了感动其没有感应，虽然有心为之却断绝了感应。其实只要是有心，有没有感应都是不贞正的，但是有心为之又有感应，就一定会有悔吝出现。而有心为之却没有感应，这是止于静，这样就可以没有悔吝了。与此同时，九五爻用脢肉做注解，它在内卦的艮其背的背后，而且上下在一条线上，也是以此来期待，用心可以专注在一条道上。

九五爻的爻辞的分析或许不太好理解，又是有心，又是有感无感的。我们还是进一步来解释一下。首先我们已经知道了有心之感和无心之感的差别。只要是有心之感，那就是落了下乘，有心之感夹杂着很多人为的东西，就好比我们去判定一块玉的价值，最重要的标准是它的天然材质，如果这是一块人造玉石，它的外貌再好看，工艺再突出，和同类相比，它的价值一定大打折扣。这是有心之感和无心之感的区别。那是不是所有的有心之感都不好呢？这需要对有感和无感再区分一次。我们再来举个例子，如果有人明知道这是一块假玉石，他想卖给你，这是有心为之，但是这件事的结果却是不确定的。如果你贪便宜要买就是有感，你动了不该有的心思，买了你一定后悔。反之，你不为低廉的价格所动，你就不会买，任凭对方再会伪装，也不会影响到你，那么这个令你后悔的事情就不会发生。所以九五爻这一爻，爻辞还是希望我们不要有那些庞杂的心思，如果我们都能守住自己内心的贞正，我们就会判断孰是孰非，做出正确的选择，也就不会做那些让自己后悔的事情了。

上六：咸其辅颊舌。

上六爻是全卦最高处的一爻了，也就是到了头部。这一爻正好在外卦兑口处，说到“辅”字，可能大家往往会想到辅助这样的词，其实它还代表一个身体部位，就是颊骨。“辅”在口的旁边，“颊”在“辅”的下面的位置，而舌头在口里，所以就是“咸其辅颊舌”。这种象是用言语去打动人的意思。有心之感已经落了下乘，用言语去打动他人就更加肤浅了。如果我们能够谨慎对待还好，如果没有谨慎对待，就一定会有凶险发生。所以在这一爻里，也是一样没有用到占卜的断言去说吉凶，也是要我们在处事时小心言语的陷阱。

咸卦本身处于一个动能很强的状态，但是在运行规律上，它实质是主张静定的。大脚趾要动，爻辞就提醒我们谨慎对待时机；舌头要动，爻辞就告诫我们谨慎对待言语。对于小腿肚，爻辞想让它安居在一处；对于大腿，爻辞提示它不要随波逐流。这些都崇尚静定，都必然要像九五爻脢肉那样，它偏于静而不能动。我们这里所说的静，并不是守住孤寂不动，而是因为要做到止，就要做到守持贞正。而只有贞正才能得出纯粹的道理，道理是没有欲念的。如果道理扎实了，那么内心就变得虚静了。内心如果做到了清净无欲、安定平和，就可以承受一切，也就不会再被任何事所干扰。心变得澄明，也就能感知一切。如果能对一切进行感知，而又不被这些所左右，那么也就没有偏动还是偏静的错处了。其实这就是为什么九四爻做到守“贞”，唯独它获得了“吉”的道理。知道“贞”为清净无欲的人，就可以和他说心的本质了，如果知道静虚的状态才是真正的无心之感，那么就可以对他说明心的外在表象了。

32. 恒

恒：亨，无咎，利贞，利有攸往。

“夫妇之道不可以不久也，故受之以《恒》。恒者，久也。”——《序卦传》

《序卦传》延续咸卦所用的人伦纲常，来为我们排序咸恒两卦。到了恒卦，《序卦传》提到夫妇之道。除了父母、子女的关系，夫妻关系大概是人类社会关系中最亲密的了，这个关系对夫妻彼此的生命具有重大的影响。《增广贤文》中说：“短短人生一照面，前世多少香火炎。十世修来同船渡，百世修来共枕眠。”可见两个人能够组建家庭是多么的来之不易。所以夫妻在最初的时候，期待这段关系能够长长久久，在相处中也需要双方共同努力，去保持这个关系，而此时用夫妇之道来诠释恒卦，再合适不过了。

那么是不是恒卦就只是在讲夫妇之道呢？这个问题不能这样理解。我们要知道，《周易》是在讲天地大道，我们要把它放到广阔的天地中去学习理解。乾卦的生生不息，坤卦的永恒贞固，依然是下经开篇要讲的问题。至于为什么乾坤用天地作象，咸恒用人伦做喻，我们要懂得《易经》善于变化的本质。六十四卦一直在变化之中，却又没有变了根本。下面我们就在恒卦之中感受一下这些道理。

在一切处在太极的状态中，所有的一切都归于一个原点，那时候没有天与地，没有万事万物。不知历经了多少岁月流转，太极分出阴阳两仪，也就有了乾和坤，天和地就产生了。在这个时候乾道虽然一直在生生不息地运作，坤道一直在贞静深厚地承载，但是一切的生发有一个开启和闭合的机关，那就是风与雷。《系辞传》讲“鼓之以雷霆，润之以风雨”，此后才有“日月运行，一寒一暑”。此时恒卦的卦形，就是巽下震上。风雷造就一切，推动一切，使之随时而动，万古流转不息，因此这一卦被称作“恒”。人的德行只有始终如一，才能够成就事业，所以也是贵在守恒。《尚书》中有“德惟一，动罔不吉”一说，就是说如果德行做到了纯一，那么行动起来就没有不吉利的。但是我们这里说的是纯一，而不是执着在一个点上而不能有所变通，一定是要因事制宜才能够亨通，这样就没有执念的错处了，也就是“无咎”。《尚书》中还有一句叫“德无常师，主善为师”，这句是说，德行修养没有固定的老师，以善为标准和原则的人就是自己的老师。然而变通并不是有意而为的，它一定有不能够变动的道理在其中，一定是随着时机但又守持中正地在变。那么这个不能够失去其中正的内在就是“利贞”。《尚书》中又说“善无常主，协于克一”，这就是说善良没有一直保持不变的，只有德行纯一，不断地修正自己，才能保持善念。一个人一定要谦逊好学，时刻鞭策鼓励自己，每天都要精进，永远都不要停止。所以卦辞才有“利有攸往”。这是说，德行要始终如一，但是要每天都有进步和变化的精进过程。因此我们知道，恒卦的含义也是非常深远的。

初六：浚恒，贞凶，无攸利。

初六爻辞“浚”的含义是疏通、深挖的意思。初六爻是内卦巽卦的主爻，它的属性就如同巽一样，巽为入，所以初六爻也有追求深入的本性，在此处用“浚恒”表示，但这是为了守恒而强求深入。我们知道，平常的德行、平常的语言，事情细小而道理平实，这样才能长久。虽然追求深入也是符合正道的，但是这同时也是凶的。因为初六爻的位置在最低处，此时它或许连最粗浅的道理还没有明白，就想一步到位，明白深奥的道理。这种强求，就如同用了投机取巧的方法，失去了真实性。又好像在求道的过程中不求根本，而总是去探究那些隐秘的部分一样。用这样的方式去修持自己的德行，锐意进取的人反而会后退。如果用这样的方式去为政，那么想要快速实现目标的人，反而达不到。这就是“无攸利”的现象。初六这一爻就是让我们深深地以此为戒。

我们在平时的生活中其实很多时候容易犯初六爻提到的错误，特别在学习当中，往往我们还没有把基础知识学好就去探索某一学科非常深入的知识点了。就像我们学习《周易》一样，有些人甚至没有搞明白什么是阴爻，什么是阳爻，最基础的八卦是什么，就试图了解更深入的知识，比如卦辞、爻辞等。而这些知识点，如果想要理解，一定要从根本上去理解，如果连基本的卦形卦象都不懂，怎么可能真正明白卦辞爻辞呢？我们在每一卦的分析过程中都没有脱离卦形去研究，务求将卦辞爻辞都回归最本真的来源。也就是说扎实学根本，而不要急于求成，这才是初六爻值得我们用来警示自己的地方。

九二：悔亡。

恒卦九二这一爻，阳爻居阴位，这是不正当的位置，所以有悔。但是九二爻这个位置，却是内卦中间的位置，并且它向上与同样处在中位的六五相应，所以说，九二爻虽然在天地人的时位上处在不当的位置，但是九二能够安守本分，去求六五与自己相应，并且能够随着时位变化而不走极端。这样九二爻的所有悔吝都没有了，那么卦辞中的“亨，贞，利有攸往”也就都有了。此处爻辞没有再重复卦辞的内容，而是用了占卜之辞做了注解。

我们每个人都不会是一帆风顺，一直都正确的。我们可能会有很多的失误和过错，但是最后因为我们没有好高骛远，而是踏踏实实地坚守在自己的位置上，并且内心始终保持正念，所以即使有什么错处，也会随着我们所坚信的一切和我们做的一切变得没那么重要，甚至被谅解。

九三：不恒其德，或承之羞，贞吝。

九三爻是阳爻居阳位，是有着刚正内涵的一爻，但是因为它已经过了内卦中爻的位置，而且巽卦归根到底还是一个躁卦，所以不能拥有持之以恒的内在。恒卦的其他五爻都守恒，唯独九三爻不然。他遇到的人都会因为不知道什么样的原因而对他进行羞辱，所以他虽然守贞但也是十分艰难的。九二爻虽然不正，但是因为能够持之以恒，所以就是有悔吝也会消亡。但是九三却恰恰相反，它虽然在正位，却因为不能守恒，而变得处境艰难。所以说，君子一定要知道持之以恒的可贵。

九三爻就好比一个生活环境或者工作环境很好的人，但是他做事情毛毛躁躁，不能踏踏实实专心一处。这个时候，他身边的人就会对他有意见，或许都没有具体的理由就是不喜欢他。这种情况下，九三爻就如同被孤立了一般。即使他拿出诚意与别人交往，别人也不想搭理他。

九四：田无禽。

恒卦九四爻已经走到外卦位置，外卦震为马，为动，所以有田猎的象。又因为震卦为大涂，所以它没有禽类可以待的地方。九四爻此时在震卦之初，并没在中位，而且它是阳爻居阴位，所以它又不得正。九四爻不中不正，又是震卦里的唯一阳爻，所以它一定是动到停不下来的一个爻，那么现在就是要一个不守恒的爻去守恒，就如同在没有禽类的地方田猎，最后一定是一无所得了。九三爻有刚正之德，却不能守恒，九四爻在阴位可以守恒，但是它却没有使自己持久的德行，因此我们看到，归根结底，要想使恒的状态成为常道，还是要做到“利贞”。

九四爻的这种现象是在说什么呢？它在说一个人在用表面功夫做事情，而实质上他没有用内在的德行去守恒。这个德行就如同那个“禽”，没有它，花再多的力气到最后都会是一无所获。这就好像我们做学问，很多人会认为拿着一本书去读，背得滚瓜烂熟，就是把这门学问深入地学进去了。其实没有深刻的理解，背书又有什么用呢？还有人练书法，临摹字帖，真的到了写什么像什么的地步，但是最后却变成了写字匠。有人弹古琴，弹来弹去，都是特别干涩的音阶，没有情感流露其间。这些都是因为自己没有真正融入这些艺术当中。为什么这样说？因为无论是书法还是古琴，它们之所以被称为艺术，一定是这些领域之中的大家，融入了自己的精神，创造出了那些名帖名曲，我们只能说谁的帖子有前人的特点，但是我们绝不会说一件好的作品和谁的如出一辙。我们说的持之以恒，绝不是固执呆板地守在一处，而是我们真正领悟到了其中的内涵，从我们心底里去做到坚守贞正。

六五：恒其德，贞，妇人吉，夫子凶。

六五爻是阴居阳位，且在外卦中间的位置，所以六五爻有柔顺而无私的性质。六五爻与处在内卦中位的阳爻九二爻阴阳相应，这就是恒卦的德行。有了这个德行而且能够持之以恒，就有了恒卦的贞正。但是六五爻以阴柔从九二爻之阳刚，是妇人的贞正，而不是夫子的大义。六五爻处在外卦震之中，震为男，而六五爻又在上互卦兑最上的位置，为兑口的阴爻，此时九二爻为阳爻，六五爻为阴爻，阴爻永远都跟从阳爻，少女跟从长男，就是“妇人吉”。但是以卦来说，此时是外卦震随内卦巽，这是男随女的象，也就是夫子随了妇人，此时是凶险的。九四爻误用了刚健，虽然它守恒却没做到贞正，九五爻把它的柔顺用过头了，它虽然有贞正，却不能亨通，这也是有错处的。君子一定要知道，守恒不能执着在一端，不可以过于刚健，也不能过于柔弱，不偏不倚、无私无畏才能守住恒久。

六五爻因为它的阴爻的性质，还有它所处的位置，使它被比作妇人。我们说在《易经》之中，无论是取什么样的象，都是在用象来诠释内涵，内涵是什么？内涵就是阴与阳。在六五爻中，我们不要把它单纯地理解为男和女，如果这样单一地去理解，我们会发现它非常不适合现代社会的人际关系。这里说的不是男女之间的决定权，而是说当阴和阳能量悬殊的时候，谁应该跟着谁走。永远恒定的道理是阴随阳，但是在六五爻之中，有阳随阴的迹象出现了，此时是反其道而行之，是与天道逆行，所以一定会有凶险出现。

上六：振恒，凶。

上六爻在外卦震的最上端，此时爻辞的“振”是变动不居的象。这时的上六爻阴极到了顶点，所以它守不住恒。用“振”来修饰此时的恒，那么就会因为它的善变得不到中正。六五爻虽然守持贞正，但是却不亨通，所以它是得失参半，“妇人吉，夫子凶”。上六爻想要求得亨通，但是却做不到贞正，这时没有什么可以让它求得的，所以此时为“凶”。由此可知，永恒一定要守中。九四爻的时候是“无禽”，而初六爻想要深入却过了中，它们两个是拘泥于常态而不知变通。九三爻没有用恒称呼，而上六爻又是振恒，它们两个都因善于变化，而失去了平常。九二爻和六五爻都在中位，六五爻的阴柔不变，不能用它来实现大义，只有九二爻刚居中位，随着时位而发生变化，这个变是跟随自然规律在变，所以它是亨通和贞固都具备。不变所以能够守持中正之道，可以变是因为时位在中正上，变或者不变虽然看上去是不一样，其实内在是一致的，也就是《尚书》中说到的“惟精惟一，允执厥中”。

33. 遁

遁：亨。小利贞。

“物不可以久居其所，故受之以《遁》。遁者，退也。”——《序卦传》

乾坤两卦之后，《序卦传》接续了屯卦，此时阴阳交会，万物始生，十分的艰难。咸恒两卦之后，又出现了遁卦。我们在恒卦里分析过，所谓的永恒，不是固守在一处不动，而是在变动之中守持坤卦的贞固。如果是一直守在一个地方不动的状态，那就是对自己的一种内耗，那么就需要有所行动。此时因为自己处于弱势，所以不利于前行，利于退避。这就到了我们现在要分析的遁卦。

学习遁卦我们还是从卦形入手。遁，艮下乾上。看到这个卦形我们会联想到另一个卦——临卦。我们知道临为大，为什么为大？因为一阳复始之后，一阳又生，阳气增加为大。我们现在要分析的遁卦，两个阴爻在内卦下面，其余皆为阳爻在外。遁卦与临卦是错卦，阴爻阳爻都反转了，可想而知，此时阴气上升，阳气势弱，不敌阴气的侵蚀，所以要退避，也就是“遁”。虽说是遁，也是分了两种情况，有时候需要身遁，有时候是需要心遁。那么何时要选择身遁，何时要选择心遁呢？在不利的情况下，要见机行事，此时用的是身遁。在有利的情况下，君子和小人虽然不会交恶，但还是要严阵以待，这就用到心遁。如果是身遁，君子还有伸展自己的时候；如果是心遁，那么即使小人想要侵害君子或者将一些奸佞的想法实施在君子身上，都是没有机会的。无论是哪种情况，遁都将会得到亨通，这也是顺应天时理所应当的事情。卦辞中的“小”就是我们之前说的阴爻，此时用小人来代表的话，接下来卦辞就对这个小有所警示。君子虽然顺应时势退遁，但是小人也不可以凭借自己的势力就去进犯君子，所以用到“利贞”二字。所谓“贞”，就是我们之前学到的坤的本质，坤的贞正，是顺随乾的健行的，无论在什么时候，即使是坤卦这样纯阴的状态，它也一定要跟从阳气而行，也就是小人不可以加害君子。小人不去加害君子，则君子就可以救济世界，这样小人才可以一同生存，也就是有利的。所以说，如果小人能够意识到贞固的有利之处，那么他也是可以被教化和感化的。

从遁卦这个卦名上来看，好像是一个特别消极的状况，而且阴气很盛，小人得势。其实卦辞是在告诉大家，君子做好自己的选择是永远都不会被小人所害的，而小人也要认清现实，知道自己永远是依附君子存在的，世界的可持续发展和平衡都是由君子实现的。如果小人迫害君子，也就是变成我们常说的“小人当道”，那么世界就将民不聊生，生灵涂炭。

初六：遁尾，厉，勿用有攸往。

每一卦的六个爻，我们都可以看成有头有尾的一卦，上面的上爻就是头，下边的初爻就是尾，此为爻辞“遁尾”。初六爻这个阴爻在下，与外卦九四爻相应。在别的卦中，阴阳相应大多都是好事，阴随阳动，但是在遁卦之中就不一样了。在遁卦之中，初六爻的阴气与外卦九四爻相连接，它时刻寻找着可乘之机去侵蚀阳气。那么在这种情况下，就如卦辞所说，君子如果有危险，小人也一定会出现危机，所以爻辞称“厉”。既然是这样的情况，爻辞接着就教育小人勿往。这是告诫小人不要尾随君子，如果小人做到不尾随君子，那么两者都是相安无事的。这就是要小人贞守在它的初爻的位置，使得君子可以退遁而去的意思。所以“勿用有攸往”。

在遁卦的初六爻里，我们不再把这句爻辞引申到人际关系之中。我们可以想想，在我们自己身上有没有小人和君子之分呢？我们内心的妄念就如同爻辞中说到的小人，真心就如同君子。我们内心的妄念时刻都在等待着我们的疏忽大意，以便跑出来主导我们的思想。比如说，我们都知道勤俭是美德，也真心想做到勤俭节约，但是当我们看到商店里美好的东西的时候，我们很可能就会忘了勤俭这件事，产生了想要拥有这件东西的想法。此时如果我们不提醒自己不要浪费，很可能就会因为一时喜欢买回去了；但如果我们提醒了自己，理性思考一下，这件东西对于自己是不是必需品，我们很可能就会放弃冲动消费的想法。此时，我们一方面做到了节俭，另一方面也欣赏了自己喜欢的东西，不执着于拥有它，那一切就相安无事了。我们每个人所拥有的物质，最好的状态就是精简，如果我们没做到这些，总是任由自己冲动消费，那么不但经济上会遭受损失，还会把生活弄得一团糟。以上是我们比对初六爻来提醒自己的地方。当然，生活中还有很多其他方面，值得我们用这一爻去谨慎思考。

六二：执之用黄牛之革，莫之胜说。

遁卦的内卦艮为手，所以为“执”。六二爻的位置处中，前面提到过，中为“黄”，又因为六二爻为阴爻，有坤象，为柔顺，为“牛”，而下互卦巽为绳，所以这句爻辞“黄牛之革”就是牛皮绳子。在六二爻的时候，阴气又上涨了，阳气更加要退避，而六二爻处在中正之位，与外卦九五爻正应，此时阳气要退避，六二爻就用牛皮绳子拴住它，并“执之”。此时六二爻处中位，且它本身是阴爻有柔顺之意，再加上它有艮止的意思，所以它对九五的这种“执之”的状态，代表了情谊非常深厚而且牢不可破，就如同用黄牛皮做的绳子套住，不能脱下来了。这个六二爻，是卦辞里说到的“小贞”做得最好的一爻，真正做到了贞固。这也是六二爻真心希望君子可以留下的表现。在剥卦之中，阴爻想要侵害阳爻，在六五爻中用宫人之宠来形容阴气，为了使阴气顺应阳气，而遁卦当中，六二爻想要追逐九五爻这个阳爻，所以这一爻就用牛皮绳子来形容六二爻的状态，这是为了留住有才有德之人。我们要知道在《周易》之中，一直都是扶持阳气抑制阴气的。无论是阳气快要被剥尽的剥卦，还是此时阴气太盛而阳气要退避的遁卦，它们的趋势还是以阳气为根本的。

遁卦的六二爻，阴气已经大涨了，它所处的位置十分有利，可是六二爻看到了九五爻的可贵之处，当九五爻看到不利于自己的情况出现，要离开的时候，六二爻及时进行挽留。六二爻所做的事情和初六爻并不一样，因为六二爻有一颗中正的心。初六爻想要尾随九四爻，找机会进犯，但是六二爻却是心中充满诚信地对待九五爻。六二爻的这种诚心，并不是做作地表示一下挽留，它在现实中也付出了实际行动。它一方面柔顺谦虚地听从九五爻的意见，另一方面又牢牢地抓住九五爻，让九五爻知道自己留住它的决心。所以说六二爻才是真正做到了卦辞所讲的“小利贞”。

九三：系遁，有疾厉；畜臣妾吉。

九三爻所处下互卦巽的中位，巽为绳，所以是“系”，九三爻处内卦上爻，有两个阴爻在内，如果把这个状况看作身体的话，内里阴气过盛，就成了“疾”。阴爻在下，这是“臣妾”。因为初六爻在阳位，且是遁卦最初一爻，所以它为“臣”；而六二爻既为阴爻又在阴位，所以它是重阴之爻，它代表“妾”。九三爻亲比六二爻，而它又在内卦艮上，它有止的本质，所以说九三爻有被下面两爻所牵绊而本来应该退遁却又停止下来的象。这种情况下如果是“有疾”的话，那么一定存在危险，而且是明知道这样，还是愿意被牵绊，将自己置于危险之中，因此此时就没有不遇到危险的可能。但是如果此时用这样的心去畜养臣妾的话，是对牵绊自己的人施以恩情大义，这样就可以使他们永远为我所用，这又是吉的。在九三这一爻里，其实说的是两个方面，一方面自己与下面的阴爻过近，使它们对自己不够谦恭；另一方面，自己又不能离它们太远，以防它们对自己产生怨怼。在这一爻里，也是在告诫我们要不偏不倚地守持中正。

九三爻如果用在君子和小人的关系上，我们可以知道，此时九三爻遇到两个小人，按照道理来讲，寡不敌众，他应该退避，可是九三爻却停下了脚步，这种做法容易让小人对自己产生不好的影响，是有危险的。但是九三爻毕竟是个君子，君子动之以情，晓之以理，他停下脚步是想用真诚教化小人，使小人对自己心悦诚服地归顺。或许表面上看是君子被小人所羁绊，但实质上又存在反转，其实是君子如同用一根绳子将小人牵制。终究会是哪个结果，还是要看君子之心。君子守持身正和心正，不被小人所左右，而用正面力量去影响小人，那么这个结果就会没有危险，甚至会变成吉祥。

九四：好遁，君子吉，小人否。

九四爻要退隐，而初六爻尾随其后。九四爻所居为阴位，而且是下互卦巽的最上，巽为入，所以九四爻是真正喜欢退避而没有厌恶的想法。他说话谦逊，做事低调，隐藏自己的形迹使自己不被外界的干扰所牵制，也不去触及别人所忌讳的事情，所以初六爻就不再尾随九四爻，九四爻就退隐了，不再受到小人的加害，对于君子来说就是吉的。然而君子如果彻底退隐了，对于小人来说就会是“否”的状态。在遁卦这个卦形中，下面两个阴爻的气势已经很盛了，如果他们再前进一步，就会完全变成否卦，如果此时九四爻没有退隐，或者他不愿意退隐，那么它一定会面临“否”的状态。君子既然能够做到退隐，就做到了超然世外，而小人还在扰乱世间的纲纪礼法，所以世间的“否”的运势就只有小人独自承担了。由此看来，彼时小人侵害君子，实则是此时害了自己。

在九四爻的时候，君子看出来世事不济，没办法力挽狂澜了，所以就自己主动退隐了，就好像一个乱世之中的国之栋梁突然退隐山林了。这种退隐不受到任何人所迫，没有丝毫的不情愿，而是自己想要退隐。看到这样的情形，小人还得意忘形地以为自己再也不用受制于人，所以就更加猖狂。殊不知他的这种狂妄，正使他离危险越来越近。君子及时退隐，世事如何变幻都与自己无关了，可是小人还在乱世之中。世界失去了君子的支撑，就会变得越来越混乱，那么小人也就只能自食恶果、作茧自缚了。

九五：嘉遁，贞吉。

九五爻退隐，但是我们之前说过，六二爻用牛皮绳子将它系住，不让它走，此时九五爻因为六二爻的牵制变成了阴爻。九五爻一旦变阴，外卦就成了一个离卦。后天八卦中，离为“元亨利贞”中“亨”的位置。《文言传》中说：“亨者，嘉之会也。”离为嘉，所以此时爻辞称九五爻为“嘉遁”。天时讲的“元亨利贞”，用到人事上就是“仁义礼智”，亨为“礼”，《文言传》中也有“嘉会，足以合礼”的说法。这说明九五爻非常守礼。等级和威严有所分辨，则小人就不敢僭越。君子的位分、言语、行动都没有瑕疵，那么小人就没有可乘之机，这就是所谓的没有厌恶。但是也要保持威严而不能随意对待，这是因为小人的势头太盛，君子都退隐了，谁来维护世界的和平呢？所以九五爻因为六二爻的挽留，就留下来救世了。九五爻用礼仪制度来自我防范，使自己不会被小人迷惑，守持贞固正道，达到这样的程度就可以延迟小人还在增强的势头，那么就是“吉”的。这就是卦辞讲到的不以身遁而以心遁的道理，也是当位者善用管理的技术，所以说遁卦因时而生的价值也是十分大的。

一个人如果知道自己所处环境危险，又知道自己被小人牵绊的时候，往往会选择逃避，但不是所有时候都可以一走了之的，有很多羁绊不是那么容易放下的。每个人身上都有自己的责任要去承担。在九五爻的时候，就不能做到如九四爻那么洒脱，退隐山林，不问世事。九五爻在这世间承担起救世的重任。那是不是留在这乱世之中，就要和小人同流合污呢？不是的。为了使自己不被小人影响，九五爻虽然留下，但用礼仪制度与小人保持安全距离，也就是说没有走，而是在心中对小人进行防范。说到九五爻，我想到这样一种情况，我们和自己亲近的人在一起的时候，常常会不拘小节，比较随性。但是当我们做到非常礼貌地对待一个人的时候，我们彼此就会产生距离感。因为好朋友之间大家彼此的心是敞开的，没有刻意地回避。但是如果和一个不熟的人相处，没有判断出对方会不会对自己带来什么坏的影响的时候，我们就会特别小心，像把自己的心收起来一样。这并不是失去真诚的举动，而是对自我的保护。

上九：肥遁，无不利。

上九爻处在外卦的最上方，内卦之中没有与之相应的爻，没有人或者事牵绊自己，所以称它是“肥遁”。“肥遁”是什么意思呢？就是上九爻既做到了退避，还做到了自我充盈，即做到了真正的超然。如果说九四爻是退隐山林，那么上九爻是隐遁到了更广阔的天地。它在隐遁的状态下所感受到的那种放飞自我、自由自在的滋味，是十分舒适的，也就是乾卦之中提到的“遁世无闷”的状态。此时的上九爻是从身体到心灵全都做到了脱离，远离了那些可能加害自己的因素，所以是“利”的。上九爻保全自身，等待有朝一日可以再次伸张正义，使民众觉醒，这对于民众来说也未尝不是一种补救。所以从各方面来看，都是有利的，也就是爻辞说的“无不利”。

纵观遁卦的每一个爻，我们可以感受到，所有的阳爻，也就是君子，都是吉的，是无不利的。而当小人在“否”的状态时，如果小人知道按照道理和规律做事，而且合乎时运，那么这也会是吉的。但是如果小人结党营私，谋害君子，那么它不好的势头就会增长，就会有凶险产生。所以说小人的贞固和利益是不能多信的，要仔细分辨才行。

34. 大壮

大壮：利贞。

“物不可以终遁，故受之以《大壮》。”——《序卦传》

每一次学习大壮卦都让我想到一个词，就是“蓄势待发”。阳气在遁卦的退避过程中，终于做好了充足的准备，一旦它要使出全力去前进，那就是势不可当的状态。此时《易经》还是按照惯例，给出一个告诫，就是阳气不可太过壮大，不可太冒进，所以卦辞是“利贞”。

从大壮的卦形中我们可以看到，大壮卦是四个阳爻在下，两个阴爻在上，这时阳气的势头大盛，所以就用“大壮”做卦名。这时是君子的气势上涨的时候。但是阳气上涨的势头已经过了这一卦的中间位置，内卦乾为刚，外卦震为动，此时刚健的势头太足了，如果自恃刚强，就不能很好地辨别事理，如果太好动，就不能耐心等待时机。所以卦辞为了使其能够安定下来，用了“贞”做警诫。能够守持贞固的人，就不会用到自己的强壮，也就是说即使处在盛极一时的状态，也能够谦虚谨慎地去审时度势，徐徐图之。这样刚健就不会太过，而震动也能守中，所以就是有利的。在遁卦之中，因为是阴气上涨，所以卦辞就用小贞。在大壮卦之中，因为是阳气上涨，所以就要大贞。阳为大，阴为小，此时的大小就是针对阴阳来说的。阴爻做到贞固，阳爻就不会被侵害，遇到困境也可以全身而退，可以东山再起，这是对阳气的保护。此时大壮卦里阳爻做到贞固，就不会把阴爻逼急了而反噬阳爻，这也是对阳气的保护。我们之前讲，《易经》从始至终都在保护阳气，它会时时刻刻提醒我们去戒备和防范阳气被侵犯；它也会在阴气大盛的时候提醒我们，天下尽失君子，则小人无存，也就是说小人无论什么时候都不可以将君子侵犯到绝境。这正是“易为君子谋”的道理。

初九：壮于趾，征凶，有孚。

大壮卦内卦乾的初爻，其实就是八经卦震卦的那个阳爻，所以初九爻有动的象。这一爻在全卦的最下方，所以初九爻也有身体的大脚趾的象。此时初九爻就像是一个粗壮的大脚趾，它感觉自己已经长大了，要去行动了，这就是“壮于趾”。在这样的情况下，大脚趾强壮虽然可以行动，但是它也会处在一种躁动的状态。初爻在下，而又躁动冒进，这一定会遇到凶险，所以称为“征凶”。幸好初九爻与九四爻相应，它和九四爻有一样的德行。如果初九爻可以积淀自己的诚信，诚心跟随九四爻，并且与九四爻共进退，那么九四爻是“贞吉”，初九爻也可以没有凶险了。在初九爻的时候，爻辞是在警诫初九爻不要过于强壮，并且勉励它做到贞固。

初九爻的情况，其实是很多人容易犯错误的情形。人容易在事业刚刚有了一点小起色、小成绩的时候，就开始骄傲自满，内心变得特别浮躁。好像一下子自信心就膨胀起来了，感觉自己什么都能做了，实际上自己还处在最开始的创业阶段，还没有扎实的根基。此时要特别警惕，有了小成绩是值得高兴的事，但是做事依然要稳扎稳打，要更加稳妥。就像钓鱼一样，看到鱼线动了，也不一定是有鱼咬到钩了，这时要沉住气，手上真的感觉到鱼上钩的时候，才能收线。否则就可能把鱼惊走了。

九二：贞吉。

九二爻是阳爻居阴位，这是以刚居柔，而且九二爻在内卦的中间位置，也就是说九二爻在又柔又中的位置。在大壮卦的情形中，能够用到柔和中，这是谨慎行事、通达事理，慢慢观察等待时机的样子，也就是卦辞中提到的“贞”。九二爻此时做到了，所以九二爻就是“贞吉”。九二爻本来应该是又中又正的阴爻，但是它此时是个阳爻，似乎就有不正的嫌疑。虽然大壮卦非常忌讳各个阳爻由于它们的刚健而使行动太过，但九二爻以阳爻居阴位，这就以阴位之柔中和了过刚的势头，所以就达到了平衡，也就做到了守中。此时的中，不仅仅是指九二爻位置居中，也指九二爻本身要守中的意思。九二爻可以守中，就没有不正一说了。所以爻辞为它做了“贞”的注解。《周易程氏传》中说：“能识时义之轻重，可以学易矣。”在九二爻中我们可以看出，一个爻在什么位置上，并不能非常片面地去说它是好还是坏，或者是不是恰当，我们要有自己的辨别力。在九二爻的时候，虽然通常来说，阳爻居阴位并不好，但是在这个大壮卦的状态下，一直是对阳爻过于刚健有所防范的，那么此时阳爻居阴位就变成一件好事，因为即使位置不正，也可以通过阴阳的平衡，而使这一爻做到中正。所以学易一定要会辨识，并且一定要学会用发展的眼光去看问题。

九二这一爻让我认识到，天资不够可以通过后天努力来弥补。也就是说，也许九二爻是一个很暴躁的人，做事不够稳妥，成长环境也不是特别好。此时如果任由自己的人生一无所长地发展，那么慢慢地九二爻就会因为自身的不足，而使自己的人生非常困顿。可是九二爻并不是一个不知进取的人，他虽然脾气率直，但是能够看清楚自己所处的环境。他在自己地位不高的时候，能够做到安静自处，顺应时势，那么他身上的戾气就变成了斗志，不好的地方被中和掉，优秀的地方又被保留，九二爻的路就会走得非常顺利。

九三：小人用壮，君子用罔，贞厉。羝羊触藩，羸其角。

九三爻的位置不中，但是阳爻居阳位却是正位，所以它既有君子的象又有小人的象。此时爻辞中的“罔”是“不”，也就是“不用壮”的意思。大壮卦的卦形，我们拆开来看，它就像两个兑卦相交叠，每一爻都有羊的象。九三爻居重刚之位，所以是“羝羊”，即公羊。“触藩”的“藩”指篱笆，这里是指最上面的两个阴爻，阳爻在内被两个阴爻遮蔽，这就是在外有“藩”的象。另外，外卦震也有“萑苇”和“苍筤竹”的象，这些都有藩篱的象。小人崇尚武力，所以在行动的时候就会以壮施力；而君子崇尚德行，所以在行动的时候就不会以壮施力。如果说居阳位本该守持贞固行事，但是却仍然想以壮施力，那么不仅有损德行，还会有危险产生。用蛮力的人一定学不会谦卑，容易瞧不起比自己弱的人，而被瞧不起的人又受不了这样的羞辱，所以就会反击。这就好像公羊爱用触角去撞篱笆，结果被篱笆困住自己的角，它越是用力，越会被缠住不能出来，最后只能不再用力，一点一点解脱。如果是这样，还不如最开始就不要这样做。

九三爻看似在说小人和君子两种人，其实我们也可以从一个人的处事方法来理解这一爻。有时候我们常常喜欢用蛮力解决问题，不太会用巧劲儿。面对生活中的一些困境，我们总想怎么冲出重围，结果往往是被撞得头破血流。我们之前多次提到过审时度势和顺势而为。在九三爻这个位置，很显然是不上不下的位置，如果说在年幼的时候还可以天真幼稚，那么人到中年还没学会成熟稳重，就有些说不过去了。所以在九三爻这个位置，更加要强调自己的德行修养，要以德服人，而不是崇尚武力。

九四：贞吉，悔亡。藩决不羸，壮于大舆之輹。

九四爻处在外卦震上，为震中的唯一阳爻，所以它喜欢行动。这样善动容易出现悔吝，但是因为它以阳居阴，得到天时大义之正，所以它与九二爻的贞吉相应，因此喜欢行动而产生的悔吝也会消亡。九三爻喜欢用其刚健去触藩，也就是触犯上六爻，与上六爻为敌，所以它解决不了篱笆的缠绕，而角被系羸。九四爻居柔位，它不去触犯六五爻，所以六五爻也不会与它为难，因此爻辞称“不羸”。而这个篱笆的缠绕问题被解决了，就是“藩决”。当前面的艰难险阻变成坦途，内卦之乾，就如同轮辐更结实了，此时再前进，就畅通无阻了。所以九四爻虽然没有用壮，但是实质上使阳气更壮了，那么由此可知，用壮还不如不用。

九四爻要是比作人的话，此人就很会办事了。他也想前进，但是能够看清楚自己所处的形势，柔顺地去处理问题，即使遇到麻烦，也没有贸然行动，或者草率处理。他付出很大的耐心，抽丝剥茧地去解决，最后把问题解决好了，自己想要前进的道路也铺平了，那么此时他就可以大步向前了。

六五：丧羊于易，无悔。

六五爻就是九四爻需要去“决”的那个篱笆，以阴遮蔽阳，这是会有悔吝产生的。但是六五爻是一个阴爻，又在中位，所以它不会为难九四爻。又赶上九四爻放弃了用角去抵触篱笆的想法，所以六五爻是自决，他自己把篱笆拆了，让羊跑出去，任由羊奔走在国界内外，这是毫无私心的做法。九四爻不强势做事，六五爻也不用忌惮他的强势。如果能够做到这样，不在彼此之间设限，那么众多有才华的人也就能够齐头并进，也就不存在以阴蔽阳的悔吝。此爻是教育阴爻不要设置藩篱，设置界限。

人到底需不需要有界限？我们要在不同的情况下去看。在六五爻的情形下，六五爻以一个阴爻去压制阳爻的发展，这显然不符合天道。那么此时如果还是把六五爻看作一个君主，他如果一直对自己的臣民采取限制手段，甚至是闭关锁国，那么可想而知，国家会变得落后，有才华的人也没有为国效力的机会。而在大壮卦中的六五爻这个君主，对有才华的人采取的是开放的态度，引进人才，与他国互通有无，这样反而更能汇集人才。同一个科研项目，各国人才共同研究，这才是最优化的组合，更有利于社会的进步和人类的发展。

上六：羝羊触藩，不能退，不能遂，无攸利，艰则吉。

上六爻就是九三爻那只公羊用角去抵触的藩篱了。九三爻因为冒进，羊角被纠缠住，没办法后退，此时为“不能退”。上六爻本质是很柔弱的，才能也缺乏，它其实是想像九五爻一样放这只羊出去。但是九三爻和九四爻不同，九三爻用角去抵触这个篱笆，上六爻为了自我保护，就不能让九三爻如愿，这就是“不能遂”。上六爻之所以有这样的想法，完全是因为忌惮九三爻的强势，所以才改变了心意。因此到最后也就没什么有利的，此为“无攸利”。如果能知道用壮的艰难，而不再利用强势去做事情，那么才会得吉，就是“艰则吉”。

大壮卦本身是阳气非常旺盛的一卦，按道理来说，要以柔克刚，限制阳刚太过。所以九二爻和六五爻这两个爻虽然都没有处在正位，但是因为它们能做到柔顺，所以都是吉而且没有悔吝的；而初九爻和九三爻虽然都在正位上，但是因为它们是重刚的两个爻，所以它们阳气太盛，就有凶而且有厉。这一卦虽然是大壮卦，但是实际上一直在讲不要用壮。由此可见，正如我们之前提到的“易为君子谋”,《易经》是谋划得多么详尽啊。

35. 晋

晋：康侯用锡马蕃庶，昼日三接。

“物不可以终壮，故受之以《晋》。晋者，进也。”——《序卦传》

事物到了盛大壮观的地步就一定会有前进。在《序卦传》中承接大壮卦的是晋卦，为什么《易经》此时没有用一个“进”字直接表示前进的含义呢？这是因为“进”字只有前进的意思，它却没有光明的意思，而“晋”既有前进，又有光明的意思。接下来就让我们在晋这一卦中，体会一下不同时位和不同的前进过程。

晋卦的卦形为坤下离上。离为日，坤为地，日出地上为“晋”。离卦是附丽于乾卦的象，乾为君，此时外卦离卦有“侯”的意思。我们又知道，坤为柔顺，为众，此时说明离为侯可以安民，因此卦辞中用到“康侯”，这是乾为君对离明为侯的嘉赏。在晋卦之中，上互卦为坎，内卦为坤，坎在《说卦传》中就有马的象，而坤又为“牝马”，这两个卦都有“马”的象。那么离为日，所以为“昼日”。此时卦辞“三”依然是之前我们分析过的，为离之数，就是卦辞中的“昼日三接”。

晋卦之中，六五爻为阴爻，以柔顺居中，此时是一个阴爻进到乾卦之中，附丽于乾卦的象。而此象在整个晋卦之中，又是以这个阴爻亲临内卦坤的象，所以此时这个六五爻得了君道，而又安定了民生之本，奠定了发展之机。那么此时卦辞说康侯“锡马蕃庶”，这是臣子奉君之福禄的意思。古代用拥有马的数量多少来衡量一个国君是否具有实力。计算马的数量都是成对来数的，马的数量众多，国家也就十分富足。爱护人民的王侯能够富足，那么他们就会使人民也能够富足。这也为国君带来福禄祥和。如果可以达到这样的效果，这就比国君厚赐给大臣的物品有着更重要的意义。“昼日三接”是君王对大臣施礼，也是为了能够安定民心。而君王给予大臣这么丰厚而隆重的赏赐，也是为百姓们创造了喜悦祥和的福气。这是比接济赈救的恩情更能够普施众生的。所以在晋卦之中，圣人的治世之学不只是前进，还有在前进之中用太阳一样的普照之德利益一切。这也正是最开始我们所分析的卦名用“晋”而不用“进”的原因。

初六：晋如摧如，贞吉。罔孚，裕无咎。

初六爻变动，则内卦成震，所以有前进之象，为“晋如”。又有下互卦为艮，艮为止，所以有“摧如”之象。此时我们可以看出，初六爻有被九四爻阻止之象，就像是我们去处理事情，遇到了比自己权力大的人从中阻挠。此时爻辞告诫我们，首先我们不要失去自己对是非的判断，我们要知道正义永存，不管别人是怎样的，一定要做好自己的本分。其次我们要相信真正的努力总会被人看到，并且被人们所接受，无论谁阻挠自己、诽谤自己，清者自清。当然，“世事无常”这句话在爻辞中也有体现。似乎老天并不是那么公平，总会有乌云遮日的时候，自己的努力似乎没有被真正发现，在这个时候要想继续守住贞正就更加艰难，但是就是因为艰难才更应该去做到。在生活中我们有时候会听闻这样的事件：一个大多数人都认为他之前是个好人的人，可偏偏犯了一个大错误。在反省自己的过程中，这个人觉得很冤枉，认为是生活把自己一步一步逼迫到了绝境。这种情况和初六爻提到的问题很像，在这个位置的时候，如何能够前进？爻辞告诉我们要做到内心宽裕。很多事情往坏的方向发展，都是由自己的内心决定的，往往在内心失衡的状态下，人们就会做出无法挽回的错误决定。

六二：晋如愁如，贞吉。受兹介福，于其王母。

六二爻与六五爻相应，都是阴爻，所以二五同德，六二有“晋如”之象。上互卦坎于六二爻之上，有加忧之象，所以为“愁如”。这都是在担忧九四爻。因为九四爻在前，阻挡去路，遮蔽了君主的聪慧，贤人义士进取之志被阻隔，此时贤士的担忧不是对自身的担忧，而是对国家的担忧。但是六二爻所处的位置，不能与九四爻争锋，还是益于守持在自己的位置上，此为“贞吉”。一方面自我防御，一方面积累自己的诚意，使明君了悟，久而久之，不正派的人和正派的人都可以被分辨出来，自己的心迹也就被明了了，也就不用再发愁了，就会获得吉祥。

六二爻也是前进的象，它和初六爻一样遇到九四爻阻隔在前。此时他想的不是与九四爻抗争，而是做好如何守护自己的准备。在六二爻的情况下，因为他和初六爻所处位置不同，所以他的进取之心更加坚定，而且他不仅仅在为自己的仕途考虑，他还富有民族大义，他是对整个国家的一种担心。好在六二爻与六五爻是相应的关系，他一方面做好自己，等待六五爻重用自己；另一方面，他也知道，自己与六五爻深厚的关系，一定会给自己带来好处。前提是六二爻守好自己的本分，做到纯良恭顺，那么六五爻才会如同一个长辈一样扶持和爱护他。说到底，这一爻还是在告诉我们诚心的可贵。

六三：众允，悔亡。

在晋卦之中，六三爻这个位置是很尴尬的一个位置。它与九四爻相近，但是却得不到九四爻的青睐；它与六五爻又隔着九四爻，有些远，所以没办法相应。所以它是很容易产生悔吝的一爻。但是六三爻在内卦坤卦的最上边，柔顺到了极致，同时它又向下与其他两个阴爻同心，向上与上九爻相应。所以初六爻、六二爻和上九爻都对它产生信任，那么此时，六五爻也就相信它了。而九四爻的猖狂和嫉妒就不会再中伤六三爻，进而之前我们分析到的悔吝也就不存在了。

所以这一爻说的是，如果一个人处境尴尬的时候应该怎么办。自己的所作所为不被他人理解，同时又有人中伤自己，这个时候自己很可能会遭遇不好的事情。六三爻告诉我们，越是在这样的时候，越要谦卑柔顺，洁净内心，要与身边的人诚心相交，而不是为了功利去苟且附和。这样大家才会对自己有所信服和赞誉。之前不能认同自己的人，也会因为大家对自己的评定，而改变对自己的看法。之前中伤自己的人，也就没有什么可乘之机。

九四：晋如鼫鼠，贞厉。

我们在对晋卦前三爻的分析中，都提到九四这一爻。“鼫”同“硕”，是大的意思。下互卦艮为“鼠”，九四爻为阳爻，所以为大，爻辞称“鼫鼠”。晋卦本身注重柔顺，但是九四爻一直用其刚健，使自己失去柔顺之德，这时众人之心不允许它这样处事。九四爻阳居阴位，并不是它该在的位置，所以它常常担心自己的位置会被夺走。九四爻贪心而又畏惧别人，就如同一只大老鼠一样，爻辞用“鼫鼠”来形容九四爻的这个状态。“贞”为固守，也就是说，九四爻如果一直固守在这个位置，就会有危险产生。世上没有才德不符而窃取名位却没有危险的人。初六爻“摧如”，六二爻“愁如”都是因为九四爻而起的。鼫鼠常常会以为危害他人能使自己安定，结果却使自己栽倒在自己设计的危险之中，这有什么益处呢?

九四爻虽然是个阳爻，在晋卦之中却是一个卑鄙之人。就大环境来说，九四爻并不符合时代发展，大家都以谦卑柔顺处世，而他却激进刚烈。不仅如此，他还没有看清自身的不足，没有安置好自己的位置。我们或许会在饭局上遇到这样一种人。比如说这个饭局是为了招待一个重要的客人，在主宾尽欢，其乐融融的时候，有一个人总是自以为是，夸夸其谈，对别人说的话都不赞同。这个时候此人就会在饭局之中变得格格不入，不受欢迎。当然，这只是一个小方面，九四这一爻的恶劣程度要更甚于一个酒局。在一个小的方面都已经产生这样不好的结果了，可想而知在大事件之中如果一个人也是这样看不清自己的处境，而且占据在一个不适宜的位置不肯改变，那么一定是更加危险。不过，归根结底，九四爻之所以这么不好，还是与它阳爻居阴位，阴阳在此时存在冲突有关。

六五：悔亡，失得勿恤；往吉，无不利。

外卦离为火，火的燃烧和熄灭总是无常的，所以就有得失之象。上互卦坎为担忧之象，所以爻辞称“恤”。下互卦艮为止，所以爻辞称“勿恤”。六五爻就是卦辞所谓的“康侯”，以一柔顺的阴爻，上行到尊位。阴爻居阳位，本应该有悔吝产生。但是六五爻做到足够顺从，又有离丽为明，所以它可以得到上级的赏识，悔吝自然就消亡了。

每个人都会有不够坚定的时候，特别是在前路未明的途中，人会变得迷茫困惑，即使在过程中得到了回应，心里还是不踏实。这就像我们追求真理的过程。在这个过程中，或许我们已经得到了益处，但是因为现实的复杂性，或者我们自己学得不够全面和扎实，我们就会在出现与所学道理相违背的情形时，对自己所学的真理产生怀疑，这种怀疑最后就会使我们错失学习真理的机会。所以在明道的过程中，同样要求我们有一颗坚定的内心，只有坚信的力量才会带我们到达想要去到的光明之处。

上九：晋其角，维用伐邑，厉吉，无咎，贞吝。

如果把一个卦看作一个身体，上九爻在最上，而且是一个阳爻，它就像是坚硬的角。内卦坤为“邑”，外卦离为甲兵，所以有“伐”的象。上九爻已经走到晋卦的最高处，是刚进至极无以复加的象。这样坚硬的角向前冲去，就是不能容忍任何事物的阻挡，也没有什么是能够为自己所用的了，只有用征伐的方式去“伐邑”。所谓的“邑”其实是为自己私有的意思，“伐邑”就是自治私有的问题。人只有在自己治理自己的不足之处时，才不会有过刚的嫌疑。克制自己的私心贵在勇敢，过于急躁且没有丝毫的容忍之心，这是务必要改掉的恶习。所以说，虽然有危厉，但是也会得到吉祥而没有灾咎。如果像九四爻一样固执地守在一处不知变通，才是有悔吝的。我们一般会认为，严厉并不利于安定祥和。在晋卦之中，外卦离没有用刚，晋卦也不主张用刚，而上九爻用刚决去“伐邑”，是为了在变通之中寻求利益最大化。上九爻的中心思想没有错，但是不能把它作为典范。大的方向上我们还是崇尚上善若水，以柔克刚。但是在小的细节上，我们也要随时势变化而用不同的方法。此为上九爻之用刚给我们的启示。

36. 明夷

明夷：利艰贞。

“进必有所伤，故受之以《明夷》。夷者，伤也。”——《序卦传》

四季的交替轮转，太阳的东升西落，都在有条不紊地进行。上一卦我们说到日出地上的晋卦，太阳升到空中，普照万物，人与物都在这温暖中努力前行。但日有盈昃，盈则必昃，此时的太阳又入于地中，变为明夷卦。《序卦传》说，“夷者，伤也”。下面我们就来看看在明夷这一卦中，谁有所伤，又被何伤?

想要了解这一卦，还是要从卦形开始。明夷卦离下坤上，光明万丈的太阳落入地平面之下，所以卦名是“明夷”。“明”为光明，“夷”为伤，此卦名是指阳气的光明之德被阴气所伤。如果放在人事中理解，此卦两个阳爻居下被阴爻压制，是小人势众不利于君子守持贞固的象。君子在这样的环境中，一方面如果不守持贞正，就会为了保全自身而流于世俗，胸无定见，这样就会损毁自己的修为，破坏天道。另一方面如果守持贞正，又会与时代相抵触，发生矛盾，以致因为守护正道而伤害了自己。所以说，守贞是一定要守的，但是此时不可以直接进行。君子要懂得变通之法，内心之中有守持贞正的决心，在行动上却不露守持贞正的痕迹，顺应时势的安排，待时而动，在艰难中进行守贞，其结果也是有利的。此为卦辞“利艰贞”。虽然我们都知道，艰险并不是一个有利的状态，但卦辞说它是有利的。这是因为在明夷这一卦里，是以一人承受艰难而兼济天下的意思，君子以兼济天下为己任，损害一己之利，而利益众生，此为君子之所利。

我们学习明夷卦，总是看到它有所伤的一面，但是在卦辞的分析中，我们更能看出，明夷不是小伤小痛，受挫自辱，其实有着君子为兼济天下而忍辱负重的大义。下面就让我们去每一爻中，探寻明夷卦的内涵吧！

初九：明夷于飞，垂其翼。君子于行，三日不食。有攸往，主人有言。

明夷卦内卦为离，离为雉，所以有“飞”的象。初九爻为阳爻，所以为君子。上互卦为震，震为动，所以有“行”的象。此为爻辞“君子于行”。“三日不食”中三为离数，离又有“日”的象，所以为“三日”。离的卦形，为腹中虚，所以为“不食”。离在五行之中又为火，对应古人修身的五件事：貌、言、视、听、思。离为言，所以爻辞称“有言”。

明夷卦从初九爻开始一直到六五爻都是光明之象，但是都被上六爻的不明所伤。初九爻虽然与上六爻相隔甚远，但是也一样被伤到。此时初九爻坚守道义，心怀清明，将自身的光芒隐藏起来，退避于世。就像是天空中飞行的鸟儿受伤之后，垂下了翅膀。翅膀垂下了，就难于飞行。然而君子看到时机就必定会前行，虽然三天吃不上饭，也不会顾及，坚定向前。在这路途当中，君子为客居旅者，所遇之人为“主人”，君子在此穷困情形之下，不免受到主人出言讥讽，但是这些都不会让君子去忧虑。《系辞传》云：“君子见机而作，不俟终日。”在初九爻的情形下，君子看到时世的危险，就立即行动，远离乱世，即使走到天涯海角，经受穷困挨饿也不会后悔。

六二：明夷，夷于左股，用拯马壮，吉。

六二爻在内卦中间的位置，所以用“股”来表示。此爻辅助上互卦震卦。震为东方，属左，所以为“左股”。互卦震和坎都有马的象。《说卦传》中震马为足，坎马为美脊，所以此马很健壮。在古代，大臣被称为“股肱之臣”，所以此时的六二爻有“股”的象，也就象征着这一爻为臣子。“夷于左股”说明伤的不是要害，受伤的程度不是很深。六二爻阴爻处中位，柔顺中正。作为大臣，他能够严格要求自己，谨守本分。他虽然伤了左大腿，但是他的志向在于化解危难。此时唯有用马使国家强大，臣民对于君主来说，就像君主的马一样。君主的气势已经被上六爻压制住了，此时就适宜厚待下面的人，使臣子没有叛逆之心，人民也可以普遍富足，这样虽然国家有危难，也可以平安度过，所以就是“吉”的。

九三：明夷于南狩，得其大首，不可疾贞。

内卦离为戈兵，上互卦震为马，下互卦坎为车，这三卦组成“狩”，即狩猎之象。因为离卦在南方，所以为“南狩”。《说卦传》中，坎为心病，所以为“疾”。九三爻阳居阳位，有刚正之德，所以有“贞”。明夷卦中所有光明都是被上六爻所伤。九三爻当位，且应该与上六爻相应，这是它身居其位应尽的本分。无论上六爻有什么错处，都是无可奈何，所以，九三爻不得已而“南狩”。此时的“南狩”不是单纯地狩猎，而是以德伐暴。“得其大首”中的“大首”为“元恶”，暗指九三爻除去了万恶之源，也就是在根本上解决问题。“疾”为“急”。“不可疾贞”是说九三爻要先应承上六爻，守持贞正，不能操之过急，直到时机成熟，一举突破困境。

九三爻就像汤武革命。按照古时候的礼仪制度来讲，臣子推翻君主的统治，这是谋逆之罪，但是此时的九三爻是用除暴救民之志行事，而不是为了一己私欲去征伐天下。所以说一件事情正确与否，我们还是要从心志出发去仔细辨别。纣王残暴无道，陷人民于水火，武王伐之，是以不得已之初衷行不得已之举。此举光明磊落如同日月，毫无自私自利之念。因此，这种行为绝不能用“乱臣贼子”加以定义。此时九三爻的刚健，解决了根本的症结，看似叛变，实则是安定天下，守持天道之贞正。

六四：入于左腹，获明夷之心，于出门庭。

外卦坤为腹，上互卦震为左，所以爻辞称“左腹”。如果六四爻发生变化，阴爻变成阳爻，下互卦就会变为巽卦，巽为“入”。六四爻上两个阴爻为断线，如同“门”一样。此时震为动，就有出门的象。六四爻与上六爻都在外卦，所以有同体之象，本应如同肺腑般亲近，但是此时它们却没有相互亲比，所以爻辞称“入于左腹”。左腹的位置与肺腑有些距离，不去亲比，也是担心会受到伤害。与君王同宗的重臣，他们的情谊要以庙堂社稷为重，如果为了保全自身而进行祭祀祈祷，那是各存其志、各谋出路的做法。苟且贪恋安生，不肯出门，这样就会丧失内心的志向，最终一无所获。

六五：箕子之明夷，利贞。

六五爻为阴爻居中，本应该是柔中得明，但是它与上六爻离得太近，所以它走不出去，也没办法被拯救，所受的伤也更加严重。但是六五爻所处的位置使它不可以失去光明，所以它只好隐藏起自己的光明，在遭受灾难的时候，让世人都以为它没有光明。这就是箕子的明夷。卦辞称："明夷：利艰贞。"对于历史人物箕子来说，他的处境可谓极其艰难，但是最后他还是因为守持贞固而使情况对自己有利。所谓守持贞固的人，就是受到伤害也不改变志向，永葆其光明而不熄灭的人，箕子披头散发地装疯，而到老的时候又将《洪范》流传于世。他受到的伤害有千古之久，他守持的贞正也有千古之久。

六五爻的爻辞，还用到了殷商时期的一个典故，就是"箕子明夷"。箕子本是商纣王的叔父，在殷商末期，他见微知著，察觉到危险之后，就装疯卖傻，把自己的聪明才智都隐藏起来，躲过杀身之祸，最后在武王当政的时候，武王造访箕子，箕子才再次显露才智，授武王以《洪范九畴》。

上六：不明晦，初登于天，后入于地。

明夷卦的上六爻，是到达本卦最终的一爻，此时黑暗到了极点，本来具有光明的可以隐藏自己的光明，本来阴暗的也可以用光明照亮自己的黑暗。上六爻本身黑暗到了极处，但是它却不努力使自己变得光明，是一种自暴自弃的象。这也是九三爻南狩征伐它的原因。"初登于天"是说殷商还没有丧失民心，也是可以与天意相称的。"后入于地"是因为他们不注重德行，对道德礼仪没有敬畏之心，所以就早早地灭亡了。

在明夷卦的各爻辞之中，用到了商周交替时出现的各种历史事例，用改朝换代中不同的人物、不同的立场而产生的不同做法进行说明。初九爻如同在讲夷齐不食周粟的气节，六二爻仿佛在说文王抚民用贤的仁德，到了九三爻就是武王伐纣救济天下之功，六四爻在说微子抱器归周，六五爻就是箕子明夷，上六爻就是纣王无道之毁灭。这里面的是非对错，都有一个共同的标准，就是做一个正确的选择要有无私而光明的心志，而不是被私欲所左右。君子要预知危险，把握时机，即使在太阳坠入地下世界一片黑暗的时候，一切也是可以有转机的。

37. 家人

家人：利女贞。

“伤于外者必反于家，故受之以《家人》。”——《序卦传》

无论对于人，还是对于动物来说，家都是一个特别重要的存在。动物受伤，会返回自己的巢穴养护伤口。人在受伤的时候也常常会回到让自己觉得最安全、最温暖的地方进行休养，而这个地方就是给予我们生命的家。所以在明夷这样一片黑暗、伤痕累累的情况之下，《序卦传》续以家人卦，意指在外面受伤，要返内休复。下面我们就来分析一下家人卦。

家人卦卦形离下巽上。此时如果把阴阳比作男女，九五爻男主外，六二爻女主内，此为各守中正之象，卦名曰“家人”。在这个卦形中，只有两个阴爻，而六二爻和六四爻又都在正确的位置，所以说为“女贞”。男女同居一室，这是创造生命的开始，也是人类繁衍生息、福泽广大的根源。在《序卦传》下经的开始，就说到“有夫妇然后有父子”，然后有兄弟，整个家庭就会建立起来。一个家庭的源头来自夫妇的结合，而结合之后能够繁衍，缺少不了具有孕育能力的女性。我们常说，一个女性能影响家中上下三代人，所以说一个家不能缺少一个贤良淑德的女子。一个女子有失德行也会导致一个家败落，可以说一家之成败往往会受其女主人的影响。所以卦辞强调“利女贞”，这是重视妇人的柔顺之德对家庭的影响，以确保家庭成员齐心协力，和睦相处。《大学》强调修身齐家，一家人可以做到和睦齐心，则天德得以实现，王道得以普施的根本也就确立了。

在对家人卦的学习中，很多人会认为这一卦是封建思想，对女性提出很多不适合现代发展的要求，这样的想法就没有理解家人卦的内涵，认识过于浅薄了。家人卦强调女性的柔顺之德，其实正是对女性地位的重视和肯定。在遥远的封建社会，能够给予女性这样的肯定，才真正说明了《易经》毫无偏私，毫不封建地固守中正属性。此处的“利女贞”不是要求女性三从四德，而是切实地指出女性在家庭中起到的安定作用和调和作用。

初九：闲有家，悔亡。

初九爻处于一个家成立的初始状态。原始社会大家群体居住，没有限制和隔断，就没有家的状态。那么什么样的地方是家呢？家是有自主性和私密性的地方。就比如用围墙圈出一个范围，或者用房子做一个与外界的隔断，这些都是家的初始状态。而这些限制和隔断，就是“闲”的意思，就是门中有木，以木阻门隔断往来的样子，此时就“有家”了。家人卦内卦为离，初爻变化即为艮，艮为门，又为止，所以有“闲”的象。而离卦又有先见之明，所以此时设礼成文是“闲”。人们在家的时候，往往处于最放松的状态，非常容易出现过失，有过失就会有悔吝，而且常常会用宽容去遮掩道义。从家人卦初九爻来看，初爻为阳爻，有刚正之德，所以它一定会守礼以对待“闲”的状态。在自己的家里都能够有行为规范，有秩序制度，这是防患于未然，在细微之处加以约束，这样既不会伤害家人对自己的宽容，又不会损害道义，那么因此产生的悔吝也就消亡了，此时就为“悔亡”。

初九爻的爻辞其实讲了“齐家”的首要任务。在治家的过程中，最初一定要做到严正，以防闲之乱。我们常常会用“家教”这个词来评断一个人的为人修养，就是因为一般家教森严的人做事都非常有条理，而且非常谨慎。还有句话叫“慈母多败儿”，就是说过于宽松、没有秩序的家庭会导致孩子养成散漫的习气，久而久之，做人就会出现问题。所以在初九爻的时候，要注重建立家庭的内部规则，注重礼仪德行的培养。

六二：无攸遂，在中馈，贞吉。

在卦辞中我们分析过，六二爻就如同一个守内的女子，此时她处中正之位，上面与九五爻正应，有从夫、从父、从子的象，所以称“无攸遂”。六二爻这个女子具有柔顺之德，娴静纯良，所以她的做事风格一定不会专断独行。“无攸遂”的意思就是指无所成就。六二爻所处下互卦坎卦，坎为酒食，内卦离为火，有烹饪的象，所以爻辞称“馈”。又因为六二爻居中，所以称“中馈”。在古时候，进献酒食的过程中，人们总是喜欢评论妇人是否有礼仪，所谓“中馈”就是要妇人有礼数，做到中规中矩。妇人在自己的分内事上勤勉，又不专横跋扈，这就是“女贞”。如果妇人可以守持住这样的贞固，那么平时在相夫教子、供养公婆等方面都会做得很好。这样就为家庭创造出和谐幸福的氛围。

就如同在卦辞的分析中所说的一样，此时对女子守贞的理解，要明白是利于家庭的安定团结，而不是使女性被封建礼教所束缚。事实上就是放在现代，一个温柔谦恭的女子也是一定能够经营好一个家庭的。在家庭中女性有很大的影响力，她们可以从细节上对家庭进行潜移默化的影响。在爻辞中我们看到，即使在一个进献酒食的过程中，妇人也知道对自己严格要求。由此我们可以知道，这样的妇人在治家的过程中也一定会细致入微地做好每一件事。而且对于女性来说有一个以柔克刚的便利，就是在处理事情的时候懂得听大家意见而不专断。这其实是一种有智慧的做法。在我们沟通和理解的过程中，事情往往也向着自己所想的方向发展，同时家人们也都得到了尊重，这就是其乐融融的处理方式，所以结果一定是吉的。

九三：家人嗃嗃，悔厉吉；妇子嘻嘻，终吝。

“嗃嗃”是很严酷的样子，“嘻嘻”是笑闹的声音。九三爻在内卦离的最上爻，又在下互卦坎中，所以它兼有水火之象。九三爻又是阳爻居阳位，所以为重刚而大明的象。此时这两种象综合在治家之道中，就是治家过于严苛的象，所以爻辞用到“家人嗃嗃”。这个时候九三爻就如同烈火猛烧，这样的象可能会有悔吝产生，最后带来危险。但是治家有所节制，妇人不敢自作主张，孩子守好本分德行，那么也是吉的。如果不是用如烈火一样的严厉的治家之道，而用如水一般的溺爱之法，九三爻处在两个阴爻之间，就会使妇人和子嗣群聚在一起谈笑闲话。这个时候，虽然一时有些惧怕的样子，其实最终还是没有把家中主事之人放在心上，还是失礼的。这样除了出现悔吝，不会有什么其他好的结果了。从严治家最后可以获得吉祥，而嬉笑没有规矩，最后就会有悔吝产生。如果想要家人齐心协力、和睦相处，就要好好地审视一下这两点做法。

家人卦一直在说治家之道，每一爻都是不同的方面。九三爻就如同一家之中主事之人。我们常说，一个家要有一个主心骨，如果一个家庭没有一个严肃处理问题的人，大家都很随便涣散，那就容易失去凝聚力，以至于出现很多问题。九三爻被两个阴爻包围，本身就容易受到影响和左右，所以就更需要有主见，要表现出自己的威严，才能让其他人谨言慎行。

六四：富家，大吉。

六四爻处于家人卦的外卦巽的最初一爻，此时为入于巽体的象。《说卦传》中对于巽的象的解释有很多。其中，巽为工，为帛，为近利市三倍。而六四爻又为阴爻，所以此爻为女子，就是一个擅长女工、善于持家经营的女子。有这样的女子持家，此家一定是非常富有的，因此爻辞称“富家”。《礼记·礼运》中说：“父子笃，兄弟睦，夫妇和，家之肥也。”真正能够致富的家庭不是注重金银钱财的积累，而是注重道德教养的培育，如果每一个家人心中都存有仁义，相互友爱，那么就不用担心家道中落。常言道，以和为贵，和能生福，也就是爻辞讲的“大吉”。

在六四爻里，我们就可以看到一个大富之家的持家之道。真正能够经得起岁月考验的名门望族，通常都更加注重道德品质的教育。人们都懂得家风对一个家族的影响，财富总会流失或者出现变故，但是家族精神却是世代相传。在具有凝聚力的家族精神的影响之下，家族也会越来越兴旺，财富也会随之而来。中国古代四大名著之一《红楼梦》就描写了四大家族，这些家族的分崩离析、没落消亡，都与家族内部成员的道德有损脱不了干系。不止在小说之中，历史中这样的事例也比比皆是。

九五：王假有家，勿恤，吉。

九五爻处在君位，所以称“王”。此时爻辞中的“假”通“格”，是感格的意思，也就是感于此而达于彼的意思。九五爻阳爻处外卦中位，所以其具有中正之德。那么我们就知道，九五爻是刚柔并施、恩义兼备的一家之主，它能够感格一家上下所有人，使他们都信服自己，都跟随自己行中正之道。也就是说，到了九五爻，就是用德行感化家里的每一个人，而不只是像初九爻一样，设置礼仪制度去初建一个家庭。在九五爻的时候说到“有家”其实已经是使家有所成了。有道是“天下兴亡匹夫有责”，一个家庭更是对天下肩负责任。一个家庭治理得好，家人之间就能齐心协力，团结和睦；许多个这样的家庭出现，就可以将国家治理得很好，也就成就了天下太平。语言行动都有了规范，就没什么好担忧的了。这就是“吉”的状态。

初九爻中制定了家规，让人们在家庭初建的时候有一个行动的准绳。

九三爻的时候，我们说他是家里的主事之人，就是实际去管家的人。但是在九五爻时，真正的一家之主才出现。在一个大家族里，每个人都有自己的角色，这也就要求每个人要有不同的治家之法。九三爻作为管家，治家以严；九五爻作为一家之主，治家以德，这样家风才会正，家规才会立得稳。

上九：有孚威如，终吉。

上九爻是家人卦最上面的一爻，就是家道之终。此时的“终”不是终了，而是说对于未来一定要有所规划。爻辞说“有孚”，这是以诚相待，以“孚”使其心合的意思，此时大家才不会有异心，并会团结齐心。上九爻在上面严肃地观望每个人，十分有威严的样子，也就是“威如”。它即使固守在一处很久了，也不会出现弊端，最终还是“吉”的。治家治国之道，需要宽容和严肃互相作用。治理国家主要在于正义，所以崇尚宽仁是担心正义出现偏颇而失去了正的意义。治理家庭主要是在于情谊，所以崇尚威严是怕情谊太盛，感情用事而使一家涣散。所以在九三爻的时候爻辞戒其嘻，而在上九爻的时候又回归到威严。这是说在初爻中的礼仪规范不可逾越，需时刻保持节制。

上九爻特别像一个家里的长者，这位长者在家里不具体管事了，也不为家里主持大事，但是他一直在关心这家里的每一个人。我们常常说，家有一老如有一宝，家里有一个明白事理、有威严的长者，对这个家庭也有非常重要的作用。上九爻是家庭之中最后一道防线，它严防的不是外人的侵扰，也不是钱财的流失，它是一家的定心丸，防止家人因为感情用事而出现不和睦的现象。它就像一个老母亲，对自己子女的要求只有兄弟齐心，姐妹同德。不管谁来做家中的领导者，都要使家庭和睦，为家庭做长远的打算。

38. 睽

䷥

睽：小事吉。

“家道穷必乖，故受之以《睽》，睽者，乖也。”——《序卦传》

有道是天下之事分久必合，合久必分。家人们在一起生活久了，如果经营得当，一家兴旺，大家相互之间还能好好地体谅协助。但是如果家道中落，生活日渐拮据，那么很可能大家就会各自谋划未来，也就出现了分离。《序卦传》中这个“乖”字，取的就是“违反，背离”的意思。

睽卦卦形兑下离上。按常识来讲，火焰燃烧，热气是向上行的，而对于润物之水来说，一定是向下落的，那么此时睽卦的卦象就与闭塞不通的否卦非常相像。外卦离为火，其气向上行；内卦兑为泽，润物之水向下流。两卦互相背离，因此称为“睽”。此时说的是自然物质的属性不同，如果把睽卦放在人类身上理解，两个人性格不合，其行为方式也一定不同。如果两个人的兴趣爱好、价值观不同，在一起相处就会有冲突，会产生灾咎。每个人都是独一无二的，人和人之间一定会有差别。我们应该接纳这样的差别，善加利用，而不是排除异己，即所谓的求同存异。

对于睽卦的卦辞“小事吉”，我们要这样理解。在现实生活中，要完成一件大事，一定要群策群力，相互配合，共同完成。但是如果是要完成一件小事，反而独立完成更好做决策，更有效率。所以在大的事件中，这种聚合众人的过程，往往会期待大家有一个共同的愿景，按照同一个目标去努力；但是在小事当中，存在分歧有时候反而更有利于创造。因此睽卦的状态，不利于大事的推进，但是如果放在小事中就是吉的。

以上对睽卦的分析，我们可以结合现实进一步理解。比如说行军打仗，这一定是大事件，那么此时军队就要求整齐划一，军心一致。如果军心涣散，那么一定是要打败仗的。在一个企业中，工作人员的性格品行肯定各有差异，但是当他们在一个集体中，就要认同企业的愿景，服从企业中的各项制度规则。这就是说大事之中不可“睽”。但是当前提变换，如果这个企业是在做产品推广，那么这个产品应该由部门主管设计，运营部门主管运营。此时不同的部门有不同的职责，管理办法、工作方式也各有不同。这样的不同是合理存在的，任何一个企业都不能在具体工作中要求整齐划一，这不利于公司发展。此时就是睽卦的小事吉。

初九：悔亡。丧马，勿逐自复。见恶人，无咎。

初九爻本该与九四爻相应。九四爻在上互卦坎中，坎有“马”的象，此“马”于外卦之中。马是善动的，它很少静止在一个地方，而它行动的方向必然是向上的，所以对于初九爻来说，就是“丧马”。那么此时初九爻在下，守持贞正，它不会去追逐九四爻。睽卦之中，六五爻与九二爻相应，六三爻与上九爻相应，都是阴阳相应。此时九四爻向前跑，初九爻没有与之相应的爻，所以它没有可去之处，只有“自复”。外卦离为火，为躁。上互卦坎为水，为险。九四爻这些属性兼而有之。所以九四爻就是又暴躁又阴险的“恶人”。又因为下互卦离为目，所以初九爻为“见恶人”。初九爻在下没有与之相应的爻，久而久之，它就会与九四爻反目，即为“睽”。既然与“恶人”睽，就不会有悔吝产生，也就是“悔亡”。初九爻因自己的属性做到刚正不阿，又在内卦兑卦之中，有愉悦的象，就会忘记与九四爻之间产生的那些“睽”的象。所以九四爻即使为马向前奔走，初九爻也不会去管它，就是“丧马”。此时“勿逐”而“自复”是因为初九爻与九四爻本来属性相同，都是阳爻，但是九四爻有了不同的志向，所以初九爻就任之发展。如果九四爻为恶人“自复”，就是恶人来到面前，初九爻看到彼此的差异，而有容人之量，也是可以做到在一起相处的。所以初九爻是在讲，离开自己的人，自己不会去刻意追逐；而投奔自己的人，自己也不会拒绝。看清楚本质，做好自己，那么什么样的悔吝，都是会消亡的。

庄子曰：“至人之用心若镜，不将不迎，应而不藏，故能胜物而不伤。”初九爻就是一个不拒不迎的人，安定在自己的位置上。物来则应，物去不留，在人与人之间的关系处理上，就不会被很多执着所伤。与自己的志向不一致的人一同共事，势必会有很多分歧，所以即使勉强地挽留，也不会有好的结果。但是如果一个和自己有意见分歧的人，主动来找自己，那也没必要强硬地拒绝，造成隔阂。只要心中清楚地知道自已的志向和心意，就可以不受任何人的影响，通透而自在地活着。

九二：遇主于巷，无咎。

在睽卦的卦形之中，外卦离象中空，为“巷”，就如同宫中的巷道。此时九二爻与六五爻相应，本来适宜在此相遇，但是在睽卦的卦义里，九二爻与六五爻有背离之意。然而六五爻在君位，为“主”，君能对臣有不同意见，而臣不能有不同的意见，所以说此时的情境就不能顺遂九二爻的心意。如果九二爻曲意向六五爻抒发自已的忠诚，那么最后君臣之情义还是可以相通的。也就是说，因为形势所迫，本该在朝堂相遇的君臣，此时却约在小巷子里见面。虽然小巷子不是大道，但人可以在此通行。在闭塞的巷子里相遇，从多方面体悟沟通，就如同坎卦的六四爻“纳约自牖”一样，这样也不算违背天道以求和，所以说就是“无咎”。

我们之前已经分析了卦辞和爻辞，到此时我们应该能够体会到，每一个爻在一卦之中都要以这个卦作为前提或者背景来理解。在九二爻的时候，虽然它与六五爻没有正应，但也是相应的。可是在爻辞中我们发现，九二爻和六五爻的相应并不顺利，因为它们所处的是睽卦。睽卦本身就是“乖”的象，而六五爻又是阴居阳位，所以此时对于九二爻来说时势艰难。有小人在九二爻和六五爻之间说谗言佞语，离间挑拨，所以九二爻想要和六五爻沟通相遇，如果守君臣之礼，二人大大方方地相见才符合道理。但是此时为形势所迫，他们只好在窄巷之中相遇，此时窄巷也表明了九二爻的委曲求全，所以爻辞最后用“无咎”作为断语，就是圣人对这样的处境给予理解之意。仁义礼智，礼在第三位，遇事之时还是要衡量轻重，方可应对。

六三：见舆曳，其牛掣，其人天且劓，无初有终。

睽卦的外卦离为目，上互卦坎为“舆”，为“曳”，九二爻在下，有曳舆之人的象。又因为离卦有“牛”的象，此时九四爻在人位，所以它有掣牛之人的象。爻辞中“天”是指剃去头发的刑罚，“劓”是指削掉鼻子的刑罚。上互卦坎为法律，而内卦兑为毁折，天和劓都是头部被刑罚的象。六三爻虽然与上九爻相应，但是六三爻是一个阴爻，且阴爻处阳位，所以六三爻阴柔且其心不正，容易生出疑虑。它看到九二爻拽住了车子不向前走，又看到牛被九四爻牵住，而且看到牵制住牛的人受到了天和劓的刑罚，所以六三爻怀疑，这些是被上九爻所伤。六三爻处在下互卦离卦之中，六三爻应该是内明的一爻，它应该无疑才是正确的。如果以一颗怀疑的心去求明朗，那么越是疑惑越不会明朗，如果把这样的疑虑消除，那么虽然最初没有相信上九爻，但是最终还是不错的，这就是爻辞“无初有终”。

在睽卦之中，上九爻在上，是一个阳爻，所以它是一个刚明之人。而六三爻虽然在下，且是个阴爻，但是它处在互卦离卦之中，所以它也心存光明。人与人相处有时会因为外界的影响产生诸多隔阂，就像六三爻和上九爻之间，因为九四爻和九二爻的影响，出现了睽的象，而且因为六三爻本身就没有主见，很容易因为一些外在的事情产生疑惧。本来他自身是没有问题的，但因为有这样疑惧的心思，使得他不敢与像上九爻这样的人应和。如果心态没有调整好，那么两人就很容易反目。好在双方都心存光明，最后六三爻还是打消了疑虑，以诚相应，那么它和上九爻之间，也就没有任何是非阻隔了。所以在睽卦的状态并不是不可解的，只要放下猜忌，以诚相待，那么对方一定会被精诚所感动，二人之间睽的状态自然就会化作乌有。这一爻也是在提醒我们每一个人，与人相处切不可胡乱猜惧而影响彼此感情。

九四：睽孤，遇元夫，交孚，厉无咎。

九四这一爻上下都是阴爻，因为它们属性不同，即使相近，却不能亲比，而它与其他三个阳爻又都隔有阴爻，也不能相应。所以说九四爻有“睽”的象，又是孤立的象。然而本应与之相应的初九爻在下，身怀仁心而不对它进行校正，所以初九爻就是爻辞中的“元夫”，这是一个善良的人。如果九四爻能够与初九爻相合，就不会是孤身一人了。所以爻辞是想要九四爻向下，前去与初九爻相遇。九二爻向上走与六五爻相遇，是臣向上与君相合。而九四爻向下与初九爻相遇，这是上位者向下求和。既然九四爻能与初九爻相遇，那么必然要与初九爻交心，虚心向下。既然九四爻与初九爻相交，就一定要拿出诚意，实心实意地与之交往，使彼此产生信任。虽然开始的时候，九四爻孤军奋战是有危险的，但是最终他与初九爻相合了，还是无咎的。在这一爻中，我们看到了在睽卦的状态下想要彼此相合是多么不容易。

如果把九四爻比作一个管理者，他在公司当中，既不受大老板待见，又没有亲信支持，可谓孤军奋战，处境也十分艰难。此时爻辞就为他指明了一条道路，就是在基层中找到一个能与之相合的人，与自己一起共事。像九四爻这样的人虽然为人善良，但是因为他给人的一贯印象太过孤傲，所以难免让人不愿亲近。那么这就要求九四爻放低姿态，与他人相交。而且在这个相交的过程中，九四爻不能端着领导架子，而是要虚心相交，真心以待，让对方知道自己的诚意，解除之前的误解，这样才能找到共事的人。

六五：悔亡。厥宗噬肤，往何咎？

“厥”在文言之中为代词，是“其”的意思。此时的“厥宗”实际是指九二爻。六五爻与九二爻是相应的两个爻，在之前分析过的同人卦中，我们知道，六二爻为“同人于宗”，那时候我们说“宗”就是指根本，而从人事来说，就是指宗亲。在睽卦之中，九二爻与六五爻相应，六五爻处外卦离，而九二爻处下互卦离，九二爻为六五爻之宗，所以爻辞称“厥宗”。此时九二爻要是发生变化，睽这一卦就会变成一个火雷噬嗑卦。噬嗑卦的六二爻称“噬肤”，所以睽卦的六五爻也称“噬肤”。六五爻，阴居阳位容易产生悔吝，但是它在中位，又有九二爻这一刚健的阳爻与之相应，六五爻与九二爻相合，那么悔吝也就消亡了。六五爻与九二爻相合，并不是一定要等到九二爻来巷子里与自己相遇。九二爻为阳刚之爻，是一个贤臣，而且九二爻又与自己同宗，是自己的宗亲之臣。六五爻本该亲贤远佞，而且其为阴爻，性情柔顺容易亲近，就如同噬嗑卦“噬肤”的爻辞解释一样。六五爻解除芥蒂，不去怀疑九二爻，那么他去与九二爻相见，只要见到，就能深入了解，就能知道九二爻的真心，当即就能够与之相合。能够明辨贤良而且与之遇合，这样就使四海之内的有志之士前来归顺，人民也极力拥护，那么睽卦的形势也就自然而然地得以解除，那么又何咎之有呢？

此时，六五爻处在君位，与九二爻还是存在很多阻隔和困扰，但是六五爻处在外卦离卦之中，离为文明，而且离有中虚之象。所以说六五爻具有柔中之德，它能够虚心地向下与九二爻相合，表现出自己的实心实意。而且九二爻不只是大臣那么简单。首先，九二爻是一个贤臣。另外，九二爻还是六五爻的宗臣。因此九二爻和六五爻是君臣同德之象，这两个人配合得如此之好，不只是他们二人之福，实则是天下之福，天下得此二人同心共济，那么睽象就根本不会存在了。

上九：睽孤，见豕负涂，载鬼一车，先张之弧，后说之弧；匪寇，婚媾；往遇雨则吉。

外卦离为目，为见。《说卦传》里有坎为豕，上互卦为坎，而内卦为兑，兑为泽，此时就好像小猪进入了沼泽，身上就会沾上泥巴。那么爻辞就称“见豕负涂”。又因为坎为车，为隐伏，所以就如同用车承载着看不见的东西，此处用“鬼”来代表，爻辞称“载鬼一车”。此卦之中又有外卦离为弓，坎为矢，此时就凑成一张弓，“先张之弧，后说之弧”就是指这张弓。因为外卦离为虚圆之象，而内卦兑为毁折之象，所以处于离卦之时，这就是张弓，而在兑卦之时，就是毁折了这张弓，就有脱的象。另外，坎为寇盗，六三爻与上九爻相应，所以爻辞讲“婚媾”。此时上互卦坎水下来变成内卦兑泽，是下雨的象。九四爻因为受他人阻隔，而产生了孤立的现象。而上九爻虽然有与之相应的爻，但是它却心存怀疑，所以它也把自己弄成了孤立的状态。所以说什么都不能太极端，上九爻的刚健到了极点，就会变得暴戾。而英明太过，就会在审察的时候，对什么都越来越怀疑，以至于见到的事情也越来越神奇。看到猪在沼泽里，满身是泥，就会觉得这只猪会弄脏了自己。而“载鬼一车”说明已经将虚幻看作真相了。最开始先是拉开弓，因为自己的怀疑，有了射杀的想法，那后来又有“脱”弧的爻辞，是怀疑自己误会对方，又放弃了射杀的想法。而此时无论是要射杀，还是放下误会，都是针对与自己相应的九三爻说的，而且都是把九三爻作为一个盗贼看待。而直到现在，上九爻发现九三爻并不是一个盗贼，那么就与之结为夫妇了。如果因为相信九三爻，而与之相结合，并向九三爻的方向前往，那么就可以冰释前嫌，而变成二人同心的象，就如同阴阳相合一样。“雨”就是阴阳相交而产生的，阴阳可以相交，则说明一切变得通畅。所以此时“遇雨”，则所有的怀疑都烟消云散，雨过天晴，光明也就出现了，睽的状态也变成相合的状态了，此时是愉快的相互感应，这就是“吉”的。

分析了睽卦的卦辞和各个爻辞之后，我们总结出来，之所以出现睽的状态，都是因为彼此之间有猜忌和怀疑，越是在睽的状态下，越是会加深怀疑。反之，信任才能够做到彼此相合。而彼此相合之后，彼此的信任又自然而然地加深。所以，如果出现睽的状态，就要及时去解决它。而在睽的状态下，就贵在相遇和相合，且心存诚信，不胡乱猜想，将妄念当真。

39. 蹇

蹇：利西南，不利东北，利见大人，贞吉。

“乖必有难，故受之以《蹇》。蹇者，难也。”——《序卦传》

无论是在物质世界，还是在人事当中，一切都是以和为贵，相和合，才能互相助益。反之如睽卦那样，背离疏远，就会使很多能量流失，也会使很多事情难于解决。那么在睽卦的状态之后，《序卦传》断言“乖必有难”，正是符合这个道理。

蹇卦卦形，艮下坎上。此时艮为山，为阻隔；坎为水，为险陷。蹇卦的下互卦还是一个坎卦，由此可见，所行之路，困难重重，所以这一卦就称为蹇卦。从卦形和《序卦传》看，大家会觉得蹇卦是一个非常不利的卦。其实这一卦虽然在说此行艰难，但根据之前的内容我们可以知道，遇难之时，必有救济的方法出现。蹇卦所行之路，从后天八卦来看，艮和坎这两卦在东北，它们与震卦一起，都是刚卦；而相对的方位西南，是离坤兑，此三卦皆为柔卦。蹇卦是由艮下坎上组成的，此时它在东北，则有过刚的隐患，此为“不利东北”。爻辞称“利西南”是说它利于向西南而行。艮的错卦是兑卦，坎的错卦是离卦，水向上与火相交，山向下与泽相邻，这样就可以使刚柔得中，向前走都是适宜的，所以也是有利的。如果说蹇卦停止在东北的位置，那么它只有刚而没有柔，水火不能相互为济，山和泽不能相互通气，那么一切闭塞不通，蹇的状态就会越发艰难。天下的难处，必定会有人来协力救济。九五爻以刚居中位，九三爻也是以阳居阳位，所以它们都是大人之象。下面的人有难，利见上面的大人，以求得到主持大局的人来担当。如果说上面的人有难，那么就利见下面的大人，以期有人来辅助自己渡过难关。又因为蹇卦这一卦，从六二爻到上六爻，每一爻都得正位，这是以正道救济此时的艰险之境。刚柔没有偏颇，主持大局和辅助成事的人也都有了，而且还有守正这个条件，那么救济蹇卦之难处的方法也就都齐备了。

初六：往蹇，来誉。

在卦辞中，如果提到“往来”二字，都是以卦位来说的。如果是顺行就是“往”，如果是逆行就是“来”。在爻辞中的往来，是以爻位来说的，向外为“往”，而返还于内为“来”。当处在蹇卦之时，坎险在外，适合止步于内，不提倡向外走，而是贵在能返内而来。初六爻在内卦艮的最下面，它距离外卦的坎险最远，如果它能够止步，这就是最早做出止步的一个爻，众人都会佩服它的先见之明，所以就有了赞誉，此为爻辞“往蹇，来誉”。

蹇卦初六这一爻，处在末位而且又是一个阴爻，从自身来说，他并不是一个天资聪慧的人。但是在蹇卦的情形下，初六爻却能够判断出前方存在危险，而且很果断地不再前进，这就是初六爻的过人之处。一方面，初六爻是一个阴爻，说明他守静笃，不会激进向前。另一方面，初六爻与外卦离得很远，人往往在危险没有出现的时候，很容易轻视和懈怠，但是初六爻却能够安不忘危，这就显示了他的谨慎和智慧。此爻获得赞誉，也是实至名归。

六二：王臣蹇蹇，匪躬之故。

蹇卦六二爻，是与上面九五爻正应的一爻。爻辞把它们比作君臣，这是对君主忠心耿耿的一个臣子，所以他被任命为臣子之后，承担了为君主效力的道义。此时六二爻向上行，虽然是以身涉险，但他是为了解救时世之难，也是为了解救君王之难，因此这是两个蹇，称为“蹇蹇”。六二爻之所以明知前面有危险，还前往险境而不是折返回来，是为了君主而去的，而不是为了自身而行的。所以说，在爻辞中最后没有断定吉凶，是因为六二爻此时只求鞠躬尽瘁，至于成败得失就不是这一爻所要讨论的重点了，就如同五代有一句诗叫“但知行好事，莫要问前程”。

在六二爻心中，存在着救世救主的大义，所以他明知道前面是重重艰险，还是奋力向前。他已经与初六爻见几知危的性质完全不同了。在个人利益面前，六二爻上升到了无私利他的认识高度。在这一爻中，我们可以体会到六二爻那种舍生取义的决心，以及个体对于集体利益那种无私的奉献精神。所以说人生处处都是衡量取舍，常常面临抉择。往往很多决定并不能得双全，那个时候就要我们对各方面条件进行仔细的考量，所有的一切都不能失去《易经》所讲的天道根本。从人事来讲，仁义礼智要一层一层地提高。

九三：往蹇，来反。

九三爻本身为阳爻，在正位，又在内卦上爻，从这些方面来说，他本身刚正，非常适合救济险阻。但是九三爻有一个缺点，就是他没有处在中位，说明他做事可能会偏激，解除险境的方法可能存在偏差，比如过刚而造成新的伤害。他如果向前，反而增加了危险，因此爻辞称“往蹇”，劝其“来反”。九三爻自己返回来，正如孟子所说“治人不治，反其智”，也就是九三爻没有解决好问题，就需要回来反省自己的知识能力够不够。这是为了让九三爻反身修德，不是再也不前进了，而是要他准备好了，更好地前进。

九三爻让我想到我们常常说的好心办坏事的人。有些人确实很有能力，但是在解决问题的时候却欠缺正确的方法。比如，有时候我们会听说这样一种人，看到两个人争吵，自己去拉架，但是最后自己却跟着打起架来。这种人一般内心也是充满正义感的，但是性情却太过鲁莽，本身劝架应该是劝服两方冷静下来，没想到自己一点火就着了。这就是一波未平一波又起啊！所以此时这个人并不适合去劝架，反而应该先把自己的心态调整好。这是在劝诫这个人戒除鲁莽的性情，不是否定他的正义感。当他能够做到冷静理智的时候，他还是可以去帮助他人的。

六四：往蹇，来连。

蹇卦六四爻，在外卦坎和下互卦坎之中，是重险之地，而它本身又是阴爻居阴位，是纯阴之象，所以它的才华薄弱，而且没有人对它施以援手。它再向前走还是充满艰难，爻辞称“往蹇”。万幸的是，六四爻与九三爻亲比，所以说它返回来，与九三爻联手。天下所处艰难之时世，英雄豪杰，贤士众多，他们都有着救世的志向。如果在上位的人不能屈尊向下求合，那么就会造成上层力量与下层力量割裂解体。如果上位者能够以诚心相求，以隆重的礼仪相待，与众人缔结同盟，使彼此之间的情谊相联合，那么就是无往不利的了。在屯卦的六四爻中，我们也分析过类似的情形。屯卦六四爻“乘马班如，求婚媾”就是以退为进。此时蹇卦的六四爻没有能力救济时难，所以它反身与九三爻联手，也是这个意思。

学习六四爻，我们要知道，在我们做事的时候，要懂得量力而行，而且还要学会变通。六四爻虽然自己没有能力亲临险境进行救济，但是它懂得与其他人联合，最后还是殊途同归，达到了救济时难的目的。所以在学习《易经》的时候，“变化”一词要深切体会。在什么时候变，应该如何变，这都是有着重要的意义的，万不可胶柱鼓瑟。

九五：大蹇，朋来。

蹇卦九五爻，以阳爻居尊位，且得中正之位，所以天下之难，九五爻以一已之力承担起来。那么在这个时候，九五爻就是一个大人处在蹇卦之中，而且用的是大道来拯救时难。这就是“大蹇”。以九五爻所处的位置足以吸引八方支援，而以他的这种德行也足以感动天地，感染天下所有人，以诚心归附。这不单单是与他正应的六二爻那种君臣之间的助益。在蹇卦中，初六爻“来誉”，九三爻“来反”，六四爻“来连”，上六爻“来硕”，他们都是想要走出来为九五爻这个君王谋划的有志之士。此时爻辞中的“往来”，从各个爻的角度来看是“往”，而站在九五爻的角度看是“来”；各个爻自称为“臣”，而九五爻对他们的称呼为“朋”。这是九五爻降贵，用心与天下贤士相交好的意思。那么如爻辞所说有了“朋来”，众志成城，天下就永远都没有险难了。坤卦卦辞称“利西南”是为了“得朋”，蹇卦卦辞也称“利西南”，是以求得中，不会使自己过刚。九五爻兼而有之，既得中，又得朋，所以说蹇卦对于时代的意义也是非常重大的。

九五爻在蹇卦之中是一个优秀的领袖人物，在他的感染下，大家都聚集过来解决问题。首先我们要知道，九五爻有这样的感染力，是因为九五爻具有中正之德，而且又有担当、有能力。其次我们要看九五爻是如何对待向他靠近的人的。在九五爻的位置，可谓是极其尊贵了，但是九五爻对来支持自己的人，根本没有一点架子，而是以朋友相称。他这样的亲民之举，使得人们更愿意去支持和拥护他。在九五爻之中还有一点是值得我们注意的，就是从不同的角度看问题。对于“往来”一说，何为往？何为来？这不是单方面定义的，要看从什么角度去研究。所以往来没有对错，只是不同的人、不同的情形赋予它对错。这也是提示我们要辩证地去思考问题。

上六：往蹇，来硕，吉，利见大人。

上六爻的爻辞中“硕”是大的意思。我们知道，阳为大，此时这个大是指与上六爻相应的九三爻。上六爻是一个阴爻，所以本质阴柔，如果再坚持向前走的话，就会有蹇之险难。幸好它与九三爻相应，所以它反身回来，跟从九三爻，并资助九三爻使它变得更加硕大。此处为刚柔相济的意思，所以就是“吉”的。在上六爻的爻辞中，这个“大人”指九五爻。意思是说上六爻既然得到九三爻相助，那么他就应该与九三爻一起去见九五爻，以成就解救时难的功德。此时的上六爻将贤臣引荐给君主，以助力君主创造无穷的福德泽被世人，那么上六爻自己也会享有无穷的福德，这就是上六爻得到吉祥的原因。

在拯救国难的过程中，有些人没有兴兵打仗的能力，但是他能够为君主举荐有能力的人。他推荐的人如果堪当大任，那么也是救世的好办法，他同样为救济时世做出了贡献。我们在生活中常常会感谢一些中间人。因为在现代社会中，很多时候会存在信息不对称的现象，比如说有些地方的农作物丰收，却卖不出去，有些地方有资金，却无处投资运作。在蹇卦的上六爻中，就如同出现了一个起链接作用的平台，这样的链接，使信息能够相互沟通，就解决了双方的困境，其利益也是无穷的。

40. 解

解：利西南；无所往，其来复吉；有攸往，夙吉。

“物不可以终难，故受之以《解》。解者，缓也。”——《序卦传》

天地之大道，四季往复交替。在蹇的状态下，就好像进入了冬天，一切被冰封起来，很难行动，而天道的规律在于冬天之后春天就会来临。万物之上的冰雪，都会随徐徐春风一一化解。至于人事，也是如此。车到山前必有路，船到桥头自然直，这都是规律。所以在蹇卦的险难后面，《序卦传》继之以解卦。解者，缓也。

解卦的卦形，坎下震上，此时震为动，坎为险，是从险境中走出来的象。所以说卦名用解，也就是解除了之前的困境。与蹇卦一样，解卦是由东北方的坎卦和震卦组成的，此时解卦也是“利西南”。在蹇卦之中，利西南，是离卦和兑卦起到刚柔并济的作用。在解卦之中，是用西南的坤起到中和的作用。《说卦传》中有言：“坤也者，地也，万物皆致养焉，故曰致役乎坤。”坤为地，天生万物，而地养万物，在坤的位置，就是畜养万物之地。又因为坤为众，所以此时的坤我们又可以看作民众，也就是说在坤的位置，是众人聚集居住的地方。一个国家在蹇的状态下，可谓是在乱世之中，一切动荡不安，民不聊生。此时解卦出现，就说明之前的状态结束了，当一切平定之后，安抚百姓应该是最先做的事情。所以此时的外卦震，既为行动，又为大君，他要前往坤地，去管理民众的生活，使他们能够耕田织布，安心生活。用尽大地的畜养之力来养育人民，这样人民恢复了以往的正常生活，解决了温饱等问题，就会忘记之前的那些苦难了，此为“无所往”。在困难刚刚解决的时候，需要仔细审度，如果危害人民的问题被真正解除，震也可以不前往到坤的地方，而是返回来休养生息，此为“其来复”。能够得到休养，那么此时就是“吉”的。如果还是有需要管理教正的地方，一定要迅速做出行动才能是“吉”，快速的意思即为“夙”。这是因为如果不去处理问题，就可能耽误事情的发展。而如果不快速做出应对，就很可能会劳民伤财。所以在此时就用到了“震”的迅雷不及掩耳之势，这样做才是有功劳的。要不要前往，应以不扰乱民众的安定为前提。如果民众能够在此时安居乐业，那么蹇的状态就彻底解除了。

初六：无咎。

解卦的卦辞是从解决蹇难说起的，但是在爻辞当中，表述的却是解决掉小人，看上去是两回事，但是其意义并没有差异。因为天下的忧患，都是自小人身上而起的，如果把小人解决掉，就可以杜绝时世蹇难的源头。初六爻位处最末端，又是个阴爻居阳位，此时的初六爻就是一个小人，幸好他能够承托九二爻的刚健，而且还能与九四爻相应，所以说初六爻是能够追随君子的一个小人。由此看出初六爻这个小人具有悔悟之心，是可以教诲的。所以爻辞只用了两个字“无咎”。这是对初六爻打开了一扇向善的门，期望他能够从君子身上学到真正可以改变自身的品质而变成一个君子。

初六爻被我定义成一个小人，是根据它的性质推断的。在《易经》之中，常常会有君子、小人之分。有时候我们说，物以类聚，人以群分。但是有些时候，每个人心中都有向善的愿望，每个人出生时都是一样的本性纯良。只是在出生之后，因为物欲锢蔽，声色货利，就慢慢地失去了本来的纯真。修持得好的，可以洁身自好，不随波逐流，也就可以做一个君子。而有些人，因为奸巧贪馋，丧失本真，而变成一个小人。但是这些不是不可逆转的，就如同《易经》的变化一样，人也会发生变化。如果说从前初六爻是一个小人，那么当他一心向善，想要使自己有所改变的时候，也是要给予鼓励的，所以爻辞就用到“无咎”。虽然爻辞只用了这两个字，却是意义深重。

九二：田获三狐，得黄矢，贞吉。

九二这一爻辞中，说到了诸多的卦象。首先上互卦坎为车，外卦震为马，下互卦离为戈兵，内卦坎为弓，此时为箭矢，而且坎还为狐。在这诸多的象之中，我们综合来看，有车马和戈兵，是狩猎之象。此时下互卦离震动变化，就会成为一个坤卦。坤为田，为地，为黄。离数为三。所以在田野之中狩猎，九二爻为黄矢，又中又直，射杀“三狐”为小人。箭矢射到猎物身上，最后还是会在获取猎物的时候，又回到自己手里，所以为“得黄矢”。九二爻为阳刚的一爻，而且处中位，所以它就如同箭矢一样，中正刚直。它与上面的六五爻相应，就负有解除小人之患的责任，刚正不阿就不会进行荒谬的调停，而中正无私就不至于偏激地处理问题。不必担忧自己会遭到反噬，那么所有的小人和诡计都会被解决和识破，没有后患，而君子也可以得到中直之道。这就与爻辞说的“田获三狐，得黄矢”是一样的意思。最后的“贞吉”是说，九二爻要坚守在此，这样小人的狐媚行径才没有办法去而复返。这就是将君子的中直之道施行于长远，所以就是吉的。

毋庸置疑，九二爻说的是一个君子，而且这个君子还是为了大义而坚守职责的正人君子。从爻辞中我们可以看出，九二爻箭无虚发，一击即中，说明他有谋略也有气魄。对于小人他没有心慈手软，就像面对狡猾的狐狸一样，当机立断进行射杀。而且最后代表中直的箭矢又返还回来，说明在九二爻的时候，君子并没有被小人所影响，他用一身正气，破除了蹇难的局面。

六三：负且乘，致寇至，贞吝。

六三爻处内卦最上的位置，内卦坎为舆，有“乘”的象。而坎又为盗，此时又有“寇”的象。六三爻本身属于阴柔的一爻，却居内卦最上的位置，所以此爻有德不配位的意思，也就是无德而居高位的状态。六三爻上面是一个阳爻九四爻，六三爻在下，无力承担九四爻之重，所以就是负担，即为“负”的象。而六三爻无德而居高位，说明此时六三爻所居的位置并不是它应该在的位置，就如同一个渺小的人站在高山之上，此时就是“乘”的象。爻辞说的“负且乘”六三爻都占了，这样的处境一定会有人想要取代它，就如同自己招惹来了盗贼一般，也就是“致寇至”。此时，如果六三爻还没有认识到自己的不足，而一味地贪恋这个位置，固守在此，那么悔吝就会产生，而且会越来越严重。

解卦的六三爻这句爻辞，我们在之前分析的需卦之中也见到过，就是需卦的九三爻“需于泥，致寇至”。这两句爻辞所提到的“致寇至”，都是为了说明这一爻因为本身的过失，致使自己陷入危险的情况。也就是说，一个人如果可以做到严于律己，那么自身就不会出现纰漏，给别人攻击自己的机会。匪寇的行径当然是不值得称赞的，但是自己的过失也一定要看到。从六三爻来看，爻辞还是在强调一个人德行的重要性，强调一个人做事要懂得量力而行，也要懂得审时度势。

九四：解而拇，朋至斯孚。

九四爻处在外卦中的初爻位置。外卦震为足，而九四爻下面还附有六三爻、初六爻两个阴爻，就像是拇指一般，所以称“拇”。而下面的九二爻是一个阳爻，它与九四爻同德，所以这两爻称作“朋”，这是为了合两个阳爻之力，解除附着的两个阴爻。因为九四爻与六三爻和初六爻都有牵连，所以它没办法做到“有孚”，两个阴爻也没办法解除掉。因此一定要用到阳爻的刚德，即使承受断指之痛，也要割其所爱，与两个阴爻彻底断绝关系，此为“解而拇”。与自己纠缠的阴爻都去除了，与自己为“朋”的人就会来到自己身边，与自己亲近，那么诚心也就有了，此为“朋至斯孚”。

我们常说，交友要慎重。九四爻就好比一个心地善良的人，交到了两个存在陋习的朋友，久而久之，自己也可能会被影响，而其他朋友也会因为他这样的状态离他远去。但是当九四爻意识到这一点，他痛下决心和那些品行不端的人断绝往来，慢慢改变自己的状态，原来的那些朋友看到他的改变，也就愿意重新和他真心交往。与人相处，我们要不断地审视自己才行。

六五：君子维有解，吉，有孚于小人。

六五爻在此时是居尊位的一爻，也就是居君子之位。六五爻处外卦中位，而且与下面的刚爻九二爻相应，所以说它具有君子之德。君子和小人的差别，其实就是用大道来衡量的。而在这个过程当中，只有解卦能够使小人改变，去除那些不好的品行。这就是“君子维有解”。化解之后，那些阴柔和自私的念头也就全部去除了，这样诚信也就出现了。此时为“吉”。对于小人来说，转变品行就在于一个取舍的决断。如果小人能够下定决心改掉陋习私欲，那么君子也要相信小人。这样就可以使小人回心转意，一心求道了。这都是解决事情的人心怀诚信对待小人才会有的结果，也就是“有孚于小人”。

在六五爻的时候，六五爻和初六爻一样，都是阴爻居阳位。此时因为六五爻居君子之位，所以它还是有君子之德的，但是它的身上也存在问题。在分析九二爻的时候，我们就说与六五爻相应的九二爻，就是要解决掉小人。而九二爻的这个做法，并不是将六五爻解决掉，而是使它有所改变。一般来说小人的行径都会给人很多便利的。有时候坚持认真做一件事，可能要付出很多努力，但是投机取巧就会容易很多。所以想要改掉六五爻身上的陋习，需要采用很多方法去解决，而且也需要六五爻自己有所取舍。一旦六五爻决心改变，那么六五爻就能回到大道之中，变成真正的君子。这个过程也就诠释了《论语》中“举直错诸枉，能使枉者直”这句话，把下面正直的九二爻举荐上来，把不正直的人压下去，那么不正直的六五爻也会正直起来。

上六：公用射隼于高墉之上，获之，无不利。

上六爻在此卦中是最上方的一爻，它也是一个阴爻，所以此时我们说上六爻也是需要修正的一爻。在上六爻中的“公”这个字，其实是指下面的九四爻，因为九四爻在外卦之中，是仅次于君位的一个重臣，位极人臣者称为“公”。此时内卦坎为弓矢，有射的象。我们知道阴为偶数，此卦互卦还有一个坎，习坎为羽，外卦震又为动，此时在解卦之中的上六爻就如同善动的鸟，也就是“隼”的象。在此卦中下互卦离为墉，九四爻在这个离卦之上，所以称“高墉之上”。此时九四爻就有解除这些阴爻所带来的不良影响的义务，这就是以阳解阴。初六爻能够追随阳爻，一心向善，是“无咎”。并且在九四爻的时候，已经做到“解而拇”。六三爻“负且乘”却自已无能为力，所以不足为惧。只有上六爻这一爻，如同一只大鸟，盘旋在天空之中，结党营私，与阳爻相悖。在这样的情况下，六五爻又是一个阴爻，自己还需要调整，所以根本不能对上六爻的行为实施管束。此时，九四爻站在高墉之上，箭射上六。下互卦离为明，外卦震为动，九四爻身处这两卦，说明九四爻智勇双全，这样的九四爻一定能够捕获上六爻这只大鸟，即为“获之”。九四爻处理好上六爻这样的大问题，也就将影响国家的奸佞解决掉了，那么普天之下都没有蹇难了。所以也就“无不利”。

在解卦之中，初六爻和六三爻这两个阴爻在下面，因此以“狐”为象。上六爻这个阴爻在天上，所以称为“隼”。初六爻在最下面，所以九二爻解决它特别容易，上六爻在最上面，九四爻想要解决它并不容易，所以在卦的最终一爻，用“获之”来形容九四爻解决了问题，这确实是巨大的收获呀！

41. 损

损：有孚，元吉，无咎，可贞，利有攸往。曷之用？二簋可用享。

“缓必有所失，故受之以《损》。”——《序卦传》

当我们的脚步慢下来，或许我们会看到更多风景，但是在这样的流连之中也会使时间消损。就像我们用手掬起一捧水，快速地将它置于盆中，这个过程中水向外洒出的要少。而我们慢慢捧起再放下，这时水从指缝中滑落得更多。解卦中我们说“解者，缓也”。缓就会产生惰性，人们会更喜欢安逸，在这样的状态下，就会浪费很多时间，或者错过很多事情，最后造成损失。那么现在，我们就从卦辞上进一步理解，损的状态是什么样子。

损卦卦形，兑下艮上。从六爻的排列来看，我们可以把损卦看作自泰卦而来。为什么这么说呢？泰卦为地天泰，损卦为山泽损。泰卦的九三爻溢到上九爻，就成了损卦。我们知道在各爻之中以阳爻为主，而卦是以内卦为主，此时内卦的阳爻到了上面外卦，就是内卦的阳爻有损，所以这一卦就叫作损卦。这一卦有点像后面我们要讲到的中孚卦，它们两个只是在六五爻的位置，阴阳有别。损卦的时候，泰卦的外卦坤得到了一个阳爻，这个阳爻有泰卦内卦乾的元德。而此时坤卦的阳爻变为艮卦，艮为止，所以说此时为“可贞”。又因为损卦下互卦为震，震为动，要向前行，所以为“往”。而内卦兑为悦，所以卦辞称“利”。又因为震的象有上面敞口的篮子的象，所以此时“簋”就是震的象。“二簋”的二，是兑的数，离数三，兑数二。又因为内卦兑有食的象，而上互卦坤，又有众的象，所以此时像是众人一起吃饭的样子，也就是享乐的样子。损有减省、收敛、抑制的意思，减掉那些虚伪的妄念，将真心诚意留存，那么就是“有孚”。减到恢复最本真的状态，那么也就是拥有了“元吉”。少评断、少制造事端，就可以减少过错，那么也就是“无咎”的了。平日里做事一直收敛慎重、心存敬畏，所以就说“可贞”。谦虚低调并能够自持的人都是愉悦的，就利于向前走，就是卦辞“利有攸往”。

所以，减损之道用什么来体现？事物适宜而又丰盛的状态莫不如祭祀或者宴享了。在《小雅》中，用陈馈八簋来咏赞。然而八簋如果折损，就是四簋，再折损，就是二簋。那么八簋到二簋是怎么来的呢？还是来自象数。因为坤数八，坎数四，兑数为二，此时内卦一变再变，变做兑卦。我们都知道兑为悦，即使变作二簋用来宴享宾朋也是令人愉悦的，所以卦辞称“无咎”。宴享之中都会减损节制，何况其他事情呢？我们一定要深刻地理解损卦，其意义十分重大。

初九：巳事遄往，无咎。酌损之。

初九爻的爻辞中的“巳”通“已”，为止的意思。因为损卦外卦为艮，所以有止。又因为下互卦为震，所以又有“往”的意思。初九爻为阳爻在下，他是一个有事之人，有什么事呢？就是因为初九爻与六四爻相应，而六四爻阴爻居上位，他需要有人助益自己，而使自己能够止损。初九爻感应到了之后，就迅速前往助益九四爻，此为“遄往”。也因此为“无咎”。但是初九爻也不是毫无顾忌地向前，他也要对需要自己助益的事情有所斟酌考量，一定是量力而为地助益他人，在自己可以承受的范围内，知道什么是自己可以损失的，才能去自损助人。斟酌自己分内之事，有功不如无过；斟酌自己分外的事，创造利益，不如去除害处。损失应当损失的之后，就要停下来，因为助益不必贪求太多，而伤了自己的根本。

初九爻虽然在最下层，但是却肩负着助益上面六四爻的重任。有时候人去帮助另一个人，往往会因为太过热心，而使自己的生活陷入困境。这种人看起来善良，没有错处，但是未免太过感情用事。初九爻此时就是一个比较理智的人，他知道量力而为地去帮助别人，这其实是对彼此都有益处的事情。当一个人有困难的时候，我们伸出援手，这是雪中送炭；当一个人总是索求帮助，而对方又毫无原则底线地去帮忙，那其实是害了彼此。帮人的人会因为这样过多的帮助而消耗了自己，被帮助的人最后也可能认为这是理所当然，而不知道珍惜。初九爻虽然在损卦最下的位置，却也说明了这个特别重要的道理：生活中，往往在我们义无反顾地帮助别人的时候，做不到有理智地去帮，更多的是出于自己帮助别人的一种心理需求。这种善意其实容易使自己感情用事，最后想要帮别人的初心未必会得到很好的结果。

九二：利贞，征凶，弗损益之。

九二爻在损卦内卦中位，也是阴位，所以它适合守贞，也就是“利贞”。互卦震有动的意思，所以爻辞戒以“征凶”，告诉它不能乱动，会有凶象。在这里我们看出，九二爻与初九爻都是阳爻，但是它们的爻辞却是相反的。初九爻要去阻止事端，而九二爻却是要守住自己的位置，而不去管那些事。初九爻适宜“遄往”，而九二爻如果征凶，那么它不向前走，就不用去管事，也就没有损失。而且它不向前走，也不会对前面的事情有所助益，所以爻辞称“弗损益之”，就是没有失也没有得。究其原因，还是和爻位和爻的本质有关。初九爻在初位，是不中的位置，而九二爻在中位。初九爻为重刚之象，说明初九爻有余力去帮助别人，而六四爻又是一个重柔的爻，所以他是真的需要人帮助。所以初九爻就损失自己而去助益六四爻。但是九二爻和六五爻都在中位，九二爻阳居阴位，六五爻阴居阳位。九二爻看似阳刚但是他没有多余的能力去帮助别人。而与之相应的六五爻，也并不是看上去那么柔弱，也不需要别人来帮，反而如果别人助益过多，还会使他失去中正而过刚。所以九二的利贞、不征都是为了守中，他没有损失自己，正是因为他明白什么才是真正有益的。

九二爻和初九爻虽然都是乐于助人的人，但是他们的情况完全不同。初九爻是一个比较有实力的人，他有帮助别人的能力。而九二爻虽然也有帮助别人的热情，但是他的能力不足，而且他还是一个很谨慎的人，知道自己没有帮助别人的能力，过于强求就会有危险，所以他就保持在自己的位置上不动。我们知道在处理事情的时候，如果太过激进地去行动，可能会好心办坏事。而如果太强硬地拒绝，未免有些不通人情。所以九二爻的做法就是不动，什么都不去做，就无功无过，也就没有损的产生。

六三：三人行，则损一人，一人行，则得其友。

我们在卦辞中分析过，损卦从泰卦而来，本身内卦应该是一个乾卦。在损卦之中，本该有三个阳爻的乾卦，但有一个阳爻去了上九爻的位置，所以爻辞说“三人行，则损一人”。此时虽然是阳上阴下，但是这两个爻的位置都是适宜的，而且它们又都相应，所以这是“得友”之象。在卦象之中，震为大涂，所以此六三爻和上九爻在此大道之中。此往彼来谓之“行”，一阴一阳之谓道，这两爻相互作用而成造化。物皆有阴阳，因此无独有偶，皆成双成对。如果是一人，就有专权的意味；如果是三人，就容易起疑心。所以说“三人行，则损一人”。最后剩两人，那么损去的一人又与上九爻结成朋友，又是一对。此为损去多余之处，又弥补不足之处，这正是自然而然的道理。初九爻酌情而损，九二爻不损自身，六三爻则是顺其自然，并没有刻意给予。天地依时而行，四季交替，轮回运转。圣人处天地之间，也要按天道而行，守中正之路。如果能做到这样，自然什么损失都会被止住了。

六三爻像是在说一个小团体，其中四个人都很有意思。初九爻、九二爻本来与六三爻一路同行，但是六三爻为了顺从自然助益上九爻，就改变了自己之前的志向，此时可谓皆大欢喜。我们知道一个和尚挑水喝，两个和尚抬水喝，三个和尚没水喝。六三爻与其他两个阳爻同行，其实对彼此都没有好处。但是他去助益上九爻，不仅解决了上九爻的问题，还使自己摆脱尴尬境地，同时自己又得到了阴阳平衡的益处。

六四：损其疾，使遄有喜，无咎。

阴阳出现偏差，就会有“疾”。于六四爻之时，六四阴爻居阴位，为重阴之象。而六四爻上面又承托六五爻，下面又乘坐六三爻，所以六四爻所处之地，处处都是阴气，这就有偏阴柔之疾产生。前面我们提到初九爻迅速过来用自己的阳刚来平衡。然而此时如果六四爻自己不刻苦自律，初九爻未必能马上解决问题。幸好六四爻在互卦震体之内，说明它有奋发图强、改过自新的意识，它将自己身上的阴柔之气减损，来接受阳刚的助益。因此初九爻迅速到来帮助六四爻，而六四爻也可以迅速解决问题，这就是“遄有喜”。六四爻之疾被治愈，而初九爻的志向也与之相合，这就是“无咎”。六四爻本来是有疾之兆，但是此时也变成可喜之事，究其根本原因，并不是别人对自己如何救助，而最主要的还是自己有改变的愿望。所以君子贵在能够克制约束自己，如果每天都能做到这样，那么一生当中产生的问题都会被化解。

六四爻的爻辞其实是一个对自我的告诫，强调自我改变的重要性。一个人如果不自己去救赎自己，只等着别人来帮助自己的话，那么无论如何也不能真正改变自己的处境。就如同在初九爻中所讲的那样，人是有惰性的，也有很多自身的劣根性。在把别人的帮助当作理所当然的时候，就已经将自己推向了更深的困境。我们或许听说过，有一些贫困的人在得到国家的救助之后，反而变得好吃懒做，每日都靠社会救济度日，放弃了用劳动获取经济收入的努力，这样的人总是被人们所不齿。这是因为这样的错误思想表现明显，且受到社会关注，所以大家都能看到这种行为的不对之处。但是反观我们自身呢？平时是不是也有这样的疏忽？因为朋友生活条件比自己好，就享受了朋友的付出。或者因为自己所处的位置，而理所当然地接受别人的服务。抑或自己在口头上喊着要做出改变，但在别人帮助自己的时候，却不付出努力，等等。许多生活中看似不值一提的小事，其实都需要我们自我反省、自我约束。从六四爻来看，想要成为真正的君子，其实是特别难的一件事，它需要我们不断地精进自身，严格自律。当然，如果我们能够克服所有困难满足上述要求，那么随之而来的会是生活带给我们的无限惊喜。

六五：或益之十朋之龟，弗克违，元吉。

互卦坤为朋，其数为十。损卦从九二爻到上九爻，这是一个中虚的象，也就是离象，所以为“龟”。六五爻以柔居中，与九二爻相应，九二爻以刚居中，所以它不可以损耗自己，六五爻在此时也不去求九二爻来助益自己。但是我们之前说上九爻是这一卦的关键，是泰卦的九三爻向上而成为损卦。上九爻受到六三爻的助益，进而将这样的益处给予与自己相近的六五爻。六五爻本没有获得别人助益的期待，却得到了益处，所以此处称“或”，因此爻辞里的“或益”表示意外获得的益处。人无功受禄，心中就会有所疑惑，但因为符合礼数，所以即使是“十朋之龟”这样的重礼，也是可以接受的。“弗克韦”是说不要违逆，只管接受便是。当然，对于六五爻来说，它有接受这样意外收获的德行的。因为六五爻有坤卦的谦虚，蕴含乾卦的元德，这时候六五爻看似是一个阴爻，但实则德行已经积聚其中。所以六五爻受上九爻之益，乃为“吉”也。

从六五爻和前面几爻的分析中我们可以得出一个规律，就是损益之道——以刚得柔则为损耗，以柔得刚则为助益。所以此爻之中，减损对于六五爻来说，就是获益。对于九二爻而言，因为它处于中位，行的是中正之道，九二爻和六五爻都不去多求。看似六五爻失去了九二爻的助益，是一种损失，但是六五爻实际上是获得了上九爻的助益。在六五爻这里，给予它上九爻的助益，就是因为六五爻本质是阴柔的，希望它守住元德而利于贞正。有了上九爻的助益，六五爻就得刚而向阳爻转化，也就可以善终了。

上九：弗损益之，无咎，贞吉，利有攸往，得臣无家。

上九爻与六三爻相应，即所谓损下益上，泰卦变损卦。这个卦形的转变，说明六三爻刚刚受到损失，不能再让六三爻有减损了。而上九爻既然因为卦形变化刚刚获益变为阳爻，那么上九爻此时也不能马上就损耗自己，否则泰卦变损卦就没有意义了，所以就是“弗损”。这两者都没有损耗，但是六五爻却称“或益”，这是为什么呢？这是因为上九爻在不受损失的前提下，助益六三爻。这样自己不受损失而又助益到别人，这是不损己而利人的道理。也就是说助益君主，而没有损耗人民的财富，这也是有益于国家的，所以爻辞称“无咎”。至于“利有攸往”这一句的含义是与卦辞相同，在卦辞之中是说用减少外事干扰的方式，使自己得到“元吉”；此时在爻辞之中是说不以损耗自己为代价，依然可以有所收获的意思。在卦辞或者爻辞之中，固然各有各的道理，但是依然要有所戒惧。六三爻这一阴爻居下，是上九爻的臣民。又因为六三爻居内卦之中，所以六三爻就是家臣，所处位置为上九爻之家。上九爻没有去损耗六三爻，六三爻处在内卦兑口之处，一定是心中愉悦的，所以上九爻此为“得臣”。但是如果上九爻因为得到臣子的拥护，就想要越来越多的人来助益自己，那么就是假公济私之举，这样就产生了错处使自己受损。所以爻辞用“无家”以期上九爻“无家”，即无私心杂念，那么可以损耗自己的地方就一处都没有了。上九爻以这样决绝的方式不为自己谋取半点儿私利，能够做到这样，也未尝不是一种受益。

有一个词叫作“无欲则刚”，这在上九爻身上体现得淋漓尽致。上九爻为了做到公正无私，连家都舍弃了，这对于个人来说是极大的损耗。上九爻不去减损任何人，也不为自己谋取利益，看似一无所获，其实是因为他处在高位，他所利益的是天下，这才是上九爻真正的使命，最后天下太平也是对他最大的嘉奖。在时代的变革当中，这样牺牲自己，造福社会，利益国家的人数不胜数，当真是君子之风，值得敬佩。

42. 益

益：利有攸往。利涉大川。

“损而不已必益，故受之以《益》。”——《序卦传》

损益乃盛衰循环之道，损极必益，益极必决，在天道之中是如此，在人事之中也是一样。我们之所以求学寻道，就是为了从容地面对起起落落，并延展我们生命的长度，拓宽我们内心的深度。在损卦不断减损的过程中,《序卦传》接续以益卦，正是另一次否极泰来。

在损卦之中我们说，损卦是由泰卦而来。那么我们也可以推断出，此时的益卦是由否卦转变而来的。在学习《易经》的过程中，我们要不断地随阴阳变化视角和思维方式。《系辞传》中说到《易》，称“《易》之为书也，不可远。为道也。屡迁，变动不居，周流六虚”。说的就是阴阳六爻不能恒居一体，而要互相变动。此时的益卦就是否卦损上之刚，而益下之柔，与损卦完全相反，是以阳刚助益内卦，所以对内卦而言，就是“益”。这时候否卦的内卦就变为震卦。震为大涂，所以爻辞称“利有攸往”。而益卦的外卦为巽，内卦为震，都有木的属性，所以有“舟”的象。以舟渡川，谓之“利涉”也。在益卦之中我们说所受益的是内卦，内卦在下，所以于国事来讲，就是利益民众。一国之中，利益百姓的事情那就是大事情了，它高于任何个人和集体，是获得最大利益、解救最大危难的事情。在益卦之中内卦震为动，外卦巽为入，六二爻与九五爻都在中正之位，刚柔相应，在这样的状态下，事情怎会有不被解决的情况？前进的道路怎会受到阻碍而不能通行呢？所以卦辞说“利有攸往”。而震的木象和巽的木象都是以仁德前进，用这样的行动去解决互卦坤的大众之难，哪有不能成功的呢？所以卦辞又说“利涉大川”。此时大利得以兴起，大难得到救济，民众受到这样的益处，哪还有穷困潦倒的道理?《尚书》中有“地平天成，六府三事允治，万事永赖，时乃功”，说的就是益卦告诉我们的道理。

初九：利用为大作，元吉，无咎。

此卦取受益之象，所以初九爻是下卦最下的一爻，也就是受益最大的一爻。受益最大，那么回报上面给予自己的益处，也要用最大的利处来回报。所以爻辞称“利用为大作”。此时的“大作”是指什么呢？在下卦之中可以大作的就是农事。内卦震起于东方，此为春耕之时位。此时所有的耕作之事统而言之就是“大作”。《系辞传》曰:“包牺氏没，神农氏作，斲木为耜，揉木为耒，耒耨之利，以教天下，盖取诸《益》。”耒耜即为震动与巽入，双木入土之象。初九爻所做的事，就是播种开田，这是创造生命的功德，草木在此最先出现，所以就称作“元”。天时之“元亨利贞”，乃人事之“仁义礼智”，此时即为仁德。如果能够在此时“大作”，就会得到最初的元德之道，而人民也以此生存，这样的“吉”是多么大啊！千秋万世依此运行而没有弊端，这也就是“无咎”的。此时的益处可谓是最大的了。

初九爻在此时就是最淳朴的民众。在一国之中，英明的君主都是以人民利益为重，他们深知“水能载舟，亦能覆舟”的道理。所以民生大计是一个国家头等重要的大事。而上位者一旦做到取之于民，用之于民，那么作为接受到利益最多的民众就会安居乐业，也会用自己的行动回报国家。此时对于一个国家来说，什么样的事情是最大的回报呢？我们说，民以食为天。无论社会如何发展变革，农业都是一国的根本所在，特别是在古代社会。所以在那个时代背景下来分析爻辞，人民对国家最大的回报就是农事耕作。而在这一爻的爻辞中我们可以看出，初九爻正是做了这样的事情来回报国家。

六二：或益之十朋之龟，弗克违，永贞吉。王用享于帝，吉。

损卦和益卦是一对综卦，所以益卦的六二爻就是损卦的六五爻，因此它们两个有相同的象。和损卦六五爻受益于上九爻一样，此时九二爻受益于初九爻，都用“或益”来定义。因为这两对的关系，都不是相应的关系。这一阴爻在损卦的六五爻的时候就称为“元吉”，而在益卦的六二爻中就谓之“永贞吉”。这是因为在它作为六五爻的时候，此爻阴居阳位，以柔居刚；作为六二爻的时候，此爻阴居阴位，那么上互卦艮为止，不会迁移，但是内卦震为动，容易发生变化。所以此时六二爻的爻辞就用“永贞吉”来警示六二爻要如同坤卦那样，永远贞固在一处，那才能常保吉祥。再从卦象上看，帝出乎震。上互卦艮为山，为郊外的山丘，下互卦坤为牛，这就有用大牲供奉进献帝王的象，所以为“享于帝”。顺应天意所能得到的益处一定是非常大的，王侯就用老天赐予的这么大的益处进献给帝王。

益卦的六二爻和损卦的六五爻不是双胞胎关系。我们可以用一个人在不同的环境之中的境况来理解。这个人在损卦的时候，处外卦君位，但是能力较弱，所以他不去求助任何人，也保持自己最初的仁德去面对一切。而当他在益卦之中时，他降到内卦六二爻的位置，这是王侯之位，这个位置稍有偏差，影响甚大。好在他受人民的爱戴，也就是初九爻的承托，所以他只要不急进躁动，就不会有任何问题。

六三：益之用凶事，无咎。有孚中行，告公用圭。

六三爻之中提到“有孚”，是因为阴爻皆有虚象，为内心谦虚诚信之象。六三爻和六四爻并没有处于中间位置，而说六三爻“中行”，是因为在六爻卦里，六三爻和六四爻处在中间的人位。此时内卦震为大涂，所以为“行”。此时爻辞中的“告”为言，“公”为侯，“圭”为玉，为信物。为什么有“告公用圭”一说呢？在其他卦之中我们也提到过，是因为这个六三爻阴居阳位是一个非常尴尬的位置，而在益卦里它又处在两个阴爻之间，所以它是处在多凶之地。因六三爻处在内卦震体之中，它有戒惧之心，所以此时的六三爻的“益之”是因凶得益。六三爻被困难包围，心中一直都存有忧虑，反而使其增长了很多之前不具备的能力。这是在凶事之中获得利益的状态，所以哪里还有什么灾咎呢？为国家利益去做事也是这样。如果是行军打仗、风餐露宿，这就是有了战争，对于国家来说就是出现了凶事。但是如果存有救国之心的人能够以诚信行于外，而又合乎中正之道，那么他就可以用代表信物的“圭”来昭告各诸侯，这样就可以向邻国借粮草，使自己从没米的困境变成有米的状态。就如同方伯去打仗，没有兵而变成有兵。因为困境而得到益处，完全有这样的可能，主要看人怎么面对困境。

六三爻是典型的在逆境中成长的人。有时候人处在什么环境之中并不能完全决定一个人的命运，要看每个人自己有什么样的生活态度。六三爻处在一种深陷困顿的状态，外无助力，内无才能，因此他就在这样的环境之中不断地磨砺自己。在这条艰辛的路上，他始终保持心中的诚信，并且行为上也无任何偏颇。所以他一旦有机会去展现自己，自然会得到大家的认同，同时也使自己的处境得到翻天覆地的改变。

六四：中行，告公从，利用为依，迁国。

益卦外卦为巽，巽为命，六四爻处巽卦下爻，此时为受巽之命。而六四爻又与六三爻同处全卦中间的位置，所以这两爻偕伴而行，所以就称为“中行”。此时内卦震为公侯，主要在初九爻。六四爻与初九爻相应，所以称“告公”。两爻相见后相互跟从，所以爻辞称“告公从”。又因为在否卦之中内卦为坤，坤为国。此时变为益卦，否卦的九四爻向下来到初爻的位置，变为益卦的初九爻，而否卦的初六爻又向上变为益卦的六四爻。这一来一往视为迁，结合之前的坤卦称为“迁国”。初九爻受益于六四爻的支持，而得到众人拥护，所以六四爻就可以将初九爻作为依靠，就像周朝东迁国都的时候，依靠郑国和晋国一样。在国事当中，没有什么事大过迁都了。如果说能够有所依靠，这样就可以有利于人民，所以迁都也未尝没有益处。盘庚迁殷而商朝稳定了，周太王迁岐而周朝兴旺，齐桓公迁邢于夷仪而使邢这个国家再次存活下来，卫迁于帝丘使自己恢复了兴盛强大……历史上诸多实例都说明了六四这一爻的“迁国之益”。

九五：有孚惠心，勿问元吉，有孚惠我德。

九五爻居尊位，而且得中正之位，是得正又有阳实的一爻，所以称其为“有孚”。九五爻居尊位，故能够惠及下面的人。而它建立中正的威信就能够使人民协从。在中正之路上，以合适而正确的行为行事，就为人民做出了表率，而使人民也能够正确行事。所以说，惠及民众的政治方式，都是要惠及民众之心的。用心来惠及下面的人，这是最根本的“吉”，也就是“元吉”。在上的统治者心中“有孚”，则下面的民众也一定“有孚”，这是因为至诚之心可以相互感应。九五爻以心惠及下面的各爻，则下面各爻就会以德来回报。各爻感通九五爻的心意，也就端正了德行。《小雅》称“群黎百姓，遍为尔德”。初九爻用供养的方式厚待苍生，六二爻用祭祀的方式接受福德，而九五爻用教化的方式使民众觉醒。所有这些都是益卦用吉事而使之壮大，所以称之为“利有攸往”。六三爻用信物昭告公侯，六四爻用依靠他人的方式来迁国，所以称为“利涉大川”。因为行大道为顺境，而渡大川乃险境也。

上九：莫益之，或击之；立心勿恒，凶。

上九爻虽为阳爻，但是刚爻没有在正位，这是受益到了极点，却还想要益处而不能自已，势必会有损他人的利益，他人不会再给予上九爻，所以爻辞称“莫益之”。而“或击之”中的“或”是意外的意思，这是说上九爻遭到了意外的祸患。这一切都是由心而生的，追其缘由，就是因为上九爻的心没有做到恒久。我们知道恒卦为雷风恒，益卦为风雷益。所以这两卦为相互易位的两个卦，此时益卦的上九爻，就是恒卦的九三爻。恒卦九三爻，爻辞称“不恒其德，或乘之羞”。益卦上九爻为“立心勿恒”或予之击。这两爻的道理是一样的。心能够恒定，全凭孚和贞而已。九五爻的“有孚”以及六二爻的“永贞”，这两者在上九爻中都没有，所以它就是不能够守恒的一爻。因此在损卦的上九爻中，想要让它“无家”，就要去掉它的私心。在益卦的上九爻中，想要让它守恒，就要让它积累诚信。去掉私欲，积累诚信，是使自己不受损伤而常保受益的方法。

一个人一旦拥有的多，往往就会因为私心，想要更多。在上九爻里，上九爻的凶险就来自这种贪婪。因为贪婪使自己遭受意外，对于一个人来说，这就是受到损伤的事情。但是每一个人并不是一开始就是贪婪而有私心的，而是因为自己的初心不够坚定，没有长久地守持那种纯粹而美好的初心，所以后来才面临了凶险。益卦的最后一爻，实则是在告诫我们不忘初心，坚守正道。

43. 夬

䷪

夬：扬于王庭，孚号有厉，告自邑，不利即戎，利有攸往。

“益而不已必决，故受之以《夬》。夬者，决也。”——《序卦传》

依照天理来说，没有永无止境的损，也没有永无止境的益。益卦发展到最后，又会有新的决断。不仅天道如此，人事也是一样。

夬卦的卦形为一阴爻在五阳爻之上，这是五阳盛势壮大而去决一阴的象，所以此卦名为“夬”。内卦乾为“王”，阳爻为实，其为“孚”。外卦兑为口，所以为“号”。乾卦“夕惕若厉”有警惕之象，所以称“厉”。因为阴阳相交融，象上是乾卦的象，实则在内潜伏坤卦的象，所以此时称为“有邑”。乾卦兑卦都属金，两金相敌就是兵戈相见，即为“戎”。从夬卦的卦形来看，这一卦以五阳爻决一阴爻，按照道理来说，应该是轻而易举的事情，但是这一个阴爻之所以能凌驾五阳爻之上，也是有过人之处的。外卦兑为悦，阴爻的性质失去刚正就会将愉悦变为取悦他人，而且善于献媚。此时这一阴爻又在兑口，所以他就会利用自己能言善辩的特征去接近、魅惑五个阳爻。所以五阳爻一定不能轻视，一定要指明上六爻的罪状，并且于王庭之上公布，让天下皆知他的罪行，而且让大家都一致相信上六爻是一个奸佞小人。这样做之后，才可以对其进行决断。此外，五阳爻担心君子们的意见不统一而随便处理这件事，或者因为君子没有严格管理好自己而急切莽撞地用武力解决问题，以至于坏事，所以五阳爻一定要有“孚”，用诚信来约束自己的言行。内心常怀危厉戒惧，依号令而行事，自我约束，周密地防范，使上六爻无机可乘。这样好过凭借自己的刚健而激进行事，不然会生出很多不受控制的变化，以至于要动用军队镇压。这样才是万全之策，如果向前走也没有不利之处了。

初九：壮于前趾，往不胜为咎。

和从前分析的其他卦一样，初九爻在下，为身体的脚趾。初九爻阳爻居阳位，为重刚之爻，所以称“壮”。初九爻虽然在最下一爻，但也是想要决断上六爻那个阴爻的，因此它很想向前去。然而在前面的几爻当中，没有与它相应的爻，而且外卦兑为毁折，它单枪匹马地向前，受到毁折，则是“不胜”。处在夬卦之中，众阳爻都以决断上六爻为己任，所以初九爻向前走并没有什么不对，但是凡事要审时度势、量力而行，这样才能期待最后有以为继。如果冒冒失失地向前冲，与上六爻决斗而没有获胜，就不可能解决掉上六爻。虽然初九爻向前去的行为没有错，却因为自己没有成事而犯错了，即“为咎”。

初九爻很好地诠释了“不利即戎”。从人事上看，初九爻有一腔热血，却过于鲁莽。决断上六爻这件事，已经不是吵吵架就可以解决的事情了。此时上六爻是一个全民要去消灭的祸害，初九爻前去决断一定不能轻敌。本身初九爻就位微言轻，他有决心做这件事，这个志向是好的，但是行动的时候一定要思虑周全。比如找到帮手再去决断上六爻，或者跟随有能力的人去决断上六爻，这样才是万无一失的做法。相反，如果初九爻单打独斗，就好比以卵击石，自己不但没有决断上六爻，而且此行毫无意义还自招危险。

九二：惕号，莫夜有戎，勿恤。

九二爻以阳爻居内卦中位，不只能够决断，还有与人相和的特征。“惕”就是担心“有厉”，“号”就是“孚号”，以诚信号召大家。初九爻不宜莽撞，九三爻也是一样，九四爻不当位，九五爻又与九四爻亲比。所以在夬卦之中，名义上虽然说是五个阳爻，但是只有九二爻是起主要的决断作用的。如果它做不到警惕，就会使自己陷入危险之中，如果不用诚信去昭告大家，就会被指责。外卦兑为西方，是“莫”，即太阳落山的象，内卦乾在西北，过了西方就来到“夜”里。在这时候还是乾卦中说到的“夕惕若厉。无咎”。

在太阳落山之后，进入黑夜的时候，九二爻就更会警惕，防备到极致。那么此时上六爻阴爻的势力就会受到胁迫，就会因此反噬，所以就“有戎”，即阴气和阳气进行争斗。既然九二爻做了万全的准备，那么它就一定会胜利，所以也就不需要忧虑，此为“勿恤”。九二爻所做的一切只是为了告诫自己人，时刻保持警惕。

夬卦之中五个阳爻聚集，本是阳气盛大之势，但在任何时候，众人聚合就需要有一个人做领导者，才能统一行事。在夬卦之中，九二爻就是这样一个人，虽然他位置在下，但是他自身条件很好。首先他品行端正，处中而无偏颇；其次他有诚信，以诚待人，认真解决问题；再者他还有忧患意识，知道预防弊端。所以他这样既谨慎又有能力的人，是一定会在和上六爻的决战中获胜的，而且也会用自身的优秀品质去感染其他人。

九三：壮于頄，有凶。君子夬夬独行，遇雨若濡，有愠无咎。

“頄”是指人的颧骨，九三处在内卦最上，所以用“頄”做象。此九三爻是唯一有阴爻与之相应的一个阳爻，就是上六爻。全卦都在决断上六爻，九三爻与其相应，这样九三爻就在众阳爻中显得特立独行了。又因为它与阴爻相合，所以称“遇雨”。九三爻处在这样的尴尬之境，其他阳爻不免会质疑他。此时九三爻也是极力想要自证清白，所以此时爻辞说“壮于頄”，也是说九三爻情不自禁地将内心的焦虑表现在脸上。此时事情还没有被发现而自己泄露了，所以一定是“有凶”的。所以说，小人才会张狂地壮大自己，而君子则会在内心之中自己有所决断。“夬夬”在夬卦之中指进行决断。用心在夬卦之中做出决断，那么自己就不会与众人在一起，而是自己“独行”。九三爻一旦独行，就会和上六爻相遇，即使是“遇雨”也是可以的。冒着被嫌弃的风险而不避讳，就好像被淋湿了，即“濡”。受到诽谤也不去辩解，所以有些不开心的脸色，“有愠”也是可以的。九三爻之所以这样，是因为他在秘密谋事，为了成就自己的谋划，所以就忍受一切。最终一定会得到上六爻的信任，而辅佐九五爻去实现决断。而在这个过程之中因为遇雨而淋湿自己的过失，最后也就变得可以原谅了。九三爻没有用刚决的方式去处理问题，实则是因为自己更具有决断一切的能力。

九三爻在我看来，就像警匪片里的卧底一样。他们隐藏自己的身份，埋伏在坏人身边，和坏人一起做事，有时候可能也要沾染一些坏人的恶习，因为和坏人同进同出，最后才能取得坏人真正的信任。但是在卧底的心中，他们始终知道自己是一个警察，他们要做的事是惩治犯罪。他们和自己的同事保持距离，自己独来独往是为了完成任务。所以说，在一切事情上都不要单从表面就去做判断，九三爻里说的“有愠”，也正是说明了九三爻即使作为一个卧底，也是有血有肉的人。在大家的曲解之中，他也会面露难色，但是他依然坚守自己内心的原则，这也是非常不容易的。我们也知道，在做卧底过程中，如果这个卧底沾染了不良习气，也是可以理解原谅的。

九四：臀无肤，其行次且；牵羊悔亡，闻言不信。

九四爻为外卦最下一爻，所以用“臀”来形容它。“肤”为附着身体之上的状态，所以应该是指阴爻，但是九四爻上下都被阳爻包围，所以说“无肤”。“其行次且”是指行动有阻碍。外卦兑为“羊”，兑为口，称“言”。但是因为此时阳气盛大，所以九四爻会特别主观，不会轻易地接受别人的忠告，因此称“不信”。夬卦所有阳爻都有一个共同的志向，就是决掉上六爻这个阴爻。但是因为九五爻与上六爻相亲比，所以它虽然处中位，但是没有发扬它自己的光明之处。而九四爻处在九五爻和九三爻之间，不去决断，是被形势所迫，处在九五爻之下而不能安稳，就如同臀上没有皮肤一样。想要决断，却不能向前，前面受到阻碍，就如同“次且”。夬卦的九四爻与大壮卦的九四爻是同样的位置，上下都是阳爻。此时九四爻想要有所行动，先前做出决断，就如同大壮卦的九四爻“羝羊触藩”一样。所以此时爻辞提出，让九四爻牵制住羊，这是一种自我克制，要九四爻克制住自己一味冒进的想法，伺机而动。这样就可以将“无肤”和“次且”产生的悔吝化解掉了，此为“牵羊悔亡”。然而一般刚健强壮之人，都容易心浮气盛，虽然听到了爻辞这样的提示，但是不能完全相信。古往今来，君子得志，都容易出现这样的问题。所以在九四爻的时候加深对这个问题的警诫之意，就是为了使君子听到这些，能够慎重思考。

从九四爻的爻辞分析来看，我们知道九四爻这个人也非常简单。首先九四爻肯定是个君子，但是他所处的位置使他没办法及时地发挥自己的优势。可是九四爻与内卦的三个阳爻又有不同。因为他已经走到了更高的位置，他自以为自己很强大了，所以对于爻辞之中的警告，九四爻就容易因为自满而不相信。在夬卦的九四爻中，我们要懂得，即使在自己顺风顺水的时候，也要思虑周全，谨慎行事。

九五：苋陆夬夬中行，无咎。

九五爻的爻辞中的“苋”指山羊，“陆”指平地。夬卦的整个六爻卦，就如同一个大的兑卦，兑为羊，此时的众多阳爻就好像是群羊。这些阳爻之前我们说过都有一个共同的志向，就是向前，用角去触阴。但是九五爻与上六爻亲比，所以它就在自己的位置上对上六爻进行维护，不让其他阳爻来抵触上六爻。如今时势已经到了极致的时候，九五爻的心志也确定下来，所以它就任凭诸爻向前来决断上六爻，而不再加以阻止，就好像放任山羊于平地中自由活动，而不再设置藩篱阻挡。夬卦之中，唯独九三爻和九五爻用到“夬夬”。九三爻没有所应，九五爻亲比上六爻，因为担心这两爻被别的爻牵连拖累，所以爻辟让它们在夬卦之中对自己做出决断，以期务必将自己的恶习全部除尽。如果做到这样，那还是符合中行之道的，没有过刚的错处。九五爻是离上六爻最近的一爻，所以如果它接近上六爻，则容易取得上六爻的信任，但是感情太过亲密，就会难以断舍，这就是太过了。但如果能够将这种牵连决断，就可以做到没有错处。

如果说九三爻是个卧底，九五爻就是一个做表面功夫的上位者。做什么表面功夫呢？就是对要去解决的那个坏人表面上维护，甚至不让下面的人对他进行冒犯。用这样的行为与上六爻亲近，其实是为了获取他的信任，进而找到他的错处，一次性将他解决掉。但是有很多时候，人是容易迷失的。特别是在感情非常亲密的时候，很容易反过来被对方同化，那时候就会难以对上六爻进行真正的处决。所以要想最后能够理智地处理问题，就要先在自己的内心进行决断。这样即使之前曾有一时的动摇，或者出现错误念头，都可以及时地纠正回来。而之前的一切，也就可以被原谅了。

上六：无号，终有凶。

上六爻是五个阳爻要去决断的阴爻。垂垂老矣的阴爻似乎不足为虑，但是这一爻一旦返下，夬卦就会变成姤卦，而姤卦中的阴爻是不容忽视的一爻。所以夬卦希望下面五个君子能够用诚信或者警惕告诫自己，做到不忘记自己的诚意，而怀有敬畏之心，从而预防坏的事情发生。如果五个君子想要改变却没有戒备，或者忘了那些忠告，那么将一无所获。如果上六爻伺机钻营，突然对君子进行加害，这一定是个大问题，一定会产生事端。在阳气上升的过程中，从一阳来复的复卦开始，几经周折，积累的阳气达到了夬卦的状态，说明阳气上升是十分艰难的。现在在上六爻的时候，阳气上升的状态就要结束了，却在此时招致了凶险，这不是太可惜了吗？所以不另外立象说明，是为了完成五个阳爻的大义。

上六爻是在外卦最上方的位置。依据周而复始、循环往复的特点，此时上六爻虽然势弱，像是一个走到尽头的坏人一样，但是只要被他抓住一点机会，他都会有所图谋，甚至潜伏到下面去，准备偷偷地突袭君子。所以这一爻的爻辞虽然是在说上六爻，其实更多的是在警示初九爻到九五爻这五个阳爻，此时能有这么多的君子聚集在一卦之中，并不是一蹴而就的事情，而是经历了漫长的积累。即使在十二消息卦之中，从一阳来复，到夬卦，也要经历很多步骤。所以说，上六爻是告诫五个阳爻，不要功亏一篑，是变成乾卦健行天下，还是变成姤卦如履薄冰，全都在于这五爻的决断了。

44. 姤

姤：女壮，勿用取女。

“决必有遇，故受之以《姤》。姤者，遇也。”——《序卦传》

天下之事分久必合，合久必分。在夬卦之中，众君子一决小人，大有善恶不两立，邪正不并行之势。在姤卦里，夬卦中的那个阴爻，又再次出现，与五君子相遇。

姤卦卦形，巽下乾上，此卦象为天下有风之象。风起无缘由，风过不相邀，此时的姤卦就如这风一般，没有任何的约定，就这么来了。所以姤者，遇也。此“遇”为不期而遇。此时姤卦就是在夬卦之中被五阳爻剥尽的阴爻，复归于下而来。阴爻在外卦时为夬卦，阴爻在内时为姤卦。在这些变化之中，即将发生的事也是很类似的。我们知道一个阳爻复归于下，则为地雷复卦。这一阳爻渐渐长大，长到了九四爻的时候，就是雷天大壮卦。而大壮卦再壮大，就会变成泽天夬卦。这样一一变化，又到了姤卦。姤卦一阴爻在内变成了主爻，其他阳爻反而变成了在外之客。在这个时候如果这一阴爻如复卦那一阳爻一样上行，那么上面的阳爻就会如复卦的阴爻一样，被逐一消退。所以说，如果用男女代表阴阳，这个姤卦是女子逐渐强壮的一卦。虽然与复卦变化之道不同势，但是女子可以强壮，都是因为男子的乾道不纯。所以一旦阳爻与那一个阴爻相遇，就一拍即合，而被这一阴爻驯服，按照阴爻的想法行事，最后不能自已。所以在卦辞中，劝诫男子不要娶这个女子。不要因为喜欢这个女子的柔媚而与之亲近，不要认为这个女子柔弱就忽视了一切而与之狎昵。所以要在最初的时刻就要警惕起来，预防它慢慢地扩大势头，这样危险才可以平息。小人之所以能够大行其道，都是君子给了他嚣张的权利，如果在最开始的时候就不用小人，那么还有什么差错呢？

姤卦从“勿用取女”一句来理解，特别生动有趣。古时候总是讲求女子要贤良淑德，安善可贞。但是此时姤卦之中的这个阴爻，却是一个有野心的女子。她有什么样的野心呢？她想如同复卦那一个阳爻一样，自下而上，一一将上面的阳爻侵蚀殆尽。此时的这个阴爻非常的柔弱，很容易使上面的阳爻对她产生怜爱之意，而忘记她本身所具有的阴柔是伤害自己根本的。但是卦辞很早就预警了，这个阴爻会壮大，所以警示阳爻，千万不能有娶这个女子的心思。因为一旦娶了此女，阳爻就非常有可能沉溺于温柔乡，而任凭这个女子摆布，那就非常凶险了。分析姤卦的卦辞，我想到这一句话：自古英雄难过美人关。

初六：系于金柅，贞吉。有攸往，见凶，羸豕孚蹢躅。

姤卦内卦巽为绳，所以就说“系于”柅杙之上。因为外卦乾为金，所以叫“金柅”。内卦巽卦的下面两爻，是半个坎卦，坎为“豕”，那么半坎则为“羸豕”，就是一只羸弱的猪。《说卦传》讲，巽卦究为躁卦，所以此时就有“蹢躅”的象。蹢躅为徘徊不前。初六这一个阴爻出现，其上的五个阳爻就与它相遇。既然遇到了，就要想办法制止它再壮大。那么制止它的时候，要不疾不徐，不激进躁动，也不松弛忽略。把这个阴爻拴起来，将它拴在金柅上，让它保持贞静，自己安定下来，这样就是吉的了。如果不把初六爻系住，而是放纵它一直向前发展，那么马上就会出现凶险。这一个阴爻向上，侵蚀掉九二爻，姤卦就会变成遁卦。再向上侵蚀掉九三爻就会变成否卦。这股阴气一直前进，到了九五爻就是山地剥的剥卦了。如此来看，初六爻虽然现在是一只羸弱的小猪，其实它是在谋划，一旦它壮大起来，它就可以极速前进，流窜捣乱。所以对这样的事情阳爻必须有所戒备，要随时随地地观察初六爻，谨慎对待，不能只是把它拴住就完事了。

初六爻是姤卦的主爻，是带有阴气的一爻。它能以一已之力存在于五阳爻之下，那一定是不简单的。所以爻辞将它比作一只看上去很弱小但内心却有着大阴谋的猪。"扮猪吃老虎"这句话就特别符合初六这一爻。所以说，我们在任何时候都不能只看表象，要用发展的眼光去看问题，明白"星星之火，可以燎原"的道理，知道一个小小的坏的苗头很可能会带来巨大的灾难，慎之又慎地去对待危险的先机。

九二：包有鱼，无咎，不利宾。

姤卦九二爻阳爻在上，初六爻阴爻在下，此为阳包阴，所以称"包"。内卦巽卦是有隐伏之意，有"鱼"的象。初六爻为姤卦主爻，那么与之相应的九四爻就为初六爻的"宾"。初六爻本来是与九四爻相应，但它最先遇到九二爻，所以它就为九二爻所有。此时就好像九二爻将初六爻这条鱼包覆其中，又阻滞了初六爻与九四爻相应。九二爻让初六爻在自己控制范围内，将它置于其他几个阳爻之外，所以九二爻的爻辞称"无咎"。只因为九二爻用了"包"的方式，所以就不利于初六爻和九四爻相应了，就称为"不利宾"。这都是因为如果初六爻与九四爻这个"宾"正应且相合，那么就会使得初六这一阴爻的势头渐渐长起来，以至于不可控制。在姤卦之中，用鱼和瓜作象，就是因为鱼和瓜这两者要是腐烂的话，都是从内里开始的，而从外面来看，总是不易觉察。

在九二爻之中我们可以看出，九二爻的责任特别重大，它是防微杜渐的关键环节。如果它能将初六爻好好地控制住，其他阳爻就可能不会受到初六爻的侵袭。如果九二爻没有看清形势，与初六爻亲比，受初六爻的影响，那就麻烦了，后面的其他阳爻都会有危险。所以说事情会朝什么方向发展，九二爻都起关键作用。

九三：臀无肤，其行次且，厉，无大咎。

看到九三爻的爻辞，我们会发现它与夬卦九四爻的爻辞非常相近。这是因为姤卦与夬卦是综卦，所以夬卦九四爻就是姤卦九三爻，它们就具有相同的象。但是夬卦九四爻的志向是去决断上六爻，而姤卦九三爻的志向是与初六爻相遇。所以说这两爻的象虽然相同，但是情况却不同。九三爻急于与初六爻相遇，却被中间的九二爻阻隔。这时候九三爻如果等在原地，它心里就不安分。如果它向下去求，又有阻碍，这就是“其行次且”的情况，是十分危险的。幸好九三爻为一个阳爻且居阳位，所以它内心还是非常刚正的，不会沉溺于初六爻的诱惑。九三爻不会因为被九二爻阻拦，而与九二爻发生争执，也不会与初六爻相遇。这是“发乎情，止乎礼义”的做法。虽然开始有些不对的地方，也不是大错，是可以改正的，因此称“厉，无大咎”。

九三爻特别像一个情窦初开的小伙子，他远远看到初六爻，就被初六爻的外貌所吸引了。但是九二爻处于九三爻和初六爻之间，他既与九三爻亲比，也与初六爻熟识。因为九二爻了解初六爻的品行，所以他就在这个时候阻止九三爻去追求初六爻。九三爻虽然开始对初六爻非常有好感，一心想求得初六爻与自己交好，但是当朋友诚恳劝阻的时候，他也非常理智地接受了。所以之前差点使自己陷入窘境的情况，一下就被解除了。对于九三爻来讲，及时止步也是一件好事。

九四：包无鱼，起凶。

两者同争一物，与目标物相近的一方先得，这就是“近水楼台先得月”的道理。九四爻虽然与初六爻相应，但是它却没有九二爻与初六爻离得近，所以九二爻称“包有鱼”，而九四爻却称“包无鱼”。本来在九二爻的时候就有“不利宾”一句，那么作为“宾”的九四爻就不应该起身前往。但是九四爻既不中又不正，所以它没有正确的判断，自以为初六爻会为自己所有，所以它就起身去“求娶”初六爻，在错误判断中做错误的举动，这自然是凶象。所以爻辞称“起凶”。在卦辞中，卦辞强调“勿用取女”。如果九四爻能够接受现实，安于无鱼的状况，那么哪里还会有凶险呢？

九四爻是一个对初六爻那个美女志在必得的男子。虽然卦辞已经提示了不要娶这个女子，但是九四爻心心念念，总觉得初六爻与自己心心相印，自己就应该有机会。殊不知，初六爻已经被九二爻所得，九四爻其实已经没有机会。但是他还是跃跃欲试地想要去向初六爻求亲，以致即将给自己带来凶险还不自知。从九四爻这里我们可以学到的事情，不是要明白“近水楼台先得月”的道理，而是要知道如果自己心如止水，就不会有那么多波澜产生。自己对现实的坦然接受，胜过不顾是非地盲目追求。《金刚经》中有“应无所住而生其心”的道理，此心如果没有执着，人就会变得通透，多少美好都会生发出来。

九五：以杞包瓜，含章，有陨自天。

内卦巽为木，为高，所以称“杞”。初六爻在下，为小人。瓜是甘甜美好又容易溃败的食物，所以用它来比喻小人。此时初六爻这个甜美的瓜，隐伏在巽卦“杞”木之下，因此有“含章”的象。姤卦的外卦乾卦为“天”，而巽卦在其下，就像是从天上陨落的样子，此时称“有陨自天”。九五爻阳爻居阳位，阳刚而中正，应该担当起制服阴爻的重任。而此时它与阴爻相遇，就如同高大的杞木包覆着蔓藤缠绕的香瓜一样，这是在内心之中含藏美好，说明天地万物都茁壮成长。然而乾卦与巽卦的相遇其命数虽然适合，但是却是不期而遇，就好像有陨石自天而落一样，没有预兆，这是于礼数不合。《易经》在姤卦的卦辞里用“取女”这件事来进行警诫，但是对于九五爻而言，根据它的爻象来说，是吉是凶，是福是祸，都要看九五爻自己如何作为。就像同样处在君位的周文王与周幽王一样，是天下归心，还是成为败国之君，都要看他们自己的行为。所以爻辞就没有在后面做占卜的吉凶断言。

上九：姤其角，吝，无咎。

上九爻以阳爻居上位，这就像头顶坚硬的角一样。上九爻有穷上返下的可能，所以它一旦返下，就会与初六爻相遇。但是因为它的本质过于刚愎狭隘，所以它们两个相遇的时候，上九爻就用角抵触，不能容忍初六爻。此时的“吝”是因为上九爻虽为阳爻，却不能治理初六爻，而且还弃之不顾。然而上九爻因为这样抵触的状态，反倒使它不会与初六爻有相遇而合的问题，没有这些问题，也就不会有初六爻因此而强壮的忧虑。所以此时，虽然有“吝”，但是却是“无咎”的状态。这全都是因为，与阴爻相遇是天时的安排，但是不与所遇者合，这是道义使然。一定要审视自己的能力，如果有能力治理所遇之小人，才可以去匡救时弊，九二爻和九五爻都有这样的能力。如果自己没有能力治理小人，就不要与之相遇，谨守道义，九三爻和上九爻就是这种情况。九三爻想要和初六爻相遇，但是没有去行动，果断停下来，所以就是“无咎”的人。这是远小人，而不使自己为小人所伤。上九爻虽然返下与初六爻相遇，但是它却不能容忍初六爻的存在，所以也是“无咎”的状态。所以说为了杜绝小人的影响，不妨对自己要求严苛一点。

45. 萃

萃：亨，王假有庙，利见大人，亨利贞。用大牲吉，利有攸往。

“物相遇而后聚，故受之以《萃》。萃者，聚也。”——《序卦传》

《序卦传》下传从咸卦开始，万事万物之间开始有了无心之感，这样的感应一旦常态化，就做到了恒卦的永恒贞正。在这些微妙的变化与联系中，相互感应，相感应的一切慢慢相遇而聚合，这就是此时我们要去分析的萃卦。这种聚合并不是轻而易举的，而是经历了漫长的演变过程。那些看不清、摸不到的心意，如同古琴悠扬婉转的滑音，经历了无数次的演练，才传达到我们的内心深处，才有了使我们心中聚合的共鸣。

萃卦卦形，坤下兑上，九五爻得正位，其他阴爻围绕它聚合起来，所以此卦称“萃卦”。下互卦为艮，艮为门阙，为阍寺，此为宫阙中有庙的象。九五爻得正位，为“大人”。内卦坤为牛，所以为“大牲”。外卦兑为和顺，所以“利有攸往”。有道是“精诚所至，金石为开”，万事万物有所感应，以真心相聚，必然亨通。在天地之中，无形的聚合莫过于信仰的凝聚，这样的人心聚合，非常微妙而牢不可破。而对于有形的聚合，又莫过于“利见大人”。在有一个真实的人物存在时，领袖效应起到影响，人们和事物聚集起来，就像民众对英明的君主的拥护和臣服。而君臣之间的这种心灵感通，也一定会形成萃卦的状态，也一定会亨通。万物聚合又亨通，就利于守持贞正，所以有“利贞”一说。

那么我们由上面的分析可以看出，要想使精神保持聚合的状态，就用供奉祖先的庙宇，通过祭祀将人心聚集起来。而在这个过程中，用大的牲畜进行祭祀，说明人们对待祭祀这件事的重视，而神明有所感应，也就会给予吉祥。此为“用大牲吉”。事物和人心聚合，而又能够做到礼数周备，这样无论是大的政事还是小的民事都可以“利有攸往”。无论是历史当中的改朝换代，还是我们生活之中的创业发展，人心聚合就可以成就任何事情。正所谓：“人心齐，泰山移。”所以说，人心的聚合是多么的重要啊！

初六：有孚不终，乃乱乃萃，若号，一握为笑，勿恤，往无咎。

在萃卦卦形中，初六爻发生变化的时候，内卦就变为震卦，震为“号”。而萃卦下互卦为艮，艮为手，有“握”的象。又有萃卦外卦为兑，兑为悦，故为“笑”。

因为在萃卦之中，九五爻为主爻，所以最初和九四爻相应的初六爻，将它对九四爻的诚信转移到九五爻的身上去了。所以爻辞说“有孚不终”。这是针对初六爻与九四爻说的。初六爻这样的变化就导致聚合的过程出现乱象，所以称为“乃乱乃萃”。但是因为九四爻与初六爻本是正应的关系，所以说如果反悔，就会“不终”。如果九四爻一心想和初六爻相应，并因此而哭号不已，那么初六爻又会因为九四爻的赤诚而变得专心。所以此时九四爻与初六爻又握手言和，之前的波折也一笑了之，两爻又重新变得契合而没有猜忌，恢复了彼此之间的信任，九四爻也不用担心初六爻又去对九五爻示好，这就是爻辞“若号，一握为笑，勿恤”。事情能够有这样的变化，都是因为九四爻与九五爻亲比，它也向九五爻聚合。九四爻既然去面见九五爻这个大人，而自己又亲自向下与初六爻示好。因为初六爻也看到了这些，所以它也对九四爻献出了诚心，这样萃的过程就没有混乱的关系了。这样前往相聚，哪里还会有错处呢？所以为“往无咎”。

初六爻这一爻是先迷糊后明白的状态。最开始它看到九五爻是主事之爻，它就想着向九五爻去靠拢，但是它已经和九四爻有了约定，所以这样做，就会把集体中相互凝聚的状态弄混乱。幸好九四爻非常坚定，它没有背弃初六爻，也没有与九五爻有隔阂。而且为了与初六爻相合，它还痛哭流涕地让初六爻看到自己的真心，最后初六爻也明白了形势。因为九四爻本身就与九五爻亲近，而九四爻对初六爻还特别真诚，初六爻知道自己与九四爻相合也是非常有利的，所以最后还是选择了追随九四爻。这个相合的过程中，虽然有过一些小波折，但是最终结果还是好的。初六爻毕竟是个阴爻，所以它的这种心思也是可以理解的。这一爻用在人事上，特别像一个不太成熟的小姑娘在选男朋友。本身初六爻这个女生和九四爻最般配，但是她却被更优秀的九五爻吸引了。九四爻和九五爻是一对好兄弟，虽然九四爻与九五爻相比有一些不足，但是九四爻对初六爻一片真心。如果此时初六爻因为外在条件而选择心思不在她身上的九五爻，这不仅对她自己不利，而且还可能造成九四爻和九五爻兄弟之间产生隔阂，这就会使他们的关系变得非常混乱。幸好初六爻最终还是选择了对自己全心全意的九四爻，三个人皆大欢喜。

六二：引吉，无咎，孚乃利用禴。

萃卦之中，下互卦艮为手，上互卦巽为绳，所以此时称“引”“禴”。“禴”这个字是指夏天的祭祀。十二消息卦中，内卦坤在夏天，外卦兑卦在秋天，所以这是夏秋之交的时候，此时称“用禴”。在萃卦之中，六二爻和九五爻为正应，所以六二爻与九五爻是牢不可破的关系。六二爻处在内卦的中位，它就带领着内卦的阴爻，也就是初六爻和六三爻，去与九五爻相聚合。这是以人臣侍奉君主的道义，所以这就是“引吉”。既然是吉的，那哪里还会有错处呢？所以为“无咎”。六二爻能够引领初六爻和六三爻去与九五爻聚合，这是因为这三爻彼此之间有“孚”。而六二爻能够想着去和九五爻聚合，这是君臣之间有“孚”。明善和贤良相遇聚合，上下的关系中又充满诚信，那么人就达到了“萃”的状态。而人们相互信任，神明也会因此愉悦，在此时用禴祭去祈求神明赐福，神明是会赐福保佑的。所以爻辞就称“乃利”。人们用诚心去祭祀祈祷，就可以寻找到可以朝着他们聚拢的“大人”，这也是“王假有庙”的根本，此时一切都会非常顺遂。

六二爻是一个怎样的人呢？他在下能够团结众人，引领大家向好的方向去靠近。他对上又充满崇敬和诚心，他用一颗信仰神明的心，去与他相应的九五爻聚合，此时对于六二爻来说是没有任何不利的。很多时候，我们提到“神明”这个词，往往会把它看得很迷信或者有很多封建色彩。但是在行事当中，我们要知道如何辩证地去看待传统文化传承下来的语言和文字。比如卦辞所说的“王假有庙，利见大人”一句，我们要知道自己心中的敬畏与信仰，而不是过多地关注“庙宇”和“君王”这些词汇。当我们心中有这样的意识存在，就会遇到让我们更加进步的“大人”。这个“大人”亦师亦友，并不是身份地位特殊的人，而是让彼此共同成长的人。

六三：萃如嗟如，无攸利。往无咎，小吝。

六三爻在萃卦之中，本应与上六爻相应，但是它们都是阴爻，所以是非正应的关系。萃卦外卦兑为口，上六爻在兑口之上，六三爻不能与其很好地相应，所以发声为“嗟”。萃卦中初六爻应九四爻，六二爻应九五爻，都是正应。只有六三爻想去与上六爻“萃”合，却得不到回应，所以初六爻“一握为笑”，而六三爻“嗟如”叹息。六二爻“利用禴”，而六三爻“无攸利”。如果六三爻能够因为和九四爻的亲比，而前往与九五爻聚合，那么它就是“往无咎”的状态。但是毕竟六三爻是一个不中不正的位置，所以它很可能在最初会犹豫不决。如果六三爻有了犹豫，那么就会有“小吝”产生，这都是情有可原的。因为虽然六三爻所处为臣位，但是它和初六爻还有九五爻都不是直接亲比，所以它就会犹豫不决。

每每在一卦里出现六三爻，六三爻都是一个不太确定的状态。在萃卦中的六三爻也是如此。这一爻在人际关系中，很难自己掌握自己的命运。其实归根结底，还是自己的内心不够坚定。萃卦一切人事的聚合，其实是有规律可循的。这一股聚合之气，是以阴朝阳聚合的，也是能力弱的人向能力强的人身边聚合。如果不按照这样的道理聚合，就会改变自己的运势。六三爻因为自己没有确定的想法，所以最初很难有所决断，很容易因为一时错误的选择而有一些小的悔吝产生。好在与他相近的是九四爻对他产生了一定的积极影响，让他看清楚趋势，知道自己一定要努力向九五爻靠拢。所以六三爻虽有小的悔吝，却不会有大的错处。

九四：大吉，无咎。

萃卦的主爻是九五爻。然而，因为九四爻也是一个阳爻，它虽然不是主爻，没有在九五那样的正位，但是负有聚合使命的一爻。在萃卦之中，九四爻与九五爻最为亲比，要是用君臣关系来比喻，他就是一个持有重权的重臣，而他的这个权力，就是为了使事物和人才聚合。他一定会为君王广招贤良志士，使君王因为得到有用之才而喜悦，使那些良才聚集在一起，因为能够为国效力而庆贺。这样的状况就是上下皆大欢喜，一片吉祥的景象，也就是“无咎”的了。爻辞用到“大吉”和“无咎”，其实这是非常难办到的。九四这一爻，实则在萃卦的情形之中十分难得。

在一个团队中，想要做成一件事，每一个环节都十分重要。一个团队中，不止需要一个领袖人物做主导，还要有能够把各方面力量都聚合起来的人，他的作用也是十分重要，能上传下达使一切凝聚在一起。九四爻对下能够团结引领大家向九五爻聚拢，对上他是最为了解九五爻的，使九五爻发挥出最大的聚合力，这样对团队中每个人来说，都是有利无害的。所以在九四爻这里，就称得上“大吉”。九五爻一定要非常重视九四爻的作用。很多团队中，处在九五爻的领袖人物，容易忽略九四爻这个位置起到的作用，一味地以自身的人格魅力去吸引大家注意，那么就很容易失去助力，最后出现很多问题。所以在九四爻的分析中，我们不仅要看到九四爻营造的一片美好的景象，还要知道九四爻的难得之处，处事之时善用人才，方能事半功倍。

九五：萃有位，无咎，匪孚。元永贞，悔亡。

九四爻和九五爻是萃卦之中仅有的两个阳爻，所以它们都有聚集人才的能力。九四爻引导各个阴爻向九五爻聚集，归顺九五爻。而九五爻是因为自身所处的中正之位产生凝聚的力量，所以说九五爻从道义上来讲，应该成为大家归顺聚集的对象，爻辞就说九五爻是“萃有位”。既然九五爻名正言顺，自然也就是“无咎”。但是在天地间的聚合之力无边无际，在这样的一份聚合之中，也一定会有没有诚心的人夹杂其中，此处爻辞称“匪孚”。因为九五爻处在萃卦里又中又正的位置，所以说九五爻具有元德。而在其下的内卦坤，又有永贞的属性。如果能够体悟到乾卦的元德，而又能做到坤卦的忠贞不渝，那么所有的一切就与天地合德，与万事万物聚集，那些因为没有诚心而造成的悔吝，也就消亡了，此为“悔亡”。萃卦这一卦与比卦十分相似。比卦的卦辞称“原筮，元永贞”，萃卦的九五爻就用这句来显示比卦的意义。所以萃卦的九五爻，也就如同比卦的“元永贞”之德，这是聚集人心的根本。

写到萃卦九五爻这一爻，不禁感动得潸然泪下。在学《易》之时，如果可以把眼光着力于天地之间，真能在心里激起满满的感动。在生活中我们或许经常会去计较得失，会评断亲疏远近，但是当我们把一切放在天地之间安置，所有的细枝末节都显得那么的微不足道。萃卦的九五爻，起到聚合之力的并不是那些可圈可点的生活片段，而是它无限宽广的内在，是易道之中最难得的乾之纯粹，坤之永恒，将一切聚合。在这样的聚合之力中，即使朝着这个方向聚合的人或者物存在瑕疵，即“匪孚”，都会被这样的一种力量净化洗涤，最后变成真正的众心之聚。回想我们生命中的一切，能够做到这样仁慈和无私，除了天地，还有什么呢？

上六：赍咨涕洟，无咎。

萃卦外卦兑为口，所以称“赍咨”。又因为兑为泽，所以称“涕洟”。上六爻以阴爻居全卦最上位，在下没有与之相应的爻，它想求得与自己相聚合的爻却得不到，所以悲伤不已。事物想要求得聚合，这符合情理。在没有与之相合的情形下，发出叹息或者用哭泣表示悲伤，这样的心情也可以体谅。这是有诚心，而且从一而终的表现。所以上六爻虽然呼号嗟叹，但是它想要聚合的心却没有乱，只是君子有所取舍的表现。因此我们会发现，在比卦之中，它的上六爻因为处于险境却没有求亲比之心，所以爻辞是“比之无首，凶”，也就是比卦的上六爻为凶兆。但是在萃卦之中，上六爻处在外卦兑，兑为悦，此时的上六爻心存聚合之意，所以爻辞断为“无咎”。

上六爻真心期待有人与自己相应和，但在一片聚合之象的萃卦之中，却没有一个与他真正相合的人，所以他就特别伤心，以至爻辞写得特别悲伤。但是上六爻虽然在内心之中有这样的期待，但是他还是用君子的品格要求自己，诚以待人，绝不趋炎附势、随波逐流。因此，虽然他已经到了一卦的尽头，但是还是守持了初衷，使萃卦的大义贯穿了整个萃卦。因为比卦和萃卦都有聚合的意思，所以在学习中，我们常常会有所对比。如果说比卦是众人的聚合，那么在萃卦的时候，这种聚合就上升了一个高度，是一群出类拔萃的人物的聚合，每个人都在这个过程中承担着重要的使命。当然，在萃卦的上六爻和比卦的上六爻的对比之中，我们也会发现，最大的分别还是来源于内在的不同。

46. 升

升：元亨，用见大人，勿恤，南征吉。

“聚而上者谓之升，故受之以《升》。”——《序卦传》

我们知道萃卦有一股力量朝着志同道合的方向聚集。这样的聚合产生一种向上的动能，此时这个向上的过程，就是“升”的状态。也就是说，聚合并不一定是升的状态，但是积极向上的聚合，就可以出现升的趋势。我们在学习每一卦的时候，还是要体会其中细微的差别。那么在升卦里，又有什么样的道理要我们去体会呢？接下来，我们就开始分析“升”这一卦。

分析升卦，我们还是先从升卦的卦形来看。升卦卦形，巽下坤上。外卦坤，三个阴爻浮于内卦阳爻之上。内卦中，两个阳爻又从底部上升到一个阴爻之上，所以此时阴阳二气都有上升的势态，刚柔一并前进，我们称之为“升”。在六十四卦之中，内外卦里只有两个阳爻且相互亲比的卦，包括临卦、观卦、萃卦和升卦。临卦是两个阳爻在最下，观卦是两个阳爻在最上，萃卦是两阳爻在上还没有到最上，有下面的坤卦孚信承托。升卦两个阳爻在下，又没有在最下，其下又有一个阴爻，这就说明阳爻有上升的趋势。我们仔细观察一下升卦的整体。升卦在临卦的基础上，阳爻前进到三爻的位置，而阴爻在上，居于六五。所以升卦这种上升的运势主要是由阴爻决定。此时阴爻的本质不足以巩固元德，所以卦辞系上“元亨”二字用来勉励这一卦，这样的用法就和大有卦的卦辞有着异曲同工之妙了。九二爻在升卦的内卦中，是阳爻处中位，这就是“大人”。外卦六五爻与之相应，适宜与九二爻相见，所以称“用见大人”。因为内卦为巽，巽的象为顺，所以这个象说明，在下的贤臣虽然能力超群，却有礼有节，懂得顺承，如此“用见大人”也就没什么可以忧虑的了。因而卦辞用到“勿恤”二字。此时，每一件事都是吉祥的征兆，那么即使南征，也是可以的，也是“吉”的。升卦之中，内卦巽为后天八卦东南方位，外卦坤为西南方位，上互卦震为动，为阳，为统领坤众的大君，那么带领大家向南征伐，也是有“吉”之象。

初六：允升，大吉。

一卦之中以少为主，所以巽卦的初六爻为内卦的主爻。此时初六爻能够做到敬畏谦逊，在最下承托上面的两个阳爻，所以两个阳爻也就对它加倍信任。这种信任使它们成为一个共同体，初六爻也就随之呈现上升的态势。这就是信任产生的动能，信任自己的同伴，就使得大家都获得了向上的机会。对于初六爻来说得到了使自己前进的法门，对于两个阳爻来说，也是有了贤良助益自己的功效，所以说这是“大吉”的征兆。

在初六爻里，我们知道，在一件事情之中，当知道自己会起到决定性作用，但是也充分认识到自己能力不足的时候，如果可以做到足够的谦逊低调，也是可以有所进步的。因为谦逊的态度，可以获得大家的信任和支持，最后达到共同前进的效果。当然了，这样的谦逊一定是来自自己的真心，一定是自然而然地去做到这一点，而不是为了追逐虚名或者求得别人的提携而刻意低调。与此同时，初六爻可以做到这样真诚，收获的也一定是挚友之间的那种最真诚的信任，这样大家就都是积极的上升状态。

九二：孚乃利用禴，无咎。

在卦辞中，九二爻所处的位置是内卦的中位，而且为阳爻，又与六五爻相应。所以说九二爻以刚得中。而九二爻又对初六爻允诺引领它一同上升，这就和萃卦的六二爻有一样的想法了。九二爻允诺初六爻，是出自诚信，也就是“孚”。它们一同向上到六五爻，六五爻对于初六爻来说也是有“孚”的，所以此时是上下都有了诚信，这与萃卦的六二爻有了同样的作用。引领大家去到吉祥美好的地方，人心就会因为欢悦而聚合，此时神明也会愉悦。而大家一同上升，治理的方法就如同明亮的太阳向上升起一样，越来越清晰而积极，那么神明也是乐于见到的，所以此时说“乃利用禴”。萃卦六二爻用这样的祭祀方式，使自己避免了贤良被埋没。升卦的九二爻也因为用这样开诚布公的祭祀方式，使自己免除了胁迫六五爻的嫌疑，所以此时爻辞说“无咎”，与萃卦六二爻的“无咎”是相同的道理。

我们还是用人事来说明九二爻的作用。内卦之中的九二爻，是一个非常有能力的人才。但是作为九二爻的上司的六五爻，因为是一个阴爻，所以在领导这个位置上肯定还有不足。此时如果九二爻狂妄自大，目空一切，六五爻就很容易对他产生戒备，那么整体上升的状态就会被破坏。既然是在升卦之中，九二爻一定不会这么去做。九二爻不仅没有去冒犯六五爻，还带领着初六爻一起去支持六五爻。此时就是上下一团和气，各自都心怀诚信。在下的九二爻尽职尽责没有欺辱六五爻的心思，在上的六五爻也感应到了这一切，对九二爻没有怀疑和忌惮，在这样的团队氛围中工作一定会顺利开展的。

九三：升虚邑。

升卦外卦为坤，坤为邑。九三爻上面就是坤卦，也就是说九三爻之上都是阴爻。阴爻为偶，为虚，阳爻为奇，为实，所以称外卦为“虚邑”。九三爻阳爻居阳位，是重刚之象，并且它在上互卦震里，所以它是好动想要积极前进的一爻。而在它前面都是柔顺的阴爻，如果它前进，就如同进入无人之境一样，所以爻辞称“升虚邑”。这样本该是吉的，但是前进的道路越是平坦，自己越容易产生放肆的心思，内心一旦有了这样的念头，危险就随之而来。所以看似是吉的，但实际上暗藏凶险，因此爻辞没有下断言，这是希望九三爻时刻保持谨慎的态度。那怎么保持谨慎的态度呢？做法就是即使到了无人之境，也要像在有人的地方行事。

升卦九三这一爻，是非常积极的一个人，所以他一定会向前发展。而在升卦整体中看，九三爻前进的道路可谓一片坦途，没有任何阻碍。按道理讲，这个环境对于九三爻来说是十分有利的。但是《易经》还是告知了我们其中的微妙：在顺境之中，往往更容易因为轻慢产生过失。我们以为一切都是理所应当的时候，心里就会生出狂妄。所以九三爻此时对我们的警示就是，不要把自己一时的顺境看作永恒的，在这样的环境之中要更加谨慎和警醒。比如说，在众人的关注之下，我们常常会更好地遵守道德规范；而在没有人看到的情况下，往往会放松对自己的要求。这种情形如何去改进？这就要求我们在没有人的情况下，同样保有敬畏之心。有些人在公众场合不会随地吐痰，但是只要自己一个人的时候，就会无所顾忌，这样缺乏对自己的严格要求，是非常危险的。我们甚至可以说，即使这个人在大众面前做得再好，看似非常优秀，但是因为这样两面性的表现，这个人也不可能是真正的知行合一的优秀。他也一定会在这样的不一致中犯下更大的错误。这是事物发展的必然规律，也是我们要时刻提醒自己的事情。

六四：王用亨于岐山，吉，无咎。

升卦六四爻的爻辞又用到了文王的典故。六四爻在上互卦震的中间，震为侯，所以此时指终身为侯的文王。内卦巽为高，下互卦兑在西，处于西面又是高的状态，这就是指岐山。六四爻已经临近六五爻，它再向上，就是逼迫君主了，所以它不可以再向上升。六四爻阴爻居阴位，为重阴之象，而且它又到了外卦坤之中，所以它是十分柔顺的。这种柔顺不只是向上对心的顺从，而且向下它也以礼待之，即对天下的贤士也一样的柔顺。这样的状态，是有利于天下的贤良更积极地前进的。所以这是自己不向上升，却使上面的君主、下面的贤才都向上升的做法。这也是文王的做法。文王昔日恪尽职守，在岐山为侯王，不敢逾越，并且任用为君主着想的贤士去安抚劳累困苦的民众，所以是“吉”的，并且没有错处（“无咎”）。

在六四爻中，我们可以看出，六四爻身边的人全都呈现了上升的状态，反而六四爻本身好像却停止了位分的上升。这里我们要明白主次关系，或者说君臣关系。就是在这个升的状态中，如果六四爻不顾及其他，自己一味地向前，那么相对于六四爻来说，六五爻就是下降的趋势。为君之道下行，这是衰落的态势，不利于整体的运势。如果此时六四爻自身没有向前，却用自己的影响力使身边的人都进步了，那么虽然他的位分停止前进了，但是他内在的德行修为却是增长的。如果用“牺牲小我，利益大家”来形容，似乎不太确切，但六四爻确实是一个内心之中存在大局观的人。如果我们细想一下这里面的道理，或许就能像文王那样贤明。六四爻的处事方式，不仅使集体利益得到提升，而且也使自己获得了大的福报。

六五：贞吉，升阶。

升卦的外卦坤为土，这上三爻是阴爻，一层一层地向上，就像台阶一样。六五爻以阴爻居中位，又与下面的九二爻相应，用谦虚的姿态、礼贤下士的为君之道来对待大家，这就是正道。正道就要保持它的贞固，所以说“贞”。而六五爻能够做到这样，就会任贤为用，而没有二心。如果一个君主可以这样开明而又真诚地去处世，又有什么事会不吉利呢？所以爻辞说“贞吉”。与此同时，所有贤良之才都会上升到六五爻身边来支持六五爻。初六爻有九二爻的带动而向上；九三爻因为与九二爻同德而一同向上；六四爻与九二爻有一样的功德，所以也呈现上升的趋势。所有的贤人都上升了，那么治理天下的方法也有所提升。这种上升的状态，就如同一步一步攀登阶梯一样，是一点一点走上来的，是有凭据而又有秩序的。

六五爻是升卦中真正主持大局的人，而且他主持大局靠的不是阳爻那样刚烈的锋芒，而是用阴爻特有的谦虚内敛去教化感染大家，所以说六五爻用的还是德治。在变化无穷的大千世界中，无论是用什么样的外在方式去笼络，人心都是很难一致顺从的，只有真心才是根本。因此爻辞中的“贞”字非常重要。六五爻用真心来治理一切，无论是哪个阶层的人，都能够接受他的教化，都来拥护他。这就是层层递进的上升之势。生活中我们常常会有这样的感受：一个有能力的人，或许可以管理一方，把一个方面做得很好；但是统筹全局的人一定是有深厚德行的、受人爱戴的人。他会真心地去爱每一个人，没有阶级地位的区分；他的心是平和而平等的，也是低调而谦卑的。这样的人在一个集体当中，会自然而然地产生一种凝聚力，就像六五爻一样。

上六：冥升，利于不息之贞。

“冥”这个字有一种终结的意味。事实上到了上六爻这里，阴爻的上升趋势也确实是要终结，再无可升的位置了。外卦坤为“永贞”，永恒贞正，所以说“不息”。上六爻在六五爻的上位，它没有再上升的空间了，但是它还是心存上升的想法，并且没有停止。这种只知道前进，而不知道后退的状态，对于想要前进却没有出路的人来说，是相当灰暗的。所以爻辞用到“冥升”。在这样的状态下，看似没有半点利处，但也是有利的。因为人心之中有永不停息的贞正，这是不会停止天命的状态。上六爻这种一往无前的状态，积极前进而不后退的决心，用在原有的正念之上，就是自强不息。这样的状态既符合坤卦的“永贞”，又符合乾卦的“健行”，所以会产生非常有利的作用。我们再回顾一下，和升卦一样有这种前进含义的卦，就是晋卦。晋卦中上九爻的爻辞里有“晋其角，维用伐邑”。在此时，晋卦的上九爻没有可用之处了，所以爻辞就说到，要它把自己的刚决用在整治自身问题上。

而在升卦的上六爻里，上六再没有前进位置，没有可以利益的对象的时候，爻辞说“利于不息之贞”，也就是守持贞正。易道穷则变，变则通，在这两爻里，圣人教会了我们这个道理。

升卦的上六爻其实是告诉我们，看待问题一定看两面，不要看到一面不好的就以为一切结束了。其实很多时候，我们换一个角度去看问题，会发现困境之中也存在十分重要的意义。有时候执着于一件事，会让人不知道变通，但是往往很多有意义的事情又是在坚持中获得成功的。有人性格洒脱，看似知道变通，特别聪明，可是有时候缺少坚持会使他难做成一件大事。反而是有些不撞南墙不回头的人，在各种误解之中坚持了自己的想法，最后把自己的地基打得很牢，因此盖出摩天大厦来。当然，这二者的结果可能也会有反转，我相信形形色色的人和事，一定会有各种各样不同的结局。但是我们要知道，在自己处理问题的时候，多给自己一些思考角度，用不同的眼光去看问题，答案或许非常不一样。

47. 困

困：亨。贞大人吉，无咎。有言不信。

“升而不已必困，故受之以《困》。”——《序卦传》

接续上一卦升卦而来的是困卦。这一卦的出现，非常符合易道的规律，这又是一次反转的过程。事物没有一直伸展而不曲折的道理，事情也没有一直前进而没有尽头的道理。天道的循环往复并不是一条直线，在上升的态势下，如果不知道停止，很有可能就会步入困境之中。因此，我们就来分析一下困卦。

困卦卦形，坎下兑上，此卦形就好像一汪水渗到沼泽之下，被阻塞而不能流动，所以这一卦用“困”作为卦名。除此之外，我们看卦形之中的各爻，九二爻和九五爻以阳爻居中位，这就是“大人”的象。外卦兑为口，此处代表卦辞所讲的“有言”。卦辞中“信”与伸相通。在坎卦之中，阳爻被阴爻紧密包裹着，没有办法伸展，只能屈从，所以这就是“不信”。如果是在困境之中，它就是不会亨通的状态。但是卦辞中说“亨”，就是说明虽然是困境，它一样有可以亨通的方法。所以我们要用心去寻找，耐住性子积累自己的所长，克制愤怒，抑制欲望，使自己的德行不断地增进。德行增进，内心就会变得亨通；才智增长，事情就会变得顺利通畅。然而，能够做到这一切的，一定是秉持正念、静定自守的大人。他不去改变一直坚守的常态，而慢慢地去图谋解除困境的办法，困境如果被解除，一切变得亨通，那也就是吉的了。因为这种亨通来自守持贞正，所以也就不会有什么错处。此为卦辞“亨。贞大人吉，无咎”的含义。如果心思浮躁而浅显，就容易显露自己的错处。或者为了那些没有什么缘由的事情而愤愤不平，如果为这样的事情发声，所说的话也不会有什么意义，不会解决任何问题，反而会增加自己内心的困扰。所以困卦的形势下，贵在守贞。

初六：臀困于株木，入于幽谷，三岁不觌。

初六爻在困卦的最下，所以用“臀”来形容。我们之前遇到过一些用身体部位来比喻一爻的卦，比如初六爻常常用脚趾来形容。那么在困卦之中，为什么用臀呢？事实上，如果是前进的状态，那么就用脚趾来形容，比如大壮卦的初六爻，称“壮于趾”，这就是在讲前进的动态。但是在困卦之中，是不能动的状态，所以爻辞很形象地用一个“臀”字来相容。我们想象一下，什么时候臀会变成最下的位置呢？就是当我们坐下来的时候。而当我们坐下来的时候，我们也就不能走动了，也就是“困”的状态。又因为困卦内卦为坎，坎于木也，为坚多心，而外卦兑为毁折，所以爻辞称“株木”。初六爻在内卦坎的最下，为坎陷，所以称“幽谷”。而下互卦离数为三，所以称“三岁”。又因为初六爻在下互卦离卦之外，所以称“不觌”。初六爻本身与九四爻相应，它本该去助力九四爻，但是它自己虽然想去，却敌不过九二爻的力气，被困在原地。所以它就坐在树丛之中，幽闭于山谷之内，三年都不去与九四爻相见。在初六爻中，爻辞没有说这是凶象，是因为如果初六爻可以从幽谷中走出来，离开困住自己的树木，还是可以和九四爻相见的。所以在这一爻中没有说吉凶，是要说明，是福是祸都看自己是否努力争取。

初六爻虽然是一个平凡的人，但是他对上面的九四爻是有助益的。初六爻此时陷入困境，感觉怎么走都走不出去。这有点像一个心理出现问题的人。如果从身体角度讲，他是有能力做事情的，但是他的内心被困住了，所以他总觉得在他之上的九二爻限制了自己，一度萎靡不振，使自己生活在一片黯淡之中。事实上，这样的困境只要他改变自己内心的想法，找到自信，就可以走出来，真正去发挥自己的才华。而这一切的实现，除了别人的帮助，最终还是要靠自己坚定的意志。

九二：困于酒食，朱绂方来，利用享祀。征凶，无咎。

困卦内卦为坎，外卦为兑，坎为酒，兑为食。下互卦离为赤色，为朱。上互卦巽为股，股以下的官服为绂，“朱绂”是指红色的蔽膝。兑为巫，为羊，坎为豕，离为牛，这些都是用来祭祀的。九二爻在内卦坎卦之中，它与上面的兑卦相应，所以就是有“酒食”。酒食本身并不能困住任何人，而是人们自以为被困住。九二爻陷入两个阴爻之中不能行动，所以就借酒消愁，而使自己被这些酒食麻痹，所以是困顿的状态。爻辞之中“绂”与“芾”相同，都是蔽膝的意思。在官服之中，天子的芾是纯朱色的，所以朱绂就是在指九五爻。九五与九二都是阳爻居中位，所以它们是同德的两爻，“朱绂方来”就是九五爻来拯救九二爻。九二爻要用至诚而专一的心去感通九五爻，所以“利用享祀”，这是最郑重而有诚意的表达了。如果九二爻不等着九五爻来拯救自己，而是自己向前走，它就丢掉了可以守护自己的处所，就会产生凶险。如果九二爻知道这样做有危险，不去随便征伐，那么就可以没有错处。此为“征凶，无咎”。

九二爻特别像一个失魂落魄的人，在人生的低谷之中，靠着酒精麻痹自己。有人常说，饮酒使自己不清醒或者堕落，其实酒精和食物只是一样事物，它们没有改变什么的属性，还是因为人们对自己的放纵导致低迷沉醉。在九二爻中我们要学到的是，要谨慎地对待自己的心念，清醒地认知自己的决定是否正确。要以真诚的心，寻求别人的帮助，使自己走出困境。但是也不要因为急于摆脱一切，而做一些不利于自己长远发展的选择。有相当多的人喜欢割裂式的改变，想着重头来过，就把自己从前的一切都割舍了。殊不知，有些东西是自己成长的养分，不能一概而论地把过去所有都否定掉。

六三：困于石，据于蒺藜，入于其宫，不见其妻，凶。

困卦外卦兑为刚卤，所以有石头的象。内卦坎为“蒺藜”，下互卦离为宫，上互卦巽为入。此时的六三爻应与上六爻相应，所以上六爻为“妻”。上六爻在外卦之中，远离下互卦离，所以是在宫外的状态，因此六三爻是“不见其妻”。六三爻阴爻居阳位，且非中位，所以它是不中正的一爻。虽然六三爻在阳位，应该是志向刚正，但是它本身是阴爻，所以才疏学浅不堪重任。此时它想要以一己之力困住九四爻，但九四爻坚如磐石，反过来把它困住了。六三爻又想控制住九二爻，但是九二爻在坎卦之中，如同蒺藜一般，所以六三爻也不能控制九二爻。上下都不能受他影响，六三爻就返归宫中，想要求得自己的妻子也就是上六爻相助，但是上六爻并没有回应，而且也不在宫中，六三爻不能见到上六爻。此时六三爻可谓内外交困，所以一定是凶象。

六三爻这一爻，就像没有处理好对外关系，又失去内部助力的一个人。六三爻虽然有一腔抱负，有一定野心，对上对下他都想去影响和控制。但是因为他自己没有看清楚自己的能力，这样贸然的行动，换回来的是将自己置于困境当中。在外没有发展的空间，他又想回到家里求得妻子的帮助，但是此时他也错失了妻子对自己的支持。生活中这样的事情其实有很多，很多男子整天都在忙事业，而忽视家庭对自己的重要性。而往往有时候，自己选择的事业，又是自己没有能力实现的。到最后自己悔悟过来，再重新回到家庭之中的时候，却因为自己从前对妻子的忽视，而失去了最初夫妻恩爱的状态，对于一个人来说，这是多么凄凉的结局啊！所以在自己做选择的时候，一定要慎之又慎地去考虑全局，不要等到最后，让自己错失一切。

九四：来徐徐，困于金车，吝，有终。

困卦内卦坎为车，外卦兑为金，所以称“金车”。因为九四爻与九五爻相近，所以他就是君王的近臣，君王以金辂赏赐同姓的近臣，因而九四爻就得到了金车。九四爻与初六爻相应，所以他想要拯救初六爻。但是九四爻以阳爻居阴位，他的内心优柔寡断，不够勇敢。又因为上互卦巽为进退，对于去拯救初六爻这件事，九四爻并不够果敢，所以爻辞称“来徐徐，困于金车”。在紧急危难关头，却这样举棋不定，这是应该羞愧的事情，所以爻辞称“吝”。但是因为九四爻与初六爻属于正应的关系，因此爻辞也断定，它们最终一定会有所合。九四爻一定会解救出初六爻，而初六爻也得以见到九四爻，并且助力它行事，这样就解除了彼此的困境。这是“有终”。

九四爻就像一个犹犹豫豫的人，他知道自己有帮助初六爻走出困境的责任。然而他不够雷厉风行，这就会产生很多麻烦事。但是因为九四爻和初六爻是阴阳相应，它们的内心存在很多共通的地方，所以即使九四爻行动不够果决，最后也一定会把初六爻从困境之中解救出来。当然，初六爻一旦脱离了困境，也会尽心尽力地为九四爻助力。最后还是皆大欢喜的结局。

九五：劓刖，困于赤绂，乃徐有说，利用祭祀。

困卦一个阴爻在上，好像人的鼻子的位置，想要去除它，用的就是劓刑；困卦的两个阴爻在下，就像是人的足，想要去除它们，就用刖刑。“赤绂”指蔽膝，官服之中诸侯的服饰用赤绂，所以这个赤绂是指下面的九二爻。“祭祀”是指祭拜天神和大地，通过祈福，以期达到人鬼亨通的效果。九二爻称“享祀”，而九五爻称“祭祀”，是因为九五爻为君位，在古代只有人君才有资格祭天。九五爻以阳爻居尊位，它一定是可以使困顿的人都变得亨通的人。所以九五爻就有志将上面的阴爻劓掉，将下面的阴爻刖掉。九二爻因为带着赤绂，困在两个阴爻之中，不能去助力九五爻。如果九五爻将这一切去除，九二爻和九五爻就可以相遇了，这样君臣得以相助，就是令人愉悦的事情。只有夜以继日，竭尽自己所能付诸诚意和敬畏天的威严，才能使天意回转，使天地用福祉庇佑。所以说这种祭祀的方式，就是君主解决困境的方法。

九五爻看似在说君臣之道，在说祭祀的事，其实我们可以这样理解：解决一个问题的时候，要有坚定的意志，就如同九五爻大刀阔斧地去用刑法解决问题一样，对不好的事情要敢于改变。另外，关于祭祀一说，实际上还是在讲诚信。如果一人的诚心都能够感动天地，试想一下，还有什么问题是解决不了的呢？所以在此处，我们还要考虑一个问题，就是在学习《易经》的过程中，对于卦辞爻辞的理解，不要局限在字面的含义之中，而是要体会其中的道理，并运用到我们实际的生活中。

上六：困于葛藟；于臲卼。曰动悔有悔，征吉。

困卦的六三爻为阴爻，它与上六爻相应，对上六爻就产生牵绊。而且六三爻善于攀附上六爻，所以上六爻就如同困顿在葛藟之中。“葛藟”是一种藤本植物。上互卦巽为木为风，九五爻在巽卦最上，一棵树在高处，又有风吹动，这本身就是摇摇晃晃的样子。而上六爻乘在九五爻上，所以上六爻就有困在臲卼的象。“臲卼”是动摇不安的样子。又因为外卦兑为口，上六爻处在兑口处，它有话要说，所以就自言自语，不能动，要是乱动的话，就会有“悔”。这其实是说，要是能力太强大了，就会有悔。上六爻要了悟这个道理，改变自己阴邪的习性，而追随阳爻去征伐，这样不仅没有凶险，而且能够获得吉祥。这一句爻辞是劝上六爻改过的。

综合困卦各爻来看，初六爻与六三爻是小人，所以它们内心没有主张，自己将自己困在原地。九二爻和九五爻是君子，所以它们是帮助他人解除困境的人。九四爻因为远离小人之行径而得到了善终。上六爻因为跟从君子出征而获得了吉祥。所以说会不会面临困境，难道不全都是自己决定的吗？

48. 井

井：改邑不改井，无丧无得。往来井井。汔至，亦未繘井，羸其瓶，凶。

“困乎上者必反下，故受之以《井》。”——《序卦传》

上升的状态下遇到困境，这个时候势必要造成一定的影响。就好像《序卦传》家人卦的卦辞所说“伤于外者必反于家”，即使摆脱了当下的困境，也不能立即前进，而是要修养自己，积蓄能量，然后再向前走。也如同乾卦走到最上面一爻的时候，就要返回到下面来，这才是循环而生生不息的方法。困卦之后，《序卦传》接续井卦，就是在困境解除后，又从上升高位，返到下面来，那么此时的井卦又有怎样独特的内涵呢？

在过去的生活中，井就是一个放下木桶打水的地方。井卦卦形，巽下坎上，巽为木，坎为水，正是井的样子。井卦是从困卦反转而来，此时困卦中的下互卦离改变了位置，变成井卦的上互卦。因为离为邑，所以此时就是这个城邑从下面改变了位置到上面来，这就是“改邑”。但是无论在困卦还是在井卦之中，九二爻和九五爻以刚居中的状态都没有发生变化，此为“不改”。在一个城邑当中，水源是非常重要的存在，时过境迁，无论世事如何变化，井是不会发生变化的。所以九二爻和九五爻就可以比喻成不变的井，就有了“不改井”的意思。又因为在井卦和困卦的变化之中也可以看成三爻往到四爻，四爻来到三爻，所以这就是“往来井井”。井卦内卦巽为绳，为繘。上互卦离中虚，为瓶的象。下互卦兑为毁折，所以为“羸”。井是与天一体的存在，它的德行有常态，它的作用没有穷尽。“改邑不改井”是在说处所，人虽然和处所不同，但是性质却有相同之处。世间万物虽有差别，但是道法是一致的。所以此时卦辞用处所来表达另一层意思。井水不停地被汲取不是说没有损失，但是因为它是利益民众的而不是被浪费的，所以井水即使被不断地汲取，也是不会穷尽的，而是会使其增长恢复原来的状态。但是如果说无所作为的话，井水没有无私地被汲取，它就丝毫都不能有所增长。如果人民不知道感恩，就如同井水不被汲取，因此人民也就无所得。每个人各有各的想法，互相不去扶持，各人去谋取各人的利益，上下之间也不用互相求助，就好像来来往往的人，各自守着各自的井。但是人要不忘初心，为君之道要能够长久，如果民众不能相互成就，就会失去社会的作用。到那时，就如同井水干涸了，再也打不上水来；或者是打水的绳子还没有放入井中，就打碎了盛水的瓶子，人最后就失去了一切滋养自己的来源，这就是凶象。

每一个人都有自己的社会属性，真正做到与世隔绝是罕见的。所以说每个人在社会当中都和外界有着千丝万缕的联系。如果在这样的关联之中不能够相互合作、扶持，那么人本身就失去了社会意义；而在这样的社会之中，国家和集体的意义也就不存在了。所以井卦是在告诉我们付出的意义：付出不是减损，而是更好地获得。

初六：井泥不食，旧井无禽。

在井卦之中我们要把每一爻进行分层，井卦的每一爻就如同从井底一层一层上来的象，在这一卦之中，阳爻是井泉，阴爻是井土。初六爻在井底，提供井水的源泉在土中，所以此时称“井泥”。此处井水不出，所以不能够食用，为“不食”。这样的井就荒废了，没有人修葺，所以就是“旧井”。井卦外卦坎为禽，它在外卦，所以初六爻这里是“无禽”。此时，事物变得混浊而不能清明，破旧而被污染，变得俗气而不能更新，这样的状态连老天都会遗弃它，人们也不想再打理它。

初六这一爻让我领悟到，每一个人都要重视自己的精神面貌，让自己保持一个良好的状态。现代社会中很多人已经开始有意识地增强自己的健康观念了，但是还是有一部分人，喜欢抱怨别人只看外在、不重内涵，或者喜欢用不拘一格、不修边幅标榜自己“真性情”。其实这些都是十分不可取的想法。我们要明白，内在重要，外在也同样重要，这两者非常适用于《易经》阴阳平衡的道理。失去内在支撑的外在，是花瓶一样空洞的存在；而一直被糟糕的外在掩盖的内秀，也是很难被发现的精彩。初六爻就如同一个不修边幅的人，他没有很好的内在，被污泥浸染时间久了，他也失去了很好的外在。一口井连鸟都不来这里找水喝，又何况人呢？因此，我们对待内在和外在这两个方面的时候，不要偏激，而要平衡内在与外在，才能让内外都展现得恰到好处。当一个人的内在积累得足够深厚，他对外在的要求不是刻意的渲染，不是华服的修饰，而是由内而外的风采。反过来说，如果一个人在自己的外在上特别忽视，不注重个人卫生，不重视自己的生活环境，那么他又怎么能做到知行合一呢？

所以说，华丽的变身需要付出很多，不要总是抱怨别人的眼光，也要对自己有所要求。

九二：井谷射鲋，瓮敝漏。

井卦之中内卦巽为阴性，它伏在外卦坎之下，坎为窞，意为小而深的坑，所以就有“谷”的象。又有巽为鱼，所以为“鲋”。上互卦离为瓮，下互卦兑为毁折，所以称“瓮敝漏”。九二爻处于内卦中位，此时为甘泉。但是这一眼甘泉此时却是在山谷之中，从卦形之中我们也可以看出，这个九二爻在下，上面本该与之相应的是九五爻，它们同为阳爻处中位，所以不是正应。而九二爻下面的初六爻与它亲比，又是阴爻，所以九二爻更容易向下靠近。也就是甘泉之水没有向上去，反而向下注入瓮中，滋养了瓮中的鱼。可偏偏在卦形之中，坎为箭矢，有“射鲋”的象；而下互卦兑为毁折，这个瓮又破损了，所以水就漏出去了。水向下流，没有物体承载它，上面又悬着待射出的箭，它就不会升上去，再去滋养人。

九二这一爻，就如同一个有着善良天性的人，但是他自身存在着一些问题。比如说他向下亲近初六爻，就好像沉溺于安逸自在之中，不能够很好地克制自己的欲望。也就是说他虽然天生有很好的底子，但是他所拥有的能力却没有利益更多的人，而只是沉溺在自我满足之中，久而久之，他之前的那些积极的能量，也会慢慢被消耗掉的。

九三：井渫不食，为我心恻。可用汲，王明并受其福。

井卦内卦巽为洁，所以爻辞称“渫”，是去除污秽的意思。此时九三爻的位置还是在下卦之中，所以它也是上不去的状态，因此称“不食”。外卦坎为心，为加忧，所以在下方的九三爻有了“心恻”。又因为内卦巽为绳，上互卦离为瓶，所以有用瓶子“汲”水的象。九五爻在上为君王，上互卦离为明，九三爻又阳爻处阳位，是重刚的象，所以九三爻刚直不受外物污染，此时的井就是十分干净的。而且九三爻又没有处在下互卦兑口的位置，所以它不给他人食用。这就好比一个非常优秀的人，有很好的德行而不显露于人，有很高的才华而不轻易展示，只是为国为民担忧，常常怀恻隐之心。观察一口井，我们知道，下面的水不会自己漫上来，想要井水上来，就要有人从上面汲取。具有贤才的人在乡野之中要想到官场去做事，也要有人提携。君主让大臣为自己招募贤士，大臣招募到贤士把贤士引荐给君主，就像用瓶子汲水一样，又有什么不可以的呢？九五爻处在上互卦离上，彰显王者的正大光明，那么他所用的大臣也一定是贤良之才，而这些大臣引荐的人才也一定都是贤良的。所以说此时君主任用贤士辅佐自己而获得福报，而贤士们也能因为为天下造福而使自己获得福报，此时就是都得到福报，就是“并受其福”。

九三爻的爻辞讲到的是三方的关系。九三爻本身是一个有才华的人，但是他没有炫耀自己。此时井卦里的九五爻是一个英明的主事者，他渴望有识之士和自己一起为社会服务。虽然双方都有利益社会的意愿，但是并没有很好地了解彼此。在此时，爻辞的“可用汲”这个动作就像出现一个第三方，将之前的九三爻和九五爻联通在一起。这是一个皆大欢喜的局面。前提是这三方都具备井卦的内涵，都有无私给予的精神，一切以利他为前提，所以这些人的力量能够凝结在一起，起到造福人类的作用。

六四：井甃，无咎。

“甃”这个字是井壁的意思。在初六爻里我们说井卦这一个爻是层层向上的，到了六四爻的时候，因为阴爻为井土，所以此时六四爻表示井壁。从卦形上看，上互卦离为墉，而离卦又为中虚之象，所以也是井甃的象。初六爻为旧井，在九三爻的时候清理干净那些污泥，九二爻在下为井谷，到了六四爻，就是“井甃”。为了防止自己像九二爻一样出现泄漏的现象，所以在六四爻的时候，人们开始有意识地改掉自己身上那些不好的习惯，修正闲散的态度，而使自己心存诚恳、为官清廉、遵守律法、杜绝弊端，从而获得利益，这当然是“无咎”的了。

六四爻虽然也是一个阴爻，但是他经历了一系列转变，意识到了约束自己的私欲、重视公务的重要性。此时的六四爻不再贪图享乐，他如同井壁一样，牢固而整洁，踏踏实实地做事，为人清廉高尚，这样的人是很少会犯错的。

九五：井冽，寒泉食。

九五爻在井卦外卦的中位，以阳爻居阳位，也是重刚的一爻。到了九五这一爻，井水已经非常的清冽，所以爻辞称“冽”而“寒”。又因为它在下互卦兑口之上，所以称“食”。九三爻时井水已“渫”。六四爻的时候，井壁已修成。到了九五爻的时候，井水不用任何过滤就很清洁。初六爻有污泥，不能食，九三爻去除污垢时也不能食，九五爻则如同泉水一般可食用。这是因为早在九三爻的时候，九五爻就用了汲取的办法。没有损耗，也没有获得，天德一直保持长久安宁，这都归功于稳定的本性。卦辞说“往来井井”，向外施惠而自己没有损费，这才是王道的用法。

井卦的九五爻是一个有恒心的人，他坚信付出和收获成正比，事实证明在井卦的各爻之中，确实是九五爻收获最大。因为九五爻有格局，所以井水也在这一爻时可以食用了。很多人往往只看眼前利益，认为个人的利益大于一切，这样的人往往是走不远的。反而像九五爻这样的人，一直在坚守自己的信念，在事情的发展变化中有足够的耐心去等待。在他不断付出的过程中，一切慢慢变得越来越好，井水到了九五爻的时候，馈赠就水到渠成了。

上六：井收勿幕，有孚元吉。

之前我们分析过，上互卦离为瓶，内卦巽为绳。现在又有外卦坎为轮，就像井口的辘轳一样，转动这个轮子，就可以将打水的绳子收紧，将打水的瓶子引上来。此时一直把瓶子拉到顶端，而又没有被打翻，那么此时这口井的建造就算收工了，就是“井收”。六四爻的井壁刚刚建好，九五爻的甘泉刚刚被食用，所以互卦兑口不适合被掩盖，此为“勿幕”。到了上六爻的时候，整个井道都建成了。这不是可以人为所导致的，而是依照事情发展的规律一步步实现的。外卦坎为一阳居中的象，这就是一口井有源泉的根本，此为中实之象，所以说是“有孚”。这一口井滋养众生而自己又不穷尽，它可以源源不断地造福天下，这就是“元吉”。“有孚”即为有诚信。生养万物、颐养众生的方法可以传达到各地，这是因为有真实的德行存于其中，所以说天德和王道的根本还是归于诚信。

上六爻是造井大功告成的一爻，这一切能够实现都是人们诚心诚意地去建造的结果。在这一爻里，井的那种无私都是来源于它内在的德行。很多人做事只求表面，或许是为了获得赞美而去帮助别人，或许是为了别的目的，而把自己伪装得很大方，但没有真正的乐于奉献的观念，这样的行为是不会长久的。就好像一口井被一点一点打造出来，它经历一系列的变化过程，最终成为一口让人们取之不尽、用之不竭的水井时，它已经找到了自己快乐的源泉，而这种快乐也正是它不断付出的动力。

49. 革

革：己日乃孚，元亨，利贞，悔亡。

“井道不可不革，故受之以《革》。”——《序卦传》

在井卦之中，一口井已经被修建好了，但是在这口井日积月累地使用过程中，难免会产生一些淤泥或污垢，所以在这个时候，要对井道进行清理，也就是用到革的办法。下面我们就来分析一下，如何用这个“革”。

革卦的卦形，离下兑上，兑为金，离为火，以火炼金这可能是最彻底的“革”了。卦辞中的“己”是十天干的那个“己”，离纳已，离又为日，所以爻辞称“已日”，离中虚有孚信，所以称“已日乃孚”。在革卦之中，上互卦为乾，所以革卦卦辞将“元亨利贞”四德写出。“革”就是改革、变革的意思。革卦的兑金发生变化，说明十天干之中到庚的位置发生转变，而居中的天干己，是庚的源头，在五行之中，己属于土，在革卦之中，金火相克，土的出现转变了这个局面，变为土生金。革卦之所以能够成就四时变化，是因为它在日常之中有孚信，而后顺应民心去变化。这就是“已日乃孚”。人心之中有孚信，一定会更加精进地修持自己的德行。所以就用乾卦的元德使其达到亨通，在人事中就是用仁德去除残暴。用乾卦的贞正去取得收获，在人事中就是用经典大道来使自己得到权力，这样就是说改革得非常适当，而创造和建设产生的悔恨的事就都消亡了。卦辞在这里说明了改革的艰难。

在卦辞分析中我们涉及天干、地支还有五行相生相克，或许不好理解，但这只是为了解释卦辞。用比较好理解的话再来阐述，卦辞就是想说，为了实现改革，而又不产生负面的影响，“革”的过程是多么的不容易。这个改革不是一刀切，它里面有各种平衡取舍，而且在什么时候，什么位置进行改革，都是有要求的，包括人们对这个改革的看法，都会起到非常重要的作用。

初九：巩用黄牛之革。

革卦的内卦离为牛，六二得中，为坤的颜色，为黄，即为“黄牛”。初九爻和九三爻在六二外面，即为牛皮，所以称“革”。事情发展到无路可走时，往往会发生改变，而初九爻在革卦的初始位置，并没有到穷途末路的时候，因此它非常固执地坚守其不想改变的念头，就像用黄牛的皮革去捆东西一样，将物品捆绑得非常牢固不可拆解。一直到逼不得已的时候才会发生变化，而这个时候的变化一定是必要的变化，而且是恰当的变化。所以我们可以知道，初九爻虽然看似固守不变，其实是善于变化的一爻。

如果每一个人都能看到事情的全貌，我想很多人都会在事情发展的最初就有了变化，做出正确的选择。但是大多数情况下，我们是无法预见未来的。在我们不知道未来如何的情况下，做事的时候保持坚定的信念往往更加可取，初九爻就是这样的一爻。如果用捆绑物件来形容意志的坚定，别人可能用一根麻绳把自己的欲望困住了，而初九爻是用了牛皮绳子，这根绳子牢固得不得了，不能被轻易解开，等到真正被解开的时候，一定是它判断准确、下定决心的时候，这个时候解开绳子做出改变，往往选择也是非常正确的。所以说，看似初九爻非常的固执，其实它的改变才是最有意义的。

六二：已日乃革之，征吉，无咎。

六二为内卦离卦的主爻，所以纳祀的就是它。又因为六二所处的位置又中又正，所以它具备革卦的卦德，革卦之中的六二爻与九五爻是正应，所以它又可以行使革的权利，但是一定要到已日才能革，这是产生诚信才能进行改革的意思。此时得天时，人们又都能做到诚信，所以即使是出征也是吉利的，不会有轻率躁动的灾咎，也就是“征吉，无咎”。

还是用《易经》历史背景下的事件来解释六二爻，“已日乃革”看似是古代的祭祀问题，离我们很远，但其实它就是说一个时机的问题，告诫人们在做一个变革的时候，不能激进地去做事情。要在把人心都安稳好的时候，再去做改变。试想一下，我们突如其来地告诉别人一个变故，和我们有所铺垫地把一件要变化的事情说出来，哪个更容易被对方接受呢？当然还是要有一个解释为好。这里我们是就事论事，大家不要把它看作不够果敢。九二爻可谓有勇有谋的一个人，我们刚刚在爻辞分析中就可以知道，他既有德行又有权力，所以他一定不是一个做事畏首畏尾的人，此时做到已日而革，正是说明他考虑周全，改革一击即中。

九三：征凶，贞厉。革言三就，有孚。

革卦的九三爻在内卦离卦的最上方，是重刚的一爻，虽有刚健却与光明有些远了，所以它就想要动，去出征。又因为九三爻在上互卦乾卦的最下，乾卦初爻为潜龙勿用，所以九三又有贞固的含义。此时外卦为兑，兑为口，有言的象，所以称“革言”。“三就”是说就前往，就到那里去，这个“三”一个是离数三，另一个是九三爻上面有三爻，它要向前，就要经历前面那三爻，最后才能顺着自己的想法自由流通。这就是“三就”。九三爻因为是重刚的一爻，而且又处在应当做变革的位置，所以它如果非常躁动地向前出征，一定是“凶”的，但是它守在原地贞固不动，也是有“厉”的。只有把它想要改革的想法用语言表达出来，对上面三爻一一说明，谋求大家共同行事，彼此之间有了孚信，这样才可以变革。

九三爻是一个脾气暴躁的人，他虽然肩负着改革的重任，但是他如果在做变革的时候，不能把自己的想法和大家分享，争取到大家的支持，那么他一定会陷入进退两难的处境，因为大家不明白他的意思，而他的行事方法又太过强硬，所以就容易引起大家的误会使大家与他敌对。另外因为九三爻有满腔抱负，如果要他安于现状，这显然也是对他不利的。所以说在九三爻这个时候，想要进行变革也是要安下心来，好好地寻找时机。

九四：悔亡，有孚改命，吉。

革卦的互卦为乾卦与巽卦，这都有为命的象。在九四爻的时候，内卦离火的功效已经成了，九四爻在外卦兑卦初爻处，此时兑金已经受到离火的作用，发生变化了，所以称“改命”。九四爻和初九爻都是阳爻，所以九四爻没有与之正应的爻，本来应该产生悔吝。但是因为它与九五爻相亲比，且同德，所以爻辞称“悔亡”。改革的原因已经讲明，己日已经成就，人们都信服了，所以称“有孚”。天与人相互协助感应，此时来改变命运，一定是“吉”的。《诗经》中的“周虽旧邦，其命维新”说的就是这个意思。九五爻刚刚“虎变”，九四爻就说“改命”，这说明九四爻是辅佐九五爻改变命运的大臣。这是九四爻肩负的使命。

九四爻也承担着改革的重任，虽然他下边没有支持他的群众，但是他与上面九五爻的关系很好，而且他的时运要好过九三爻，一切都到了可以去做一次变革的时候了，所以此时，九四爻不是自己去做什么样的变革，而是辅助九五爻去变革，这场改变是一定会成功的。因此有时候我们要明白自己所处的位置，有一些改变可以亲自去完成，有一些改变也可以通过对别人的支持而完成。无论怎样，这都会有改变自己命运的结果。

九五：大人虎变，未占有孚。

革卦外卦为兑，兑主西方，为白虎，按天时来讲是秋天，秋天老虎褪毛，所以说“变”。九五爻处在兑卦中间的位置，没有到兑口，没有开口，所以爻辞称“未占”。九五爻以阳爻居阳位，是中正刚直的一爻，此时它处在的位置，命运已经发生了改变。所以称为“虎变”。就好像乾卦之中的九五爻，飞龙在天一样，是以九五爻的德行来说的。革卦之中用“虎变”是从事业来说的。在改革的时候要使人信服是非常难的，九三爻改革是用语言使大家清楚并相信改革的意义。九四爻的时候，是先使大家相信了改革的意义，之后才开始改变命运。在九五爻的时候，因为九五爻德和位都非常大，这样的圣人所到之处，民众没有不被感动的，所以说九五爻这个时候就不用再多说了，人们就已经信服了。占卜是在没有做变革之前做的，而诚信又要在没有占卜之前。这样来看，诚信已经存在很久了。

九五爻到达了圣人的标准，此时它的变化不是自己的作为使人改变，而是它的存在就使大家愿意改变。所以革卦到了九五爻，才是真正的巨变。

上六：君子豹变，小人革面，征凶，居贞吉。

上六的爻辞是承接九五爻而来的，既然大人是“虎变”，一时之间，无论是臣是民都会发生变化。因为君子与圣人合德，具体到象上，就有一些细微的差别，所以此时称“豹变”。而小人是跟从君子的命令行事的，所以他们改变旧的习气，提倡新的变革，就像洗心革面一样，就叫“革面”。此时变革贯穿始终，已经形成了，不能再有其他纷纷扰扰的变更了。如果自己想要多事而进行征伐，则一定是“凶”的。而能够安定在一处，也就是“居贞”，则是“吉”的。

所有变革都是按照天时来的，而不能变革的是按照天道来的。这一卦以“革”字命名，就是崇尚变化，但是初六爻“巩”，上六爻“居贞”，也就是说革卦的始和终是不变的。这是因为要用变化追赶时代，用不变来守持正道，如果不是圣人，谁又能完全做到这一点呢？

50. 鼎

鼎：元吉，亨。

“革物者莫若鼎，故受之以《鼎》。”——《序卦传》

鼎卦这一卦的卦名，用到一个古代的器物青铜鼎，古代炼造或者烹饪时会用到鼎，所以说在鼎里面加工过的东西，都发生了彻底的改变，也就是革物。《易经》在事物变化之后，开始讲可以使事物彻底变化的器物，我们在鼎卦中也去寻找一下它要告诉我们的其他内涵吧。

在每一次学习鼎卦的过程中，我总喜欢把鼎卦的卦形看作一个鼎来分析，这一卦巽下离上，初六爻就如同鼎的足，九二、九三、九四爻就如同鼎腹，六五爻为鼎耳，上六爻为鼎的铉。这一卦不仅卦形上是鼎的象，从卦象上来分析也是鼎的象，巽卦在下为木，离卦在上为火，下互卦乾卦为金，上互卦兑为泽，正是用鼎生火做饭的样子。又因为乾卦为元，巽顺而离明，六五爻居中而应下面的阳爻九二爻，所以是亨通的象。鼎卦和井卦有同样的功能就是来养育他人，养育这件事如果作为大道来讲的话，它是非常大的，所以专心致力于养护的人一定是有自己的根本的。六五爻与九二爻阳爻相应，下互卦乾卦有助人成长的元德。累积诚信以致高洁，用以进献上天享用。皇帝供养圣贤之人，则神灵会保护他，而人们又乐于归顺他，所以是“吉”的。六五爻在外卦离的卦体之内，所以他要以离卦那样的光明使天下周知。人民隐藏起来，像是内卦巽的象一样，巽为伏，此时就要使下面的人民的隐情都可以传递到上面去。又因为离中虚，所以六五爻是非常谦虚的君主，他懂得任命贤良之人去成就养育天下的功德。那时候元道就变得在天下都亨通了，而且鼎的作用也完全发挥了。井卦是普及施水的利处，鼎卦是完成火的功劳，圣人在民众需要之前，就造化万物，教化众生，没有比这个更大的事了。

初六：鼎颠趾，利处否。得妾以其子，无咎。

初六在下，为鼎的足，所以称“趾”，因为初六爻是一个阴爻，所以它柔弱不定，叫“颠”。“否”是指之前的那些个不好的事情，对鼎来说，就像是污垢。在初六爻的时候，因为初六爻中间不实，而有了污垢的堆积，如果用“颠”的办法，使污垢去除，就是有“利”的。鼎卦之中只有初六爻和六五爻两个阴爻，而六五爻处在尊位，初六爻在最低的位置，此时爻辞就用“妾”作为初六爻的象。在鼎卦中其实有阳气凝聚的象，所以适宜做生子育人的事情。因势利导，如果愚钝就使它通顺，如果卑贱就使它劳作，就像“颠趾”一样。而在这个过程中因为“颠”而清除了污垢，妾因为生子而在曲折中得到供养，又获得了新的美好，所以爻辞称“无咎”。

在鼎卦的初六爻里我们看到，一个人在卑微的境地时，要如何改变命运。在爻辞中又是用了那个时代当中比较贴合的比喻。在古代，一个妾是非常没有地位的，但是有一句话叫母凭子贵，也就是说初六爻再卑微，当她生下一个儿子以后，她的生活就发生了改变。那么换到我们现代的生活中，又怎么去理解呢？不是说我们想改变现状就要去生一个孩子，而是说我们面对一个不好的处境时，首先要做的是先接受这个处境，去努力改变而不是抱怨。当然，如果只是一味地努力也不行，也要知道可以改变自己处境的决定因素是什么。越是在处境困难的情况下，我们越要学会适应环境，而不是一味地刚愎自用。

九二：鼎有实，我仇有疾，不我能即，吉。

鼎卦的九二爻，以阳爻居中，又在我们之前说的鼎腹的位置，所以是“实”的象。爻辞中这个“仇”字应当理解为“同仇敌忾”的“仇”。因为九二爻到九四爻这三爻，它们同在一个乾卦里，所以它们称为“同仇”，是同类。此时爻辞中的“疾”通“嫉”，因为六五爻与九二爻相应，九二爻又实心实意地侍奉六五爻，所以九二爻和六五爻的关系十分牢固，这对九三爻和九四爻来说会产生嫉妒，因此，九二爻、九三爻与九四爻的这种“仇”里就存在了“疾”。也就是爻辞说的“我仇有疾”。这种嫉妒之心本来会产生加害的想法，但是因为六五爻阴爻居中，又与九二爻这个阳爻相应，这是阴阳的相交，关系牢不可破。而且九二爻居内卦巽卦之中，巽为洁，为高，所以九二爻既有廉洁的志向，又有高效的行动力，就没有什么漏洞可以被攻击。不会立即被害，又善于保持自己的实力，这样既可以享受君主养贤臣的待遇，又可以惠及人民，这是大吉的事情。

从九二爻到九四爻是一个乾卦，这是一个利益团体，虽说是团体，但是他们三个人之间却有一些小嫌隙。因为九二爻非常受六五爻的器重，所以九三爻和九四爻就嫉妒他，甚至想要找到一些错处加害他，但是因为九二爻自身非常刚正，洁身自好，没有可被人攻击的错处，所以九三爻和九四爻也无可奈何。九二爻受器重不是没有原因的，一方面是他自身的优秀品质，另一方面就是他和六五爻之间的阴阳互补，九二爻与六五爻的关系，因为契合而变得非常坚固。人与人的关系也应该这样，一方面自己要真正的优秀，另一方面也要真正为对方提供实际的帮助。

九三：鼎耳革，其行塞，雉膏不食，方雨，亏悔，终吉。

鼎卦的六五爻是鼎的耳，它与九四爻亲比，又与九二爻相应，唯独与九三爻没有什么联系，所以九三爻爻辞称“耳革”，意思是要改变常态。我们观察鼎的时候，会看到鼎耳之上还有两个圆环，称为铉，要是想把鼎举起来，就要拎着这个铉，但是此时六五爻不受铉，这样鼎足就不会动，所以爻辞称“其行塞”。因为鼎卦的外卦为离，离为“雉”，所以此时在九三爻就有烹煮雉而得膏的象。但是因为“鼎耳革”，又有“其行塞”，所以鼎腹中的雉膏不能被人食用，此时产生的悔吝会很多。鼎卦下互卦为乾，上互卦为兑。乾为天，兑为泽，泽上于天，就成为了雨。雨水降下来可以滋润万物，此时鼎中之膏也可以泽被民众。鼎耳革，其行塞，一定会有损耗和悔吝，但是雉膏让大家都吃到了，这就是“终吉”。

九三爻处在鼎腹的位置，此时鼎腹之中烹煮着一只禽类，已经煮出膏脂了。因为这个鼎的耳不受铉的控制，不能动，所以就吃不到里面的东西。在爻辞中的解释中，这个鼎没有动，却从卦形的一系列象中分析出，这个雉膏也没有浪费，这是什么原因？因为九三爻处在兑卦和乾卦之中，有恩泽人民的象，所以说本来会被某一个人或者某几个人专享的食物，最后变成大家的食物，这种普施的结果最终还是吉的。

九四：鼎折足，覆公餗，其形渥，凶。

鼎卦的九四爻在鼎腹的最上，它有食物满了要溢出来的样子。九四爻舍弃了与自己同体的九三爻和九二爻两阳爻，而与最下面的初六爻相应，初六爻本应该担负起这个重任，付出行动支持九四爻。但是我们知道初六爻中虚不实，所以它承受不住这样的重担，所以爻辞称“足折”。那么此时鼎足损毁，食物就会从鼎中溢出来，就会沾到鼎的外形上，此为“其形渥”。初六爻不够坚实，所以它颠脚，认为抖落掉身上的污垢是有利的事。到了九四爻，这一爻已经坚实了，但它是在之后变坚实的，沉重的鼎腹就使得不实的鼎足毁折了。这个时候食物撒了一地，就是凶险之象，所以爻辞断言为“凶”。

九四爻本身是很有能力的一个人，只是他选择的合作伙伴能力不足，九四爻却没有看到这一点，他舍弃了九二爻和九三爻，与初六爻一起共事，问题恰恰出在初六爻身上。九四爻没有看到初六爻的不足，而给初六爻布置了超出他能力的任务，所以初六爻不堪重负倒下了。初六爻出现这种状况，并不是他一个人倒下就结束了的，这是连带的反应，九四爻想要做成的事情也因此出了问题。最后即使不是毁灭一切的结局，九四爻也是在给自己抹黑，所以无论如何，这都是对九四爻极为不利的。

六五：鼎黄耳金铉，利贞。

六五爻是鼎耳的位置，且六五爻以阴爻居中位，中为“黄”。上九爻是铉的象，又为阳爻，是刚直之象，所以为“金”。六五爻为阴爻，它内里非常谦虚，它接受刚直的铉，就如同一位君主虚心地听取谏言。如果能够做到这样，那么民情就可以向上传达，而君主的恩泽也可以普施天下。鼎卦卦辞中说到的“元亨”，六五爻是具备的，所以此时爻辞又用到“利贞”二字，这是为了使六五爻具备乾卦的全部卦德，而使它能够固守元亨的道义。

我们知道六五爻是一个地位很高的人。六五爻这个人的德行非常好，他谦虚而又有涵养，对于外界提出的意见他都非常耐心地倾听和处理。这样一位领导者，常常最能够听到大家的真话，从而有效地解决问题。

上九：鼎玉铉，大吉，无不利。

上九爻我们之前提到过，它就是挂在鼎耳上的铉。在六五爻里，我们说上九爻为阳爻，有刚直的象，所以象金。在上九爻这个爻位上，我们又分析出，它在阴位上，是居于柔位，而有温润之感，所以它有玉石之象，爻辞称它为“玉铉”。在六五爻的时候称金铉，这是说明君主能够采纳大臣的直言进谏。在上九爻的时候称玉铉，是因为大臣要想对君主进言，无论君主是否开明，大臣都应该恪守本分，以温和的语言来说明道理。上九爻既可以为金，又可以为玉，这样鼎耳六五爻就不会革除它，这个鼎就可以被向上抬起让皇帝享用，这就称为“大吉”。此时这个鼎是既可以供养圣贤，又可以惠及大众，所以就是“无不利”。

上九爻是非常正派的人，他又非常有方法。一方面他守持自己的原则，试图向他的领导表达自己的意见；另一方面他又懂得用委婉的语言去沟通，所以说上九爻是既有智商又有情商，这样的人办事常常会有很圆满的结果，使各方都受益。有些人常常有一腔抱负无处施展的感觉，其实很可能是没有做到高情商的交流。这样的处事方法，只会让事情变得越来越糟，好心办坏事的情况也是非常有可能出现的。

51. 震

震：亨。震来虩虩，笑言哑哑，震惊百里，不丧匕鬯。

“主器者莫若长子，故受之以《震》。震者，动也。”——《序卦传》

鼎是我国古时候具有神圣意义的物品，很多时候，鼎并不是一个实用的物件，而是一个祭祀的祭器，这样的物品应该由谁来管理呢？在《易经》成书的年代，实行嫡长子继承制，所以鼎这个象征权势的重要物品就要由处在继承者位置的嫡长子管理。而在《说卦传》中，震即为长子。

震这一卦，又是一个八经卦，这一卦的卦形就是上下两个震叠起来。我们知道，阳气奋发有震动的象，所以此卦称“震”。自然界如果出现震动，就会有恐惧产生，此时就被称为“虩虩”。又因为震卦善于鸣，所以卦辞又称“笑言”。震卦中下互卦为艮，所以称“哑哑”，这是说笑言也不能够太过，要井然有序。上互卦坎为棘，如同匕首一样，所以称“匕”。又因为坎为酒，所以为“鬯”。长子管理重要的器物，所以他就有权执掌“匕鬯”。而震为雷，有震慑的作用，使人恐惧。人要是知道恐惧，就不敢随便放肆，而产生敬畏之心，这样自己的德行就会增加，自己的才华也会变得更加通达，所以就是“亨”的。当震来临的时候，会变得“虩虩”，也就是感到恐惧，越是这样，越应该修养反省而以诚心敬奉，得到安宁舒适。一笑一言“哑哑”，就是谈笑自如的样子。虽然有大的变故突然来临，就好像轰轰隆隆的雷声响起，震惊百里，那时候自己的心神还是非常安定的，应对变故非常有方法，又不失去自己所守护的事物。震卦告诉我们，常常怀着一种恐惧的心，这样才能收心。但在做事情的时候，也要放手去做，不要恐惧害怕，这样才可以把握住自己所拥有的，而不至于在惊恐的时候失了分寸。

初九：震来虩虩，后笑言哑哑，吉。

震卦初九爻虽然居最下的位置，但是它却是这一卦的主爻。所以此时称“虩虩”和“哑哑”，是说明这一爻的象与卦辞相同。在震卦的最初，它担心自己的能力还很不足，所以用“虩虩”来形容不安。后来消除了那些恐惧，就有了“笑言哑哑”的安心舒适。谋划成功后再借着这种愉悦变得缓和下来，所以说这是“吉”的。

初九爻在震卦里是一个主要人物，他与震卦有着相同的品性和行为方式。他非常谨慎，做事之前怀有戒惧之心，正因为他如此谨慎，所以才能将事情做好，一切妥当之后就会非常安定和自在。所以说初九爻就是那种有条不紊地在做事的人。

六二：震来厉，亿丧贝，跻于九陵，勿逐，七日得。

在六二爻里，这个“亿”字是预先猜测的意思，就是《论语》中的“不亿不信”的“亿”的意思。六二爻如果发生变化，变为阳爻，此时下互卦就是离卦，离为“贝”。又因为下互卦艮为山，所以此时称“九陵”。剥掉艮卦的最上一个阳爻返到下面，变成震卦的初爻，从艮卦到震卦要经历六爻，天数为“七日”。震卦和艮卦是覆卦，所以这是有得有丧。初九爻为阳爻是震卦主爻，六二爻为阴爻，却在初九爻之上，所以震动的时候特别危险，六二爻事先判定了自己敌不过初九爻，于是丢弃自己的财物，躲到山高水远的地方去了，钱财即为“贝”。“贝”被人拿走也不去追回，而是守持正道，等待七日之后，那些钱财自可以失而复得。这与“不丧匕鬯”的意思差不多。六二爻知道恐惧而能自守，处世又不失震卦的大方。所以开始即使有损失，最终也还是有所得的。

六二爻的谨慎来自它对自己所处位置的分析，因为它觉得初九爻对自己威胁很大，所以它宁愿什么都不要做而去避开初九爻。稍微贪财一点的人，在逃避过程中受到损失都会非常舍不得，甚至会回头去追回，但是六二爻毫不犹豫地放弃了这些钱财，这说明六二爻不是一个贪图小便宜的人。事实证明，最后这些失去的东西会重新得回。在这里我们可以看出六二爻是一个非常有耐心的人，知道去等待。

六三：震苏苏，震行无眚。

震动产生的原因有三种：一种为自然界的震动，一种是因为出现什么事件而震动，还有一种是内心的震动。自然界的震动就是打雷；事件的震动，多半是事情产生了变故；而内心的震动是因为内心有了戒惧的感觉。六三爻处在内卦震雷即将终结的位置，又遇到下互卦艮止，所以说六三爻震动的势头已经缓和下来了，因此爻辞称“苏苏”，这个时候，事情的变故也将平息了。那么使人心产生震动的原因也就一并缓和下来了。在这个时候如果因为怠慢而没有任何防备，就容易出现不好的病症，即为“眚”。变故虽然解决了，但是心里的戒惧还是要一直存有的，只有一直保持内心的谨慎，才会有备无患，这也就是震卦《象传》所谓的“恐致福也”。

六三爻告诉我们要常保警惧戒慎之心，要有忧患意识，不要在自己脱离了一些险境之后，就忘记了之前的教训。如果一直用谨慎的态度去做事情，就会避开很多不好的事。在做事的时候，一旦出现了一个错误的苗头，自己能马上关注到，那么错误就能在萌芽状态被解决，因而在事情之后的发展中，就不会出现大的问题。

九四：震遂泥。

震卦的九四爻，是震卦本身震动，奋起向前而来的一阳爻，所以称

“遂”。因为九四爻处在上互卦坎卦之中，坎为陷，又遇到下互卦艮为止，所以此处称九四爻所处环境为“泥”。轰隆隆的雷声正要响彻天地之时，忽然就停滞了。就如同人的天良忽然被震动，正在悔恨交加的时候，突然又被世间的物欲给蒙蔽，这种内疚悔愧的心思就消减阻塞了。这句爻辞没有用到占卜的断言，是因为承接六三爻。“遂”是震前行的状态，“泥”是震动被阻的状态，如果六三爻里“震行无眚”，那么九四爻里“遂泥”一定是有“眚”了。所以无论有没有断言，也都明白了。

九四爻本身是个阳爻，但是它所处的环境对它很不利。它本该是充满动能、积极前进的状态，但是却深陷泥沼之中没办法动弹。我们常说，每个人都有善的一面，都有自己的良知，但是往往有时候受到一些外部因素的局限，这就会使自己本身所具备的良知变得非常薄弱。比如说在和他人相处当中，我们知道自己做这样的选择会伤害到别人的利益，如果这份良知非常清楚和坚定的话，我们就会做一些取舍，避免去损害别人的利益。但是如果在九四爻的状态下，这个选择就只会按是否利于自己的方面去考量。这个选择或许当时会有利于自己，但它是存在问题的选择，所以还是会有隐患。在九四爻之中我们从一个反面的例子明白为人处理要谨慎的道理。

六五：震往来，厉，亿无丧，有事。

震卦之中的两个阳爻，初九爻是震，九四爻也是震，六五爻在九四爻之上，前一个震动回去，又一个震动到来，这种危厉的象，与六二爻的时候一样，此为“震往来厉”。但是六二爻是臣位，它所拥有的只是钱财，所以它弃之不顾也是可以的。而六五爻在君位，它是掌管宗庙社稷的，它所做的事是为了天下。所以它想要渡过这个震动的变故，各方都会来应援守护，一定不会使它丧失它所掌管的事。卦辞说的“不丧匕鬯”就是指六五爻。所以六五爻一定要守持它的中道，用心中的恐惧修持自省，尽心尽力地去做好这件事。

六五爻虽然看似与六二爻境遇相同，但是它们肩负的使命不同。在六二爻的时候，六二爻可以不顾及钱财的损失一心避开初九爻的锋芒，但是六五爻不可以，因为六五爻掌管的事不是钱财那么简单。它所负责的事，不是一己之私，而是事关千千万万人的大事。所以此时六五爻所用的方法就不是逃避，而是内省修身，慎之又慎地行事。最后在大家的支持下，它还是可以渡过难关。其实在六五爻里，我们可以体会出一个道理，就是在解决问题的时候，要明白问题的关键，不能一概而论，不是所有的事都可以用逃避的方法解决，要就事论事地去看待问题。另外，在震卦之中一直强调的一件事，在六五爻里也有体现，就是内心的戒惧时时刻刻都不可以失去，只有这样，在面对困境的时候，才能更好地找到生机。

上六：震索索，视矍矍，征凶。震不于其躬，于其邻，无咎。婚媾有言。

上六爻到了震卦的最终端了，所以就有“索索”的象，这是形容恐惧的样子。当上六爻发生变化，外卦就变为离卦，离为明，所以有“矍矍”的象。上六爻亲比六五爻，又与六三爻相应，所以六五爻是它的邻居，而六三爻与它是婚配的关系，即“婚媾”。因为上六爻是一个阴爻，所以它承受不住震的威力，它表现出来的“索索”和“矍矍”是与爻辞的“虩虩”“哑哑”相反的状态。我们都知道，震动到了极处就要静下来，所以此时再出征就必有凶险了，此为“征凶”。上六爻处震卦的最终一爻，此时是内忧已经安定，但是外患还没有完全解决的状态，所以称“不于其躬，于其邻”，这是说震动带来的变故，在自己邻近的六五爻处已经出现并解决，而没到达自己身边。变故没来，那么就称为“无咎”。“婚媾”之时，上六爻把六五爻这个邻居看作自己的亲人，所以六三爻向前来到上六爻身边，经过六五爻的时候说明来意，六五爻就知道了它没有征伐的意思。这样邻里和婚配之人都为了上六爻而动，这是震卦到了极处的象，此时上六爻要如何自处呢？还是要心怀戒惧。震卦从始至终都是谨慎畏惧的状态，这才是在震卦状态下的处世之道。

上六爻已经是震卦的最上一爻了，按常理来讲，震动的核心是受影响最大的地方。到了上六爻，震动产生的影响应该非常微弱了，甚至几乎不存在了。但是上六爻的神情，“索索”“矍矍”这都是非常不安的状态。上六爻之所以有这样的神情，是因为他心怀畏惧，看到了六五爻所处环境的艰难，因此自己就谨慎起来。上六爻的这种处世思想，特别符合震卦要向我们说明的道理，即时刻不忘危厉的存在，仔细而小心地行事。

52. 艮

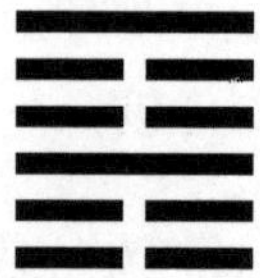

艮：艮其背，不获其身；行其庭，不见其人，无咎。

“物不可以终动，止之，故受之以《艮》。艮者，止也。”——《序卦传》

《系辞传》有“动静有常，刚柔断矣”，是说事物的运行都有一定的常规。在震动不已之时，《序卦传》接续了艮卦以停止震动。这也是阴阳的平衡道法，什么都不能太过。我们在艮卦之中，再去领会一番道理吧！

艮卦为震卦的覆卦，所以艮卦两阳爻变为在阴爻之上的卦形，这是以阳止阴的意思。“艮”字的本义就为边界和极限，所以此卦称为“艮”。八经卦艮的形是一阳爻在上，两阴爻在下，所以它有弓背、门阙、庭院的象。此时上互卦为震，震为行，艮卦本身为止，止的意思是静中有动。人的身体各部分，手、脚、腿、胳膊、头都善动，只有后背不动。但是后背却含有其他部位的动，每一处都与后背连接。所以说到艮卦，就讲“艮其背”。人如果只顾自己的利益，自己和他人的意见就会产生分歧，失去应当止的界限，而“艮其背”是知道要止，这样就不会自私地去做事，此为“不获其身”。等到走入庭院，也是只能看到停下来的动作，却看不到那个人，没有他人和自己之分，这样就能够做到廓然大公，顺应变化，没有动静的分别，也没有只想静而讨厌动的错处。此为“行其庭，不见其人，无咎”。我们要体会艮卦的功用。

初六：艮其趾，无咎，利永贞。

咸卦和艮卦都以人的身体部位取象。在艮卦的初六爻，因为它处在最下，还是称为“趾”，“艮其趾”就是不行走的意思。《易经》中讲到的吉凶悔吝都是来自动，在此处如果能够做到不妄动，也就是“无咎”的了。然而初六爻为阴爻，性质阴柔，因为担心它不能够长久，所以爻辞用“利永贞”是期望它永守正道，除非合乎礼仪，否则不能前行，这就是艮止的有利之处。

艮卦的初六爻似乎特别简单，但是却富含深意。首先爻辞评断初六爻“无咎”是因为它知止。所谓“做多错多”，这不是没有道理的。很多错事都是在行动中产生的。虽然不作为是一种消极状态，是不对的，但是此时说的“艮其趾”，是慎重，不贸然行动，不妄动。一个人如果思想容易左右摇摆的话，就可能做不到耐心等待合适的时机去行动。所以初六爻又告诉我们一个道理，就是要守持贞正，依礼而行，不符合礼制的就不去行动，这是当止则止的益处。

六二：艮其腓，不拯其随，其心不快。

艮卦的六二爻在初六爻之上，所以是与趾相近的位置，就是“腓”，即小腿肚。腓作为小腿肚，它是随着上面的身体部位而动的。就如同六二爻紧挨着九三爻，它随着九三爻而动。六二爻处中位，所以它可以做到“艮其腓”，而九三爻有“列夤熏心”的忧虑，六二爻属阴爻，其本质也是阴柔的，因此它虽然跟随九三爻，却不能拯救九三爻，所以爻辞说“不拯其随，其心不快”，意思是六二爻能够端正自己，却不能纠正他人。

六二爻本身处中位，是非常好的位置，它自己在这个位置上，可以很好地要求自己。在另一方面，它追随九三爻，也想对九三爻起到一定作用，但是它却没有改变九三爻的能力，所以心中十分不快。复杂的人际关系是需要好好分辨的。在六二爻和九三爻的关系中，九三爻处在高位，六二爻处在低位，所以九三爻可以允许六二爻跟随自己，也可以接受六二爻的辅佐，但是六二爻只有跟从九三爻的权利，它没有命令九三爻听从自己的实力。所以当它意识到九三爻有错误的时候，它想去相助，但是却不被九三爻接受，因此只能是心中不快。在六二爻中，我们一方面看到不同身份的人有不同的困扰和选择；另一方面我们还要意识到君子之学与小人之道的区别。小人可能只是关注自己的利益，但是君子要既能自律，使自己端正，又能有纠正别人的心。这种心思是为了使别人更好，而不是多管闲事。所以六二爻此时的不快，也是出于无奈。

九三：艮其限，列其夤，厉熏心。

九三爻的爻辞中“限”是指人身体的上下分线处，也就是腰。“夤”是指上下相连接的地方，在此处就是腰的经络。九三爻在全卦的中间位置，内外卦分割处，所以就用这两个字作象。爻辞中“列”是分裂的意思。时而行动，时而静止，处世贵在知道变通。九三爻处在不中不正的位置，它在此处停下，这并不是它的归处，就如同腰将身体分成上下，而且又将连接上下的经络割裂，想用这样的方式阻止身体上下互动。九三爻又陷入下互卦坎里，这时候它想要停止不能停止，想要动又动不了，所以是特别不安的处境，在这样的处境中就容易在心中产生危厉，就叫“厉熏心”。

艮卦九三爻的情况有点复杂。首先它所处的位置不是一个中正的位置，所以它做起事来就有些不稳妥。它以阳爻居阳位，是重刚之象，所以行事非常武断，一味地想用阻止隔断的方式来解决问题。但是天下的道理，就是要阴阳平衡，动静结合，不能胶固不通，偏于一个方面。在九三爻极力阻止一切的时候，它没发现自己其实正身陷困境，就是坎的状态，可当它意识到的时候，它已经动不了了，逃离不开，这就是危险。九三爻的做法，对外来讲不符合人情，对自己来讲又太过压抑自己的想法，所以说这样的危厉产生的时候，那就会像烈火一样熏灼着自己的内心，使自己非常不安。在学习《周易》的过程中，我们经常会提到两个词——“寂然不动”和“感而遂通”，把这两个词放在九三爻的心境之中细细地体会：任何事都不是绝对的或者强求的，内心的平静是遇事泰然自若，而非强行平静，并且一定不能封闭自己的内心，要与世界和宇宙有感，有连接，这样才能万事亨通。

六四：艮其身，无咎。

在咸卦之中六四爻是心的位置，在艮卦中也是这样，但是在艮卦之中不说“艮其心”，而是说“艮其身”，这是因为心是看不到的，而身体可以看到。心是支配身体行动的，观察身体的行动静止，就能知道心的状态。这都是因为艮止不局限于身体，也不会脱离身体。所以说不被自己的身体所限制的人，其内心也是十分宽广的，“艮其身”是凝聚心的有形存在。

六四爻其实是在讲一个知道“止”的要领的人。什么是“止”的要领呢？在九三爻的时候，我们说九三爻也是止，但它是强行的停止。在六四爻这里，六四爻知道身体和内心的关系。人的身体，是受精神支配的，所以内心之中如果真的知道停止下来，那么我们也会在外在的身体上看到结果，就像心理医生会通过一个人的身体动态来分析他的内心活动一样。与此同时，六四爻又能够认识到身体对精神的承载作用和限制作用。比如说很多人认为自己不能完成什么事，往往是通过自己身体状况判断出来的，但如果人不受这样的限制，精神世界的无限和宽广就会体现出来。然而，精神的无限和宽广又不可以是漫无目的、没有边际的胡思乱想，所以身体同时又对它起到凝聚作用。这种身体和精神相互作用的关系，在六四爻心里是非常清晰的。

六五：艮其辅，言有序，悔亡。

《说卦传》讲到，“艮为黔喙之属”，“黔喙”是黑色嘴巴的意思，所以有“辅”的象，辅为辅颊。又因为震为善鸣，所以称“言有序”。这是说在六五爻的时候，身体的象到了嘴巴这里，“艮其辅”就是不妄言的意思。病从口入，祸从口出，吃东西要节制，说话要谨慎，这些都是六五爻里告诉我们的道理。所以说，说话一定要有条理、有道理。虽然嘴动了，但是内心是谨慎不动的，这样言多必失的悔厉就不会产生，就是“悔亡”。初九爻“艮其趾”，是慎行的意思；六五爻“艮其辅”，是谨言的意思。君子可以做到谨言慎行，那么他的素质也就具备了。

从爻辞的分析来看，六五爻是在讲谨言的问题。语言表达实在是太重要了！很多人都有这样的体会，自己明明充满诚意，却被人误会，这很可能是你的表达有问题。有时候语言是非常微妙的。有一类人叫作“刀子嘴豆腐心”，这类人可能需要别人特别花心思去理解，才能体会他们内心的善良。但是现实中两个人的接触，往往停留在一面之缘。所以说这就要求我们在说话的时候三思而后行。并且在表达的时候要清楚明白，不要拖泥带水，或者口不对心，更不要说一些不靠谱、生嫌隙的话。只有这样，才能尽量避免误会产生，也就不会发生让自己后悔的事。

上九：敦艮，吉。

艮卦的上九爻，在全卦的最终，又在两个艮山之上，所以上九爻敦厚笃实到了极点，所以为“敦艮”。在此处不再说“艮其……”，是因为这一爻无所不艮。它在最上面，身体的所有部位都听它的意见而停止，无论是艮背、艮趾、艮身还是艮辅，全都为上九爻所止，而且还不会提出反对的意见。所以上九爻就是所谓的能止所有一切的止。止的属性，本质上就是大道所归。如果能够用敦厚笃实来使一切停止，那么天下的事就都到了一个极其完美的境界，这样的“吉”是多么大呀！君子的功劳就是使一切达到一个静止的状态。

上九爻的爻辞不是特别好理解。为什么要使一切达到一个静止的状态呢？我们在前面提到“寂然不动”这个词，我们说这个词是指内心。上九爻的“敦艮”为什么使一切事物达到了一个极其美好的状态？这是因为艮的这种静止，是内心的一种寂然不动，无论外界怎么变化，无论自己的身体如何变化，都不会影响到自己的内心，内心对待一切都是平和而喜乐的。无论是佛家还是道家，或者其他传统思想，都是在追求这样的安定平和，在这样的内心之中才能找到大自在。

53. 渐

渐：女归吉，利贞。

“物不可以终止，故受之以《渐》。渐者，进也。”——《序卦传》

在艮卦之中我们讲到了动和静的关系，二者不可以偏颇。动到了极处就一定要静下来，而静到了极处又要返回运动的状态。事物是不停运转的，只有在生生不息中才能找到生命的活力和能量，所以此时《序卦传》就在艮止之后，及时带来渐卦，这是一个慢慢变化的过程。

渐卦卦形，艮下巽上，此卦形就像山上长出树木一般，这是一个渐进的过程，所以此卦卦名为“渐”。渐卦之中，巽为长女，艮为少男，上互卦离为文，所以这一卦，是男子以礼相迎娶，而女子将要出嫁的象，“归”是出嫁的意思。渐卦是由否卦的六三阴爻上到四爻的位置而来的，所以说这是柔进的状态。三爻和四爻一交互位置，所有的阳爻都在阴爻上面，此时是刚进的状态。一个人在前进状态时，容易急躁妄动，受到伤害，所以一定要如同古时候女子出嫁一样，六礼皆备才可以出嫁，这样才不会伤害到自己，而且是吉利的。这是说守正道而行，才能使天下都行正道，而人也会因此而获得益处。所以说君子行动或者处世的时候，宁肯慢一点，晚一点，也不能一味地求快。要在礼仪可以守护自身，大道可以救济天下的时候再去做事。因为事情刚开始前进的时候，是非常难的。

六十四卦之中，渐卦和晋卦都有前进的意思，但是它们又非常不同。渐卦开始前进之前，经历的是艮卦，是一种停滞状态，所以说渐卦的前进如同一次新的开始。在屯卦里我们体会过一件事开始的艰难，在渐卦的时候也是一样。所以这一卦的含义就和它的卦形一样，如同一棵树生长渐进的过程，没有一棵树能一下子成材的。渐卦在这里就是告诉我们“欲速则不达”的道理，要学会耐心等待和思索，找到了合适的方法再去行动。

初六：鸿渐于干。小子厉，有言，无咎。

渐卦之中，上互卦离为鸟，内卦艮为山，下互卦坎为水，能出水而又能在山上的鸟就是“鸿”，而飞起来有秩序，渐渐向前飞的也是“鸿”，所以在渐卦中六个爻都用“鸿”来取象。初六爻在下互卦坎水的侧边，所以为“干”；内卦艮为少男，所以称“小子”。艮卦前面是坎卦，故有“厉”，爻辞称“小子厉”。初六爻亲比的是六二爻，相应的是六四爻，这三个爻都是阴爻，都是断线有口，所以爻辞称“有言”。鸿雁本来栖身在水里，刚刚要离开水，它行进的速度不会太快，还在水边窘迫困厄的地方。人在年少涉世未深的时候也是这样，自己本身的能力还比较弱，遇到危险没有解决的办法，就有了危厉，变得不安。或许和别人进行商议，这样才能减少伤害。如果能够做到不躁进，以保自己安全，也是“无咎”的。在渐卦的最初，最适合这样做。

初六爻就像是一个年轻人，刚刚步入社会还有许多不适应，面对形形色色的人，内心之中会有很多彷徨和不安。因为自己没有什么经验，所以一旦有危险出现，就置身于危厉不安之中。爻辞告诉我们，在这种时刻，不能冒进，要好好向别人学习，与大家商议后再行事。

六二：鸿渐于磐，饮食衎衎，吉。

渐卦的六二爻为艮山之石，在山麓之下靠近水的岸边，此时就被称为“磐”。下互卦为坎，有“饮食”之象。鸿雁从“干”的位置到了“磐”的位置，此时离水稍稍远了一些，又向前进了一步，所以饮食自如，没有什么危险了。此时六二爻处中位，又与九五爻正应，这么有利的形势，六二爻却没有急于前进，而是修养自我，等待时机，就如同鸿雁已经离开了水，渐渐来到“磐”的位置，从容自在。六二爻是明白了渐卦渐进意义的一爻，因此也是“吉”的。

人在处境发生变化的时候，常常容易失去分寸。渐卦的六二爻就好像一个刚刚脱离险境的人，又遇到有助于自己的贵人。这个时候如果忘乎所以地前进，很容易出现问题。而渐卦的六二爻，深知做事要一步一步地来，要稳妥也要精进。六二爻没有失去理智，他首先想到的是加强自身的能力，他在自己的位置上修身养性，不断地积累，等待成熟的时机再向前发展，他一定会让自己做事非常顺利。我们在生活中或许会遇到这样的情况。比如说遇到一个很优秀的朋友，就如九五爻一样，这个时候我们如何去对待这段友谊，就有了君子和小人之分。有些人会想从这个朋友身上获得即时的利益，希望这个朋友有助于自己；而有些人却能因为认识这样优秀的朋友，更努力地提升自己，以这样的朋友为榜样，好好生活，最后自己也有了很大的进步。同样是遇到一个优秀的朋友，前一种人与后一种人的想法有非常大的区别。而很显然，六二爻就是后者。

九三：鸿渐于陆。夫征不复，妇孕不育，凶。利御寇。

渐卦九三爻走到六二爻之上，也就是高于“磐”的地方，那么就用“陆”作象。九三爻和六四爻阴阳相比，所以称“夫妇”。九三爻为阳爻，所以为“夫”；六四爻为阴爻，所以为“妇”。九三爻如果向上征行，外卦就会变作乾卦。乾卦是运行不息的，所以九三爻如果“征”则不“复”。又因为六四爻处在上互卦离中，在《说卦传》中，离为大腹，所以有孕象。如果九三爻出征，则内卦艮就不能成，艮为少男，少男不成，则“妇孕不育”。下互卦坎为盗，所以称作“寇”。内卦艮为止，所以对“寇”来说就是“御”。鸿雁本来是水鸟，它离开水来到陆地，本就失去自己从前的安身之所，事情突然有了变化的时候，本该镇定下来，好好想想办法再去行动。但是九三爻是阳爻居阳位，重刚之爻一味想要前进，不知道停止，那么它向前出征就不会停止，而其妇有孕又不能养育，这个时候是自身和家庭都有所损害，所以是“凶”的。如果九三爻能够不去出征，安心在自己所处的位置，等到盗寇来了再去抵御，这样就可以保护自己和家园，是有利的，此为“利御寇”。这就是说，引发战争的原因不在自己，而是因为敌人来犯，不得已才应战，这样会胜利。

九三爻大概是从家乡来到异地谋生的人，这样的人在异地根基还不稳，不太适宜急进，而且此时他的妻子又怀有身孕，家庭也需要照顾。但是因为九三爻是一个急脾气，他很想在初来乍到的地方大展拳脚，所以此时爻辞就说了两种情况，就看九三爻做什么样的选择。如果九三爻不顾及自己和家庭的客观因素，去做自己想做的事情的话，后面可能会出现很多问题等着他解决，这样事情也无法顺利完成。而如果九三爻可以清楚认识到这样的情况，先把家庭安顿好，耐心地一步一步地去做事，那么再大的风险来临，他也有安定的内心去冷静地面对和解决。在《易经》当中，每一个爻都会涉及很多方面，在渐卦的九三爻里，我们不只是简单地讲一个人在异地生活的选择，而是用这个例子去体会爻辞的深意。

六四：鸿渐于木，或得其桷，无咎。

渐卦六四爻已经到了外卦巽卦上，所以此时称“木”。因为六四爻在九三爻之上，九三爻为阳爻，为刚直，六四爻为阴爻处阴位为正，又直又正的木头就为“桷”木，也是一种方形的椽子。这个木头在山上，此时高于陆地。鸿雁因为脚掌有蹼，所以它不能像其他鸟一样，抓住一段树枝就可以栖身。此时“鸿渐于木”并不是安全的处所。但爻辞称“或得其桷”，这就是说，鸿雁在六四爻这里落下，如果它落在桷木之上，就是不安中的安全之处了，因为桷木起码是平坦的，所以为“无咎”。六四爻到了外卦巽卦里，又处于上互卦离卦之中，所以它既明白道理，又会审时度势。它就像“鸿渐于木”一样，在此时，它好好守持正道，徐徐前进，这样虽然有危险，但是也很难会犯下错误。

六四爻其实是处境艰难的一个人，但是他对危险环境有着清醒的认识。他知道在这样的环境里去寻找至少能保证自己安全的位置。在生活中没有什么事情是一帆风顺的，我们不能要求环境适应我们，而是要懂得适应环境。有利于自己的环境固然好，但是不利于自己的环境，我们也一样要用心对待。没有人是十全十美、无所不能的，在自己的弱项上，要善于找到一个平衡点，让自己先稳定下来，小心翼翼地把这段艰难的路走过去，光明必然就在前方。

九五：鸿渐于陵，妇三岁不孕，终莫之胜，吉。

渐卦九五爻是阳爻，且在内卦艮之上，所以称为“陵”。与之正应的六二爻为阴爻，所以六二爻称为九五爻的“妇”。又因为上互卦为离，离数为三，所以是“三岁”。而六二爻在上互卦离之外，之前我们说到，离为大腹，所以此时六二爻称“不孕”。九五爻居尊位，就如同鸿雁在高陵之上，它与六二爻相应，本就是相合之象。但是九三爻和六四爻夹在中间，又是艮止，又是坎险的，所以九五爻和六二爻想要相见就非常困难。此时，为臣的不见君主的书信就不动，为妇的没有听到丈夫的回答就不孕，而且时间长达三年。最终，正应的两爻必定还是会汇合的，九三爻和六四爻都不能胜，此为“终莫之胜”。而君臣相见、夫妇相合这必定是好事情，所以就是“吉”的。

九五爻的爻辞主要说了渐卦中间四爻的关系，强调了正应的关系。无论怎么阻挡，最后九五爻和六二爻也还是要在一起的。但是我们看到九五爻和六二爻的相合，也存在着重重阻隔，能够使他们最终走到一起的，是心中不变的信念。六二爻坚守着自己心中所想，一定要见到信物才行动，即使等上三年五载也不变心，所以它和九五爻才迎来了大团圆。现代社会是一个恋爱速食的社会，很多人一面抱怨没有真挚的爱情，一面在面对爱情的时候草率又没有诚信。两个人之间稍微有一点困难，最先想到的是分手，那么最后又怎么能有一个圆满的结果呢？诚心很重要，坚守也很重要，对待自己看重的事情，一定不要忘了这些道理。

上九：鸿渐于陆，其羽可用为仪，吉。

在渐卦上九爻的爻辞里，这个“陆”和九三爻的“陆”是有区别的，九三爻里是陆地的“陆”。在上九爻这里，渐卦的渐进趋势应该是上行，此时的“陆”，应为“逵”，要理解为云路的意思。外卦巽既为风，又为高，在九五爻的时候，鸿雁已经渐进到高陵之上，此时它乘风而行，渐渐到达了云端。飞翔在天空上，是鸿雁素来的志向，但是因为上九爻来到了九五爻之上，它虽然飞得高，却不得位，它没有实际的权力，展翅高飞的样子只能用来观看。鸿雁飞翔的时候，都是成群而有序的，这样的场景转化成人类文明，则是进退得当、堪当礼仪的表率，所以为“吉”。在此我们可以看出，上九爻超然物外、不纠结于名利，是能够对世人起到有益的作用的人。

上九爻已经是世外高人了。他虽然不像九五爻那样有着实际的权力，但是上九爻哪怕只是展示一点点优秀的地方，都可以对世人产生影响。他一方面严于律已，有条不紊地做好自己的事情；另一方面又用自己的言行举止去影响他人。所以上九爻是非常难得的一位高人。

54. 归妹

归妹：征凶，无攸利。

“进必有所归，故受之以《归妹》。”——《序卦传》

渐卦卦辞称“女归吉”，当渐进的过程完成之后，最后一定会有所归，所以此时《序卦传》就用归妹，接续渐卦。《诗经》云：“桃之夭夭，灼灼其华，之子于归，宜其室家。”在渐卦的卦辞中我们分析过，这个“归”字就是女子出嫁的意思。在归妹卦里“归”也有这层含义。接下来我们一起看看，归妹卦有怎样有意思的内涵呢？

归妹卦卦形兑下震上，我们知道兑为少女，少女要出嫁，就是“归妹”，这就是卦名的由来。少女出嫁之后，在内为夫家，在外为自己父母家。兑为少女在内卦，震为长男在外卦。长男将少女娶回家中，这是阴阳相交，少女成家生子之象。这本是天地大义的事情，但是此归妹卦的卦象与它的卦德还有不妥善的地方。我们知道归妹卦是渐卦的覆卦，它与渐卦刚好相反。渐卦之中，巽为长女，艮为止，所以此长女懂行止的礼仪，等待迎娶，才有所行动。但是归妹卦的内卦兑为悦，此少女善动，还没等迎娶，自己就向前去了。渐卦之中，各爻的阴阳之位都是正位，而归妹卦中，各爻都不是正位。在渐卦之中，九三爻和六四爻互换位置，就是阳爻向上的状态，那时候刚都在柔之上。而归妹卦的六三爻和九四爻如果换位，那么就变成所有阴爻都乘在阳爻之上了。所以归妹卦的卦辞说“征凶”是要我们明白，如果一味顺从自己的欲望而行动，往前去会是凶险的，这也是要人们修养自己的德行，好好地对待事情的开始。卦辞“无攸利”则是想说，越出礼法，不守规矩，没有渐卦渐进的过程，是没办法获得幸福的。这就是希望人们能够遵守礼仪，最终得到一个好的结果。

初九：归妹以娣。跛能履，征吉。

归妹卦的六个爻都代表了这场婚嫁里的某一个人物。六五爻是要出嫁的这个“妹”。九二爻是“妹”要嫁的人。九四爻是“妹”的兄长。六三爻是没等“妹”出嫁，自己就先嫁过来的“须”，此为妾。初九爻是“妹”出嫁的时候带过来的“娣”，这是嫁过来的妇人的妹妹。上六爻既不是“妹”也不是“娣”，她是一个与人有婚约，但最终没有成婚的女子。所以在归妹卦的六个爻里，有四个要出嫁的女子：六五爻、六三爻、上六爻，以及随姐姐嫁过来的初九爻。归妹卦内卦兑为毁折，外卦震为足，所以此时就有跛足之象。然而此爻与九二爻亲比，又是六五爻的妹妹，所以她可以依附这两爻而行走，就为“跛能履”。卦辞中说到“征凶”，但是在爻辞里初九爻向前走却是“吉”的，并不是因为初九爻懂得取悦他人，而是因为初九爻是六五爻带来的妹妹，而且初九爻行动都循礼而为，所以她有阳爻的端正，因此是吉的。

古代的婚姻关系和现代不同。在归妹卦里，遵循的都是古时候的婚姻礼法。在爻辞的分析中，我们知道，初九爻是六五爻出嫁时带来的妹妹，在古代，这样的妹妹也是要侍奉姐姐的丈夫的，也就是一个妾的身份。妾的身份是十分卑微的。但是，因为初九爻是一个阳爻，所以在其内心之中是存在贤正之德的。因此她随同姐姐嫁过来之后，并没有以取悦夫君的方式与姐姐争宠，而是与夫君以礼相待，为姐姐维持调护，所以最后她取得了姐姐和夫君两方面的支持，她的人生也就变成即使跛足也可以行走一般了。

九二：眇能视，利幽人之贞。

归妹卦九二爻在下互卦离卦上，离为目，但是内卦兑为毁折，所以称“眇”，这是眼疾。九二爻与六五爻本是相应的，六三爻却在它附近纠缠，九二爻没有沉溺于六三爻的诱惑，而是清晰地看到远处的六五爻，所以爻辞称“能视”。下互卦离为火，又遇到外卦震，因为担心九二爻会躁动，所以爻辞用“幽人之贞”加以劝勉。女子自己说媒的行为在古代是不被接受的。女子不可以主动嫁给男子，男子也不可以主动去求娶女子。所以幽闭娴静、守持贞正是男女双方都要做到的事情。

六三：归妹以须，反归以娣。

归妹卦是泰卦的三爻和四爻相互变换位置而来的，所以六三爻是先来到九二爻身边的，此时“妹”还没有嫁过来，六三爻就委身于九二爻。这既不在恰当的时间，也不符合礼数。六三爻在内卦最上，本来不应该是贱位，但是因为她不合礼数地委身于九二爻，所以就变成了地位卑微的妾。《天文志》曰：“须女四星，贱妾之称。”这个“须”的地位，要比初九爻的“娣”还低。“反归以娣”是说如果六三爻能够返回父母家中，跟从正室女子出嫁，才可以有“娣”的位分，这是改掉之前不正的名分，重走正道的意思。六三爻的爻辞，是圣人为六三爻想出的解决办法。

六三爻其实有点像古时候官宦人家有地位的大丫鬟。这个丫鬟在府里的公子还没有成亲之前，就和这个公子在一起了，没名没分，不合礼数。本来这个六三爻在府里很有地位，可是因为她所处位置不中不正，所以总是有些私心，想要取悦九二爻，最后只得了一个最卑贱的“须”的身份，这是特别不好的结果。所以在爻辞里为六三爻想到的办法就是，让她回自己家去，然后再以正式的陪嫁身份嫁进来，这样才可以使她摆脱卑贱的身份。这里表面上在说古代女子的事情，实则是在讲做事的规矩，做事要有礼有节才会有好的结果，如果用一些不正当的方法，即使达到了自己想要达到的目的，最后也还是会使自己背负污名。有时候名节这个东西在利益面前，会被一些人忽视甚至无视，殊不知，从失去名节开始，他们失去的将会更多，最后很有可能是得不偿失。

九四：归妹愆期，迟归有时。

归妹卦的九四爻到了外卦震之中，震为长男，此时九四爻为震卦主爻，它为“妹”之兄长。分析九四爻，我们要把它按照后天八卦来分析，在后天八卦中，震在东方，兑在西方，坤在西南，乾在西北。在归妹卦的卦辞分析中我们提到过，在此卦里作为长子主事，所以长子在东方做事；此时“妹”为内卦兑，则在西方照顾父母。长子未回，少女没嫁，“愆期”即为过期的意思，也就是耽误了出嫁的时间。但是少女并没有着急，而是耐心等待合适的时间，到了那时再出嫁，此为“迟归有时”。

在九四爻的时候，我们知道，即使女子出嫁迟了，也不用着急，如果能够耐心等待，也是会有良缘相配的。我们现代社会中有一个词，叫“大龄剩女”，因为一些社会性的偏见，很多大龄女性会产生对婚姻问题的焦虑，因而在择偶的时候是草率的，有时候是无奈地做出了选择，而这样的婚姻往往并不幸福。此时归妹卦九四爻的意义特别重要，它传递给我们一种信心，如果能虔诚地相信，并且耐心地等待，对的人总会出现。

六五：帝乙归妹，其君之袂不如其娣之袂良，月几望，吉。

归妹卦的六五爻要放在后天八卦和天干里去理解，十天干中的甲、乙在东方，为震的位置，归妹卦的外卦本是泰卦的坤卦，然后坤纳乙而成震，又因为帝出乎震，所以称“帝乙”。六五爻处在九四爻长男之后，所以为“妹”。泰卦内卦为乾，乾为衣；归妹卦内卦为兑，兑为袂，这个时候是衣服口开了的样子。乾为君，兑为娣，君的衣袂是变化之后得来的，而娣的衣袂不需要变就存在了，所以说“其君之袂不如其娣之袂良”。月亮在乾卦的位置呈满月的状态，六五爻要是发生变化，那么外卦就变为兑卦，而上互卦就变为巽卦，这两卦把乾卦夹在中间，此时月亮的光就不是盈满的状态，所以称“月几望”。如今帝女下嫁，而她的衣袂还比不过娣的衣袂美好，这说明帝女非常俭朴。因为有“月几望”的描述，说明六五爻非常谦虚内敛，被夹在中间的时候，适时地收敛自己的光芒，这是六五爻不善妒的表现。既勤俭又不嫉妒他人，六五爻是归妹卦所有女子中德行最好的女子。与这样的女子婚配，于家于国都是好事，所以爻辞最后用一个“吉”字来评断。这是最为人喜欢的妻子人选。

那么把六五爻的爻辞放在现代社会我们又该怎么理解呢？从六五爻中我们首先要知道为人谦虚内敛、不善妒是一种美德，时时刻刻占上风并没有什么好处，往往还会反遭大家的厌弃。其次就是重视内在而不去过分追求外在。六五爻的衣袂虽然不如人，但是她品性贤淑，所以受到大家的爱戴。我们要明白，再美好的容颜都会老去，好的气质都是由内而外散发出来的。很多女性过分担心自己的容貌，其实如果把自己沉淀下来，好好地丰富自己的内心，相由心生，自己的外在也会变得非常迷人的。

上六：女承筐，无实；士刲羊，无血。无攸利。

归妹卦外卦震为竹，所以有“筐”的象。上六爻为阴爻，所以为虚，爻辞称“无实”。内卦兑为少女，又为“羊”。上互卦坎为血卦，下互卦离为乾卦中虚之象，所以此时为“无血”。又因为离为戈兵，所以有“刲”的象。筐是用来盛钱币的，羊是用来作为成婚的聘礼的，此时“筐无实”就是筐里没有盛钱币，“羊无血”就说明没有杀羊。这句爻辞要这样理解，就是说上六爻之中这个女子没有好好回答男子的求娶，而是用虚情假意的言语搪塞，并没有采取实质的行动，这样对这个女子是不利的，对于这个男子来说也没有什么益处，所以到最后都是“无攸利”的。

《序卦传》下经之中，咸卦、恒卦、渐卦和归妹卦，都是讲男女之事的卦。恒卦和渐卦，以巽卦为主，女子守持贞正，作为妻子又柔顺，所以恒亨而渐吉。咸卦知道艮止，其后有悦，这是以礼相待，两情相悦，所以也是吉的。但是在归妹卦里，是悦而动，此为不贞，所以会被厌弃，最终就成了衰败的象。这告诉我们，君子常常在最后的结果中才知道衰败，所以一定要在最开始就保持慎重，好好对待人和事。

55. 丰

丰：亨，王假之。勿忧，宜日中。

“得其所归者必大，故受之以《丰》。丰者，大也。”——《序卦传》

一切都聚集到一起来，归到一起来，慢慢地就会积累成很庞大的事物，所以说“得其所归者必大”，丰就是大的意思。我们知道，在四季当中，秋季是丰收的季节，果实丰收，那是非常盛大的样子。所以《序卦传》就在归妹卦之后讲到丰卦。

丰卦的卦形离下震上，此卦形是光明和威力并存的样子，说明时运昌隆，一切亨通，所以就用丰收的“丰”来当作卦名。卦辞中“假”是至的意思。丰卦内卦离为王又为日，六二爻在中正之位，所以此时称“日中”。所有的好事都聚集起来，所以丰意味着亨通。这全都是因为王的心是光明的，所以才能得到现在盛大的样子。到了盛大的时候，是喜忧参半的。因为盛大的样子总是很难保持长久，但是徒劳地担心并没有益处，还是要掌握保持盛大的方法。因为人的心，就如同天上的太阳一样。太阳处在天空中间的时候，才是光明最盛大的时候，所以我们的心要顺应天命而光明磊落，就要一直像在天空中普照四方的太阳一样，那样内心才会真正的光明而不昏暗。那么可以做到这些的人，就可以保持盛大的状态，世界得到治理而不混乱。

我们都知道，太阳升到天空中间的位置后，很快就会落下，盛大的状态并不是长久不变的。但是在丰卦之中，卦辞讲述的正是求得盛大永恒的方法。卦辞用“宜日中”作比喻，实则是在说人要效法太阳。如何效法呢？就是内心要像太阳一样，一直常保光明磊落、普照万物的状态。

初九：遇其配主，虽旬无咎，往有尚。

丰卦的初九爻与九四爻相应，九四爻是外卦震的主爻，初九爻虽然不是内卦离的主爻，但它是光明的开始，而九四爻是震动的开始，所以它们属于同德相配，因此爻辞称九四爻为“配主”。旬是指十日，在《易经》之中，十为满数。初九爻在丰卦的最初，所以它是没有越过中线而向上的一爻，并且在外卦之中又有与它同德相应的九四爻。这二者相遇，是相互成就的，所以即使到了盈满的时候，也是“无咎”的，何况初九爻还没有盈满。此时初九爻向前是有功的举动，因为它带着光明前进就可以进到中位，为日中增添光明。

丰卦之中我们始终在提防盛大的状态太过而导致颓败的情况发生。此时初九爻虽然是一个阳爻，看上去会对这个状态造成影响，但是我们要知道无论是阴爻还是阳爻，我们都要把它放到它自己的位置上去看。丰卦的初九爻虽然是个阳爻，但是它在初爻的位置，所以它没有做过分的事情，相反，它还为之后丰卦的盛大提供了助力。所以说初九爻前进既是无咎的，也是有功的。

六二：丰其蔀，日中见斗。往得疑疾，有孚发若，吉。

丰卦的六二爻处在内卦离的中位，所以称“日中”。下互卦巽为草木，外卦震为蕃鲜。此时爻辞中的“蔀”为遮蔽阳光的棚子上的草席，而在这里就有了遮蔽的意思。拥有光明而变得盛大的人，也会因为盛大被遮蔽，自己认为自己很盛大了，就变得好大喜功，越来越自以为是。所以，越是盛大就越是容易被遮蔽，这就是爻辞说的“丰其蔀”。九二爻被遮蔽得太严重就如同出现了日食一样。在正午的时候，太阳被遮蔽，可以看到北斗，此为“日中见斗”。这样要是向前走，就没有光明，所以行动就容易产生怀疑，以为得了疾病，此为“往得疑疾”。此时如果以诚信建立光明，驱走被遮蔽的黑暗，用光明的志向去利益天下，做到大有卦的“厥孚交如”，这样之前怀疑可能患上的疾病也就可以祛除了，所以也就是“吉”的了。

六二爻处在一个非常好的位置，而且他本身也非常富足，这时人往往会变得自满和狂妄，觉得自己已经非常强大了，就忘乎所以地去做事情。这样的心理往往还是由外部环境的富足导致的。生活殷实本是一件好事，但是自己如果不能正确对待，就会出现问题。此时要是再去做事，因为自己的认识出现错误，就很可能做出错误的判断，在往前走的过程中，就会出现很多让自己无法判断对错的事。这个时候六二爻就告诉我们，一定要用诚信的心去除自己内心纷杂的错误认识，使自己恢复理智，这样再去处理事情，才可以明智地做出选择。

九三：丰其沛，日中见沬，折旧右肱，无咎。

丰卦的九三爻和九四爻是整个丰卦的中间两爻，所以九三爻也称为“日中”。“沬”是指小星星。我们在某一卦的分析之中，常常把这一卦比作身体的各部分，凡是一卦的内卦初爻总是被比作足，九三爻在其上，所以称为“肱”。此时下互卦为兑卦，兑为“右”，为毁折，所以称“折其右肱”。在九三爻的时候，太阳被遮蔽得更严重，要超过“蔀”，所以称“沛”，这个“沛”字通“旆”，是旗子的意思。如果说六二爻中的草席子还能透过一些光线，那么旗子的遮挡就更黑暗了，此时不只是明亮的北斗星，连光线很暗的小星星也不能被看到了。这一切状况的出现，都是因为上六爻。九三爻虽为阳爻，且处中位，已经是十分光明的一爻，但是也还是失去了做一个股肱之臣的价值。但这对于九三爻来说是“无咎”的，因为在其他卦之中，两爻相应，贵在阴阳相交，丰卦之中九三爻和上六爻为相应的两爻，而且还是阴阳互补的两爻，但是丰卦中这两爻的关系却与别的卦不同。因为丰卦中上六爻以柔制刚，以致九三爻毁折，这是一对很特别的相应关系，也是我们在学习《易经》的时候值得注意的。

如果把九三爻比作人，那么他是非常刚直的，只是他没有遇到真正懂得自己的人。他虽然有一腔抱负，想要去为上六爻助力，但是上六爻却没有给予他正面的回应，反而伤害了他，所以九三爻进入了黑暗时刻，身心受伤。

九四：丰其蔀，日中见斗，遇其夷主，吉。

丰卦的六二爻处内卦中位，九四爻处全卦中位，所以这两爻有同样的功效。九四爻也是被“蔀”遮蔽，也达到了能看到北斗星的程度。因而九四爻和六二爻的爻辞就有一部分是相同的。九四爻处在内卦离卦之上，是太阳已经过中位的象。九四阳爻居阴位，是不当位，它要是前进并没有采取妥善的行动，它要是后退也没有求得光明的方法，就如同六二爻一样，是被“蔀”蒙蔽的状态。爻辞中的“夷”是指与它相应的初九爻，是“等夷”的意思，也就是同等的人。《韩诗外传》称“遇等夷则修朋友之义”。这里的“夷主”也可以这样理解，就是九四爻与初九爻相遇而结交为友。此时九四爻就是取初九爻之长，初九爻有不过“旬”之明，对九四爻的不当位之进有改善作用，这样九四爻虽然不明也是可以前进的，因为它自己虽然不明，却有初九爻的助益，而可以变成当位的状态，所以就是“吉”的。

分析九四爻我们要从它的自身环境入手。首先九四爻不当位是一个事实。它上面是一个六五爻，六五爻为阴爻，对阳刚的九四爻来说，六五爻晦暗不明，他不知道自己以一种不当的身份向前是否妥当，此时他就回去与自己有着同德的阳爻初九爻相结合，他们虽然不是阴阳的相应，不是夫妻之合，却有同辈的朋友之谊。九四爻在初九爻身上学到了很多优点。他们同心协力向前，丰亨的状态还是得到了保护，对于九四爻来说，还是非常顺利的。

六五：来章，有庆誉，吉。

丰卦六五爻的爻辞中的“章”还是光明的意思。丰卦的初九爻、六二爻、九三爻都在内卦离中，都是明的，初九爻和六二爻都在向前，在六五爻的位置看来就是向他“来”。六五爻为阴爻，是中虚之象，所以他能够用他人的光明之处，天下的光明之人也就都奔着他来了。这样汇合天下的光明，并用这样的光明治理天下，天下的人民都会庆贺而君主也会都得到其声誉。日中的适宜就是此时这样，哪里还有不吉的呢？

六五爻的聚合能力，来自他内在的谦虚，他没有因为自己处在尊位就无视大家的努力和优点。对于奔他而来的有正能量的人，他善于联结和使用，最后越来越多的有能力的人都向他聚集过来，而这样的正能量越来越壮大，最后六五爻用这样的一股力量去治理天下，是一种自己得到名誉，而天下百姓得到真正利益的状态。这样的状态就是一种最和谐的状态，那么盛大也就到了最好的时候。

上六：丰其屋，蔀其家，窥其户，阒其无人，三岁不觌，凶。

丰卦内卦离为宫，外卦震为木，上互卦巽为高，所以有“屋”的象。又因为巽为草木，震为蕃鲜，此时是内外都有屏障的象，所以称为“蔀其家”。我们知道三为离数，离又为目，所以有“窥”和“觌”的象。上六爻在全卦最上，他自己不明而且无为，所以他不能蒙蔽他人，而只是自我蒙蔽而已。所以说在此爻，“丰其屋”而又用“蔀”将自己家遮蔽起来，这是自己清高而使亲戚都不与他同心的象。“窥其户，阒其无人”就是说向他的屋子里看，一个人都没有。如果自己封闭自己，那么天下就没有与之交往的。在上六爻的时候，太阳已经要往下落了，它那种盈满的状态已经是虚象了，也就是说上六爻已经没有它自己想的那么盛大了，这种情况持续三年，屋子和门户之中还是看不到一个人的话，凶险就会到来了。所以说盛不盛大，有时候就在黑暗和光明之间。如果知道用人之明，那么就会带来光明；而自视甚高、以自己为光明的中心，周遭就会变得黑暗。六五爻能够通过用人来使自己光明，则有庆，且保天下太平。上六爻只是将光明自用，即使把自己家变得再好，却会造成“阒其无人”，这并不能保护自己的家庭。得与失的原因在上六爻中我们就因此了解了。

上六爻大概是一个以自我为中心的人。他虽然有一定的财富，但是他把这些都只用在自己身上，而且还非常的不合群，自己装点好自己的房子，与亲戚们都没有往来，久而久之，就变成孤家寡人的状态。人本身有社会属性，即使是圣人超然物外，也会用自己的言行思想去利益天下。但是上六爻显然不是，他非常自私地处世，就连与他正应的九三爻也被他伤害，所以最后上六爻的结局就变得非常不好。从上六爻中我们知道，人生得与失，不要单单从一个表面来看的，自以为守住了重要的东西，其实却失去了更重要的东西。而且一个人的生活能否顺利前行，全在于自己内心是否有正确的想法去为自己做选择。

56. 旅

旅：小亨，旅贞吉。

“穷大者必失其居，故受之以《旅》。”——《序卦传》

《易经》的兜兜转转，我们已经了解过很多。盛大的状态穷尽之后，就像《红楼梦》中各大家族走向没落一样，一切富贵烟消云散，大家变得流离失所。此时丰卦之后的旅卦就是这样接续而来的。无家可归的时候，就是一种旅的状态，但何处是真正的安身之所，人生是否只是一场盛大的旅行？我们接下来就在旅卦之中好好去体会一下。

旅卦卦形，艮下离上，山上有火的象。客居，寄住他处称为“旅”。火燃过了而人没有留下，这就是暂时停留的状态，此时这样的人就是“旅人”。而艮山为止，是不变动的意思，这就是“旅舍”。因为阳为大，阴为小，而旅卦里处在中位的都是阴爻，所以用“小”。一个旅人，只身在外，亲疏寡近都可能会遇到，所以万不可自高自大，要心存谨慎，小心行事。把自己的身份放低，内心又保持低调，自我防护到如此严密，待人又十分周到，所以就是“亨”的。“旅”的状态本来就是居无定所的，那么在旅途中前行，就要确保自己所做的事是正确的，所在的地方是安全的，这样处事和安身都在正确的状态，旅人就可以好好地旅行，所以就是“贞吉”。

不只是在旅卦的卦辞之中，在现实生活中我们也能很好地理解旅卦的意思。我们小时候在旅行的时候，经常会被家长嘱咐，要小心谨慎，不能去惹事，也不能争强好胜，要保管好自己的财物，要照顾好自己的安全。这些在旅卦的爻辞分析中我们都提到了。所以说在旅的状态中，是一个清醒定位的过程，人要知道自己所处的环境和自己身份是怎样的，并且要做出正确的应对选择。

初六：旅琐琐，斯其所取灾。

旅卦内卦为艮，艮为小石，所以初六爻的爻辞用“琐琐”表述，是平庸、渺小的意思。因为初六爻与九四爻相应，所它与外卦离相应，离为火，故有“灾”。初六爻为阴爻，为小。处在最下一爻又是小，所以初六爻是过于小的一爻。在旅卦之中，初六爻是一个谋略很浅薄，行为非常粗鄙猥琐的一爻。自己轻视自己，别人也会轻视自己；自己侮辱自己，别人也还会侮辱自己，这就是“灾”。其实初六爻最开始做到“琐琐”是为了避免灾祸，然而它不知道，自己恰恰是因为这个样子才遭受了灾祸，这是过于小心而不能亨通的一爻。

我们都知道过犹不及，不能片面偏激地看待一个道理。就好像旅卦卦辞里说到在旅途中小心谨慎，降低身份去处世，这是说要懂得谦让低调，但不能把这个道理理解为毫无原则的卑微自毁。有一个我常常在学习旅卦的时候提到的词，叫作“人微言轻”，其实初六爻就是这样，他不仅地位低，而且自身又自卑，所以他去做事的时候，首先自己就把自己否定了，那么其他人又怎么会重视他呢？我们在做事的时候其实也会犯与初六爻一样的错误，就是本来是想让自己避免那些不必要的麻烦，一味地退让，最后这种退让却被别人理解为软弱，最后自己再有什么意见，就没有人再去重视了。所以说一个人的谦卑和无原则的退让这是两回事，很多人会非常委屈，觉得自己是忍辱负重，其实是自己最开始就放弃了选择的资格。

六二：旅即次，怀其资，得童仆，贞。

旅卦之中内卦艮为宫室，所以为“次”，这里“次”是处所的意思。六二爻在艮卦之中，所以为“即”，这里“即”为安住的意思。又因为下互卦为巽，巽为近利，所以为“资”。又因为巽为隐，所以这个钱财是不外露的状态，因此爻辞为“怀其资”。内卦艮为少男，即为“童”。初六爻承托六二爻，所以初六爻为“仆”。阴柔而又知道止步，这是童仆的贞正。有地方住宿，身上又有可用的钱财，身边还有为自己做事的童仆，这三者都有了，旅行的道路上就什么都齐备了，而不是侥幸才这么顺利的。六二爻为阴爻得中位，是可以为小的状态，知道行止得到正位，这是贞的状态，六二爻是小与贞兼而有之，所以它既亨通又吉利。

安身的处所，可以解决问题的财力，为自己服务的人，在旅途当中，这三者都有了，那么旅途也就会非常愉快了。六二爻就是在这样的一个状态，此时他的小不是初六爻的卑微，他是分清主次的小。自己客随主便，放低身段。我们在学习《易经》的时候，不能脱离了卦爻辞去学，也不能只在卦爻辞的表面去学。像是旅卦的六二爻，我们不只是体会到在旅行中应该做的事情，在生活中处理其他事情也同样如此，做事之前做充足的准备，准备越充分，事情越好办。而在六二爻的爻辞里，这三个条件我们又可以看作天时地利人和，那么就是说重要的条件具备，就可以开始行动了。在行动中我们既能够多加注意自己的行为举止，又能够在内心守贞，这样的一系列处理事情的方法，很难不成功。

九三：旅焚其次，丧其童仆，贞厉。

旅卦九三爻是阳爻居阳位的重刚之爻，又没有在中位，它与六二爻正好相反，与离卦已经很近了。离火就有焚烧其处所的象，所以为“焚其次”。九三爻和初九爻离得越来越远，所以为“丧其童仆”。九三爻在旅卦之中是过刚的一爻，它总是自视过高。在旅行之中自视过高常常容易不顺利，它与上九爻相应，上九爻却不予理睬，此时就是“焚其次”。与此同时，九三爻过刚就容易对它下面的人残暴，就会失去民心，此为“丧其童仆贞”。这样九三爻就失去了旅的贞正，也就不会亨通了。

九三爻要是去旅行的话，应该会是一个我行我素、不顾及他人的人。他的这种暴躁的性格，使他总是掩饰不住自己的自大。我们或许都有这样的体会，太过强势的人出现，常常会很冷场。因为没有人愿意去和这样的人过多相处。而这样的人如果是在外旅行，也是不能很好地融入团队之中的，那么他的旅程，就不见得会开心顺利。

九四：旅于处，得其资斧，我心不快。

旅卦内卦为艮，艮为止，所以为“处”。上互卦兑为金，金为刀，而下互卦巽为木，为柯，所以就有斧头的象，这是旅人所用的工具。九四爻以阳爻居阴位，所以他能够顺承六五爻，对六五爻非常有礼貌，所以九四爻是处在可以安身的地方。而且他得到了“资斧”，就如同《诗经》中说的“适馆授粲”的人一样。但是毕竟他没有在正确的位置，所以他在前进的时候，虽然可以保证温饱，但是还是不敢有心安理得的念头，所以心中不快。

九四这一爻也像是有了安身之所和钱财物资的人，他还得到斧子，这是自保的工具，他还能相助六五爻，按理说这也是非常好的处境。但是九四爻毕竟还是寄人篱下，他始终在自己心里有些担心和惶恐。他一直在心里有着这种戒备，所以也就多有不快。说到底，旅卦之中，各爻都在一个运动状态之中，旅行一定要有行才是旅。九四爻此时虽然看似一切都很完备，但是因为他的身份不正，行动实际是受限的。在九四爻里我们体会到一种君子不愿苟且偷安的志向。再好的物质条件，如果自己的发展受限，那也是非常不符合心意的事情啊！

六五：射雉，一矢亡，终以誉命。

旅卦外卦离为雉，又为矢。旅卦是否卦的三爻和五爻易位而成的离卦，所以说如果“射雉”射到六五爻上，那么离卦就落下来了，箭矢也就毁掉了，此为“一矢亡”。因为上互卦兑为誉，下互卦巽为命，为顺。九三爻、六五爻与九四爻成了一个兑卦，而六五爻又与六二爻相应，下互卦为巽卦，巽为命，所以六五爻是名誉和性命兼得的人。君子到了别国的领土，想要在此行动，就要行文明之道。就好像射雉这件事，要射中雉，免不了自己损失一支箭矢，也就是使自己遭受损失。而六五爻是阴爻，而且它处于中位，所以它能够做到巽顺又有离卦的文明，最终还是会被朋友们接受，而且获得赞誉的。此时六五爻就获得了上位者的称赞而成为命世之才，那么它所损失的那些都是小事情，而获得的才是大利益。卦辞中所说的“贞吉”，六五爻都具备了。在六五爻这里不说它处在君位，是因为君王没有“旅”这一说，毕竟普天之下皆为王土。

旅卦六五爻像是去出国旅行。去国外旅行肯定有许多与自己国家风土人情不一致的地方，所以我们要尽量地去熟悉当地的文化，避免做错事情。如果不小心做错了事，这样就很容易使自己遭受损失。而且如果想在一个地方真正地顺风顺水，其实还是要学会为人处世，自己要随和，举止文明，最后才能得到大家的欢迎，也就会被赞赏。即使是有一些小损失，综合来看还是获得的益处更大一些。名誉和性命两全，六五爻还是非常好的一爻。

上九：鸟焚其巢，旅人先笑后号咷。丧牛于易，凶。

旅卦外卦离为鸟、为火，下互卦巽为木、为风，上九爻在离中，离鸟在木之上，所以此时称鸟巢。火遇风而火势更胜，所以焚其巢。爻辞中的笑与号咷都是出自上互卦兑的象。又因为离为牛，兑为毁折，所以此为“丧牛”。上九爻为阳爻，既刚又亢，它与九三爻相似。所以在九三爻的时候“焚其次”，在上九爻的时候就是“焚其巢”。上九爻“先笑”是因为得巢是得位的象征，所以喜悦。“后号咷”是因为“焚其巢”，这是悲伤自己失去了地位。然而我们要知道，上九爻焚巢是自己导致的，他没有反思自己的刚直亢奋使自己犯错，而只是号咷怨恨，这是他心里不顺的表现，那么有了“丧牛”的象。在旅行之中丢失了牛，在疆场上就不能再行进了，所以是凶险的象。大壮卦六五爻丧羊是因为它不够果决，而旅卦上九爻丧牛，是因为它不够柔顺。所以说狠辣可以没有，但是谦顺一定不能失去。纵观旅卦的六个爻，阴爻多为吉，阳爻多为凶，旅卦卦辞说到的小亨，如何能不相信卦辞的告诫呢？

57. 巽

巽：小亨，利有攸往，利见大人。

“旅而无所容，故受之以《巽》。巽者，入也。”——《序卦传》

人处在旅卦的时候，是身在江湖，大家都是萍水相逢，亲疏远近和在家中不一样，所以旅卦一直强调谨慎低调。在旅卦之后，为了加深这种意识，随之而来的是巽卦。巽卦的象我们之前提到过很多，其中有一点就是巽顺，人如果真的能够做到在何时何地都谦卑柔顺的话，那么应该是没有到不了的地方了。所以《序卦传》里关于巽卦是这样定义："巽者，入也。"旅卦之时没有容身之所，到了巽卦就是无处不可入，其中的道理，就让我们一起在巽卦的卦爻辞中分析一下吧。

巽卦是八经卦的又一个复卦，它的卦形上下都是巽。所以此时内外卦都是一个阴爻在两个阳爻之下，阴爻柔顺至此，所以此卦就叫巽卦。此时这两个阴爻要是向上行，就是跟从阳爻行动的象，阴从阳符合道理，所以是"利"。此卦又有九二爻和九五爻两个阳爻在中位，以刚处中这是"大人"的象。天地造化万物，最开始于震巽，因为太极生两仪，两仪即阴阳，而震为一阳生，巽为一阴生。又因为阴为小，阳为大，所以巽卦为小。一阳生必有亨通之象，那么一阴生也有亨通之象，所以为"小亨"。十二消息卦之中，五月姤卦为一阴生。五月份的时候，是万物成长壮大的时节，所以是天道以小而亨通。人心也是这样，谦逊低调，通情达理，使事情变得顺遂，这就是人心以小而亨通。巽卦因为它的柔顺，在前进的过程中没有险阻，这就是"利有攸往"，同时它又能够用阳爻的刚健滋养自己，补给自己的阴柔，所以叫"利见大人"。这是以九二爻和九五爻的中正使整个卦刚柔相济，最后达到阴阳平衡，小而亨通是永远没有错的。

初六：进退，利武人之贞。

巽卦的初六爻在整个卦最下，所以和旅卦的初六爻一样，它也存在过于小心的问题，此时这样的小心谨慎变成了优柔寡断，前进或者后退变得犹犹豫豫，不够果断。所以爻辞说"利武人之贞"。真正的武者是非常刚决的，只有前进没有后退。因为初六爻太过柔弱，所以虽然爻辞用到"武人"，也不用担心初六爻会过刚，这只是在初六爻有了后退的心思的时候，鼓励它前进。

初六爻的犹豫不决来自他自身的性格和他所处的位置。一个人在自己实力很弱的时候知道小心翼翼地处理事情，本来是一件好事，但是过于谨小慎微就会使自己举步不前，会使很多事情没有进展。所以在初六爻的时候，爻辞不是要初六爻变成一个鲁莽的人，只是想让初六爻多一分果敢，有一些改变，不要因为自己的不果断而耽误了自己前进。

九二：巽在床下，用史巫纷若，吉，无咎。

巽卦九二爻在巽卦内卦之中，代表阳爻的两条连线在上，代表阴爻的一条断线在下，因为巽为木，所以两个阳爻像是横木在上，一个阴爻像是两条腿在下，这就是一张床的象。九二爻在九三爻下面，所以称为“巽在床下”。又因为巽卦的下互卦为兑，兑为口，所以称“史巫”，这是古代司祭祀、事鬼神的人。在卦辞分析中我们说过，巽卦是两个巽卦叠加的一个复卦，所以说此时这有两张床的象，而九二爻虽以阳爻居阴位，但是它处中正之位，所以对于巽卦的九五爻来说，九二爻还是谦卑的状态，这从它使自己处在外卦那张床下的位置就可以看出来。而在内卦之中，虽然初六爻在九二爻下面，但是九二爻还是处在内卦这张床的下面，所以此时九二爻还是巽顺的状态。那么我们说“史巫”是怎样的一种存在呢？在现代社会里，或许很多人都认为这个职业是封建迷信的化身，但在古代社会，史巫却是非常神圣而重要的职务，只有他们才能与神相通，他们可以把人的想法传递给神，又可以接收到神的旨意。在九二爻这个时候，用史巫作象，我们就知道九二爻所担负的使命。它处在上下交汇的地方，九五爻如果是一个君主的话，初六爻就是离君主十分遥远的平民。此时九二爻以他的身份沟通上下，不停地传递信息，也就是“纷若”的样子。这就可以使九五爻的意思传达于天下了，所以就是“吉”的，也是没有错处的。

九二爻是一个非常谦逊的人，这从他自己所处的位置可以看出来，无论是对上还是对下，他都放低姿态，把自己放到最不起眼的位置。而在做事的时候，他又不遗余力。我们虽然一直在说要谨言慎行，但是九二爻却是靠说话和表达来传递信息，使上下交感相通。所以说，任何事情都不能以偏概全，在这种情况下，我们就要看到沟通的重要性。当然了，九二爻肯定不是不着边际地胡说乱说，在九二爻身上，我们还要看到他的使命感。“史巫”这个身份，并不是所有人都能担当的，要与神沟通，表达人的意愿，这是要有一颗真正虔诚、谦逊的心，而且要有这种使命感才能够实现的。

九三：频巽，吝。

巽卦九三爻，阳爻处阳位，我们说它是重刚的一爻。九三爻过刚而其没有处在中位，所以它是一种强求的状态想要达到巽顺，可是它自己的本质却不允许，所以它处于频繁变化的状态，一再想使自己达到巽的状态，又一次次地失去那种状态。所以九三爻在巽卦之中，得到的都是巽的不好的方面，既有巽卦的优柔多疑，又有巽卦的善变浮躁，所以爻辞称“频巽”，这一定是有悔吝的。这种悔吝不仅仅来自他的善变，还有可能来自他的执念，因为恭敬到了极点，自己会劳累不堪，这未尝不是一种悔吝。

巽卦九三爻是刚暴内敛的一个人，特别像现在喜欢去学道学佛以求内心安定的人。这种人往往心里是非常躁动不安的，总是想通过向外求的方式，使自己内心平静。殊不知，自己的内里没有调整好，很多事都是强求。就如同很多人只是一味地要求自己做事去遵循什么样的规则，最后却导致自己内心越来越烦躁。所以说很多问题，不是压制它就能解决的，要找到根本原因，从根本上疏导开。否则只能是徒劳无功，悔吝多生。

六四：悔亡，田获三品。

巽卦之中的下互卦兑为刚卤，上互卦离为戈兵，所以有田猎的象。巽卦本身有猎获的象，所以收获很多，称“获三品”。离数又为三，而内卦三爻又分上中下，所以这叫“三品”。六四爻是阴爻居阴位，所以容易有悔吝，但是它能处正位，因此能做到巽顺。六四爻与初六爻又都是阴爻，为同德。而对于九二爻和九三爻来说，六四爻又能够顺应它们的刚健。所以此时六四爻能够捕获这三爻的心。与此同时，六四爻对上面的九五爻也是非常恭敬的，就像是一个大臣不是只展现自己的才华，而是将内卦三爻的能力都开发出来，为九五爻提供源源不断的助力。这就使得之前可能会出现的悔吝也消亡了，就叫作“悔亡”，这正是有大功劳的一爻。之前在解卦的九二爻中看到爻辞称“田获三狐”，此时巽卦九二爻称“田获三品”。“狐”乃小人，当去除；“品”却说的是君子，要好好团结而使其为之所用。

六四爻看似是没什么能力的一个人，但是他的位置很重要，他的身份和初六爻完全不同。他要起到一个组织者的作用，把其他人团结起来，为九五爻更好地提供助力。而他之所以能够将大家都团结起来，还是因为真正做到了巽卦的状态，就是与其他人同心一致，又能在别人强势的情况下做到礼让。我们在现实的工作当中也会遇到这样的情况。如果我们是一个活动的组织者，不能一直用一种领导的气势去和别人沟通合作，即使这些人的职位并不在自己之上，但要使事情圆满地完成，就要始终以诚相待，保持让人舒适的礼仪。

九五：贞吉，悔亡，无不利，无初有终。先庚三日，后庚三日，吉。

巽卦的九五爻居中而得正位，可以说是至善至美的一爻。九五爻如果能够守持贞固，并且达到完美的境界，那么就万事大吉了，再多的悔吝都会消亡，没有任何不利的事情，此为“贞吉，悔亡，无不利”。巽卦从阴爻开始，到了九五爻的时候成为阳爻，此为“无初有终”。也就是说《易经》之所以为道，就是因为要将阴化为阳。最开始阴爻还是“没有”的状态，最终变为阳爻又成了“有”的状态。关于爻辞中“先庚三日，后庚三日”，我们要回顾一下蛊卦的“先甲三日，后甲三日”。先甲后甲是用到乾和震，先庚后庚也是用到乾和震。后天八卦之中，震在东方，兑在西方。震纳庚，先震三日的是乾卦，后震三日的是坤卦。甲的先后，艮卦的阳气终结，震的阳气就开始，这一阳爻的开始也是乾行。庚的先后，坤卦由兑卦归到乾卦，也是乾行。蛊使巽破坏了，所以是用震卦启动乾卦，以振奋巽卦的阳来治阴。巽卦要是有过错一定就是有蛊，所以用震统帅巽卦归于乾卦，此时为阴返阳。巽卦没有蛊的爻，只有九五爻，所以蛊卦在卦辞中说到先甲后甲，而巽卦在九五爻的爻辞里说先庚后庚。蛊卦是在说一卦，巽卦是在说九五爻一爻。

巽卦九五爻看似说得非常复杂，其实爻辞就是表达九五爻是非常完美的一个状态，无论怎么变化它都会变到好的状态，而这一切又都离不开阴阳的作用。在这一爻之中，我们还要看到各个卦之间的相互联系，六十四卦并不能孤立地来看。山风蛊，蛊卦里六五爻为阴爻，我们知道，这一卦就是出问题的一卦。然而在巽卦这里，九五爻发生了变化，变为阳爻，此时问题就被解决掉了，而阳爻和阴爻的变化，再一次说明了易道所求的，最终还是无极的状态。

上九：巽在床下，丧其资斧，贞凶。

在九二爻中我们说到，重巽这是两张床的象。巽为利，为“资”；巽又为木，贯穿下互卦兑，兑为金，所以有“斧”的象。上九爻此时已经在最上一爻的位置，所以它已经走到了巽卦的穷尽之处，此时它一定是折返的状态，那么它会偕同六四爻去顺从九五爻，此时爻辞就说“巽在床下”，上九爻也处在床下的位置。但是在九二爻的时候，它巽顺于初六爻，是用柔顺来解决事情，所以这是救济阳刚。上九爻到床下，去巽顺九五爻，这是用柔媚取悦的行为，同时也使自己失去了阳刚的本质，所以爻辞讲“丧其资”。在这样的状态下，上九爻就不能随便行走了。同时上九爻又“丧其斧”，这说明它没办法断掉这些不好的习性。所以说上九爻虽然表面上看上去很和顺，似乎也守持贞正来维护九五爻，其实它所守的内在是为了魅惑人心的，那么这样是会带来凶险的。所以说巽卦之中虽然讲求权宜之计，可以退避以保存实力，但是不能做谄媚无底线的人，这是身为君子一定要谨慎明确的事情。

上九爻是一个看似能屈能伸、内心守正的人，但是实际上，他却是想用这样的委曲求全使九五爻对他另眼相待。所以说一个人的行为是否端正，最主要的不是看他的外在行动，而是看他内心的初衷是怎样的。

58. 兑

兑：亨，利贞。

“入而后说之，故受之以《兑》。兑者，说也。”——《序卦传》

人们经历旅途的颠簸，最后终于体会到流离失所，于是顺应自己的心，回归到可以使自己安定的家园，谦顺和睦地生活，此时就有了兑卦的产生，这一切的安定，会使人生出喜悦来。但是真正能够使人安定的地方到底是哪里呢？真的只是一个处所吗？这种愉悦又应该如何产生？让我们一起在兑卦里体会一下。

兑卦是又一个八经卦的复卦，其卦形就是两个兑卦相叠。阴阳相悦，称为“兑”。从卦形上来看，巽卦阴爻在下是相顺遂，兑卦里阴爻附着在阳爻之上，此时阴爻被阳爻承托起来，阳爻在下，这就是相悦的象。如果用人来比喻，就是两情相悦，也是人和人相处愉快而内外都很欢快的样子。这样的情形就一定是各方和谐，交流通畅的，也就是“亨”的。然而此时一定要知道，要保持愉悦和亨通，就不能不守持贞正。人和人之间的相处很容易变化，所以一定要察觉到，之所以会让彼此感觉到愉快，一定是出于正义，而不是随心所欲地去取悦他人。所以真正可以使人愉悦的，一定是本着性情的公正而不是循着私欲，这样才能够有大的亨通，才会使愉悦长久。

人们都知道，好的感情是愉悦的，但是有很多时候，人们却会被感情所困扰。两个人之间无论是友情或者是爱情，都会有起起伏伏，会有不一样的感受。但是无论如何，彼此心中的贞正是一定要存在的，这样才是相互成就的好的感情。如果两个人相处，都是为了自己的利益打算，那么无论开始的时候多么甜蜜，都不会长久，也不会有好的结果。所以在我们期待收获愉悦的感情时，我们也要确保自己内心的真挚。

初九：和兑，吉。

兑卦处在四季中秋的位置，正是“元亨利贞”中“利”的位置。《文言》曰：“利者，义之和也。”所以此处爻辞称“和兑”。人之心性，从“元亨利贞”的“元”开始，本来应该是平和无杂的，但是在后来的成长中，受物质的不断牵引和干扰，兑卦就会失去调和的平衡。初九爻处在兑卦最下，而且上面亲比的九二爻也是阳爻，所以这一爻存有最单纯的性情，永葆平和而不受外物牵连拖累。按照自己的性情处事，不忘初心，和悦而没有乖戾自私的想法。所以说“人之初，性本善”，最纯元的善不断地增长，就可以达到行于大道的状态，也就是“吉”的。

兑卦的初九爻是一个没有被尘世的是是非非浸染的人，他保持着一颗初心行走于世间，像一个单纯的孩子，每天都是快快乐乐的。我们很多人都不想长大，或许就是因为喜欢这样无忧无虑、自由自在吧。但是每个人都要长大，每个人都要经受历练，那么是什么让初九爻无忧无虑的呢？其原因并不是时间和年龄的改变，内心真正的纯洁天真才使得一个人永葆青春的欢快。我们有时候会去赞叹一些年长的人，会用“少年”这样的词语去形容他们的睿智和通透。其实睿智和通透都是一个人内心归于元善的表现，因为有了这些，才有了前进的动力和面对生活的热血。我们不要总是曲解“率性而为”这个词，很多人认为率性而为是随心而为。那么这颗允许我们率性而为的心就变得无比重要，它还是不是曾经那颗少年的初心，它是不是遵循道理和良知为我们自己做出了选择，这都是至关重要的条件。保持向前行进，一定不能忘却了初心。

九二：孚兑，吉，悔亡。

兑卦的九二爻与六三爻亲比，此时阳爻与阴爻已经有了接触，所以九二爻本身失去了初九爻那么纯粹的环境，应该是有悔吝产生的。但是幸好九二爻是以阳爻居中位，所以它不会轻易被外物所牵绊。九二爻会控制自己的邪念，保持自己纯良的本性。所以“孚兑”是说九二爻既积累了诚信，使自己得到了道义和真理来愉悦心灵，又使人对自己十分信任而愉快地行动。所有这一切都是“吉”的，所以九二爻亲比的六三爻的悔吝也就自然而然地消亡了。因此我们可以看到，初九爻是率性而为，从纯粹的本性出发而获得愉悦；九二爻却是靠自己的努力，恢复其本性，而愉快地行事。

九二爻已经成长起来，并且和这个世界有所接触，所以物欲的世界对他开始产生影响，好在九二爻自身是非常有正念的一个人，所以在做事的时候即使身边有许多的诱惑，他也会仔细分辨，不为所动。究其缘由，还是因为九二爻一直在积累自己心中的诚信。这种诚信的积累，既使他有了明辨是非的能力，又使他身边的人都感到非常愉悦并且信任他。所以他所做的事就会非常顺利，没有什么可困扰的了。在初九爻里我们看到，人的初心非常重要。在九二爻里我们又看到，人后天对自己的要求也非常重要。所以说，想要自己做事顺利而愉快，方法有很多，机会也有很多，主要是要找到根本。

六三：来兑，凶。

兑卦的六三爻在内卦，一个阴爻在不正的位置，作为内卦的主爻，又与上六爻这个阴爻相应。凡是外物可以使人愉悦的情况，都是由感知而来的，这就使人有一个让物可以进入的缝隙，所以物才乘机而来。这不是物要来，而是人让物来，所以六三爻称为“来兑”。欲念一旦有所动，就会失去本性的原则，变成虚妄的愉悦感，因而这时候一定是凶险的。所以说本性安定，必然要守持贞正，这样才能够吉。但如果被情绪牵动就不能够守贞，这样就会“凶”，这种情况一定要觉察到。

六三爻的时候，爻辞讲有凶险，这个凶险是来自多方面的。首先这个六三爻本身就是个阴爻，是不稳定的状态，它自己肯定有缺失和不足，此时它又与上六爻去相应。如果把上六爻看作外部因素的话，它本身是不会对六三爻产生什么特别的影响的，但是因为六三爻自身不够坚定，所以外因就像找到了一个突破口一样，很快就进入六三爻的内心去影响它。如果六三爻不加防范，因为这些影响而产生了不可控制的欲望的话，我们之前说到的初心就很快会被六三爻忘却，取而代之的是对物欲无尽的追求，这是非常凶险的。其实现实生活里，这种情况也很常见。有些贪污受贿的人，有的时候认为自己是被别人腐蚀才会犯错误。事实上，如果一个人真正的刚正不阿，清廉高尚，又怎么会给别人机会来腐蚀自己呢？所以说，所有的选择最终还是在于自身。

九四：商兑未宁，介疾有喜。

兑卦的九四爻在九五爻和六三爻之间。九五爻中正且刚健，而六三爻阴柔邪佞，所以九四爻遇到品格高尚、有道德的人是非常愉悦的，遇到纷杂浮华的人也是愉悦的，这两种人交战在一起，无法判断对九四爻的影响谁胜谁负，所以爻辞称“商兑”，此时是没有决断。人的心本身就存在很多变化的念头，所以遇到这样的情况就会有“未宁”，也就是内心产生不安。如果可以觉知到内心的这种不安定，自己就会去寻找真理，解决这个问题，最后那种不安定也就没有了，那么那些因其他两爻交战而产生的疾患也就不治而愈了，这就是“介疾，有喜”。

兑卦的九四爻特别像一个八面玲珑的人，见什么人有什么样的相处方式，无论怎样都会使自己很舒适。但是人心总是要安住在一处，这样才不会因为外界的纷杂而使自己变得混乱。这也是我们不断深入学习《易经》和其他道理的原因，我们自己本身要有一个正确的认知标准，才会让内心变得十分安定。有些人喜欢避世，以为自己寻一个清净的地方就可以得到内心的平静了，这其实是一个错误的想法。真正的安定一定是内心的清明，我们不断地去觉知善与恶，就是在不断地使我们自己变得清楚明白。那么当内心之中看清一切的时候，无论自己处在什么位置，都可以是安定愉悦的。

九五：孚于剥，有厉。

我们之前说，兑卦正处秋的位置，此时秋天也是十二消息卦剥卦所处的位置，所以九五爻爻辞提到“剥”。在兑卦的爻辞中说到“剥”，其实是针对上六爻而言的。九五爻阳刚而中正，所以它有包容收纳一切的能量。它能够以赤诚之心待人，所以虽然是“剥”，看上去是毁坏，但是这个阳爻对于上九爻这一阴爻来说，还是有“孚”并且诚信的。然而上九爻擅长以柔制刚，就会有奸佞之心。上六爻对亲比的九五爻，可能会因为容易接近所以反过来影响九五爻，那么对于九五爻来说，这是一种反“剥”。因此，九五爻就一定要时刻心存危厉，成就自己的孚信，而不受上九爻的反“剥”。这是说，即使是相处愉悦的人，内心有了诚信，也一定要时刻端正这颗诚心。因为与正直的人相交，每天都听到正面的言辞，虽然没有期待获益，但是每日的收获都如同树木慢慢长高一样，但人对此不会轻易察觉。而亲近小人的话，总是听到奉承谄媚的话，虽然没有想过自己会受损失，但其实每天都会像烈火焚烧膏脂一样，一点点地损耗。所以爻辞中说到“有厉”，就是基于这些原因而做的警告。

兑卦的九五爻爻辞更多的是一种提醒。首先，要想去改变别人，自己心中就要有诚信，这种以诚相待的改变，才会是一个好的方向。其次，对于九五爻自己来说，想去改变别人，也很可能受别人的影响，所以九五爻一定要有一个非常重要的认识，就是时刻不能放松自己，不要以为被别人影响了没什么关系。今天大家一起去玩乐，对自己没什么影响，明天大家懒散地过一天也没什么大不了，久而久之，自己的好习惯也都没有了，还不自知，这就是非常危险的事情了。在九五爻里，我们体会到不是我们去选择怎样的人做朋友，而是如果有人与自己有很好的沟通和交流状态，我们都可以尝试着与之以朋友相处。但是在这个相处的过程中，我们要有颗变得更好的心，以端正的态度去生活。很多人会把自己发生不良变化的原因归咎于别人，其实人和人之间是相互影响的，要是自己的心足够坚定和正向，就可以去感染身边的人，一起积极向上地生活。所以说，自身的修炼是非常重要的。

上六：引兑。

六三爻和上六爻两个阴爻，都是可以愉悦他人而且又受他人喜欢的。六三爻在内卦之中，内卦是愉悦的核心，在内卦之中招引外物，使它们向自己靠近，这就被称为“来”。而上六爻在外卦之中，愉悦他人的物在外部，要引诱心中的欲望出来，所以此时称“引”。上六爻极其美好绚丽，所以可以使人见到就产生欲望而不由自主地想靠近。上六爻还极其谄媚，非常会讨巧，以至于使人受到欺骗都不自知。这种情况本是非常凶险的，但是在爻辞之中却没有断言说凶，这是因为即使有诱惑勾引的事情发生，如果人自己不去跟从，就不会有错误发生。而如果人们受到引诱就会被欲望驱使左右，那也是被引诱的人自己不够坚定所致，所以这一爻没有断言，是因为没有去责备引诱别人的人，反而是责备被引诱的人：你们怎么能不引以为戒呢？

兑卦的上六爻就如同一个极其美丽的女子，她的出现受到万众瞩目，大家都喜欢她，因此产生了很多欲望。就好比古时候倾国倾城的美人总是被评价为祸国殃民一样，人们总是埋怨这个女子，认为是她的存在导致了祸端，却不去审视自身的问题。美好的事物和人物的存在并没有错，只是每个人的评断不同。面对一个美女，都可以有欣赏的爱慕，但是如果自己不控制欲望，想要把这种爱慕变为自私的占有，这就不对了。更何况因为这样的欲望而产生更多的错误甚至引发战争呢？不只是美女，很多人对一些美好的事物也是这样去曲解，很多人喜欢用“玩物丧志”这个词来归类一些有趣的事物，认为这个事物是不好的存在。可是我们应该知道，一种极致的艺术，一件好的作品，往往是人们痴迷其中才创造出来的。我们是为这件事物赋予了更高的价值，还是因为这件事物丧失了自己的意志，这都和这件事物无关，只与自己如何去对待它有关。

59. 涣

涣：亨，王假有庙。利涉大川，利贞。

“说而后散之，故受之以《涣》。涣者，离也。”——《序卦传》

《序卦传》上经中有一段，是从谦卦到豫卦，再到随卦然后蛊卦。这一个循环，在下经中又来了一遍。“以喜随人者必有事”，愉悦的事情总是容易让人放松警惕，最后就会出现问题，人可能会变得涣散。那么在《序卦传》中就在兑卦之后接续了涣卦。因此，我们来分析一下涣卦。

涣卦卦形坎下巽上，这是风行水上的象。水面上起风了，就会把宁静的水面吹得波澜起伏，这时候就好像所有的水滴都四处散开一样，所以这个卦象就得出一个“涣”做卦名。涣卦之中九五爻为又中又正的一爻，所以此时它为“王”；上互卦艮我们也经常提到一个象，就是庙宇；内卦坎为川；外卦巽为木；下互卦震为行。木在水上，如同舟行于川，所以是“利涉大川”。涣，是散的意思。人心如果涣散，就不和谐；主事的权力散了，就不振作，这都是“涣”的状态。在这样的状态下本身应是“不亨”的，但是卦辞却说“亨”，这是因为即使在这样的状态中，也是有亨通的办法的，一定会出现聚集涣散的德行，以及救济涣散的人才。人心如果涣散了，君王就要去宗庙祭祀，虔诚恭敬地祭祀祖宗和先辈。我们会发现，能够用这样专注的心去请神护佑的人，也一定能够聚集起人心来。而主事的权力要是涣散，就要有一个能够收敛权力的办法，就像人们在跋涉大川的时候，用舟来使自己渡过大川，以救济不能通过的状态。所以说想要励精图治，就好像用舟渡川一样。有一句话叫作“众人划桨开大船”，如果想要船行得稳，能够安全地渡过，大家一定要心意一致齐心协力地去划桨。一定要用诚意将人心聚集起来，才可以使所有的人共同来救济国家，这种办法才是可以长久施行的。如果能够做到贞固安守这样的办法，就可以将涣散的一切聚集起来，永远也不会再散开，这就是“利”。

初六：用拯马壮，吉。

涣卦的内卦为坎卦，坎为马的美脊，所以称“壮”。初六爻的爻辞中没有提到“涣”。这是因为初六爻处于一种还没有涣散而将要涣散的状态，所以要“拯”，也就是拯救这种要涣散的状态，使它不会涣散。那怎么拯救呢？这就要使马变得健壮。对初六爻来说，就如同一个平民想乘马而行，这匹马如果不够健壮，即使这个平民想要改变，恐怕他自己也是没有能力的。所以在此时，自上而下的厚待才使马变得强壮，而这个马强壮了，就为这个平民所用。这就是说，要想拯救将要涣散的人心，一定是由外力相救济的，最终会是“吉”的。

初六爻处于一种自己还不能拯救自己的状态，他的阴柔属性说明他力量非常的薄弱。但是此时是一个非常关键的时刻，因为他处在事情朝坏的方向发展的节点上，能相对容易地制止变化。只靠初六爻自己的努力，很快就会因为能力不够而使自己失去信心，使事情变得越来越糟。此时如果出现一个人可以来拯救他，那么初六爻就可以改变命运。所以爻辞“用拯马壮”对于初六爻来讲就是天无绝人之路。当初六爻马上就要失去信心的时候，解救他的人就出现了，这不能不说是极其幸运的，所以是“吉”象。

九二：涣奔其机，悔亡。

涣卦九二爻的爻辞中的“机”通“几”，就是我们日常生活中的几案、茶几。为什么用“几”作象？这是因为九二阳爻连线横在上面，初六阴爻断线在下像是“几”的腿。涣卦也是从否卦变过来的，是九四爻和六二爻变化了位置，我们对阳爻的变动叫作“刚来”，那么否卦九四爻离开外卦阳爻的位置来到内卦之中，这就是向下奔进一群阴爻之中。此时是阳爻陷入险境，本身应该有悔吝产生。然而初六爻就如同九二爻的民众，人民如同水，能载舟亦能覆舟。九二爻为阳爻居中位，是刚直中正的一爻，他能够安抚并且重用初六爻，就像得到一张几案一样可以去依靠，凭借初六爻的助力而使自己安全，这时候“涣奔”的悔吝就消亡了。九二爻虽然身陷险境，但是因为得了民心，在自己有危险的时候，出现了救济自己的人，这就是“王假有庙”和“利涉大川”的根本。

我们可以把涣卦的九二爻和初六爻一同分析一下。因为这两个爻亲比，又是阴阳相合，所以说这两爻是相互救济的。初六爻自己没办法使自己的马强壮，本身他的处境应该是非常不好的，但是爻辞却说“吉”，这是因为初六爻虽然没有能力，但是九二爻却用自己的阳刚之气，解救了初六爻的困境。那么此时九二爻在它的位置上，也出现了麻烦的时候，初六爻因为九二爻的刚直，还有九二爻对自己的用心，而无条件地支持九二爻。所以九二爻才没有了任何悔吝。我们在生活中，有时候会忽视比自己能力弱的人，却不知道很多时候人与人之间是相互助益的，如果能够用真诚的心去帮助别人，反过来自己也会得到很好的回报。当然，在做事情之前不能因为期待回报而刻意地去做什么，但是一定要知道，即使自己能力再强，也是会遇到需要去解决的困难。在大家同心协力之下，任何困难都不会阻碍自己。

六三：涣其躬，无悔。

涣卦六三爻又是以阴爻居阳位，这样的情况说明自己的才华欠佳，能力弱，但是却意志坚定、刚强。又因为下互卦为震卦，六三爻处在震卦中，所以六三爻有种从内卦向外走的状态。此时六三爻一直向前，而不停止，其实是忘了自己的安危，而去救济国家的举动，所以在爻辞中叫“涣其躬”。为了国家社稷而忠言直谏，忘了自己的安危，这哪里还会产生悔吝呢？这么做是成功还是失败，是获利还是愚钝，都是不可预见的事情，但是这种志向是值得肯定的，所以也就是“无悔”的。

涣卦六三爻是难得被肯定的一爻，很多卦里到了六三这一爻，总是有很多不太好的评价。但是在涣卦之中，六三爻却是无悔的状态，因为六三爻的志向是为国为民的，是舍生取义的。在我们现代社会中，提到“天下”一词总会被认为有些夸夸其谈，但是我们要知道确实是有一批人在为天下的进步与发展贡献着自己的力量。六三爻特别像深山里执教的老师，这样的老师从物质上来说是一无所有，而且从知识水平上来讲，有可能也没有太高的学历。但是正是这群老师在为国家培养着下一代，他们忘却自己的个人利益，只想给孩子们传授知识，使孩子们有能力走出深山。对于这样的老师，我们应该怎样去评价他们的一生呢？从他们个人来看，一辈子可能都在三尺讲台上度过，而且是在一个山沟沟里。但是他成全的却是那些有无限希望的孩子们。这样的六三爻，即使产生悔吝，也可以一并被抹掉吧。

六四：涣其群，元吉。涣有丘，匪夷所思。

涣卦的六四爻是由否卦的六二爻变化来的，否卦之中六二爻所处的内卦就是坤卦，而在涣卦的六四爻的爻辞里称为“群”的这个象，就是来自这个坤卦，坤为群。涣卦外卦巽为高，即为爻辞的“涣有丘”。否卦六二爻离开坤卦到了外卦乾卦之中，此时这一爻就是丧朋而从乾的象，而内卦坤这个群就涣散了，所以称“涣其群”。在常人看来这是一个特别不好的象，但是一个身居要职的王公大臣要是能够做到完全无朋党之交，这是最大的善，吉到了极点，所以称“元吉”。此时的群体涣散，并不是徒劳无功的，而是公侯忘记了自身的私利，与跟自己思想不一致的人求同存异，他虽然解散了自己的小党派，却是使天下大同的做法。所以说六四这一爻，是在涣的状态中，暗含着聚合，这不是常人能够考虑和理解的，所以叫“匪夷所思”。从这里可以看出，九四爻的想法不是一般人能够想到的，就如同圣人的想法一样，圣人之所以使一切看起来变得涣散了，其实是想将阴阳混合，使天下混为一体。如果一直在否卦的状态，阴阳不交流，就会分崩离析。反倒是在涣卦的状态下，上下的乾坤看似都被改变、打散了，其实反而有聚合的可能。

六四爻是一个大臣的角色，但这个大臣是有大谋略大智慧的。他所做的事让别人都看不懂，他与自己的家人朋友断绝往来，其实是为了使自己了无牵挂地为国家谋事。而他以一个阴爻的身份走到阳爻中去，看似是走到了自己的对立面去，其实他是有那种去包容那些与自己有不同意见的人，这是为了使大家能够凝聚起来为国效力。这里我们还要明白一点，就是六四爻走到了乾卦之中，与之相合的是一群阳爻，这些阳爻都是中坚力量，是有实实在在能力而且内在端正的一群人。也就是说六四爻选择去加入的队伍是积极向上的，最后这样的队伍也真的会使天下统一。这才是对涣卦六四爻的正确分析。我们不能在什么样的条件下都说某一个选择是一个神圣的决断，此时要是一个阳爻跑到一群阴爻中去求同，恐怕就不是这样的结果了。

九五：涣汗其大号，涣王居，无咎。

涣卦内卦坎为水，为汗，外卦巽为申命，申即为表达，命即为命令；所以这就有发号施令的象。而下互卦为震为雷，外卦巽卦又为风，雷风大作，这就是“大号”。九五爻处外卦中位，这是王位，所以称为“王居”。君王是发号施令的人，他用这样的号令使涣散的天下聚合；就如同《诗经》中说的“讦谟定命，远犹辰告”。君王胸怀远大谋略去制定政令，处理国事，也要将这些昭告天下，使民众知道。就如同出汗一样，汗流浃背，流到四肢，最后这些汗水也就全都消散了，不会再返回来。“汗其大号”也就是在人心涣散之时，王者要发布号令，而且这个号令要出自王者精诚唯一的心，落地有声，不再悔改，那么民众才能真正地信服和安定。在九五爻这里，王者要安住一处，只有王者自己安定了，天下臣民的心才会环绕过来，使自己的心有所系、有所属。如果是这样，看似王者在混乱当中自己不作为只求自己安定是有错处的，但是其实他是为了稳定民心，所以是“无咎”的。以上所分析的这些，都是因为“汗其大号”的人在“涉大川”之前先喊出口号来，让大家知道“王居”的人是到庙里去表示自己精诚的心意，以求护卫。

在九五爻里我们分析出两点：一是想要使大家群策群力地一起做事，我们首先要明确并向大家公布目标，目标公布以后，还要有坚定的意志朝这个目标前进，不能把说出口的话又改来改去，否则本身就涣散的群体只会更加涣散迷茫；二是，作为领导者的人一定要稳重，临危不乱，在一个动荡的时刻，如果连领导者都不安定了，其他人又怎么能安定下来呢？就像诸葛亮唱空城计的时候，如果他不是真正做到了泰然自若，恐怕早就被敌方攻城略地了。而他看似闲情逸致地弹琴，其实是在做稳固全局的大事啊！

上九：涣其血，去逖出，无咎。

涣卦内卦坎为血卦，是受伤的样子。上九爻与六三爻相应，上九处在外卦巽最上，巽为风，六三爻处在坎卦之中，坎为血，那么此时就是上九爻以风散之，是为“涣其血”。上九爻能使血散去，这是能够救济艰难使所伤者脱离险境的样子。既然能从险境中走出来，那么就可以安居了。但是《易经》在这想说明的是，在险境中的人最有利的是脱离险境，而使人从险境中出来的人却要小心提防自己步入险境。外卦巽卦为高，上九爻又在最上，所以上九爻这一爻超然高洁，功成身退的时候，就远离尘俗避世而行，此为“去逖”以逃脱名利的纠葛，远离伤害到自己的事情，也就是“无咎”的。

涣卦上九爻是拨乱反正的一位大臣，他的出现解决了六三爻的险境。这样的人往往在解决完问题之后，容易使自己出现问题，就是说会有一部分人居功自傲，忘记自己也是会陷入险境的。但是幸好上九爻没有忘记天道规律，他本身就没有争权夺利的心思，只在天下需要自己的时候，施展能力去救济天下，至于名利他都没有放在心上。所以在解决完问题之后，他就超然避世，不再混入是非之中了。这样上九爻既有功劳，又保全了自己，这才是真正有智慧的人。

60. 节

节：亨。苦节，不可贞。

“物不可以终离，故受之以《节》。”——《序卦传》

天下之事，分久必合，合久必分。在涣卦中我们知道，涣卦虽然看起来涣散，其实内里是在做一种大的聚合，但这种聚合不是简单的一些小团体的相聚，它是一种巨大的足够影响天下的力量。那么这种力量的产生，并不是那么容易的，要有礼有度，有节有量，所以此时《序卦传》就在涣卦之后接续了节卦。下面我们再一起来探索一下节卦的意义。

节卦卦形兑下坎上，坎为水，兑为泽，此卦象就是水停止在沼泽之上，这是水被沼泽阻止，不能流下去的象，所以这就是“节”。此“节”并不是刻意而过分的节制，沼泽也是有水分的，水在它之上，是有一部分相融的，所以它是处在一个中正的程度。如果节制能够保持中正，就说明这种节制是符合天理和自然的，也是符合人情便利的，所以这就是中节的和顺，也就是“亨”。但如果这种节制，被用得太过分，以至于使事情都不顺利了，而且内心也不安稳了，这就是“苦节”了。这样做是拂逆天性和人性的，不可以常守，人如果因为这种节制感到痛苦，就会产生叛逆的感情和想法，这样就不能亨通了。所以说崇尚节制，一定要避免痛苦地去守一个礼制，要使这种节制归于中正，卦辞要说的就是这个意思。

这个“苦节”的问题，我们大多数人应该也多多少少有些自己的体会。其实对自己有要求是一件好事，也是一件负责任的事，但是对自己的要求过于严苛的时候，我们往往会感受到内心的一些相反的变化，这就是逆反心理。比如减肥，往往体重反弹最严重的就是超出自己接受范围地控制饮食，或者超常运动的人，最容易放弃减肥的也是这部分人。因为没有对自身有一个正确认识，为自己制订过度的健身计划，自己常常没办法达到，就会容易放弃。而即使达到了，这种身体和心理的不适应，就会使自己报复性饮食，或者放弃运动。这就是一种不能长久的节制。每个人其实都不喜欢被束缚或限制，那么要对自己进行节制的时候我们就要用一种自己能够坚持而且认同的方式去进行。节制永远不是目的，只是因为这样的自我节制久了，可以让它变成我们的习惯，我们在心里自然而然地接受这种状态，才是最长久的计划。

初九：不出户庭，无咎。

节卦上互卦艮为门庭，艮卦的阳爻横线为户的象，阴爻断线为门的象。九二爻前面是偶数的阴爻，所以为“门”。而初九爻前面是奇数的阳爻，所以为“户”。此时下互卦震为行，上互卦艮为止，震要向前走，但是艮卦止住了它，所以此时爻辞称“不出”。此时初九爻就是当止则止，这种当止则止的做法其实是在等待自己可以行动的时机，所以这就是“无咎”的。

初九这一爻是从环境对他进行分析，他在家还没走出去时，就感受到了外面有阻力，所以停下来等待。说明初九爻不是一个鲁莽行事的人，知道什么时候该做什么，他不会违逆应该遵守的道理去做事。这样的人做事情懂得分寸，行事稳重不急躁，那么他处理起问题来，哪里还会有灾咎呢？

九二：不出门庭，凶。

节卦九二爻处在下互卦震卦上，而且是震卦的主爻，那么此时九二爻的时位也在震，震为卯时，这个时候最适宜打开门户，出门办事。但因为有上互卦艮在前面阻止，所说九二爻也是“不出”。九二爻在内卦之中，与外卦九五爻是相应的状态，所以它不是没有依仗的一爻，而且九二爻和九五爻都是阳爻，所以它们是同德的，九二爻遇到与自己同德的君主，本应该前往解救九五爻。而且它前面是两个断线的阴爻，所以在震卦中是大涂的象，去解救九五爻的道路毫无阻挡，九二爻却闭门不出，对于上面的九五爻来说，九二爻没有好好地去辅佐，而对于下面的初九爻来说，也没有受到九二爻的恩泽，所以说九二爻的过失是相当大了。因此爻辞系上“凶”这个断词，是要九二爻深以为戒。

九二爻在门内没有走出去，但是九二爻却是在震卦的主爻上，震卦本身就是具有行动力的，此时九二爻是违逆了这种天性。而且九二爻还在震的时位上，此时正是打开门做事的时候，九二爻又违逆了它的天时不肯动。在这两点上九二爻已经是犯了错了。同时它还没有责任心，本该自己去做的工作又没有去做，而且是没有理由地拒绝承担，这个时候，九二爻的问题就更大了，所以它就很可能发生凶险的事。可以说九二爻本来是个阳爻而且处在中位，既有能力又有条件去做事情，但是它却在一点点小问题面前就停下脚步了。这和小心谨慎已经不是一回事了。我们很少在其他卦里看到九二爻会有什么凶险，之所以节卦之中会用凶来断言九二爻，这还是节卦本身在求的中正二字决定的，九二爻明显就有过分节制的意思了。

六三：不节若，则嗟若，无咎。

节卦的六三爻，阴爻居阳位，自身柔媚而又遇上很多愉悦的事，所以这个时候心就容易变得放肆。六三爻就像沼泽的水满了，将要向四处流了。如果是人事的话，就容易发生变动，有不再节制的趋势，所以爻辞称为“不节若”。因为下互卦为震卦，所以当六三爻有这样的趋势时，自己是知道戒惧的，就会“嗟”，即预先有了担忧。既然能够未雨绸缪，所以事情也就会是“无咎”的了。这时候我们知道，震动的无咎，就在于知道悔过。

六三爻是一个心思活泛的人，他可能会有很多让人愉快的想法。人越是遇到愉快的事，就越容易失去警惕，使自己放肆起来，一旦这样，之前为自己定下的一些规则和制度，就容易被忽视，或抛在脑后。好在六三爻这个人很幸运，总是有一些外在因素提醒他，而且他对自己心里的松懈也非常警惕。所以他将要出现不好的状态时，他就在自我的警惕中又变好了。

六四：安节，亨。

节卦六四爻在内卦兑卦之上，兑为悦，六四爻与之相应则为“安”。又因为上互卦艮为止，所以又有“节”的象。六四爻既为阴爻又居阴位，所以是重柔的爻。六四爻以这样的本质去承托上面又中又正的九五爻，就会顺应九五爻的美德，恭敬守持九五爻的法制礼度，因此就会在一种安定当中向前走。秉承宣告君主的制度的责任，用节制和俭朴的方式教化天下，六四爻所走的道路才是大道亨通的，所以为“亨”。

六四爻是一个阴爻，但是它知道自己阴爻的性质而顺势而为，不会过分地要求自己，也不会过分地放纵自己，它的处事方式就是中规中矩的。这种状态使得它最是安定平稳，一切都很顺利。

九五：甘节，吉，往有尚。

节卦的九五爻正当位，以阳爻居尊位，从节制的角度看，是用十分中正的方式与大家沟通。从卦形上看，九五爻处内卦兑之上，兑为悦，又为口，所以此时说出的话都是非常甜蜜的，所以就是“甘节”。从中正处产生的节制，是符合天道和民意的，是和顺的，所以说节制能够做到中正，没有不“甘”的。如果做到“甘节”，那么行动一定是适宜的，所以也就是“吉”的，用这样的方式去节制他人，他人也不会觉得有什么痛苦，而信服九五的人就会很多，所以这就是“有尚”。《论语》中说：“礼之用，和为贵。先王之道，斯为美，小大由之。有所不行，知和而和，不以礼节之，亦不可行也。”

九五爻是秉承了以和为贵的人，他虽处高位，但能很好地和大家沟通，在发表自己意见的时候，用能让大家愉悦而且受用的语言，并没有高高在上地去要求，这样既达到了节制的目的，又让大家更加拥护自己，所以九五爻就把卦辞说到的苦节一事很好地避免了。因此九五爻做事才是吉祥顺利的。

上六：苦节，贞凶，悔亡。

节卦上六爻处在节卦最上一爻，此时已是穷途末路之象，没有前行的道路，此时上六爻来做的自我节制，已经是“苦节”了。水的性质是流动的，外卦坎水在上六爻的时候想要流动，却被上互卦艮止住了，止住它的是九五爻这个“甘节”，所以上六爻一定是“苦节”了。其实上六爻之苦，并不是单纯地来自和九五爻的对比，而是在于上六爻的位置，上六爻偏离了外卦的中位，所以这就是节制得过分了，这是变成“苦节”的根本原因。卦辞说“苦节，不可贞”，上六爻走到了尽头，但还自己固守在那里，使自己堕入穷途，这与卦辞说的不可贞就相违背了，所以一定是凶的，就是“贞凶”。然而，遇到困境必然有舍弃利益和名位，就算受穷也要保存自己志向的人。这样的人虽然没有得到“甘节”的好处，但是也没有失去自己的名节，令人唏嘘。所以说即使有悔吝也都消亡了。《论语》的“与其不逊也，宁固”就是说与其没有礼节，宁愿寒酸。

在上六爻的分析中，我们能明显感觉到它的处境不好，而且它的节制是一种过度的节制，这和健身减肥、吃几次健身餐可不一样了，此时是在困境中对自己的一些要求，或许上六爻还有更好的选择，可以让它自身能够脱离这个困境，但是上六爻为了一些自己认为正确的心念苦苦坚守，此时这种自我节制确实会带来一些危险，但是其结果我们不能单从上六爻的物质生活或者其他方面来看。我们不能去否定一个人对名节和志向的追求。所以爻辞最后用到“悔亡”。但是说到这里，我倒是觉得节卦的上六爻特别适合我们在此时思考一下学习《易经》的意义。《易经》最开始的乾卦为我们讲到生生不息，循环往复。为什么节卦的上六爻又用到凶，又用到悔亡？事实上，无论上六爻为了什么目的去坚守那个苦节，其结果都会有好有坏，如果上六爻因为这样的坚守伤害了自己，那么就与《易经》所讲的“君子终日乾乾，夕惕若厉”相违背。有时候对名节或者崇高志向的固守，也要有能屈能伸的理智，这才是秉持君子自强不息的信念的做法。

61. 中孚

中孚：豚鱼，吉。利涉大川，利贞。

“节而信之，故受之以《中孚》。”——《序卦传》

如果在节卦的时候真正建立了非常好的制度，有了明确的礼仪标准，每个人都能守持正确的道德规范，那么在这样的状态下，大家心中都会充满诚信。就如同节卦的九五爻“甘节”产生的作用一样，领导者就会得到大家心悦诚服的信任。所以此时，《序卦传》就在节卦之后接续中孚卦。

中孚卦的卦形为兑下巽上，赤诚能够感动万物，此为“中孚”。巽卦为鱼，鱼善于隐匿，豚鱼喜欢沼泽，而兑卦为泽。赤诚本就是摸不到看不着的，如鱼之隐，而万物被感动也一定是因为喜悦，所以此时卦象就有了“中孚”的意思。又因为巽卦为木，为风，以木乘风在沼泽上行进，此为“利涉”。中孚卦从卦形上还可以看作一个大的离卦，是中虚之象；分作内外两卦，又各是中实之象。中实的卦象，是有主的意思，这是孚信的赤诚。而中虚的卦象是不偏不倚没有私欲的状态，所以此时即为“中孚”。那么“豚鱼”和卦名相连又是什么意思呢?“豚”是最为躁动的物种，“鱼”是幽冥深沉的物种，最难产生孚信。卦辞中提到这两个词，其实是想说，至诚相互感应，已经到了最难感通的地方，连“豚鱼”都被感动到了，就没有对此感到不信任的存在了，那么也就是“吉”的。所有人都信服跟从，还有什么事不能解决的呢？即使去渡涉大川也是可以的。然而诚信能够感动万物不是一日的积累可以做到的，是纯粹而且持续很久了，才能通过这种状态而产生明确的变化，所以说“利贞”。《中庸》有云:“至诚无息”，只有达到这样诚意十足的程度，天下的大道才足够齐备。

初九：虞吉，有它不燕。

中孚卦的初九爻在内卦兑之内，所以称为“虞”。初九爻又与外卦的六四爻相应，这是爻辞“有它”的由来。中孚卦能够成就孚信的状态贵在初心，如果能根据天理而动，不夹杂人的私欲，心安理得就可以有“虞”，而且是“吉”的。如果这颗初心不够纯粹，在感到有和自己相关的利害关系时，开始计较得失，自己的私心随之而来，有了其他的想法，心神就会受到干扰，变得不安宁，所以就称作“不燕”。“燕”就是安宁的意思。如果顺应天理就会有好的收获，如果跟从自己的私欲，只会产生危险。我们再来思考一下初九爻，其实是要我们谨慎地对待这些苗头，来确定内心的诚信。

初九爻其实是从两方面来思考，说的却是对一个问题的影响。初九爻本身是很好的一爻，但是此时爻辞告诉我们，如果想要事情顺遂，一定要不忘初心地去按天道天理行事，如果在做事情的过程中忘记了这一点，一遇到和自己有利害关系的事情，就开始有私心想要去计较得失了，这个时候就会在心里产生很多困扰。有句话叫事不关己高高挂起，与自己无关的事情，可能很容易保持理智给意见，但是一旦事情与自己有关，我们的各种烦恼就来了，原来去劝慰别人的道理，在自己身上都失效了。这无非是自己的内心又有了其他的想法，已经不是最初面对事情时的那种心态了。这种想法都是因为私心欲念而产生的。所以初九爻这个时候，爻辞就要我们谨慎对待自己内心的变化。要时刻关注自己内心的一些微妙的感受，及时纠正自己，如果可以一直保持这样的心态，内心的诚信也就建立起来了。

九二：鸣鹤在阴，其子和之。我有好爵，吾与尔靡之。

中孚卦的九二爻，用“鹤”做象。鹤是生活在沼泽中的鸟，到了秋天，它感受到了秋天的气息，就会鸣叫。中孚卦内卦为兑卦，兑为泽，又处在正秋的时节，上互卦震为善鸣，所以此时为“鸣鹤”的象。九二爻在上互卦艮山之下，又在内卦兑泽之中，所以爻辞称“在阴”。初九爻在九二爻下面被称为“子”，震为善鸣，兑也为鸣，这两个象在一起出现，就是音声相和，所以称“其子和之”。爻辞中“靡”是相恋的意思，九二爻与初九爻都是阳爻，而且都在内卦之中，初九爻又是九二爻的“子”，它们两个同心同德，声音相应，气韵相通，所有的一切都是自然而然产生的，就好像仙鹤在此鸣叫，而其子在别处应和一样，这是真挚到了极点。因为九二爻想要和初九爻一起去对九五爻表示诚意，所以爻辞就设计了一段九二爻对初九爻说的话。九二爻对初九爻说:“我遇到一个叫作九五爻的‘好爵’，我和你同心协力一起去向他表示仰慕之情。”“好爵”是内心坚守正道的纯良之人，与恋慕自己的人共同创造善美纯德之好，这是中孚卦中最大的好处。

在此我们再来捋一下九二爻的各方面关系。从爻辞中看，好像就是在说九二爻这只鹤，要带着它的儿子去追随九五爻。其实我们要仔细地分析一下爻辞中的各个条件，我们才能真正理解这个爻辞的意思。首先的一个条件就是“鸣鹤在阴”，说明九二爻处在一个并不是特别有利的位置。但是九二爻是一个阳爻，这就说明九二爻内心还是很积极的。其次我们要分析这个“其子和之”，这个相当于九二爻儿子的初九爻，有一个条件就是“和”，他对九二爻的态度是积极响应的，因为即使是父子之间也可能会有不一样的想法。但是从这句爻辞里，我们知道这对父子是同心同德的。所以就有了下面的九二爻对初九爻说的一段话。他告诉初九爻，自己遇到了值得追随又对自己很认可的人，那个人就是九五爻，他要带着初九爻一同去投奔九五爻。最后九五爻被称为“好爵”的解释就更为重要了，这也是这句爻辞的重点。因为九五爻真的是一个正人君子，而且他德行端正，内心纯良，九二爻和初九爻来与他相伴，他们会创造出更好的美善之德。这是中孚卦中最大的益处。

六三：得敌，或鼓或罢，或泣或歌。

中孚卦的下互卦为震。《系辞传》中有“鼓之以雷霆”，震为雷，所以为鼓；上互卦艮为止，所以又有“罢”这么一说。又因为内卦兑为泽，即为“泣”；兑为口，即为“歌”。九二爻与九五爻相合，视为得君。六三爻越过九五爻，与上九爻相应，得到上九爻的回应，与自己匹配。“敌”这个字，是因为六三爻去相应的不是中孚卦的主爻，对于九五爻来说就是“敌”，所以六三爻称为“得敌”。此时是说鼓也停了，歌也变成悲泣，高兴和悲伤总是无常。外卦巽为进退，所以九三爻犹疑不决。如果能像六四爻那样丢掉自己的马匹，不再向上九爻奔，而是顺从九五爻，这才是走到了外卦中位，而且投奔了明主，那么孚道也就成就了。

六三爻这个人有点站错队的意思。他投奔的上九爻并不是一个优秀的领导，而且在整个团队中也没有决策权，甚至可能还是一个受排斥的人，六三爻投奔他以后，就变成与九五爻相冲突的状态了。本身六三爻自己就是一个没有主心骨的人，他自己感觉到事态不好，情绪就会变得时好时坏，而且内心总是不够安稳。这一爻虽然爻辞没有说到用什么办法解决问题，但是爻辞也没有下吉凶的断言，说明六三爻还是有改变的余地。至于怎么改变，就要去参考别人的做法，而同样为阴爻的九四爻就为他提供了参照。

六四：月几望，马匹亡，无咎。

对于中孚卦六四爻的爻辞中“月几望”一词，我们要放到先天八卦中看：月望在乾卦的位置，中孚卦中内卦兑、外卦巽，这两卦在先天八卦中，位于乾卦的一左一右，都是与乾卦非常接近的，所以称为“月几望”，即月亮几乎到了满月的状态了。此时下互卦震为马，六四爻又亲比六三爻，而且与初九爻相应，所以此时可以看作六四爻鞍前马后的助力。上互卦艮为止，为丧，所以称“亡”。六四爻处在离九五爻最近的位置，是近君之位，此时六四爻就像是马上就要圆满的月亮一样，是到了担忧自己太过的时候，所以它一定要断绝一切与自己亲密的关系，放下与自己朋党的联系，专心一致地侍奉自己的君王，这就是“马匹亡”的意义。这样六四爻就积累出诚信来，使君主信任自己，所以就没有了君主对自己猜忌的危险，也就“无咎”了。坤卦之中提到“丧朋”，是为了专心跟从乾卦；泰卦之中提到“朋亡”，是为了与上面更好地交流。它们都是和此时中孚卦六四爻的意义一样的。

六四爻是一个位高权重的臣子了，之前我们在很多爻辞中都分析过“伴君如伴虎”这个道理，在六四爻这样的臣子心中都是明白的，所以一旦自己的地位高到极处，这些臣子就会非常重视避免与他人亲近。这一方面是要让自己不被这些复杂关系牵连而产生庞杂的事情，另一方面也是为了让君主对自己完全放心，摆出自己的诚意，让君主信任自己。这种做法就不会产生误会，也不会给自己招来祸端。

九五：有孚挛如，无咎。

中孚卦的九五爻处在中位又是阳爻，所以是中实之象，因此“有孚”。上互卦艮为手，所以有“挛”的象，爻辞称“挛如”。九五爻既阳刚又中正，还处在尊位，所以他是一个有着极大诚信而能够去教化国邦的人。为君者，天下拥护他的臣民一定是众多的，那么这些人里形形色色的人都会有，所以说以九五爻这种诚信去感动初九爻并不难，但是感动六三爻就难了。因为初九爻有“虞”做什么都是愉悦的，六三爻却总是会有变动。那么依此类推，以这种诚信去感动九二爻是容易的，但是感动六四爻却是不容易的。因为九二爻为“和之”，而六四爻却是因为位置太高，所以很容易有疑。因此对于九五爻来说，一定要深厚地积累孚信，用诚意与下面的人缔结稳固的关系，就像是手牵着不能解开一样。这样君主与臣民同心同德，天下的心就归于一处，那么君主的孚道就所向披靡，无往不克，因而也就“无咎”了。

九五爻作为一个高位的领导者，其实是一个德高望重的人，但是这样的人因为他的身份，会使自己需要面对很多人。每个来到自己身边、追随自己的人，不可能都是一样的水平，具有同样的素质，甚至初心都可能不一样，那么此时九五爻要怎么处理自己和这些人的关系，就变得十分重要。因为之前我们也提到过，要想做一件大事，一定要合众人之力去完成。九五爻不能因为追随自己的人有一些瑕疵，就开始怀疑或者抵触，而是要发挥自己的优势去使这些人团结起来。那么九五爻的优势是什么呢？就是他自身的德行。九五爻要不断积累自己的诚信，使身边的人真正地信服自己，这样才能形成一股凝聚力，才会有正能量的集结。而最后这样的一个队伍如果构建成功，去做任何事都是无往不利的。

上九：翰音登于天，贞凶。

中孚卦外卦巽为鸡，下互卦震为鸣。鸡要是鸣叫，必然会扇动自己的翅膀，所以称为“翰音”。上九爻在中孚卦的最上面，此时的位置在天上，所以说上九爻的位置是“登于天”。鸡本来是一个小动物，但是它的声音会传播得很远，被人听见，就好像一个人没有什么真实的本领，只是虚张声势一样。如果说这一爻在下面的位置，则是一个有志向的人，有自己的见解。但是此时上九爻走到了最上的位置，则就好像一个没什么能力的小臣，通过言语获得君主的恩宠而走到了高位。这也是偶尔会有的事，但是如果这个小臣自己没有认清自己的能力不足，并且恃宠而骄，以此为常态，嗜好虚名而不知道停止，这必然就是“贞凶”。所以说“孚”最重要的是自己的内在要有实打实的东西去积累，而不是凭着外面的名声让大家认可。过分弄虚作假，是君子所不齿的行为。

上九爻的情况在我们的现代社会其实有很多，这是怎样一种情况呢？

在现代社会，有很多人盲目去追求名利，喜欢将很多光环和头衔“戴”在自己头上，自以为这样就是一个非常优秀的人物了。还有很多人，也会误以为这样的人就是优秀的。这两种认知的存在其实很可怕，大家已经偏离了正确的世界观和价值观，活得特别虚荣和虚妄。要知道，一个优秀的人一定是有着真正优秀内在的。很多人可能会用成绩的高低或者知识储备的多少来衡量，这是一个角度，但是绝不能如此片面。我们只有不断地提升自己的内在，使孚信在自己内心不断沉淀，我们才会像是有一种信仰一样，认认真真、踏踏实实地去做，这样才能真正感染到其他人，让别人感受到自己的真诚，并且认可自己的能力。简单地举个例子：如果一个人的发言稿是请人准备的，那么这份稿子的内容不是他自己的想法，连他自己都打动不了，他又怎么能够去期待用这样的语言去感动别人，或者给别人带来益处呢？所以中孚卦的上九爻，是特别有意义的一个爻，在学习这一爻之后，我们要明白真正的优秀，从来都是来自自己最真实的努力。不要活在虚名之中，那样得来的荣誉，永远都不会长久，还会给自己带来凶险。

62. 小过

小过：亨，利贞。可小事，不可大事。飞鸟遗之音，不宜上，宜下，大吉。

“有其信者必行之，故受之以《小过》。”——《序卦传》

在中孚卦的积累下，诚信积淀得足够多，就会吸引到一批忠诚的追随者，这时候就会有所行动了。这本来应该是一件好事，但是在分析中我们会发现，这样的诚信会聚集一批非常忠心的人。那么这个时候，另一个问题又来了：以一个人为中心的聚集，其他人就会对这个人要求很高，一旦这个领袖似的人物决策出现问题，而其他人又对这个领袖极度信任，那么这种信任就会被视为过度的信任，会是愚忠。此时为了避免这样的情况出现，《序卦传》在中孚卦后面又接续小过卦，警示人们：什么事都要理智对待，要因时因事地好好去分析当下的状况，切不可盲目守持孚信。接下来我们就分析一下小过卦的具体情况。

小过卦的卦形为艮下震上，此时这个卦形是上下两个阴爻，包裹着两个阳爻，这时候阴爻的数量就超过了阳爻数量，又因为阴为小，所以称“小过”。天下的大道唯求中正而已，所以不可以过了、偏了。然而还是会有“小过”的情况。就像君子常常会过于忠厚老实，或者在矫正自己一些不正确的地方时，也会超过一定的限度而过了中位。所以说如果是这些情况，那么可以把它们向中位迁就回来，只要能够做到守正而合乎时宜，那么小过也是有“亨”道的。这种小过的意义，只可以在小事上实施，却不可以在大事上实施。大事要非常谨慎地进行，不能有丝毫差错，所以也就不允许有小过。从卦形上我们也能够看出来，小过卦中六二爻和六五爻是阴爻，这是以小居中，而九三爻、九四爻两个是阳爻，这是大不得中，所以是“可小事，不可大事”。小过卦的卦形从整体上看就像是一只飞鸟，中间的两个阳爻像是在用身体发声，外边的四个阴爻就像鸟在振动翅膀，所以卦辞称“飞鸟遗之音”，是示意有语言的表达。至于“不宜上，宜下”是因为向上飞没有停留的地方，如果太过辛劳以致力竭，就会有意外的祸患产生。如果向下飞就会比较省力，而且还可以解决饮水取食的问题，一切就会比较安稳。这种情况，即使用在人的身上也是一样。在上位的人，不适宜有盛气凌人的过分举动；而在下的人有一些小过失，还是可以的。这是因为在上的人，已经很难再向前了，越是想去到更高的位置越困难。而在下的人，可上可下，他想要后退也是很容易的。所以小过卦里也是在说《易经》厌恶过度亢奋的行为，而喜欢谦虚低调的行为。如果用这个作为标准，向前行动做事，那么有小过的人也是“吉”的，而且也会有大的收获。这是小过一直能够守住这个“小”字的原因，也就是小过的贞正，使它自己变得亨通。

初六：飞鸟以凶。

小过卦中间两个阳爻是表示鸟的声音，外面四个阴爻就是鸟的羽翼。此时初六爻和上六爻在两端，是鸟翼的翰，即长而硬的羽毛。如果说鸟的羽毛重量大过自己的身体，鸟向上飞的时候，鸟想下来却下不来，对于这个鸟来说，就是非常凶险的事了，所以此时初六爻爻辞给出“飞鸟以凶”。初六爻本来在内卦之中，内卦艮为止，它应当停止。但它与九四爻又是正应，它就激进地想向上去。这就像是人遇到了一个可以去攀附的对象，就趋炎附势地拉近关系，最后却将自己与上下级的关系搞得一团糟，以至出现问题。面对这样的事情不可不谨慎啊！

初六爻是在说一个很有能力的人，他的能力到了可以左右上面领导的地步。有能力本来是好事，但是如果初六爻摆不对自己位置，自以为是地一意孤行，那么他就可能给自己带来危险。因为毕竟他的身份地位在下，自己上面领导的能力可以做什么样的事情，他是不能够完全明白的。所以他如果不断拂逆领导的意思，而不知道停止，那就是凶。很多初入职场的年轻人，会有一种年轻气盛的状态，常常会诟病自己的领导，觉得领导好像什么事都处理不明白，而自己事事都能轻而易举地做好，但职位却很低。殊不知这都是因为他在自己的位置上，根本没有理解到领导在整个团队中起到的作用，或者对于这个领导的能力，他根本没有正确的认知。如果他一直以这样的心态去工作的话，最后失去工作的时候，也不会搞清楚自己的问题所在。

六二：过其祖，遇其妣。不及其君，遇其臣，无咎。

小过卦的六二爻处在阴爻过盛的位置，所以它有超过阳爻的问题，但是它处在内卦中位，又以自己的柔顺顺应阳爻，所以它有与阳爻相遇的方法。九三爻、九四爻、六五爻都在六二爻上面，所以有“祖”“妣”“君”“臣”的象。如果从阴阳的角度来说，那么九四爻是“祖”，六五爻是“妣”；如果以上下级关系来说，六五爻是“君”，九三爻是“臣”。对于六二爻来说，九四爻是可以超过的，所以就遇到了六五爻，这是“过其祖，遇其妣”；而六五爻是不可以逾越的，所以六二爻就返回来在下面遇到了九三爻，这就是爻辞说的“不及其君，遇其臣”。此处爻辞中说的“过”与“不及”都不在中位，但是当它可以这样做的时候，所有的一切都不会失去中正，所以对六二爻来说，一切都是可以遇见的，而且是“无咎”的。

六二爻看似在一段复杂的关系中，但实质上它一直没有超越礼数去做事情，无论是它越过了九四爻去见六五爻，还是它在知道不能超过六五爻的时候，自己主动地反转回来和九三爻亲比，这都说明在六二爻心中存有一个中正的界限。所以说，有没有过失不能单从外表来看，要知道其中的道理。有很多人做事的时候会很不服气，会觉得明明是相同的一件事，为什么别人做了就得到好处，而自己去做就受批评。其实是他没有看懂背后的原因。比如说同样是装修扰民的问题，甲、乙、丙三家邻居，甲装修，先和乙打过招呼，感觉自己装修有噪声影响了乙的生活，所以心里十分抱歉，还给乙准备了礼物表示歉意。此时乙很容易体谅邻里，也以礼相待地告诉甲不必担心。然后另一家丙开始装修，他也是乙的邻居，但丙就想：我自己的房子装修关别人什么事呢？所以丙招呼都不打就开始动工。等到乙来找他的时候，他还会觉得，我和甲都装修，你怎么只找我不找他？这种情况就像我们分析的六二爻。很明显，六二爻就是甲，甲装修扰民，这是过。但是甲在做这件事的时候，他内心是有歉意的，他顾及乙的感受，所以此时甲的过错会被乙原谅，这就没有失去中正。但是反观丙就完全不同了。丙的内心失去了中正，有失道义，此时他的过失就真的是让人不能谅解的过错了。

九三：弗过防之，从或戕之，凶。

小过卦中内卦艮为止，为此时“防”的意思。下互卦巽为入，所以为

“从”。上互卦为兑，兑为毁折，所以称“戕”。九三爻与上六爻相应，上六爻的爻辞有“灾眚”，在小过卦里我们在卦辞中就分析过了，阳爻是不能越过阴爻的，既然不能超过就应该克制，应该止步去预防不好的事情发生，这就是“弗过防之”。如果九三爻不去预防，反而跟从上六爻，彼时扶助上六爻一起向上飞，那么就一定会有“戕”出现。此时就是爻辞说的“从或戕之”。这也是卦辞中“不宜上，宜下”要说明的问题。

九三爻是一个阳爻，在小过卦里就明确说过“可小事，不可大事”，我们知道，阳爻是不能超过阴爻的，此时九三爻遇到上六爻，它就有心助上六爻向上飞。在这里我们再来打一个比方：在一个团队的一个项目里，负责这个项目的是中层领导九三爻，那么九三爻就有着决策权。而在上位的上六爻主张用一种激进的方式去做这件事，此时九三爻如果因为上六爻在自己之上，他的思路随着上六爻去走，那么他的决策可能就会使这个项目偏离轨道，最后出现不好的结果。在九三爻的爻辞中，用到一个“防”字，这就是在提醒九三爻做事的时候一定要拿出自己的主见，而且要选择正确的方法去处理，而不是跟从别人的意见，使自己变成一个傀儡。上六爻的问题，在上六爻爻辞里还会再讲。但是九三爻此时一定要做好自己，因为九三爻和其他人不同，他有决策权，他就不能有一点过失。

九四：无咎，弗过遇之；往厉必戒，勿用，永贞。

小过卦的九四爻阳爻居阴位，而且与初六爻相应。九四爻虽然是充满阳刚的一爻，但是它在阴位上，所以它能够低身下来与初六爻相交，此时九四爻就特别符合小过卦的不上而下的意义，所以此时九四爻是“无咎”。而九四爻还亲比和承托六五爻，本来是适宜向上去的，但是六五爻是不能被逾越的，所以九四爻就用曲折的方法去启发开导六五爻，以期与六五爻相遇相合。又因为九四爻在外卦震内，且为主爻，震动而行之，九四爻刚动有往，所以就容易出现危险，此为“往厉”。要想避免危险，就一定要谨慎持戒，此为“必戒”。但九四爻应当善于利用自己的刚健去求合乎中正的道路，不能固守不前。在小畜卦中，是以阴畜阳，所以阴爻要是守持贞正就有危厉，这是想要这个阴爻去跟从阳爻并感化阳爻。小过卦则是说阴爻超过阳爻，此时如果阳爻要是固守贞正，就没办法期待这个阳爻去感化阴爻了，所以此时为“勿用，永贞”。

九四爻是一个很正直而且很谦虚的人。首先在九四爻的爻辞里可以看出，九四爻能跟下属很好地沟通，并没有因为自己在领导的位置就产生高高在上的感觉，所以九四爻也是非常符合小过卦卦辞要求的。而在九四爻的爻辞里，主要阐述的问题还是他与上层领导者的关系。有时候在工作中，我们遇到一个自己不认同的领导时，往往选择守在自己那一摊任务上，不沟通也不发表意见。其实这是一种不作为的消极做法。在九四爻这个位置如果一味地去想着如何明哲保身，那么对整合团队来说，就是一种退步。九四爻一方面不能产生取代六五爻的心思，一方面还要找出委婉的方式，使六五爻明白自己的问题，并且及时纠正，这才是有利于整个团队的做法。

六五：密云不雨，自我西郊；公弋取彼在穴。

小过卦的六五爻的爻辞中“密云不雨，自我西郊”这一句，大家应该很熟悉，它就是小畜卦卦辞的内容。小畜卦的“不雨”是从下互卦兑卦来的，而小过卦的“不雨”是从上互卦兑卦来的。小畜卦之中的“不雨”是因为阳气想要往上去，而不与阴气相合，所以产生不雨的现象；小过卦之中的“不雨”，是指阴气已经上到阳气之上，此时是阴气不与阳气相合，所以才产生“不雨”的现象。九四爻在上互卦兑卦中，兑为西方，而且九四爻和六五爻都在外卦中，就有“郊”的意思。“自我西郊”这一句其实是责备九四爻不善于和六五爻相遇。“不雨”是因为九四爻，雨也是因为九四爻。又因为外卦震为侯王，所以称“公”。初六爻和六二爻在内卦艮山之下，所以称“穴”。而整个小过卦是一个大的坎卦的卦形，坎为箭矢；小过卦下互卦为绳，用绳子制约箭矢，这就是“弋”的象。六五爻的爻辞，说九四爻不能与之相合，而且上六爻这个阴爻又被制止了，所以可以去相合的就是下面的阴爻。就如同王侯用“弋”去猎取飞鸟一样，而如果去猎取洞穴中的小动物，就可以达到阴阳相合的目的，所以说在山川之中未尝不可有雨。“密云不雨”这是指卦辞中“不可大事”的意思。“取彼在穴”就是取卦辞“宜下”的意思。

小过卦的六五爻的爻辞感觉有点复杂，我们需要静下心来分析一下。首先六五爻的爻辞出现了和小畜卦完全相同的一段话。这句“密云不雨，自我西郊”，重点在“不雨”上。本应该下雨的场景，雨却下不来，说明六五爻有不太顺利的地方，那么这个地方在爻辞里给出了方位和亲疏远近的程度，所以我们就分析出，这是在说九四爻。从九四爻的爻辞分析中，我们知道九四爻知晓自己不能逾越六五爻，所以它就产生了一种自己原地不动，避免麻烦的想法，那么对于六五爻来说，就没有人与它相合了，那就是“不雨”。此时根据卦辞的主旨，我们又分析出爻辞的另一层意思，就是这个相合并不一定拘泥于与九四爻相合，爻辞告诉六五爻，还可以去与下面的初六爻和六二爻相合，六五爻依然能得到助益。而且这种向下的趋势，还非常符合卦辞的要求。我们在生活之中也会遇到这样的情况，本以为自己亲近的人，应该是对自己帮助最大的，但是因为种种原因，在向自己身边的人去寻求助力的时候，却得不到回应。此时如果我们向上求，显然很不合适。在外面打拼的孩子，不愿再去回家找父母求援。所以在六五爻的时候，六五爻向下去求和，寻找可以帮助自己的人，这时候下面的人也非常愿意帮助他。其实在六五爻告诉了我们另一个道理，就是与人相交，一定要低调谦逊，而且多结善缘，因为不知道什么时候，在你认为不如自己的人之中，就会有真正能够对你出手相救的人存在。所以说一定不要狂妄自大地与人相处；而不给别人留余地，我们要用一颗谦卑的心悠游于世。

上六：弗遇过之；飞鸟离之，凶，是谓灾眚。

小过卦以六五爻为君，所以在九四爻中就讲“弗过遇之”。上六爻在全卦的最上，已经在六五爻的上面了，它是没有与六五爻相遇，反而超过了六五爻，所以就称为“弗遇过之”。我们在卦辞中知道，上六爻和初六爻都是“翰”，因为这两个爻是代表鸟的两根最硬的羽毛，这两根羽毛是鸟身上最美丽的羽毛，它要动的时候，是附丽在一起动的。而“附丽”这个词，我们之前接触过，就是指“离”。《序卦传》中说到过：“离者，丽也。”所以爻辞称“飞鸟离之”。这两个爻一起都想向上飞而不想下来，那么在初六爻中就说到“飞鸟以凶”，到了上六爻的时候，果然是“凶”的，所以爻辞称“是谓灾眚”。这一方面是体谅上六爻，一方面也是在责备上六爻。上六爻因为越过了六五爻所以导致自己有了凶险。虽然说天灾可以抑制，但是人还是会有疾病产生，所以爻辞是要上六爻知道悔悟，亡羊补牢还不如在最初就小心谨慎，不要去做过分的事情，这才是真的治愈的办法。

小过卦上六爻很明显超过了六五爻，此时我们把小过卦的整体都看一遍，我们会发现在初六爻的时候，爻辞就已经说过了有凶险。本来在一件事情的最初就能意识到风险，并及时针对这个带来风险的原因进行改正的话，就可以避免更大的问题出现。但是往往人们在最初做事的时候，即使看到了一点不好的苗头，还是不愿意改正的，事情发展到最后，最初的隐患还是出现了。那么这个上六爻就是最后的结果。爻辞说到“凶”，但是后来又说是“灾眚”，这是给上六爻留有余地的说法。因为灾眚还是可以找办法解决和治愈的，所以上六爻就要在此时意识到，从前在初六爻的时候，爻辞提示的那个“凶”，是有很大的警示作用的。

63. 既济

䷾

既济：亨小，利贞；初吉终乱。

“有过物者必济，故受之以《既济》。”——《序卦传》

或许我们在小过卦里一直在说做事不要过分、不要过度，但那些是针对为人处世方面说的。人虽然不能过分地迷信一些信仰，或者自己破坏一些平衡关系去过度地谋取私利。但是，如果一个人有过人之才，那么他一定可以为这个纷乱的世界贡献自己的力量，有些人甚至可以担负起济世安民的重任。拨乱反正，安民心，定太平，这样伟大的功勋一定要有过人的才干才能做得到。所以在小过卦之后，《序卦传》又接续了既济卦，下面我们就来分析这一卦。

既济卦的卦形，离下坎上。我们之前分析过乾坤、泰否、坎离这六卦，此时在六十四卦的最后两卦之中，又出现了经卦坎离的重新组合，所以《易经》的又一神奇之处就出现了。我们仔细观察既济卦的卦形，这六爻的组合，是乾坤互相隐藏了身形，是泰否相互交接的样子，又是坎离一上一下互为储藏精气的样子。我们知道在中医当中，坎水为肾水，离火主心，在既济卦中这就是心肾相交，此时气血通畅。从卦形的阴阳爻来看，既济卦一阳一阴地交叠上行，此时就化为健行的动力。再看阴阳爻的属性，既济卦又是刚柔并济的象，那么此时德行也是增进的。如果从君臣之间人事角度去看，上下交流顺畅，那么就是政通人和。我们把方方面面都分析过了，这个既济卦没有不亨通的地方，所以爻辞开始就称“亨”。然而我们要知道一个道理，就是阳为大，阴为小。阳爻和阴爻的性情还是非常不同的。所以在亨的状态下，为大的必然会变得非常优越而且盛大，因此这种光明坦途的状态存在危险；而为小的或许就会依仗此时的势力肆意而为。所以爻辞称“小利贞”，这是说小者一定要守持贞正，各自在自己正确的位置，各自安守自己的本分，然后这种亨通才可以保持。因为既济卦里所有的阴爻都在阳爻之上，是以柔乘刚。因而在既济卦的最初，那些需要警醒的事依然存在，所以一定会设置防御措施，确立新的策略来防患于未然。即使有小人存在，也会遵循本分、秉持礼仪去行事，因此而获得吉祥，此为爻辞的“初吉”。但是到了最终，却有可能因为一切都顺畅安逸，就忘了之前的那些危险，因为安于享乐而减损了自己的德行，那么小人的势力必然会增加，称大的阳爻也会有祸乱发作的可能。此为爻辞的“终乱”。这样的事情循环往复地潜伏在细微之处，吉和凶离得非常近，是稍有不慎就会反转的样子。所以说，时时刻刻都不能失去忧患意识，要预防坏事的发生。

初九：曳其轮，濡其尾，无咎。

既济卦的初九爻在全卦的最下位置，外卦坎为轮，初九爻在这个坎卦之下，起到“曳”的作用。又因为坎为狐，初九爻在其下就如同狐狸的尾巴。既然是在既济卦之中，初九爻要起到救济的作用。此时下互卦坎为水，外卦坎为轮在水之前行进，那么初九爻在后面跟随的时候，就要谨慎地控制这个轮的前进速度。人一旦接近水，就容易被沾湿了衣裳，就如同狐狸尾巴被打湿了一样。如果从险境里脱离出去，就容易轻率地冒进，所以此时初九爻就在后面拽着这个轮子，一步一步地向前走，而不是冒进。因为急着拽住这个轮子，所以不惜自己被打湿尾巴。这都是因为在内卦离的状态下，大家都认为是一片光明美好的样子，以为前面是大道坦途，但是在初九爻看来，前面还有很多陷阱。这是对于祸患思虑很深，而且从最开始就已经着手预防祸患了，这就是“无咎”的。

初九爻在既济卦里虽然是初爻，但是处在阳位，这是刚而得正的状态，又因为初九爻是一个阳爻，所以初九爻就具备救济时势的才华。如果初九爻能够守正，就会慎重而冷静地处理事情。如果它有解决问题的才华，就会有很好的远见去看到未来的危险，所以此时初九爻对大家一致看好的事情，保持了一种非常谨慎的态度。它之所以控制节奏，不让事情太躁进，就是为了长远的谋划，预防变数带来危险。从古至今，拯救世界、救济世人本身就是一件大事，要来解决这件大事的人才，无一不是临深履薄，步步为营的。正是因为这些人没有轻率行事，才能够在最终真正救济一切。

六二：妇丧其茀，勿逐，七日得。

既济卦的六二爻是重阴的象，阴爻居阴位，内卦离为中女，所以称“妇”。《诗经》中有“翟茀以朝”之说，这个“茀”就是妇人车旁所设之蔽，因为外卦坎为舆，离为附丽，所以此时为“茀”。又因为坎为盗，所以爻辞称“丧”。六二爻在下互卦坎卦里，坎为健美的马，它可以逐上互卦离，离为丽。此时爻辞警示“勿逐”。既济卦这个六爻卦的每一爻都可以当作一日，如果这六爻都循环一遍，就是“七日”。如果能在这些变化之中将所有的都恢复到本来的位置，就可以称为“得”。事情到达既济的时候，就是一切事情都成就了，在这之后，那些齐心协力从险境中走出来的人，就有了竞争的心思，但是六二爻是重阴的爻，与九五爻正应，所以它以柔顺的本质去与刚健相应，此时就把它比作妇人。六二爻想着向九五爻投奔。那么六二爻就和初九爻不一样了，它没有拽住轮子而是选择前进，有小人妒忌想要害它，为了与它争着向前去，就把它出行用的“茀”偷走了，使它不能前行。但是六二爻在中位又非常柔顺，所以它不会去追逐，而是静下来安守七日。我们都知道七日来复，所以最后守候的时间到了，自然就会失而复得。急躁而去竞争的人胜负是没有办法断定的，但是安静下来去等待的人，用不了多久就可以使自己安定下来，不去追逐也可以有所获得。

在既济卦之中，因为一切都到了非常好的状态，所以大家的心思就发生了变化，此时的六二爻是一个没有野心的人，而且她还得到九五爻的青睐，有一句话叫作“匹夫无罪，怀璧其罪”。以六二爻的状态，本来是与世无争的，可是因为大家都有了竞争的心思，所以大家开始嫉妒六二爻的好状态，这种嫉妒是非常可怕的，有些人甚至不惜给六二爻设置前进的障碍。如果此时六二爻也和其他人一样，争名夺利，你来我往地去争斗，那么六二爻真的不会有什么好结果了。好在六二爻性子安稳，她看出来这样的形势，也无心去争辩或者报复，她只是安静地守持正道，不为所动。她知道一切都会过去，而一切失去的也都会重新回到自己手中，结果也确实是这样。

九三：高宗伐鬼方，三年克之，小人勿用。

既济卦九三爻的爻辞中的“鬼方”，是商周时居于我国西北方的部落，“高宗”指的是殷高宗。既济卦中内卦离为甲兵，所以称“伐”，因为离数为三，所以有“三年”。九三爻无论是承托的，还是上承的都是阴爻，而且下互卦又为坎，九三在险境之中，又有小人环绕，此时是说既济的状态久了，内乱已经平定，一切治理好了，就会有人好大喜功地想要向远方征伐。此时爻辞用殷高宗伐鬼方这件事来作象是想说，以殷高宗那样英武贤明的一位君王，要去征伐鬼方这个小小的部落，还要三年才能攻克，可见用兵的困难。之前分析其他卦的时候我们也提到过，凡是有战争兴起，必然是由小人引起的，所以一定要戒备，不能任用小人，也就是“小人勿用”。这句爻辞与师卦的上六爻“大君有命，开国承家，小人勿用”是一个意思，将兴兵打仗的根源杜绝掉，这也是圣人以仁德治天下的用心。

既济卦到了九三爻，那种圆满的境况已经非常稳定了，内部的安定有时候就会促使大家有一种想要开疆扩土的冲动。比如说一个企业在小规模的时候经营稳定了，就会想要再扩大经营。但是对于九三爻的实际情况来说，扩大经营其实是存在很多风险的，并不是轻而易举的事情，而且他的周围还有很多小人，对他有着不好的作用。此时九三爻就要知道这种境况的艰难，去谋划这件事的时候，就要小心谨慎，亲力亲为，辛苦经营。特别是不能用错人，如果错用了对自己不利的小人，这件事很可能不只是没有把自己的企业做大，而且还会伤害了根本。有很多人在经营的过程中，总是看到别人做一个项目有大的收益，所以自己就也想去扩张，但是往往忽略了别人在细微处的付出。任何事都不是那么容易成功的，一着不慎、满盘皆输的道理一定要谨记。

六四：𦈡有衣袽，终日戒。

既济卦六四爻中的“𦈡”要当作“濡”来看。“袽”是破衣服烂棉絮的意思。既济卦上互卦为离，离为舟；下互卦为坎，坎为水，此时舟入水中，就是“濡”的象。六四爻如果变化就是一个阳爻，此时外卦为兑，即为毁折，那么此时就有破败的象，就是“袽”。内卦为离，离为日，六四爻走到离卦之上，所以称“终日”。既济卦的状态到了六四爻，这时候已经走过了中位，所以罅隙就会产生，那么此时就如同舟上要出现漏洞，流水沾湿衣服的征兆。所以此时就用“袽”将那些漏洞塞起来，说明在行舟之前就有了准备。既有备无患，又能时时刻刻保持戒惧的状态，防备祸患产生的方法已经齐备，而且心中又有着防患的意识，这就是保持成功状态的方法。

如果用爻辞中乘舟一事做解释的话，就是六四爻在乘舟之前，就带上了物资，准备在行舟过程中出现危险时用来补救。而根据既济卦的整体形势来看，这只船还真的出了问题。六四爻就拿出早已准备好的破棉絮把船的漏洞补上。此时爻辞中有一句非常重要的话，叫作“终日戒”，这种戒备，不是一时一刻的，而是无时无刻的，只有这样才能确保自己的安全。我们在做事的时候如果可以做好足够的准备工作，考虑到方方面面的状况，把预防措施做好，又能在自己心里一直保持警觉，不会因为做好了准备就松懈了防范，那么我们想要保持的那种美好的状态是一定会实现的。

九五：东邻杀牛，不如西郊之禴祭，实受其福。

在《易经》的先天八卦中，离在东边，坎在西边，所以在既济卦之中，有东西邻居的象。因为九五爻所在的上互卦离为牛，外卦坎为血，所以为“杀牛”。又因为坎中实，为有孚，所以是利用“禴”。“杀牛”是盛大的祭祀，而禴祭相对礼祀就比较简单。但是爻辞说“不如”是因为东边的离是中虚之象，外表光明，其实内里的诚信不足；西邻的坎，却是中实之象，在外看来没有离卦光明盛大，但是它内里有孚信，是诚信有余的样子。所以这句爻辞是要说，对于祭祀这件事，即使贡礼准备得很丰盛，但是如果诚心不够，就怎么也比不过虽然礼物准备得不够充足但诚意满满的人。九五爻作为既济卦的主爻，一定是实心实意而且有实干之才的人。所以用这样真实的状态去接受福报，才是祈求上天保佑、永远长命百岁的根本。

既济卦九五爻告诉我们，为人处世不要做表面功夫，一定要用实际行动去争取幸福。很多人喜欢一些外在的表现，或者是外在的肯定，以为这样自己就可以获得内心的满足了。但是靠外在博眼球的做法，即使获得了肯定也总是非常空洞的。相比之下踏踏实实去做事情的人，即使不会维护关系，不会表现自己，内心的真诚总是会被其他人发现和认可的，最后因为这样的原因产生的关系也是最长久的。就好像在恋爱关系中，因为外表而喜欢一个人，最后发现这个人没有对这段感情付出真心，那么这样的关系迟早要出现裂痕。而另一种情况，就是一个人可能外在普通，但是他对这段感情投入了真情实感，最后两个人长长久久的相处是通过内心的爱来促进的，那么所有的外在都微不足道了，而两个人的感情也会越来越好。

上六：濡其首，厉。

既济卦在初爻的时候把初九爻称作“尾”，那么来到上六爻的时候就叫“首”。外卦坎为水，上六爻在坎卦终了的位置，所以叫“濡其首”。上六爻的时候，既济的状态已经维持太久了，而此时被“濡”就是不能预防祸患而危险又来到的样子。上六爻阴爻居阴位，所以它的才华也是非常弱的，不能为济。所以说“濡其首”这句爻辞，与大过卦的上六爻“过涉灭顶，凶。无咎”这个象很相似，但是意义却很悬殊。在大过卦的上六爻里，涉水就会引发灾咎，而此时的既济卦上六爻，是在水中嬉戏而使自己溺毙在水里。此时这个上六爻的爻辞，不说“凶”而说“厉”，这是易道的教化方式。上六爻沾湿了自己的头，这是自找的，如果上六爻能够知道危险而且迅速地改过，那么既济的状态还是可以保持的。需卦的九三爻《象传》的“自我致寇，敬慎不败也”说的就是同样的意思。自己招惹来的麻烦，如果能够敬慎对待，那么还是有回转余地的。

上六爻已经到了既济卦最后一爻了，此时既济的平衡状态马上就被打破了，可是上六爻并没有看清楚形势，还将自己置于险境，以为什么事都已经圆满了就放纵起来，这样的心态就会给自己招来祸患。这种祸患的产生完全是由自己导致的，所以它一定对这里面的变化非常清楚，它和那种因无意识的状态而使自己步入险地的情况不同。那种危险一旦发生，就有点飞来横祸的意思。但上六爻此时是很清楚自己有危险的，所以它就可以通过后来的及时改正使自己不至于遭到毁灭性的伤害。

64. 未济

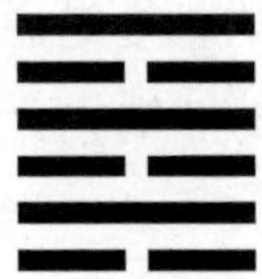

未济：亨。小狐汔济，濡其尾，无攸利。

“物不可穷也，故受之以《未济》，终焉。”——《序卦传》

学过既济卦之后，我们发现，世间万物万事走到既济卦，已经到了功成名就的极致，此时也就走到另一个临界点，气数将尽的时刻。我们在学习《易经》的过程中，自始至终都能感受到，天地不穷、万物不穷的大道规律。此时在既济卦之后，也不会是一切穷尽的完结之象。在第一个卦乾卦之中，我们说乾为圜象，乾卦贯穿六十四卦的始终，所以无论是在哪一卦里出现了节点，之后都会有一个使它往复回转的过程。在《易经》的最后一卦之中，《序卦传》接续未济卦，是要说还没有结束。下面我们就来分析未济卦。

未济卦卦形坎下离上，后天八卦中离在上位，坎在下位。如同否卦一样，此时上下二者是气不相通，所以无以为继，称为未济卦。内卦坎卦为狐，坎卦在下，所以称“小狐”。上互卦坎卦到六五爻，所以称为“汔济”。初六爻陷于内卦坎，坎为窞，此时称“濡其尾”。刚刚我们分析过，此卦形坎下离上，气不相交，也不能相互作用，从上到下，阳爻和阴爻都不在自己的正位，所以就好像事情没有成功的样子，所以叫“未济”。但是在这样的情况下却产生了一种期待，这个“未济”并不是没有可以救济的方法，而是有来救济这种状况的希望。六五爻虽然是阴爻，但是它柔而得中，而与之相应的是九二爻，此时刚柔相应，最后还是有助力自己脱离险境的功效，所以卦名叫“未济”。因为最终还是攻克了需要救济的状况，因此也就是亨通的，卦辞说“亨”。天下之事没有不能够成功的，只是没有使这件事成功的人。具有雄才伟略、鸿猷硕画的人，从开始就知道谨慎，到了最后也能稳固结束，这样的人才能救济一切。如果一个人才智浅薄，能力孱弱，不知道克制自己，也不知道慎重行事，那么即使是在最开始做事的时候能够发奋图强，最后也一定会功败垂成，堕入不利的境地。就像是卦辞说的“小狐汔济，濡其尾”。小狐狸过河，马上要过去了，可是尾巴还湿着，这说明没有完全渡过，事情在最后一步失败了，没有妥善完成，那这样还有什么利处呢？这也就是“无攸利”。因此，善于找到解济的方法的人，一定从事情的开始到事情的终结都会谨慎行事，恭敬谦卑。

初六：濡其尾，吝。

未济卦的初六爻和既济卦一样，都是在全卦最初的一爻，所以称为“尾”。因为未济卦内卦为坎，坎为水，所以此时是“濡其尾”。本身初六爻所在的位置是适宜救济时艰的，但是因为它是一个阴爻，所以它不能胜任，它刚要去救济，就把自己给弄湿了，所以最终还是不济的。如果连自己都救济不了，还怎么去救济别人呢？此时爻辞就评断为“吝”。既济卦的“濡其尾”是因为初九爻急着阻止轮子快速向前，所以它不惜被沾湿也去拽住轮子。但是未济卦的初六爻却是因为它轻率地步入水中，才使自己弄湿。卦辞中的“濡其尾”是说努力没有持续到终了，前功尽弃。但是初六爻的爻辞中的“濡其尾”，是说初六爻不能在事情的开始做到应有的谨慎。

未济卦的初六爻是一个不能认清自己能力的人。他鲁莽地去救别人，结果还没把别人救成，自己就沦陷了。其实生活中这样的人也有很多，有相当多的人喜欢牺牲自己去拯救别人，但是这些人往往还没有把自己的生活过好。这种消耗的关系是十分危险的，并不会给任何人以幸福感。往往这种人处于自我陶醉中，没有清醒的认识，而且还做不到自爱。有一句话说得很好，不会爱自己的人也不会爱别人。初六爻看似是去解济别人的，但是他自己的生活都过得一团糟，这时候初六爻根本没有能力做到给对方以帮助，这样做最后可能会发展到双方都变差的悔吝境地。

九二：曳其轮，贞吉。

未济卦的九二爻处在内卦中位，又与六五爻相应，所以此时九二爻是有能力有责任去救济他人的。因为初六爻在下，轻率过河救人而“濡其尾”，为了制止这种现象，九二爻就用力拽住车轮。然而这种阻止前进的方式，并不是永远停止前进，只是在等待合适的时机再向前走。九二爻这种想法中正，而且能够做到内心坚定，固守一处，就会获得“吉”。这都是因为宁静可以致远，闲暇的时候进行修整，那么再出现变化的时候，就可以有应对的措施来抵御。所以此时曳轮的贞固，就是救济世人的一切。

九二爻和初六爻相比，就是有真才实学的一个人了，不仅如此，他还是内心非常有正能量的人。此时九二爻见到初六爻出现了问题，他为了阻止一切，就像既济卦的初九爻一样，使出了力气阻止事态的恶化。事情一旦被阻止，就会有很多人认为这是搁置了，停滞不前。但是我们要知道真正的救济不是莽撞而盲目地向前冲，如果可以停止下来，好好地休养生息，好多事情都会在这个停止的过程中被仔细考量清楚，那么当我们再去向前推进这件事的时候，就会更加地有把握，更有成效。但是面对一件事正在一个向前的运动状态的时候，不是所有人都能做到止步不前的，很多人都会选择顺势向前，所以九二爻又有一个特别难得的优点，就是他能够做到贞固。他能用正念去判断一切，并且把心安住在正确的位置，不急不躁、不拒不迎地等待时机，那么当时机到来的时候，必然是一击即中。

六三：未济，征凶，利涉大川。

未济卦下互卦为离，离为舟，内卦坎为水，舟浮在水上，所以为“利涉大川”。六三爻在全卦中间的位置，适宜担当救济责任的，但是因为它是一个阴爻，所以它的才智也有所欠缺，太过柔顺，所以为“未济”，就是尚且不能济世。不是时机不可以，而是能力不足，不能济。而六三爻偏偏还要前往救济的话，就是凶象，此为“征凶”。但是我们要知道，六三爻这种情况不是说它最终不能前往。如果自己的才华不够，就适宜借助别人的才华，也就是说如果能够求得贤良相助，和自己共济时势，就如同有舟来承托自己去渡川，那么也是有利的。这一爻禁止六三爻自己去做事情，劝勉六三爻学会用人。在既济卦中，九三爻上下都是阴爻，所以爻辞警告九三爻不能用小人；六三爻上下都是阳爻，所以此时爻辞就劝勉六三爻用君子。

未济卦的六三爻也是一个肩负使命的人，但是他自身能力和所处的位置都对他不利，他如果想凭一己之力去解决问题的话，是无法完成的，所以此时爻辞告诉他不用己而用人。这让我想到，在乾卦的分享中有一句特别的爻辞叫作“用九”，乾卦的初九爻为“勿用”，而到了最后就是“用九”。未济卦六三爻不用己而用人，用的就是其他代表君子的阳爻，这样的作用也是非常的大，此时可以达成一种同舟共济的象。大家齐心协力去解决某个问题，即使六三爻有欠缺，最后还是会实现自己的理想。有时候人们往往过于执着，总是想凭一己之力去实现一件事，在这个提倡多元化与合作共赢的时代，这样的想法真是要不得。真正能够解决问题的人不一定是自己，但是合作共赢却可以给自己带来想要的结果。

九四：贞吉，悔亡；震用伐鬼方，三年，有赏于大国。

既济卦和未济卦互为综卦。未济卦的九四爻，就是既济卦的九三爻，所以在未济卦的九四爻中，又提到“伐鬼方”这个象。如果九四爻变化成既济卦的六四爻，那么下互卦就为震，震为惧，九四爻是近君之臣，有畏惧之心，所以为“震”的象。此时对于这个地位很高的大臣，以大国的礼数给他册封，又给他很多奖赏，所以叫“有赏于大国”。在未济卦中，九四爻亲比的都是阴爻，这样的情况容易产生悔吝。但是九四爻承托的是六五爻，臣子守持自己的本分，身居阴爻之下而能做到贞固，没有躁动冒犯，君臣相处得非常安稳，共同等待合适的时机去做救济天下的事，这样所有要去处理的事情都会非常吉祥，此为“贞吉”。这样因亲比和相应阴爻的悔吝也就消亡了，此为“悔亡”。然而这一爻毕竟处在未济卦之中，并不是一帆风顺、平安无事的。九四爻变作阴爻出现震卦的时候，就会有动的想法，所以此时就用它的这种震动去讨伐鬼方，经过三年的不懈努力，终会受到大国的嘉赏，然后就以贞守在那里作为日常的相处方式。九四爻用到震动的时候，只是为了应对突然的变化而获得救济之道。虽然都是“伐鬼方”，但是既济卦的九三爻什么都齐备的时候，就想要通过征伐而获得封赏。那个时候九三爻这个阳爻在既济卦内卦离卦的最上方，所以他是一个领兵打仗的人，所以爻辞称“高宗”。此时在未济卦的九四爻里，这个阳爻在外卦离的下爻，他是由君王授权去打仗的臣子。所以此时是要说，君王不可以好大喜功、兴兵征伐，而臣子也不可以苟安在其位，不受军令。这就是两个“伐鬼方”的不同之处。在既济卦中，适宜用静来保全自己；在未济卦中则适宜用动来使一切畅通。天时不同，时位也就不同，而意义也是有着很大差异的，这也是《易经》要教给我们的道理。

对于九四爻，我们要去体会的道理更多的是时位的问题。我们之前分析过，兴兵打仗都是小人引起的。此时九四爻就像是一个重臣，又提到兴兵征伐，但这个时候却是国家需要九四爻去领兵出征，因此九四爻出兵的原因就与既济卦的九三爻完全不同了。既济卦的九三爻爻辞警诫九三爻因受小人唆使而去出兵；而未济卦的九四爻爻辞却是告诉九四爻一定要担负起责任来，为国出征。所以我们看，同样是出征的问题，但是在不同的境况里，在不同的时机下，《易经》指导我们去处事的方法是完全不同的。在此我们要深刻体会《易经》变通的意义，知道什么是我们当守的贞固，什么是我们要去随机应变的情况。

六五：贞吉，无悔；君子之光，有孚吉。

未济卦的六五爻，以柔居中，此为“贞”；外卦离为明，则有“光”；上互卦坎为实，故“有孚”。六五爻为未济卦的主爻，是全卦最负重任的一爻。在此时，未济已经得到了救济。六五爻以其柔顺的本质，守持在中正的位置，安静地等待治理教化的成果出现的时候，这也是德行与世运都非常昌隆的时候。到那时，所有事情都是顺遂大吉的，那就是“贞吉”。一切都是吉的，也就“无悔”了。外卦离卦的光明刚好处在中正的位置，此时这就是盛德之光，光彩夺目而且容易被看到。同时，六五爻又能和下面的九二爻阴阳相应，说明君主与刚正中直的大臣是相互映衬的。臣子尽忠职守，推崇质朴，辅佐君王的德行，这样君子的光辉就呈现出孚信来，因此成就了诚信。此时君臣同心同德，刚柔相互作用，这样未济卦以坎卦承托离卦，离卦文饰坎卦，也是以离卦的文明助力坎卦的资质。坎卦上升，离卦下降，此时又成为既济卦的样子，那么一切又达到圆满，又一次建立了丰功伟业。

未济卦的六五爻是带有荣光的一爻，它身上的光芒被称作君子之光。如果把六五爻比作一个十分光明磊落的人，这样的人一生做事坦坦荡荡，走的都是正途。所以在未济卦的时候，他并不急于前进，他知道等待的意义，心中充满了坚定的信念，他知道自己以这样的姿态活着，必定会走向一片坦途。他的一言一行又默默影响着身边的人，追随他的人感受到了他的诚意，都愿意和他一起共济时势。此时六五爻不是孤军奋战了，而是所有可以凝聚的力量都汇集在一起，融合在一起，产生一种新的生命力，使未济的状态反转到既济的态势中去。

上九：有孚于饮酒，无咎；濡其首，有孚失是。

未济卦内卦坎为“酒”，上九爻是全卦的最上一爻，所以为“首”。上九爻与下面的坎卦相应，所以称为“濡”。此时的“有孚”是承接六五爻的爻辞。未济卦中三个阳爻同德，六五爻与之产生孚信，上九爻也是在其中。因为有了诚信，所以大家才在一起开怀畅饮，相互宴请同乐，这也是需卦中九五爻“需于酒食”的道理。如果真的是这样，那么对于道义来说就是“无咎”的。然而酒食是用来成就礼仪的，不能放逸以至淫乱，若因为喜好玩乐，而荒诞到了把头都用酒弄湿了，那么就失去了“有孚”，此为“有孚失是”。坎卦显现诚信的时候，就会使离卦失去光明，如果有诚意但是不够光明，没有私心但不符合道理也是不可行的。因此光明且有诚信的人，其文明和本质都得到中正的位置，诚信也没有失去正确性，这是诚信和光明都兼备。文明和品质都具备，是成就王道的重要条件，真诚和光明是神圣学问的根本。《易经》虽然终结在未济这一卦，但是它的意义还很深远。

未济卦的上九爻乘在六五爻之上，他也感受到六五爻的真诚，所以他与六五爻相互交好，把酒言欢。饮酒这件事如果可以守持礼度，小酌怡情，倒也是很有兴致的事情。但是上九爻已经走到全卦最上爻，他还是有些偏颇的地方，就是因为饮酒放逸自己，一时忘形，喝了太多，以至于把酒都洒到自己头上了。这个时候，他与六五爻之间产生的诚信，就变成了一件不好的事儿。两个人真诚交往本来是为了使彼此信任、彼此进步的，但最后变成了饮酒作乐、放纵荒诞，就失去了正确性。此时我们知道，在上九爻里，诚信使彼此太过亲近而失去了该有的礼仪，也就是失去了离卦的文明。虽然上九爻没有为自己谋取利益的心思，但是因为他的行为不当，所以这种欢聚饮酒的事情也是不可以的。上九这一爻，让我想到《论语》中提到的“文质彬彬，然后君子”。如果真的想要做一个君子，那么文采和实质要紧密地结合，不能空有其表，没有实质，也不能因为有诚信，就不顾礼仪文明。只有两者都具备了，之后才可以思考能否成为君子的问题。

跋

此时，对于《易经》的64卦，我以《序卦传》为线索，每一卦、每一爻都用心参省了一遍。总的来说，《易经》用有序的64卦，描述了一个具有逻辑性的变化过程，并且在每个过程中用6种情况进行说明。64卦就是384种情况，而这些情况又会在两两相应、两两比邻、两两相悖等互为作用的关系中再一次产生变化。这些还只是针对《易经》的卦辞、爻辞说的。如果把《易经》与它以外的世界再次链接，那么更至于无穷。此时感叹《易》之为道如龙变化莫测还为时尚早。易者“贞夫一者也”，此一句把问题导向有无上来了，又入到太极和无极中去了。所以说易道如同金箍棒，细可变作银针，粗可上天入云，无形时随风化去，有形时万万千千，实为妙哉！

无论学习多少遍，我对《易经》的神秘和奇妙总是充满感叹。在这次写作过程中，从最开始动笔，到最后结束，心境不断地变化。有几处卦辞和爻辞的写作甚为艰难，不是因为对文字不理解，而是在分析的过程中，感受到一种冲击感。就好像在无数个探知的过程中，一下被《易经》的某一段文字打动，窥探到前路的一点光亮。综观自己写的内容，还远远没有将《易经》想要告诉我们的道理为大家一一说尽。可是仔细想想，《易经》作为易道的根本，又如何能说得尽？《易经》告诉我们中正，教诲我们诚信，让我们知道万物的生生不息，也给我们厚德载物的安定从容。从乾卦开始，我们就与阴爻、阳爻缠绕在一起，在阴阳之中感悟那些无穷变化，寻找那些处世的平衡。但最后我们又发现，无论阴与阳，都来自无极中的太极。当你觉得自己找到了那个真正的机关的时候，你就会发现自己其实还是一无所知。那个看不见摸不着的称之为“道”的存在，不只在生活里，不只在事物上，不只在关系中，它存在于一切之中，它是规律，是准则，也是道法。

《长安心易》到此时还没有终结，对《易经》的学习，我终身都不会放弃。这几个月的写作，就是一个自我学习、自我感悟的过程，我真诚地记录了自己的所思所想，与大家分享，期待会给大家带来一点点益处，期待大家可以通过这本书的某一段文字、某一个事例为自己找到一点解决问题的思路，得到一点学习《易经》给我们带来的帮助。

在春生夏长、秋收冬藏的四季轮回里，让我们共同体验易道的奇妙之处吧！